普通高等教育
软件工程 "十二五" 规划教材

12th Five-Year Plan Textbooks
of Software Engineering

系统分析与设计

李爱萍 ◎ 主编

孟东霞 雷 红 杨崇艳 ◎ 副主编

Systems Analysis

and Design

人民邮电出版社

北京

图书在版编目（CIP）数据

系统分析与设计 / 李爱萍主编. -- 北京：人民邮电出版社，2015.8
普通高等教育软件工程"十二五"规划教材
ISBN 978-7-115-39600-6

Ⅰ．①系… Ⅱ．①李… Ⅲ．①信息系统－系统分析－高等学校－教材②信息系统－系统设计－高等学校－教材
Ⅳ．①G202

中国版本图书馆CIP数据核字(2015)第160953号

内 容 提 要

本书是一本介绍系统分析与设计的原理、方法、技术、工具和应用的教科书，重点讨论系统开发生存周期中的分析和设计阶段的活动。全书共 10 章，分 4 个部分全面介绍系统分析与设计涉及的相关概念、建模和设计的方法与技术、系统构造及实施、应用案例等内容。第 1 部分（第 1 章）从信息系统的设计模型、应用环境开始，介绍系统分析与设计的定义、过程与流行的技术方法；第 2 部分（第 2～8 章）是本书的重点内容，其中第 2～4 章分别从静态、动态和数据的角度讨论建模的方法和技术，第 5～8 章则分别从系统整体架构设计、类和包设计、人机界面设计及数据模式设计的角度讨论系统设计的方法和技术；第 3 部分（第 9 章）给出系统生存周期中，设计阶段的后续衔接阶段内容，介绍系统的构造、实施以及运行和支持阶段的主要工作；第 4 部分（第 10 章）以一个简化的教学管理系统作为示例，介绍本书前面章节的原则和技术在软件项目的分析设计过程中的应用。每章后附有小结和习题，并配有免费电子课件。

本书可作为软件工程、信息管理与信息系统、计算机科学与技术等专业"系统分析与设计"课程的本科教材，也可作为计算机专业、软件工程专业、信息系统专业的培训教材，还可以供相关领域硕士研究生或从事系统分析与设计的相关技术人员、管理人员参考。

- ◆ 主　编　李爱萍

  副 主 编　孟东霞　雷　红　杨崇艳
  责任编辑　邹文波
  责任印制　沈　蓉　彭志环
- ◆ 人民邮电出版社出版发行　　北京市丰台区成寿寺路 11 号
  邮编　100164　电子邮件　315@ptpress.com.cn
  网址　http://www.ptpress.com.cn
  北京天宇星印刷厂印刷
- ◆ 开本：787×1092　1/16
  印张：17.25　　　　　　2015 年 8 月第 1 版
  字数：450 千字　　　　2025 年 7 月北京第 15 次印刷

定价：42.00 元

读者服务热线：(010)81055256　印装质量热线：(010)81055316
反盗版热线：(010)81055315

前　言

　　自 1968 年第一届 NATO 会议上首次提出 "软件工程" 的概念至今，软件工程得到了很大发展。2011 年 2 月，我国国务院学位委员会新修订学科目录中将软件工程（学科代码为 0835）增设为一级学科，进一步促进了软件工程的发展。

　　软件工程强调软件开发过程应该遵循生存周期阶段模型理论，即软件计划、软件开发和软件运行 3 个时期。面向过程的软件工程将生存周期细化为问题定义、可行性研究、需求分析、总体设计、详细设计、编码、测试和运行维护等过程。面向对象的软件工程则将软件生存周期分为面向对象分析、面向对象设计与面向对象实现 3 个阶段。系统分析与设计主要关注软件工程生存周期阶段中的分析与设计阶段。

　　本书按照面向对象软件工程的生存周期阶段模型展开，详细阐述面向对象软件工程中的面向对象分析与设计环节，对应介绍面向过程软件工程生存周期中的需求分析、总体设计和详细设计阶段，并提供与生存周期过程其他阶段的有效衔接。同时给出对应的案例指导，比较全面地反映了系统分析与设计的全貌。

　　全书共 10 章，按生存周期阶段的专题安排，便于组织教学。

　　第 1 章是系统分析与设计概述，介绍系统及信息系统的基本概念、特性，从信息系统的设计模型、应用环境讲起，依据基本概念、原理和发展趋势的思路，分别介绍了系统分析与设计的定义、过程与流行的技术方法，从战略的观点研讨信息系统持续发展的阶段理论，概要地描述信息系统开发的全过程。第 2 ~ 3 章分别从静态和动态建模的角度，讲述系统分析过程中建模的具体方法和步骤。第 4 章专门介绍数据建模的分类、实现方法和步骤。系统分析阶段确定了新系统的逻辑模型、功能要求等内容，系统设计阶段就需要在用户提供的环境条件下，设计出一个能够方便实施的方案。第 5 章讲述系统架构的设计，给出当前非常流行的系统架构设计步骤和案例。第 6 章介绍对象模型的设计，该阶段是对前述的分析和设计工作的精雕细琢，是设计者根据系统设计时所选取的策略对分析阶段建立的对象模型进行精化、完善及优化的过程。第 7 章介绍人机界面设计的原则、方法和步骤。第 8 章介绍第 4 章数据建模结果对应的数据设计。第 9 章简单介绍系统分析与设计的后续阶段，即系统的构造与实施。第 10 章通过一个教学管理系统的分析与设计过程，给出前面各章内容的综合应用。全书以 UML 为系统分析与设计的主线，指导和贯穿各章内容。

　　本书由太原理工大学软件学院长期从事 "软件工程" "系统分析与设计" 课程教学和科研的一线教师编写。在前导课程 "软件工程" 教学基础上，详细阐述系统分析与设计的原则、方法和步骤。本书共 10 章，其中第 1、3 章由孟东霞编写，第 2、6 章由雷红编写，第 4、8 章由杨崇艳编写，第 5 章由李爱萍编写，第 7 章由宋春花编写，第 9 章由段利国编写，第 10 章由杨丽凤编写。李爱萍同志负责全书架构的设计和统稿。

　　本书编写过程中参考了国内外有关软件工程及系统分析与设计的专著、教材和论文，详见书后所附的主要参考文献。在此，向所有作者一并表示谢意。

　　本书的参考学时为 48 ~ 64 学时，建议采用理论实践一体化教学模式，各章的参考学时（包括实践）见下面的学时分配表。

学时分配表

章	课 程 内 容	学　时
第 1 章	介绍系统分析与设计的定义、过程与流行的技术方法，从战略的观点研讨信息系统持续发展的阶段理论，概要地描述信息系统开发的全过程	6～8
第 2 章	介绍如何运用面向对象分析方法，使用 UML 语言构建系统的静态分析模型	6～8
第 3 章	从系统对象动态活动的角度，对系统分析的各构件组成及对象动态行为模型进行详细介绍	6～8
第 4 章	针对系统中的数据建模进行专门分析	4～6
第 5 章	介绍关于系统设计阶段的主体内容及注意事项，重点介绍架构设计	9～10
第 6 章	结合对象模型的设计原则和方法，介绍类设计和包设计	4～6
第 7 章	对人机界面的定义、发展历史、设计原则、评价及展望等进行综合介绍	3～4
第 8 章	对数据模式的设计进行详细阐述	4～6
第 9 章	介绍系统的构造、实施以及运行和支持阶段的主要工作	2～3
第 10 章	以一个简化教学管理系统作为示例，简要说明软件项目的分析与设计过程	4～5
学时总计		48～64

由于近年来软件工程、系统分析与设计及相关领域发展迅速，加之编者水平有限，书中难免存在不足之处，敬请广大读者提出宝贵意见和建议。

编　者
2015 年 5 月

目 录

第1章
系统分析与设计概述

本章讲述系统及信息系统的基本概念、特性，从信息系统的设计模型、应用环境讲起，依据基本概念、原理和发展趋势的思路，分别介绍了系统分析与系统设计的定义、过程与流行的技术方法，从战略的观点研讨了信息系统持续发展的阶段理论，概要地描述了信息系统开发的全过程。

1.1　系统的概念和特性

信息与物质、能源是当今社会经济活动的三大基本资源，在现代社会发展过程中起着越来越重要的作用。信息系统是利用现代信息技术，处理组织中的数据、业务、管理和决策等问题，并为组织目标服务的综合系统。为了能更好地掌握系统分析与设计的各种技能，下面我们首先了解一下系统的相关概念。

1.1.1　系统概念及特性

系统是一组为实现某些结果相互联系、相互作用的部件的集合体。作为系统分析与设计的研究对象，这里的系统是指信息系统，也就是说，本书我们讨论的是如何利用信息技术，开发设计用于具体业务领域的可实践的信息管理系统。那么什么是信息系统呢？

信息系统即信息管理系统，是一组以收集、处理、存储信息为基础，并以输出完成业务任务所需信息为提交的相互联系、相互作用的部件集合体。例如，单位的工资管理系统需对职工信息和工作信息进行收集、处理及存储，并以此信息为基础组织生成工资和工资报表。企业销售管理系统则收集有关客户、销售、产品和库存等信息，进行存储、处理及提交等操作，以便管理部门安排下一步的生产。

信息系统通过收集和管理数据，可以在不同领域解决不同的业务问题。信息系统作为一个独立的可实践的应用系统，一般具有下面两个特性。

1. 可分解性

一般来说，任何系统都可以由许多子系统组成，一个子系统就是系统的一部分。例如，某企业涉及销售、生产和库存3个应用领域，其中销售管理系统包含3个子系统：订单登录子系统为客户生成新订单；订单处理子系统可以处理完成订单（包括发货、退还订单）；数据维护子系统用来维护产品目录及数据库。在进行系统分析与设计时，将一个完整的应用系统作为一组子系统来考虑是很有必要的，这一组中的子系统就是相互联系、相互作用的部件。

依据功能分解的原则，可以将一个系统划分成多个部件或子系统，这些子系统依次又可以进一步分解成多个子系统，即可分解性的第一层含义是功能分解。

信息系统是由相互联系、相互作用的有机部件组成。理解系统部件的另一种方法是列出相互作用的各个部分。例如，一个信息系统包括硬件、软件、输入、输出、数据、人和过程，这种观察方法对系统分析与设计也是十分有效的。可分解性的第二层含义是系统由可分解的、相互联系的部件在系统中一起作用。

2. 边界性

每个系统与其所在的环境之间都有一个边界，任何输入和输出都必须通过这个系统边界。定义与设计这些输入、输出是系统分析与设计的重要任务之一。

边界性的第二层含义是指系统的自动部分和手动部分之间的分界，也称自动化边界。在一个信息系统中，人也是系统的重要组成部分对系统分析与设计来说，识别自动化边界是非常重要的事情。信息系统的目的是将某种业务操作信息化、自动化。在自动化边界的一侧是系统的自动部分，那里的工作是由计算机完成的；而另一侧是系统的手动部分，那里的工作是由人工完成的。

1.1.2 系统分类与环境

1. 信息系统的分类

无论任何系统都是为了实现特定目的而建立的，不同的系统完成不同的目标任务，从应用范围的角度来看，信息系统分为下列类型：事务处理系统、管理信息系统、智能决策支持系统和办公自动化系统等。

① **事务处理系统**（Transaction Processing Systems，TPS）：通过联机的事务处理系统，将系统发生数据记录下来，并将新产生的信息保存到数据库中以供其他信息系统使用，以提高事务处理效率并保证整个系统运作的正确性。

TPS 一般存在于企业的各个职能部门（如市场营销，生产制造，财务会计，人力资源等），用于进行日常业务处理、数据记录、数据检索、分类汇总、产生文件、管理报告、综合账单等工作，并为系统中相应组织层次提供服务的基本商务系统，是企业与外部客户的联系纽带，是其他信息系统的基础。

事务处理系统带给企业的益处主要表现在两个方面。一是保持系统应用的实时性、完整性。信息化的应用程序的关键是要确保所有执行操作的正确，如果应用程序仅仅是部分地完成操作，那么应用程序中的数据，甚至整个系统将会处于不一致状态。二是事务处理系统可以帮助企业降低业务成本，提高信息准确度，进而提升业务服务水平。

② **管理信息系统**（Management Information System，MIS）：接收事务处理系统收集的信息，并为管理人员生成计划和控制业务所需的报表等。因为数据已经由事务处理系统收集并存放在业务的数据库中，因此，MIS 的日常事物操作主要用于管理需要的记录，并对记录数据进行相关处理。

现代企业使用 MIS 系统的主要目的是，最大限度的利用现代计算机及网络通信技术加强企业的信息化管理，通过对企业拥有的人力、物力、财力、设备、技术等资源的调查与监控，建立正确的数据，加工处理并编制成各种信息资料及时提供给管理人员，以便进行正确决策，不断提高企业的管理水平和经济效益。

③ **智能决策支持系统**（Intelligent Decision Support System，IDSS）：辅助决策者通过数据、模型和知识，以人机交互方式进行半结构化或非结构化决策的计算机应用系统。它是 MIS 向更高一级发展而产生的先进信息管理系统。它为决策者提供分析问题、建立模型、模拟决策过程、评价优选方案的环境，调用各种信息资源和分析工具，帮助决策者提高决策水平和质量。

　　决策支持系统一般由交互语言系统、问题系统，以及数据库、模型库、方法库、知识库管理系统组成。在某些具体的决策支持系统中，也可以没有单独的知识库及其管理系统，但模型库和方法库通常则是必须的。基于知识的专家系统含有专业领域的知识库，智能决策支持系统就是决策支持系统与专家系统相结合的系统。

　　智能决策支持系统发挥了专家系统以知识推理形式解决定性分析问题的特点，又发挥了决策支持系统以模型计算为核心的解决定量分析问题的特点，充分做到了定性分析和定量分析的有机结合。

　　智能决策支持系统强调两个方面。一是对管理决策的支持，而不是决策的自动化，它所支持的决策可以是任何管理层次上的，如战略级、战术级或执行级的决策。二是基于知识的系统，是在领域专家的知识库基础上的决策。

　　④ **办公自动化系统**（Office Automation System，OAS）：辅助企业员工的各类日常办公活动，包括创建、共享各类报表、记录、备忘录等文档信息，支持员工与客户、员工与厂商及员工相互之间的实时通信。

　　在实际应用中，事务处理、管理信息、决策支持及办公自动化等系统会全部或部分地集成在一起，共享企业范围内的操作与数据。这种高度集成的信息系统称为企业应用。

2.　信息系统的环境

　　一般认为，信息系统的发展经历了数据处理、管理信息系统、决策支持系统 3 个阶段，信息系统的开发与应用有了很大的发展。现代信息系统又面临着新的研发环境，飞速发展的计算机网络、面向对象与协作开发技术、企业应用软件的定制是推动信息系统发展的新的技术动力。

　　（1）高速的计算机网络环境

　　信息技术的进步是信息系统发展的根本推动力，也是信息系统发展必须面对的环境。一方面，过时的技术会带来很大的问题，从而驱动信息系统项目的重新研发；另一方面，新的技术又给新系统的开发带来新的机会。

　　现代信息系统的开发是建立在高速发展的网络环境下的，基于局域网、城域网、广域网和 Internet 网络体系结构的信息系统，除了要能在包含了大型主机、网络服务器、各种台式机等这些网络设备上运行外，大量新生的、基于 Internet 网络的笔记本电脑、掌上电脑等客户端设备的加入是需要考虑的新问题。

　　移动技术、无线技术无缝隙地融入信息系统。越来越多的笔记本电脑、掌上电脑（PDA）、平板电脑（Pad）、智能手机以无线或移动的技术加入信息系统，成为信息系统常规的组成设备。所有这些技术都将深远地影响新信息系统的分析与设计，也就是说，无限访问能力已成为研发新信息系统的前提条件。

　　（2）对象技术与协作技术

　　进入 21 世纪以来，面向对象编程语言、面向对象系统开发技术日趋成熟，目前绝大多数现代的信息系统都是使用对象技术构造的。在面向对象的设计中，系统人员可以利用对象的软件部件来构造软件。与结构化的程序设计相比，面向对象软件开发具有明显的两个优点：一是对象是可复用的，一旦对象被设计和构造出来，它们就可以被复用于多个信息系统和应用软件中，大大地减少了开发新系统的时间；二是对象是可扩展的，软件中的对象可以方便地被修改和扩展，且不会影响任何以往使用该对象的应用软件，大大地减少了维护和改进旧系统的费用。

　　对象技术对系统分析和设计影响重大。目前，面向对象分析和设计方法已经成为构造绝大多数现代信息系统的首选方法。同时，结构化工具和设计方法也不是完全一无是处，两种方法都提倡，系统设计人员应当学会何时及如何选择或组合两种方法工具，并应用于实际的工作中。

这里的协作技术是指那些提高人际交互及团队协作能力的技术，如目前广泛流行的电子邮件、即时消息、群件和工作流系统。

大家都知道电子邮件如何使用，它在信息系统开发中的重要性正在变化。为了提高交互与协作能力，现代信息系统将电子邮件功能视为应用软件的基本功能，在系统中不需要切换到某个专用的邮件处理程序，即可发送或者接收相关消息。同时，像 Internet 上流行的"聊天室"等即时消息技术，也被集成到企业信息系统应用中。群件技术使得人们可以在项目和任务中协作。使用群件软件后，即使在不同的地理位置，也可通过网络会议及共享软件工具达成协作。企业应用软件中内建这些提高交互与协作的各项功能已是趋势所需。

（3）企业应用软件

每一个企业都需要有一套核心应用软件来保证业务的正常运行。对于大多数企业来说，核心应用软件包括财务管理、人力资源管理、市场销售及运行管理（库存或生产控制）等。以往的模式是企业自己构造应用软件。但如今，企业常常是购买、安装和配置核心企业的应用软件，并把它们集成到自己的业务过程中。

这种使用购买的企业应用软件的趋势对系统分析和设计的影响很大。很显然，对任何组织来说，购买的企业应用软件不可能完全满足所有的需求。因此，以此应用软件为基础，开发增值功能是很有必要的。系统开发人员以购买的企业应用软件为技术限制条件，开发适用于本企业的各类应用程序，并将这些开发的程序与购买的企业应用软件很好地集成和交互，这通常称为系统集成。可以预见，在相当长的时期内，系统集成软件的开发将是信息系统研发非常重要的应用之一。

1.2　系统模型的概念和类型

进行信息系统的分析与设计时最常用的方法是建模。所谓建模，就是给现实世界的事务建立一种能被人理解的模型。模型一般是系统的一种图形表示，描述了系统的现实情况或期望情形。系统建模可以促进系统用户、系统分析员、系统设计人员和系统构造人员之间的交流。

1.2.1　系统模型的概念

模型是对所研究的系统、过程、事物或概念的一种表达形式。模型是现实世界中某些重要方面的表示，在很多时候，模型用来快速表达人们同现实世界中的某些事物交流的信息，因此创建一个模型是非常有用的。同现实生活中一样，在信息系统开发中也使用模型，甚至常常使用术语"抽象"来表示模型，因为这些模型是对在研系统的抽象概念的很好解释。

在信息系统开发中，模型一般用于对系统的输入、输出、过程、数据、对象、对象之间的相互作用、位置、网络与设备，以及其他相关事物的表示。大多数模型是图形模型，包括使用公认的符号和绘制常用图、表，例如，可以使用流程图来表示程序的逻辑结构。在系统开发和应用中，还有一种很重要的模型是项目规划模型，如在项目管理中使用的 PERT 图和甘特图。这些模型是对系统开发项目自身进行表示，其中主要显示了项目任务及任务的完成日期。

在一般的开发系统中，常使用的构件模型有流程图、数据流图（DFD）、实体关系图（ERD）、结构图、用例图、类图、顺序图等。而 PERT 图、甘特图、组织层次图及财务分析 NPV 和 ROI 图则常出现在管理系统的开发过程中。

总之，在信息系统开发中，系统模型用来说明和交流信息系统的"知识""过程"和"接口"等构件之间的关系，我们把这种基于模型的开发方法称为模型驱动开发。

1.2.2　系统模型的类型

系统模型是绝大部分系统分析和设计阶段需要交付成果的一部分。模型驱动的方法强调系统建模。模型一旦设计实现，将成为系统在其生存周期的运行、支持阶段所需的任何改变的记录文档。

目前常见的系统开发模型有上下文模型、数据模型和对象模型。作为不同的模型驱动技术，它们的差别主要是要求分析员绘制和验证的模型的类型不同。下面简要地介绍这几种系统模型的开发技术。

1.　上下文模型

上下文模型也称过程模型，是在 1978 年的结构化分析和设计方法中提出的。虽然结构化分析和设计作为一种方法学已经不再流行，但过程建模仍是一种可靠而且重要的技术。信息系统构件包括几个视角："知识""过程"和"接口"。过程建模主要关注"过程"构件。流程图就是系统构造人员主要使用的一种过程模型。由于业务过程重构的出现，基于上下文的过程建模又有新复兴，这主要是体现在数据流图和结构图，它们对于消除通常存在于非技术性的系统所有者和用户与技术性系统设计人员和构造人员之间的交流隔阂非常有帮助。

2.　数据模型

数据模型基本上是每个信息系统必不可少的部分，因为增进"知识"是信息系统框架的基本目标和基本构件。知识是信息的产物，信息又是数据的产物。数据建模方法强调知识构件，特别强调数据。在数据建模方法中，重点放在了捕捉业务数据需求的模型上，并把这些模型转换成数据库设计。数据建模是使用最广的系统建模技术，本书将在后面章节中具体介绍。

3.　对象模型

对象建模基于面向对象语言与面向对象技术的发展，是相对比较先进的系统开发方法。如今，绝大多数编程语言和方法都是基于面向对象技术的。本书在后面章节中将重点介绍此方法。

在过去 30 年，过程建模技术和数据建模技术有意将数据和过程分别加以考虑。也就是说，数据模型和过程模型是分别独立的模型。通过实践可以知道，几乎所有的信息系统都是既包含过程又包含数据，过程与数据通常是并行地使用，所以常常需要对两种模型进行仔细地同步。对象建模的出现很好地解决了两者分离的问题。

面向对象技术将数据与操作过程封装于对象中，对象是系统分析与设计的主体。开发实际应用系统时，业务对象可以对应到企业中重要的真实事物，例如，客户、客户订购产品的订单等。每个对象既包括描述该对象的数据，也包括用来创建、读取、修改和删除该对象的过程。对象模型极大地改变了信息系统构件的内容，将"数据"和"过程"合并成了单一的"对象"，模型只专注于确定对象、构建对象及将合适的对象装配成有用的信息系统。

1.3　系统关联人员

系统由一组交互的部件组成。从部件构成的角度来看，信息系统包括硬件、软件、输入、输出、数据、人和过程，这些相互联系的部件在系统中一起作用。也就是说，人是系统组成的重要部件之一。作为信息系统的重要参与者，涉及的关联人员有系统所有者、用户、分析设计人员、外部服务者及项目经理。

1.3.1 系统所有者

每一个信息系统，无论规模大小，都必然拥有一个或几个系统所有者。系统所有者一般来自管理阶层。对于大中型的信息系统，系统所有者通常是中层或高层经理；对于小型系统，系统所有者可能是中层经理或主管。

系统所有者一般只对系统结果感兴趣，即更关注系统的建造成本、系统给企业带来的价值利益。为了获得更好的价值和收益，从系统所有者的角度来看，一般可以从降低研发费用、提高效率、优化决策、改善客户关系、减少错误、提高安全性、扩大系统容量等方面来提高系统的效益。

1.3.2 系统用户

信息系统中人数最多的信息工作者一般是系统用户。与系统所有者不同，系统用户不关心系统的成本和收益，他们只关心系统提供的功能是否易学易用。根据使用功能的不同，系统用户可分为内部系统用户和外部系统用户。

① 内部系统用户主要是指系统实际操作人员。例如，事务处理系统中的办事员和服务人员，他们通常处理大部分的日常事务，如处理订单、发货单、付款、录入数据及在商场销售产品等具体事务，系统中的大部分基础数据是由他们搜集或产生的。这些人员往往专注于信息系统的处理速度和处理事务的正确性。

管理信息系统中内部用户主要由业务专家或行业专家构成，主要进行高技术和专业化的工作。例如，律师、会计师、工程师、科学家、市场分析员、广告设计人员和统计员。他们的工作以公认的知识为基础，这些知识工作者更注重系统的数据分析能力及为产生解决方案的反馈能力。

决策支持系统中的内部用户是指部门主管、中层经理和高层经理，他们都是企业决策的制定者。为管理人员提供的信息系统往往注重信息获取能力。为了解决问题和制定决策，系统需保证管理者在恰当的时候获得应有的信息。

② 外部系统用户主要是指系统的直接或间接使用人员。如企业的顾客、企业的供应商及企业的合作伙伴，他们都是信息系统的直接使用用户。顾客可直接通过信息系统下订单或者执行销售业务；供应商可以直接同企业的信息系统进行交互，确定供货需求，然后自动生成订单；企业的合作公司如物业管理、网络管理等也可使用系统交互合作信息。所有这些外部系统用户最关注的是使用系统的服务操作是否简单易学、方便操作。

1.3.3 系统分析设计人员

系统分析员与系统设计员都代表信息系统的技术专家角色。创建信息系统时，对于小型组织或小型信息系统，系统分析人员和系统设计人员经常是同一组人员。但在大中型系统中，这两类角色通常由不同人员来承担。

系统分析员在系统开发团队中是属于中高级的基层管理者或领导者，一般应具备3方面的能力。首先，系统分析员应熟悉如何建立信息系统，即要求有很高水平的专业技术知识；其次，系统分析员应当熟悉所建造系统的工作业务，即要求具备解决复杂问题的业务知识与技能；第三，系统分析员应当熟悉客户及客户的工作方式，即要求具有丰富的客户知识和与客户沟通的技能。

系统分析员关注的是建造系统的各种事务之间的交互，如系统所有者、用户、设计人员和构造人员对要构造和使用的信息系统经常存在不同的观点，系统分析员就要有沟通这个障碍的能力。系统分析员需要同系统中的其他所有关联人员交互工作。对于系统所有者和用户来说，分析员确定并验证他们的业务问题和需求；对于系统设计人员和构造人员来说，分析员应确保技术方案实现了业务需求，并将技术方案集成到业务中。换句话说，系统分析员通过与其他管理人员的交互推动信息系统的开发。

系统设计人员是信息系统的技术专家。系统设计人员主要关注信息技术的选择和使用所选技术如何设计系统。如今的系统设计人员往往专注于某一项技术专业，常见的专业分类有数据库管理员（数据库技术专家，负责设计系统数据库及协调对系统数据库的修改）、网络架构师（网络技术和电信技术领域的专家，负责设计、安装、配置、优化及维护网络）、Web 架构师（为系统设计复杂 Web 站点的专家，包括 Internet 上的公共 Web 站点，企业内部的内部 Web 站点及私有的企业对企业 Web 站点）、图形艺术师（指图形技术专家，擅长设计具有吸引力的、易用的 PC 界面、Web 界面、手持设备界面及智能电话的界面等）、安全专家（指确保数据和网络安全的技术和方法的专家）、技术专家（指在系统中将使用特定应用技术的专家）等。

1.3.4　系统外部服务者

前面介绍的系统所有者、用户、分析设计人员都是应用信息系统的重要参与者，但还有一些外部服务者也是必不可少的参与人员，如业务顾问、系统顾问等。咨询顾问是重要的一类外部服务者，他们提供设计系统的方方面面的专业咨询。事实上绝大多数外部服务参与者都是签约的系统分析与设计人员，他们为特定的项目提供特殊的专业知识和经验。常见的外部服务参与者包括：技术工程师、销售工程师、系统顾问、签约程序员和系统集成人员等。

1.3.5　项目经理

现代信息系统开发中涉及的主要参与者包括系统所有者、系统用户、系统分析设计人员及系统外部服务者等，所有这些人员作为一个团队，只有大家一起努力才能构造出对企业有益的信息系统。项目经理就是这个团队的领导者，项目经理组织和指导团队其他人员按照事先确定的进度和预算实现计划的目标，确保系统的进度与质量。

项目经理具体定义和执行项目管理任务。一般情况下，大多数的项目经理由有经验的系统分析人员担任；但在有些系统项目中，项目经理也会从"系统所有者"挑选。项目管理是目前大型信息系统开发中不可缺少的功能部门，项目经理是系统开发的重要参与者，他们关注系统的项目组织结构、项目推行进度、项目协作与结果。无论从哪个角度来看，项目经理都是一个专业的角色，它需要专门的技能和经验。

1.4　系统发展的阶段理论

信息系统战略规划是指实施信息系统建设的关键步骤。以合理的模型与方法作为指导是提高信息系统规划的重要基础。模型刻画了信息系统规划过程中的指导模式，而方法则描述了具体实施规划时的步骤。目前使用比较多的信息系统规划模型有诺兰的阶段模型、西诺特模型和米切模型。

1.4.1 诺兰的阶段模型

诺兰的阶段模型反映了信息系统的发展阶段，并使信息系统的各种特性与系统生长的不同阶段对应起来，从而成为信息系统战略规划工作的框架。根据这个模型，只要一个信息系统存在某些特性，便能知它处在哪一阶段，而这一理论的基本思路是一个组织的信息系统在能够转入下一阶段之前，必须首先经过系统生长的前几个阶段。因此，如果能够诊断出一个企业目前所处的成长阶段，就能够对它的规划提出一系列的限制条件和制定针对性的规划方案。

诺兰（R. L. Nolan）在 1973 年首次提出的信息系统发展阶段理论确定了信息系统生长的 4 个不同阶段，到 1980 年，诺兰又把该模型扩展成 6 个阶段，如图 1.1 所示。

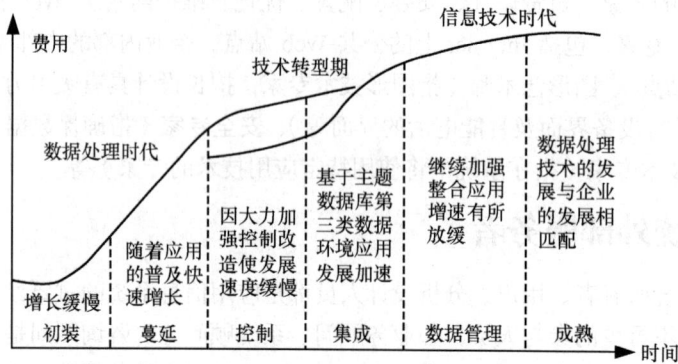

图 1.1　诺兰的 6 阶段模型

这是一种波浪式的发展历程，其中前三个阶段具有计算机数据处理时代的特征，后三个阶段显示出信息技术时代的特点，前后之间的"转折区间"是在整合期中，由于办公自动化机器的普及、终端用户计算环境的进展而导致了发展的非连续性，这种非连续性又称为"技术性断点"。

诺兰认为，任何组织由手工信息系统向以计算机为基础的信息系统发展时，都存在着一条客观的发展道路和规律。数据处理的发展涉及技术的进步、应用的拓展、计划和控制策略的变化及用户的状况 4 个方面。诺兰强调，任何组织在实现以计算机为基础的信息系统时都必须从一个阶段发展到下一个阶段，不能实现跳跃式发展。

① 初装阶段。从企业购置第一台计算机开始，一般是在财务部门和统计部门应用。该阶段的特点是组织中只有少数人使用计算机，计算机是分散控制的，没有统一的规划。

组织引入了像管理"应收账款"和工资这样的数据处理系统，各个职能部门（如财务）的专家致力于发展他们自己的系统。人们对数据处理费用缺乏控制，信息系统的建立往往不讲究经济效益。用户对信息系统也是抱着敬而远之的态度。

② 蔓延阶段。随着计算机的应用初见成效，使用面迅速扩大，计算机的启用从企业少数部门扩展到各个部门，以至在对信息系统的管理和费用方面都产生了危机。在此阶段，计算机处理能力得到飞速发展，但在组织内部又出现大量数据冗余、数据不一致及数据无法共享等许多问题。

③ 控制阶段。组织开始制定管理方法，控制对计算机的随意使用，使得计算机的使用正规化、制度化，推行"成本-效益分析方法"，但这种控制可能影响一些潜在效益的实现。而且针对已开发的应用系统的不协调和数据冗余等问题，系统建立了统一的计划。

④ 集成阶段。经过控制阶段的全面分析，引入数据库技术；在建立数据通信网技术的条件下，数据处理系统进入一个高速发展阶段，建立了集中式的数据库和能够充分利用及管理组织各种信

息资源的系统。

⑤ 数据管理阶段。诺兰认为，在集成阶段之后才会正式进入数据管理，这时，数据真正成为企业的重要资源。信息系统开始从支持单项应用发展到在逻辑数据库支持下的综合应用。组织开始全面考察和评估信息系统建设的各种成本和效益，全面分析和解决信息系统投资中各个领域的平衡与协调问题。

⑥ 成熟阶段。信息系统的成熟表现在它与组织的目标完全一致，可以满足组织中各管理层次的需求，能够适应任何管理和技术的新变化，从而真正实现信息资源的管理。

诺兰的阶段模型既可以用于诊断当前所处在哪个成长阶段、向什么方向前进、怎样管理对开发最有效，也可以用于对各种变动的安排，进而以一种可行方式转至下一生长阶段。虽然系统成长现象是连续的，但各阶段则是离散的。在制定规划过程中，根据各阶段之间的转换和随之而来的各种特性的逐渐出现，运用诺兰的阶段模型辅助规划的制定，将它作为信息系统规划指南是十分有益的。

根据诺兰阶段性理论模型描述，我国绝大多数企业的信息化进程刚刚处于控制期，是一个上马各类综合管理信息系统的抉择期和转折点，要想进一步促进企业发展，就必须抓住机遇实施企业信息资源的总体数据规划。

1.4.2　西诺特模型

1988 年西诺特（W. R. Synnott）参照"诺兰阶段理论"并考虑信息的作用随时代变迁的特点提出了一个新模型，他用 4 个阶段的推移来描述计算机所处理的信息。这是一个过渡性的理论，它从计算机处理原始数据的"数据"阶段开始，逐步过渡到用计算机加工数据并将其存储至数据库的"信息"阶段；接着，经过诺兰所说的"技术性断点"，到达把信息当作经营资源的"信息资源"阶段；最后到达将信息作为带来组织竞争优势的武器，即"信息武器"阶段。

"西诺特模型"不仅强调了信息处理程度的差别在组织经营与管理中具有不同的意义，而且还突出了信息资源管理者本身在组织信息管理模式选择中所处的特殊地位和作用。

"西诺特模型"强调，随着计算机处理的信息武器作用的变化，作为信息资源管理者的高级信息主管或称为首席信息官（Chief Information Officer，CIO）的重要性应当受到重视。当前，发达国家都接受了西诺特对诺兰模型的改善，将信息资源管理作为企业的头等大事来抓。综观国内企业，已有海尔、春兰、长虹、TCL 等先进企业引入 CIO 机制的典型案例。

1.4.3　米切模型

"诺兰模型"和"西诺特模型"均把系统整合（集成）和数据管理分割为前后两个阶段，似乎可以先实现信息系统的整合后再搞数据管理，但后来的大量实践表明这是行不通的。美国的信息化专家米切（M. A. Mische）于 20 世纪 90 年代初对此做了进一步修正，指出信息系统整合与数据管理密不可分，系统整合期的重要特征就是搞好数据组织，或者说信息系统整合的实质就是数据整合或集成。此前的研究仅仅集中于数据处理组织机构的管理和行为的侧面，而没有更多地研究各种信息技术的整合集成，忽视了将信息技术作为企业的发展要素而与经营管理相融合的策略。

米切将综合信息技术应用的连续发展划分为 4 个阶段，即起步阶段（20 世纪 60 年代～70 年代）；增长阶段（20 世纪 80 年代）；成熟阶段（20 世纪 80 年代～90 年代）和更新阶段（20 世纪 90 年代中期～21 世纪）。其特征不只在数据处理工作的增长和管理标准化建设方面，而且涉及知识、理念、信息技术的综合水平及其在企业的经营管理中的作用及地位，以及信息技术服务机构提供成本效益和及时性都令人满意的解决方案的能力。米切的阶段论研究成果可以概括为：具有"四阶段、五特征"的企业综合信息技术应用连续发展的模型，如图 1.2 所示。

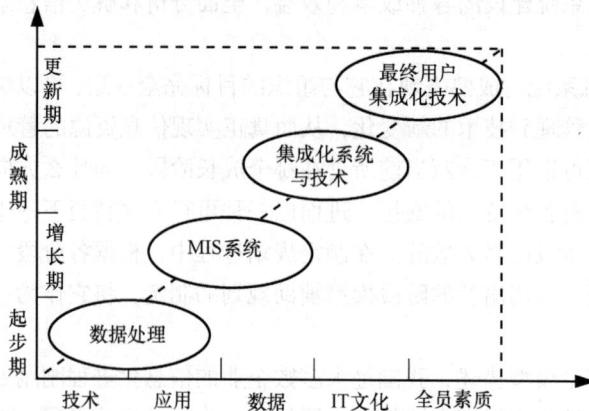

图 1.2　米切的 4 阶段连续发展模型

决定这些阶段的特征有 5 个方面，包括技术状况；代表性应用和集成程度；数据库和存取能力；信息技术融入企业文化；全员素质、态度和信息技术视野。其实，每个阶段的具体属性还有很多，概括起来有 100 多个不同属性。这些特征和属性可用来帮助企业定位自身在综合信息技术应用的连续发展中所处的位置。

"米切模型"可以帮助企业和开发机构把握自身当前的发展水平，了解自己的 IT 综合应用在现代信息系统的发展阶段中所处的位置，是企业研究信息体系结构或制定变革途径的认识基础，也是企业建设现代信息网络发展目标的前提。

调查表明，目前许多企业运行的 MIS 系统，由于在开发时没有经过科学有效的构思与详细规划，没有深入研究如何将信息技术与业务工作结合起来；而且在考虑系统整合或集成时，一般都偏重于计算机系统和通信网络方面，这看起来似乎是花大钱而立竿见影的解决方案，而实际上却根本达不到企业信息系统整合集成的目的。

参照"米切模型"，企业可以发现在综合信息技术应用连续发展方面的差距，找到改进的方向，做到在不同阶段采取不同的措施，对症下药。例如，对于家电制造企业的信息化工作，起步阶段可先上简单存供销系统；增长阶段开始建立 MIS 系统，数据处理应用面扩大了，但数据的管理仍未有效加强。成熟阶段实现内部计算机应用高度集成化，同时，自动化地与外域进行信息交换，即与客户、物流商等业务伙伴，海关、质检等政府部门，以及代理、银行、保险等中介及服务部门之间实现数据自动交换，达到更大范围和更深层次上的开放性集成，从而实现企业整体业务流程的高效、低耗运行。

1.5　系统分析与问题领域

系统分析是一种问题解决技术，它将一个系统分解成各个组成部分，目的是研究各个部分如何工作、如何交互，以实现其系统目标。系统分析讨论的问题域是指正在被研究的用户业务领域，指拟开发系统进行处理的业务范围。

系统分析是对系统项目开发的各个早期阶段的表述，事实上不存在一个被广泛接受的信息系统分析的定义，一般无法明确区分什么时候系统分析结束，或什么时候系统设计开始。传统的概念认为，信息系统分析主要涉及业务问题方面，而非技术或实现方面。

1.5.1　系统分析过程

在系统开发项目中，系统分析过程一般需经历：范围定义、问题分析、需求分析和决策分析 4 个阶段。其中前三个阶段合在一起称为系统分析，最后一个阶段涉及系统分析与系统设计之间的转换。

1. 范围定义阶段

范围定义阶段也称初始研究阶段或计划阶段。此阶段考虑的问题是："系统项目是否存在开发的价值？"为此必须定义项目的范围及触发该项目的可能的问题、机会和指示。若该项目是可行的，此阶段将按照系统范围、开发策略、开发进度、资源需求和系统预算来制订项目计划。

范围定义阶段最后的交付成果是系统规划说明书。系统说明书定义了项目范围、计划、方法学、标准等内容，它的完成是项目的第一个里程碑。范围定义阶段一般包含下列 4 项具体任务。

任务 1：确认系统项目开发的动机，说明触发该项目的问题、机会，并对每项内容按照紧急程度、可见性、收益和优先权进行评估。

任务 2：协商系统项目的初步范围。系统范围定义了项目的边界，明确了将被包括进来或者不被包括进来的业务。系统范围在项目执行期间可能会发生变化，但是初始计划必须确定系统的初始范围。如果以后范围发生了明显变化，有关各方也将能很好地理解预算与进度的变化。

任务 3：评估系统项目的价值，对系统项目从运行环境、技术、经济、社会因素等方面进行可行性分析。

任务 4：制订系统项目计划，即设计项目进度表和预算表。初步的项目计划至少应包含两项内容。一是项目进度表和整个项目的资源分配表。这个计划也被称作基线计划，它将在项目的每个阶段结束时进行更新。二是用于完成项目下一个阶段（问题分析阶段）的一个详细计划和进度表。

2. 问题分析阶段

问题分析阶段也称详细研究阶段或可行性分析阶段，是对系统项目的开发动机、机会及目标进行全面、深入理解的阶段。此阶段考虑的问题是："系统项目真的具有开发的价值吗？"

问题分析阶段的目标是充分地研究和理解问题领域，并全面分析其中存在的问题、机会和约束条件，归结起来有下列 5 项任务。

任务 1：研究问题领域。此任务是分析问题领域中的业务问题、机会、指示和约束条件等。此任务的交付成果是对问题领域和业务术语的理解，一般以文档形式记录下来，以便验证或更好地理解系统。

任务 2：分析问题和机会。此任务由系统分析员直接负责，但是所有的系统所有者和用户都应参与到因果分析中，因为他们是问题领域专家。这个任务的交付成果是修改的问题陈述及对每个问题和机会的因果分析，并将这些分析用文档记录。调查研究技术和 JRP 技术有助于此项任务的完成。

任务 3：分析业务过程。这个任务只适用于业务过程重构（BPR）项目、建立在业务过程重构基础上的项目，或者需要重大的业务过程重构的开发项目。在这类项目中，要求项目团队十分详细地检查企业的业务过程，考量每个过程相对于整个系统增加或减少的价值。这个任务的交付成果是过程模型和过程分析。

任务 4：制定系统改进目标。当完成对系统的范围、问题和机会的理解后，就可以制定系统改进目标了。这个任务的目的是建立成功的准则，对系统的任何改进都将按照该准则进行度量。同时也确定了任何可能限制系统改进的约束条件，如针对实现目标的限制或界线、最终期限、预算和所需的技术等。

任务 5：修改项目计划与汇报。项目范围是不断变化的。以在范围定义阶段获得的初步理解和估计为基础，项目范围可能已经在规模上和复杂程度上进行了增加或缩减，此时应重新评估项目范围，并相应地修改项目计划。

3. 需求分析阶段

需求分析阶段主要为新系统定义业务需求，包含的基本任务有 4 项。此阶段最后交付成果是产生一个"业务需求陈述"，它将实现在前面阶段中确定的系统改进目标。

任务 1：定义需求。将问题分析阶段中确定的系统改进目标，转换成满足系统的功能需求或非功能需求的框架。功能需求指满足系统改进目标所需的输入、输出、过程和存储的数据等。非功能需求如满足吞吐量、易学易用性、预算、开支和开支节省、时间表和最终期限、文档和培训需求、质量管理、安全和内部审核等。此任务的交付成果是功能需求和非功能需求的草稿描述。

任务 2：排列需求的优先次序。一般来说，系统开发项目的成功总是按照业务需求被满足的程度来衡量的，但这并不意味着所有的需求要平等对待。如果一个项目落后于进度或者超出预算，此时若能判断出哪个需求相对更为重要是十分有用的。

任务 3：修改项目计划。系统需求的优先次序确定后，分析人员将重新定义对项目范围的理解并相应地修改项目计划。项目团队必须考虑到新系统可能会比原先预期的规模更大。如果是这样，项目团队就必须相应地调整进度、预算和范围。

任务 4：交流需求陈述。交流是需求分析阶段一个持续的任务，必须保证在整个阶段都同业务团体交流需求及其优先级信息。

4. 决策分析阶段

决策分析阶段确定候选方案、分析候选方案，并推荐其中之一成为设计、构造和实现的目标系统。决策分析阶段可以细化为 4 项任务。

任务 1：确定候选方案。当系统业务需求确定后，接下来必须做的工作是确定候选方案。某些候选方案是由系统所有者和用户的设计思想和观点形成的，另一些则可能有各种来源：系统分析员、系统设计人员、技术顾问和其他信息系统专家。评估候选方案不是这个任务的目的，该任务仅仅需要定义要被考虑的可能的候选方案。

任务 2：分析候选方案。每个候选方案必须进行可行性分析。系统分析员从技术可行性、运行可行性、经济可行性和进度可行性 4 个方面来评估各个方案。

任务 3：比较候选方案。当完成对每个候选方案的可行性分析后，比较这些候选方案，从中选出一个或多个方案推荐给系统所有者和用户。

任务 4：修改项目计划并推荐系统方案。随着分析人员对系统、问题、需求和方案的一步步深入了解，不断地修改项目计划并相应地调整项目范围是显然的。因此，根据推荐的方案，应该再一次重新评估项目范围，并相应地修改项目计划。

1.5.2 信息领域

目前，信息系统的开发与应用在各个行业越来越普遍，在应用系统分析方法对信息系统进行分析时，遇到的下面几个问题会显得比较突出。

1. 问题域与系统责任

问题域是指被开发系统的应用领域，即在现实世界由这个系统进行处理的业务范围。系统责任是所开发系统应具备的职能，两者具有很大的重合，但又不完全一致。对问题域和系统责任进行深入的调查研究，产生准确透彻的理解是运用系统分析方法成功开发一个系统的首要前提，也是分析工作的第一个难点。这项工作困难的主要原因是：软件专业出身的分析人员，他们多半不是问题专家，即使他们为某个领域开发过一两个系统，当他们面临新的领域时也仍然是外行。但是分析工作要求他们在不长时间内掌握问题域的基本情况和关键问题。问题域专家可以协助或参与分析工作，但是他们多半不是软件专家，他们的知识领域与系统开发的要求又有很大的距离。

当今信息系统所面临的问题域比以往更为广阔和复杂，信息系统比以往更为庞大。计算机硬件性能的提高和价格的下降使得人们把越来越多、越来越复杂的问题域交给计算机来解决。软件的发展也使编程效率在不断提高。相对而言，问题域和系统责任的复杂化对信息系统的压力也在与日俱增。

2. 交流问题

人与人之间的交流是分析工作面临的另一个重要问题。分析人员与其他人员的交流包括以下几个方面。

① 与用户和领域专家的交流——为了了解用户的需求和理解问题域。

② 分析人员之间的交流——为了分工、合作、问题切磋和系统衔接。

③ 与用户和领域专家的再交流——为了检验用户需求和问题域的理解是否正确；为了帮助用户更改或放弃某些需求，或改进现实系统的某些运作制度。

④ 与设计人员交流——工作交接，这种交流主要通过系统分析文档来表达，也不排除口头的说明和相互讨论。

⑤ 与管理人员的交流——工作的审核、认可、进度检查、计划调整等。

3. 需求的不断变化

需求变化是在大多数项目中司空见惯的事情。需求变化最常见的原因多半来自用户，客观原因是问题域本身在信息系统开发过程中发生了变化；主观原因是用户在立项的开始可能对需求的提法不完全或不适当，他们随着信息系统的开发而逐渐成熟，所以常常补充或者更改早期提出的需求；竞争因素也是引起变化的原因，为了利于竞争，可能需要为系统增加某些需求，也可能为了降低成本，加快开发而需削减某些需求。另外还有经费因素、技术因素等也会引起需求变化。

4. 复用的要求

软件复用是提高系统开发效率，改善软件质量的重要途径。分析结果复用是把已有分析模型中的成分组织成可复用的构件，以便在进行相同的或相似领域的新系统的分析时复用；此外，还可以在把一个旧信息系统改造为基于新的软硬件支持的新信息系统时尽量地复用旧的分析结果。

1.5.3　建模和模拟

模型是对所研究的系统、过程、事物或概念的一种表达形式，是对被研究对象的一种抽象。信息系统开发涉及的行业范围广、应用复杂，分析人员需要在这复杂的信息系统中澄清业务流程、提炼需求功能，并最后做出分析方案，建立各种层次或范围的模型是非常有必要的。

系统分析的基础是问题解决技术。由于解决问题的方法很多，所以系统分析方法也就有很多。从建模的角度来看，可以分为模型驱动分析法和模拟分析法。

模型驱动分析法强调绘制图形化系统模型来记录和验证现有的或建议的系统。系统模型最终将成为设计和构造一个改进系统的蓝图。结构化分析、信息工程和面向对象分析都是基于模型驱动的分析方法。

获取原型法首先模拟原型系统，原型是由用户提供响应需求的一个快速而粗略的实现，用以确定用户的业务需求。快速架构分析法考虑从现有系统或获取原型中导出系统模型，再进行编辑和改进得以实现新系统，可以看作是模型驱动和模拟分析的混合方式。

系统分析的不同阶段也有不同分析方法。需求获取方法是指包括系统分析员在内的，用来从用户团体那里提取系统问题和方案需求的技术，是系统进行模型驱动或模拟分析的基础。所有以上提及的这些方法都将在第 2 章中做详细介绍。

1.6 系统开发与项目管理

一般来说，开发不同类型的信息系统，可能会涉及不同的参与者、不同的业务环境和技术环境。但是，开发一个信息系统的"过程"是一致的，即无论任何组织或公司部门，开发一个完整的系统项目总会经历"目标、计划、分析、设计、实现、维护"这样的过程或步骤，这就是系统开发的生存周期。

1.6.1 系统开发生存周期

信息系统的开发需经历系统项目启动、业务需求分析、详细技术设计、系统实现与维护 4 个过程，分别称作系统开发生存周期的启动阶段、分析阶段、设计阶段、实现与维护阶段。在整个生存周期中，需要完成各种不同的但相互关联的活动，这些活动涉及 3 个方面：用于计划、组织和规划项目的项目规划活动；用于理解定义和解决业务问题的分析设计活动；为业务用户编程、测试并安装新系统的实施活动。

1. 启动阶段

系统启动阶段的主要任务是确立系统的目标与计划。由于信息系统项目通常会很复杂，需要投入大量的人力、物力与财力，如果没有明确的系统目标与计划，系统开发的后续阶段是不可能进行的。

启动阶段的主要目标是确定新系统的作用域并做出项目规划。这个阶段主要涉及 5 个活动，如图 1.3 所示：定义问题域、制定项目的进度表、确认项目的可行性、安排项目人员和启动项目。

启动阶段最重要的活动是准确地定义业务问题和所需解决方案的范围。更加明确系统的主要用途、清楚系统必须解决的业务问题，这些都是非常重要的。为了确保目标的顺利完成，制订完整的项目计划也是必不可少的。在完成本阶段相关活动后，经过高层管理人员审查并通过项目总计划后，启动系统开发项目。

2. 分析阶段

系统分析阶段的主要任务是进行系统业务需求分析。系统分析的目的是为项目团队提供对开发项目的问题和需求更全面的理解。根据系统启动阶段定义的系统目标，进一步研究和分析项目范围内业务领域，以便对系统在内容上做更深入的理解。

分析阶段最本质工作是发现、理解并归结出系统的业务过程。这一阶段主要包括以下 6 个活动，如图 1.4 所示：收集信息、定义系统需求、建立需求发现的原型、划分需求的优先级、产生并评价可选方案、与管理人员一起审查并推荐方案。

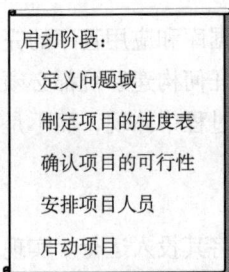

图 1.3　启动阶段活动

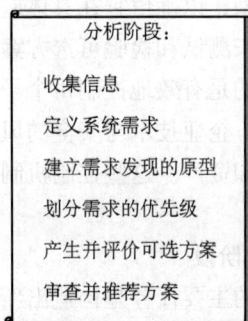

图 1.4　分析阶段活动

分析阶段的目标是了解并详细阐述用户的需求，因而收集信息便是分析阶段的最基础工作。在这一活动中，分析人员应尽可能多地接触用户以获得对问题域的更多了解。通过对业务工作过程的观察、对用户的访问与调查，以及相关文件、业务规则和工作职责的阅读，分析人员检查、分析获取的信息并将其结构化，以全面了解对构建系统的需求。这一活动被称为确定系统需求，采用的主要技术手段是以绘制图表为主的需求建模。分析阶段的产物是产生开发系统的业务需求、业务处理预期和优先级的报告。

3. 设计阶段

系统设计的第一个任务是探索并考量不同的技术设计方案。随着现代信息技术的不断发展，系统设计技术出现了越来越多的选择，大多数公司可能会在购买一个好的方案或构造一个定制方案之间做出选择。

当选定某个技术方案，系统设计阶段的第二个任务是开发实现最终方案所需的技术蓝图和规格说明。这些技术蓝图和规格说明将被用来实现信息系统所需的数据库、程序、用户界面和网络等。

设计阶段必须完成以下 7 个主要活动：设计和集成网络、设计应用结构、设计用户界面、设计系统界面、设计和集成数据库、设计细节的原型化、设计和集成系统控制（图 1.5）。也就是说，设计阶段需要完成高级设计（如：为软件程序、数据库、用户界面和操作环境的体系结构设计）以及相对的低级设计（如：需要制定详细的算法和程序开发所需的数据结构等）。

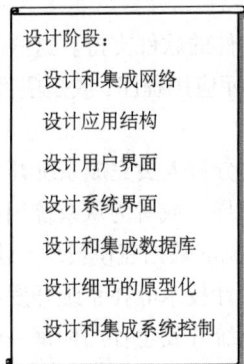

图 1.5　设计阶段活动

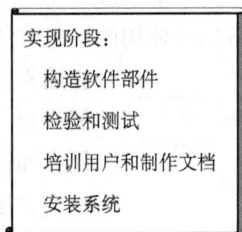

图 1.6　实现维护阶段活动

设计阶段主要用于设计系统和程序，这些设计活动是互相紧密联系的，而且大部分活动一般都具有实质性的重叠与交互。验证是检验设计方案优劣的重要手段。一个重要的验证方法是创建系统的部分工作原型，以确信它在具体应用环境下所具有正确性和可行性。通常，设计人员通过建立新系统的原型来测试和检验可选方案的设计策略。

系统控制考虑的是有效地控制每个子系统，以确保数据库和应用程序的完整性。随着全球经济高度竞争与发展，企业技术与安全的风险也同时加大，任何构建系统都必须考虑有适当的机制以保护系统的信息和资产。这些控制机制应该在系统设计过程中体现，而不是在建成之后再集成到新的系统中。

4．实现与维护阶段

系统实现阶段的主要任务是构造出新的信息系统，并将其投入运行。实现阶段由 4 个主要的活动组成，如图 1.6 所示：构造软件部件、检验和测试、培训用户和制作文档、安装系统。

实现阶段是对新系统进行编程和安装测试的阶段。软件构造可以通过各种技术实现，除了使用常规的计算机语言来编写程序外，基于开发工具和构件的软件构造技术越来越被广泛使用。

系统整体测试成功的唯一标志是确保其正常工作并满足用户的需求和预期，也就是说，只有用户理解并能恰当地使用系统时，这个系统才是成功的。实现阶段的一个重要活动是培训新系统的用户，以使该系统发挥最大的作用。

新系统的安装与运行是系统实现阶段的最终目标，这会涉及系统与数据库或相应构件在整个组织内的集成与配置。同时，新系统的安装与运行并不代表系统构建的结束，支持整个新系统的有效使用，即系统的维护过程也是系统开发生存周期的重要组成部分。系统维护的主要目标是保证系统安装后能有效地运行。维护过程主要包括维护系统、加强系统和支持用户这 3 个活动。

针对业务需求和用户需求随时会发生变化，维护系统的关键任务就是修复错误（如众所周知的系统补丁）和应需求变化而进行系统调整。通常，安排一个系统支持小组负责维护系统。

由于业务环境的改变，所以开发系统的增强功能或升级版本也是正常的现象。维护阶段的另一主要活动是对系统用户提供帮助，通常由专业技术人员提供快速的问答，以帮助他们提高工作效率。培训新用户和维护系统目前的文档是这一活动的基本工作。

1.6.2　系统开发方法论

系统开发方法为完成系统开发生存周期中的每一步提供详细的指导，它包括具体的模型、工具和技术。模型是现实世界的某些重要方面的表示。模型是现实的抽象，可以帮助人们快速、深刻地理解系统内部结构。

系统开发中的工具是帮助生成项目中所需模型或其他构件的软件支持。这些工具可以是创建图表的简单绘图程序，也可以是存储了相关项目信息的数据库应用程序，或是项目管理软件工具。所有这些工具都是为帮助系统开发人员而专门设计的。

技术是系统开发中使用的一组方法，这组方法可以帮助分析人员完成系统开发活动或任务。它通常为创建模型提供逐步指导，或者为从系统用户处收集信息提供更一般的建议。例如，常见的数据建模技术、软件测试技术、用户面谈技术和关系数据库设计技术等在系统开发中经常用到。

方法包括一组用来完成系统开发生存周期每一阶段活动的技术。这些活动包括完成各种模型及其他文档和交付资料。与其他行业一样，系统开发人员使用软件工具来帮助他们完成这些活动。方法中各构件之间的关系如图 1.7 所示。

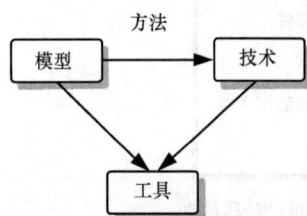

图 1.7　方法中构件之间关系

系统开发方法有很多种，如下面将要介绍的结构化方法、原型法、面向对象方法、敏捷开发方法等。所有这些开发方法都依据系统开发生存周期来管理项目，这些方法加上模型、技术和工具就构成了系统开发方法学。系统开发方法学为严格完成系统开发生存周期中的每一步提供指导。下面简要地介绍一下这些方法。

1. 结构化系统开发

结构化系统开发法诞生于 20 世纪 70 年代，由结构化分析、结构化设计和结构化编程 3 种技术组成，有时也把这 3 种技术称为结构化系统分析设计方法（Structured Systems Analysis And Design Method，SSADM）。该方法被认为是系统开发方法摆脱传统模式，实现新突破的标志。

结构化系统开发的基本思想是在分析与设计阶段自顶向下，逐层分解。把分析与设计看作是按一定的逻辑联系逐层分解的求解过程，从而能有效地将一个复杂的、难以描述和处理的抽象系统逐步分解成若干层次的子系统，直到能被有效定义和处理的具体模块，由此，形成了开发系统的概念模型。

在系统实现阶段，则是自底向上，通过模块链接形成完整的信息系统。开发过程严格地按照系统分析、系统设计、系统实现的流程去实现。

（1）结构化方法的工具

在结构化方法中，所使用的工具有很多。主要有如下几种。

① 业务流程图：业务流程图是为了描述系统运行步骤及各项业务运转顺序的工具。图 1.8 给出了业务流程图的主要元素。

② 数据流图（Data Flow Diagram，DFD）：用以描述逻辑模型的图形工具，表示数据在系统内的变化，是用来刻画数据流及其转换的信息系统建模技术。图 1.9 给出了数据流程图的主要元素。

③ 实体–关系图（Entity-Relationship，ER）：将现实中的事物抽象为数据对象、属性和关系，是一种表示数据对象及其关系的图形语言。

④ 数据字典（Data-Dictionary，DD）：是对所有与系统相关的数据元素的一个有组织的列表，其主要作用在于描述 DFD 中的数据流和数据存储。

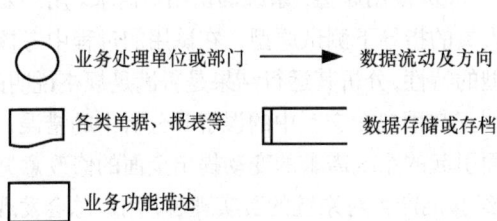

图 1.8　业务流程图元素

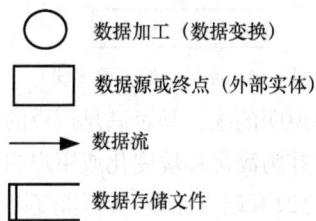

图 1.9　数据流程图元素

（2）结构化方法优缺点

结构化方法的突出优点是强调系统开发过程的整体性和全局性，强调在整体优化的前提下考虑具体的分析设计问题，即自顶向下的观点。另一个强调的观点是严格地区分开发各阶段，强调一步一步地严格进行系统分析和设计，每一步工作都及时地总结，发现问题及时反馈和纠正，避免了开发过程的混乱状态，是一种目前被广泛采用的系统开发方法。

随着时间的推移，结构化开发方法也逐渐暴露出了很多不足，具体表现在：①系统开发周期长；②开发出的系统总体结构与用户的业务运作过程存在的差异大；③系统的可维护性和稳定性较差。

结构化方法是一种严格的理想主义开发法，它要求在用户需求分析阶段中必须完整准确地描述用户的各种需求。然而，在开发前期用户常常对系统仅有一个模糊的想法，很难明确确定和表达对系统的全面要求；或者由于用户的经营方式、管理模式发生变化，都将使得用户提出对系统的修改意见，而这种用户需求的变化（即使是微小变化）都可能导致整个系统的巨大改变。因此，结构化开发方法通常适合在系统需求比较稳定的情况下使用。

2. 原型法

原型法（Prototyping Approach，PA）产生于 20 世纪 80 年代。它是在第四代程序设计语言和各种辅助系统开发工具产生的基础上，提出的一种新的开发方法。原型法的基本思想是：采用最经济的方法，尽快设计出一个可以实际运行的系统原型。所谓原型，是指一个用于实验的、结构简单但已具备系统的基本功能的应用系统。系统设计人员不是在间接地完善概念性的信息系统，而是与用户合作，直接在运行中不断修改一个尚不够成熟的系统原型，通过反复试验、评价与修改，最终开发出符合用户要求的管理信息系统。原型法的开发过程是在分析、设计、编程、运行、评价的多次循环与不断演进中进行的。图 1.10 表述了原型法主要包括的 4 个步骤。

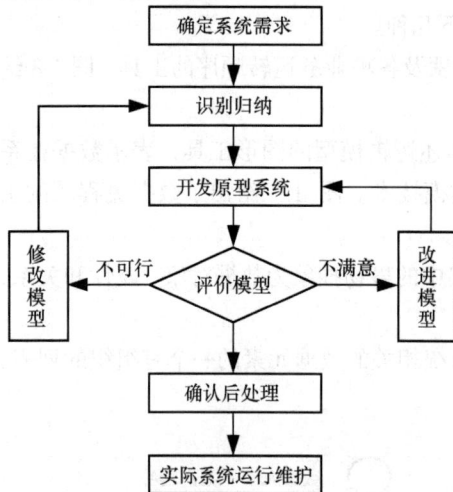

图 1.10　原型法的主要步骤

（1）原型法实施的 4 个步骤

① 确定系统的基本需求。在分析人员和用户的紧密配合下，快速确定软件系统的基本要求。快速分析的关键是要注意选取分析和描述的内容，围绕使用原型的目标，集中力量，确定局部的需求说明，从而尽快开始构造原型。

② 开发初始原型系统。在快速分析的基础上，根据基本规格说明，尽快实现一个可运行的系统。忽略系统在某些细节上的要求，例如，安全性、健壮性、异常处理等。

③ 使用原型，系统确认用户需求。用户要在开发人员的指导下测试原型，在试用的过程中考核评价原型的特性，分析其运行结果是否满足规格说明的要求，以及规格说明的描述是否满足用户的愿望。纠正与用户在交互中的误解和分析中的错误，增补新的要求，并为满足环境变化或用户的新设想而引起的系统需求的变动提出全面的修改意见。

④ 修改和改进原型。对实际系统的亲身经验能产生对系统的真实理解，用户总会发现系统中存在的问题。让用户确定什么时候更改是必需的，并控制总开发时间。

（2）原型法的优缺点

与结构化方法相比，原型法具有如下优点：由于系统开发人员和用户的交流密切，提高了用户参与的主动性；系统开发周期短；能更好地适应需求的变化并减少误解；能有效地提高最终系统的质量，特别是用户接受性，为保证将系统提供给用户使用奠定了基础。

原型法的主要缺陷表现在以下几个方面。

① 系统分析和功能设计贯穿于整个开发过程中，使得系统的总体结构变得不明确。

② 为了使用户能尽快熟悉原型，开发人员常常选取某个简单、独立的子系统作为原型进行开

发。原型选取的不确定性可能降低系统开发速度。

③ 对原型进行分析设计时，仍然沿袭结构化方法自顶向下、模块化的设计思想。数据和功能相互分离的缺陷在原型法中依然存在，不利于软件构件的重用。

④ 开发过程中不断引入用户需求的变化，造成了系统开发的不确定性。用户的需求常常是不全面和不明确的，如果不断地用新的需求否定旧的需求，则系统开发总停留在重构一个新原型的阶段。

3. 面向对象方法

面向对象方法的基本思想是直接地针对整体的对象去开发。在面向对象的分析、设计和实现的各个阶段，都是基于对象的建模操作，不存在概念上的转换问题，是目前最主要的系统开发方法之一。

（1）面向对象的开发

面向对象开发方法一般经历 5 个阶段：分析、设计、实现、测试和维护。

对象分析（Object-Oriented Analysis，OOA）阶段：分析问题的性质和问题的求解。首先是建立问题域的对象模型，模型描述了现实世界中的类与对象，以及它们之间的联系，表示了目标系统的静态数据结构，然后根据需要建立动态模型，通常用状态图来描绘对象的交互式动态模型，用数据流图建立功能模型。

对象设计（Object-Oriented Design，OOD）阶段：整理问题。把分析阶段得到的需求转变成符合成本和质量要求的抽象的系统实现方案的过程。面向对象设计可分系统设计和对象设计。系统设计确定实现系统的策略和目标系统的高层结构。对象设计确定解空间中的类、关联、接口形式及实现服务的算法。

编程实现（Object-Oriented Programming，OOP）阶段：把设计的结果翻译成某种面向对象程序语言所书写的程序。面向对象程序设计语言非常适合用于来实现面向对象设计的结果。事实上，具有方便的可视化开发环境和丰富的类库的面向对象程序设计语言是实现面向对象设计的较好选择。

系统测试（Object-Oriented Testing，OOT）阶段：在测试中运用面向对象技术，对软件系统进行的测试。

系统维护（Object-Oriented Maintenance，OOM）阶段：将测试后的新系统投入运行，并针对系统或用户需求的变化进行纠错或改进。

（2）面向对象的分类

20 世纪 80 年代后期以来，先后出现了很多种面向对象开发方法，其中比较典型的有以下几种。

OMT/Rumbaugh。OMT（Object Modeling Technique，对象建模技术）方法最早是由 Loomis、Shan 和 Rumbaugh 在 1987 年提出的，曾扩展应用于关系数据库设计。Jim Rumbaugh 在 1991 年正式把 OMT 应用于面向对象的分析和设计。OMT 覆盖了分析、设计和实现 3 个阶段，它包括一组相互关联的概念：类、对象、继承、原类、链、聚合、操作、事件、场景等。OMT 方法包含分析、系统设计、对象设计和实现 4 个步骤，它定义了 3 种模型（对象模型、动态模型和功能模型），这些模型贯穿于每个步骤，在每个步骤中被不断地精化和扩充。

OOD/Booch。OOD（Object Oriented Design）方法由 Grady Booch 研究提出。OOD 主要包括下述概念：类、对象、使用、实例化、继承、元类、消息和机制等。其中，使用及实例化是类之间的静态关系，而动态对象之间仅有消息传递的连接。Booch 方法在面向对象的设计中主要强调多次重复和开发者的创造性。该方法本身是一组启发性的过程式建议。

RDD/Wirfs-Brock。RDD（Responsibility-Driven Design）方法是 Wirfs-Brock 在 1990 年提出的。这是一个按照类、责任及合作关系对应用进行建模的方法。RDD 方法主要包含：类、继承、责任、合作、合同、子系统。每个类都有不同的责任或角色及动作。合作是为完成责任而需要与之通信的对象集合。责任进一步精化并被分组为合同。合同又进一步按操作精化为协议。子系统是为简化设计而引入的，是一组类和低级子系统，也包含由子系统中的类及子系统支持的合同。

OOAD/Coad-Yourdon。OOAD（Object-Oriented Analysis and Design）方法是由 Peter Coad 和 Edward Yourdon 在 1991 年提出的。这是一种逐步进阶的面向对象建模方法。在 OOA 中，分析模型用来描述系统的功能，主要包括以下概念：类、对象、属性、服务、消息、主题、一般/特殊结构、全局/部份结构、实例连接和消息连接等。其中，主题是指一组特定的类与对象。OOA 使用了基本的结构化原则，并把它们同面向对象的观点结合起来。

OOSE/Jacobson。OOSE（Object-Oriented Software Engineering）是 Ivar Jacobson 在 1992 年提出的一种使用用例驱动的面向对象开发方法。OOSE 主要包括下列概念：类、对象、继承、通信、激励、操作、参与者、使用用例和对象模块等。用例模型是导出其他所有模型的中心模型。通过确定系统外部的事务如何与系统实现交互，用例模型描述了系统的完整功能。

VMT/IBM。VMT（Visual Modeling Technique）方法是 IBM 公司于 1996 年公布的。VMT 方法结合了 OMT、OOSE、RDD 等方法的优点，并且结合了可视化编程和原型技术。VMT 方法选择 OMT 方法作为整个方法的框架，并在表示上也采用了 OMT 方法的表示。VMT 方法用 RDD 方法中的 CRC（Class-Responsihility-Collaharation）卡片来定义各个对象的责任及对象间的合作关系。此外，VMT 方法引入了 OOSE 方法中的使用用例概念，用以描述用户与系统之间的相互作用，确定系统为用户提供的服务，从而得到准确的需求模型。VMT 方法的开发过程分为 3 个阶段：分析、设计和实现，分别用来建立分析模型、系统和对象设计及系统实现。

（3）面向对象开发方法优缺点

面向对象的开发方法种类很多，且各有优势，归纳起来有这些优势：能够直接地刻画客观世界的模型，易于处理复杂问题；由于采用的继承和多态等面向对象技术，为软件复用和扩充创造了有利条件，使得开发出来的系统易于理解和维护；由于从需求分析到实现阶段都使用相同的面向对象概念，因此可实现开发过程中各阶段的"无缝连接"。

尽管如此，但由于面向对象方法采用的是自底向上的设计方法，因此在设计底层的对象和实体时存在着一定的盲目性。另外，面向对象方法是一种以数据驱动而非功能驱动的分析法，对于系统的整体行为缺少必要的分析，系统的总体结构性较差。

4. 敏捷开发方法

无论在任何系统的开发中，需求分析都具有特别重要的地位。当今的系统外部环境正在追求全球性、快速化，实际上很难找出一个完全的稳定的系统需求。也就是说，一个基于完全的需求描述，然后进行设计、构造，最后再进行测试的软件开发过程是不适合快速系统开发的。

快速系统开发就是为迅速制造可用软件而设计的。一般来说，它们是迭代过程，其描述、设计、开发和测试是交织在一起的。系统软件的开发和部署不是一次完成的，而是以一系列增量的形式完成的，每一个增量都包括新的系统功能。快速系统开发具有下列一些基本的特性。

①　描述、设计和实现过程是并发的。没有详细的系统描述，设计文档得到了最少化，或者是由实现系统所采用的编程环境所自动生成。用户需求文档只定义最重要的系统特性。

②　系统通过一系列增量开发出来。最终用户和其他系统信息持有者都参与了每个增量的定义和评估。他们提出对软件的变更建议及对系统后一个增量应该实现的新需求的提议。

③　系统用户界面通常是采用交互式开发系统开发的。这些开发系统允许通过绘图和在界面上摆放图标的方式迅速完成界面的设计。

敏捷方法是一种专注于增量式描述、设计和系统实现的迭代式开发方法，其中有用户直接参与到开发过程中。同时，开发负担的降低使得快速系统开发成为可能。

（1）敏捷方法

在 20 世纪 80 年代和 90 年代的前期，人们认为开发出好的信息系统的方法是：仔细的项目规划，形式化质量保证，采用 CASE 工具所支持的分析和设计方法，经历严格的、有控的软件开发过程。这些观点主要来自于系统工程领域中关注大型的、长生命期的，且由大量单体程序所构成的信息系统的开发人员。

然而，当这个重量级的、基于计划的开发方法应用于小型或者是中等规模业务系统时，开发费用在软件开发过程中所占的比例起了决定性的作用。更多的时间花在了系统应该如何开发而不是程序的开发和测试上。

20 世纪 90 年代提出了新的敏捷开发方法。敏捷方法允许开发团队将主要精力集中在软件本身，而不是在设计和编制文档上。敏捷方法普遍地依赖于迭代方法来完成系统软件描述、开发和移交，主要用于支持业务应用的开发。

（2）敏捷建模原则

敏捷开发方法一般都建立在增量式开发和移交的概念上，但每种方法达到这个目标的过程是不同的。尽管如此，我们也发现它们有很多共同点，一些共同的基本原则的总结如下。

①　客户参与：客户应该在开发过程中始终紧密参与其中。他们的作用是提供和排序新系统的需求并评估系统的反复。

②　增量式移交：系统以增量的方式进行开发，客户指定在每个增量中将要包含的需求。

③　团队工作：系统工作人员与客户、其他参与人员一起建模，团队成员应该保持自己的工作风格，开发团队的技术应该得到承认和发扬，同时鼓励集体所有权并将模型公开化。

④　接受变更：预计系统需求的变更，并设计系统使之适应这些变更。

⑤　保持简性：致力于所开发的软件和开发过程的简单性。只要可能，就积极地去降低系统中的复杂性。

每种方法都会有自己的局限性。敏捷方法最适合开发小型或中等规模的业务系统和个人计算机产品，不适合大型系统开发的。开发大型系统的团队会分散于各地，或者是会与硬件和软件系统有复杂的交互，而敏捷团队要求尽可能地集中办公。敏捷方法也不适合开发要求极高的一类系统，这类系统要求对系统需求进行详细分析，只有这样才能做到对系统安全性和信息安全性的保证。

（3）极限编程

极限编程（Extreme Progrumming，XP）是流行最广的一种敏捷方法，由 Beck（Beck，2000）在 20 世纪 90 年代中期提出的。该方法因推行公认的最好的经验（如迭代式开发），以及客户参与到一个"极限"水平而得名。

在极限编程中，所有的需求都表示为脚本（或客户情节），脚本是要直接被实现的一系列任务。程序员两两结对工作，在写代码之前完成对每个任务的测试的描述。在新的代码加入到系统中时，所有的测试必须被成功执行。图 1.11 说明了 XP 过程产生待开发系统的一个增量。

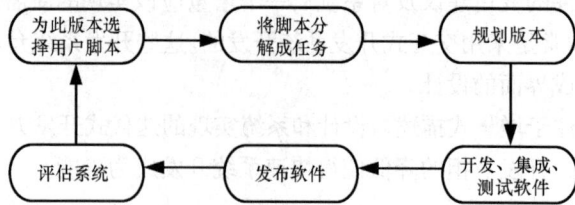

图 1.11　极限编程的版本循环

极限编程包含多个经验，其核心价值如下所述。

① 通过频繁发布系统的版本来支持增量式开发，其间所采用的需求描述方法是基于客户情节或脚本的，这样的情节或脚本可以成为过程规划的根据。

② 客户被全天雇佣到开发团队来参与系统项目。客户代表参与开发，并负责定义系统的接受测试。

③ 开发人员结对编程，检查彼此的工作，并提供支持以圆满完成任务。集体对系统开发具有所有权，参与系统的所有方面的工作，享有系统代码，不存在技术孤岛现象。

④ 测试优先的开发思想：在功能本身实现之前，采用一个自动单元测试框架来书写此新功能的测试。连续集成的开发策略：任务一完成，就将它集成到大系统中。在每次这样的集成后，必须通过系统中所有的单元测试。

⑤ 通过持续的再分解来改善代码质量，并使用不预期系统将来的变更的简单设计，来支持简洁性的维护。

极限编程将增量式开发推向极至。新的软件版本每天之中要构造好多次，移交给客户的增量大约是每两周一次。当程序员创建出新的版本，他/她必须运行所有现存的自动化测试及对新功能的测试。只有当所有测试都成功执行之后，软件的新版本才是可接受的。

1.6.3　团队合作与管理

随着计算机应用的飞速发展，系统开发规模和开发队伍日益庞大，系统开发不再像过去那样是由个别开发人员即可解决的事情，因此，有必要将软件项目管理引入到系统开发活动中，从而有效地保证软件项目能够按照预定的成本、进度、质量要求顺利完成。事实证明，系统项目管理有利于将系统开发人员的个人开发能力转化成企业的开发能力，并使企业的开发能力不断提高和成熟。

项目管理是在指定时间内用最少的费用开发可接受的系统的管理过程。每个信息系统的开发都代表了一个目标，为了实现这个目标，开发过程中需要完成一些任务，内容包括确定范围、计划、人员安排、组织、指导和控制等。对于任何一个系统来说，项目活动的复杂性常常会引起系统进展与预算的变化，因此，有效的项目管理是必需的。

1. 项目管理生存周期

项目管理是一个跨生存周期的活动。系统项目的生存周期包括启动、规划、实施和收尾 4 个阶段。其中，在项目启动阶段，项目管理者需要与客户一起定义系统的范围，组建项目的开发团队，并建立项目的基础设施。

在项目规划阶段，项目管理者对于项目的资源、成本和进度进行合理估算，制订软件开发计划。项目实施是指按照计划执行和控制项目，即项目管理者执行项目计划，及时发现和纠正实际情况与计划的偏差。在项目收尾阶段，项目团队完成项目产品的交付，并进行经验教训等项目总结。

2. 项目管理基本要素

按照美国项目管理协会（Project Management Institnte，PMI）给出的定义，项目管理（Project Management，PM）是在项目活动中应用一系列知识、技能、工具和技术，以满足或超过项目相关人员对项目的要求和期望。其中，项目管理涉及 9 个不同的知识领域如下所述。

项目规划管理：定义和控制需要包含在系统中的功能及项目组需要做的工作的范围。

项目时间管理：建立所有项目任务的详细进度表，然后根据确定的里程碑监控项目进程。

项目成本管理：计算初始的成本、收益，以及之后的项目更新和进程监控的支出费用。

项目质量管理：为确保质量建立一个总的计划，包括项目的每一个阶段的质量控制活动。

项目人力资源管理：项目组成员的创建、补充、雇佣等管理，也包括成员培训等相关活动，以激励和团结小组成员，确保工作活力。

项目通信管理：确定系统相关人员和项目组之间的主要通信，建立所有的通信机制和进度表。

项目风险管理：确定和检查整个项目所有潜在的失败风险，并制订减少这些风险的计划。

项目获取管理：制订提案请求、评价投标、签订合同和监控供应商服务性能。

项目集成管理：集成所有其他领域知识，使系统成为一个无缝连接的整体。

在信息系统开发过程中，项目规划、项目活动及项目团队的人员管理显得尤为重要。

（1）规划与方法

项目规划阶段由需要进行项目组织的各种活动组成，包括确定项目活动、制订项目的进度表、确认项目的可行性、项目成本预算、为项目安排人员等。这些活动都是项目管理的主要活动。一般情况下，项目规划阶段通常配备 2～3 个有丰富经验的系统分析员，其中一人出任项目经理，其他系统分析员是具有很强分析技能，以及有管理和控制项目经历的、富有经验的开发人员。这些项目组成人员常常首先成为核心组领导，然后在他们周围建立项目小组。规划阶段成功结束时，系统已明确各种开发活动并分配好所需资源，制订出了系统开发进度表，并做好了各项成本预算。

需要注意的是，在项目规划阶段，不可能安排好整个项目的每一个任务，因为在项目的早期不可能了解太多的所需任务。为了做好项目成本的预算，预估项目时间就变得十分重要。制定项目进度表是计划阶段最难但也是最重要的事。项目进度表的制订可以分为下列两个主要步骤：第一步是制订工作分解结构；第二步是建立 PERT/甘特图。

① 制订工作分解结构。所谓工作分解结构（Work Breakdown Structure，WBS）是完成项目所需的各个任务的列表，它在计划和执行项目中尤显重要，因为它是制订项目进度表、确定进度标志和管理成本的基础。图 1.12 所示为某项目规划阶段的一个工作分解结构实例。

工作分解结构用来划分一个项目的任务、活动和阶段，是评估和安排一个项目任务的方法。项目管理要求在每个周期阶段都应有一个 WBS，WBS 确定了活动的层次，表明了每个活动可进一步分解成的可独自完成的任务。一般来说，分析、设计和实施阶段的 WBS 对问题的定义更加重要。显然，项目规划阶段的 WBS 就是对整个项目进行进度的安排。

阶段、活动和任务	持续天数	资源数
1. 项目规划阶段		
1.1 定义问题		
1.1.1 会见用户	2	2
1.1.2 确定规模	1	2
1.1.3 书写业务收益说明	1	1
1.1.4 书写需求说明	1	1
1.1.5 定义系统性说明	1	1
1.1.6 指定关联图	1	1
1.2 制订项目进度表		
1.2.1 制订工作分解结构	2	1
1.2.2 估计资源、周期和原有事物	1	1
1.2.3 创作PERT图和甘特图	2	2
1.3 确认项目可行性		
1.3.1 确认无形成本和收益	1	2
1.3.2 估算有形成本	1	2
1.3.3 估算有形收益和计算成本/收益	2	2
1.3.4 评价组织和文化可行性	1	1
1.3.5 评价技术可行性	2	1
1.3.6 评价进度表可行性	1	2
1.3.7 评价资源可用性	1	1
1.4 安排项目人员		
1.4.1 制订项目资源计划	1	2
1.4.2 确认和邀请技术人员	1	1
1.4.3 与用户见面，确认工作人员	1	1
1.4.4 组织项目小组	1	1
1.4.5 实施小组磨合训练	3	2
1.5 启动项目		
1.5.1 准备汇报材料	1	1
1.5.2 进行汇报	1	1
1.5.3 配备项目设备和支持资源	3	2
1.5.4 召开正式的启动会议	1	1

图 1.12　某项目规划阶段的工作分解结构

② 制做 PERT/甘特图。PERT（Project Evaluation and Review Technique，项目评估与评审技术）发展于 20 世纪 50 年代后期，是一种图形化的网络模型，描述一个项目中任务之间的关系。图 1.13 显示了一个 PERT 图的例子。PERT 图主要用来在任务被调度之前弄清项目任务之间的依赖关系。图中的方框代表项目任务，可以通过调整方框中的内容反映各种项目属性（如进度和实际的开始和结束时间），用箭头指示一个任务依赖于另一个任务的开始或完成。

甘特图最早由 Henry L Gantt 在 1917 年提出，是最常用的项目调度和进展评估工具。甘特图是一种简单的水平条形图，它以一个日历为基准描述项目任务。一个条形代表一个项目任务，水平轴是时间线，代表日程天数。顺着时间移动，甘特图可以很好地用于监控项目进展情况。图 1.14 所示了一个项目开发阶段的甘特图。

甘特图的优点是可以清楚地显示重叠任务，即可以同时执行的任务。图中的条形还可以加阴影，以清楚地指示任务完成的百分比和项目进展情况，快速地识别出图中哪项任务提前于进度或者滞后于进度。在进行项目管理时，甘特图和 PERT 图可以同时使用，当需要交流进度时甘特图非常便利，当需要研究任务之间的关系时，使用 PERT 图则显得十分有效。

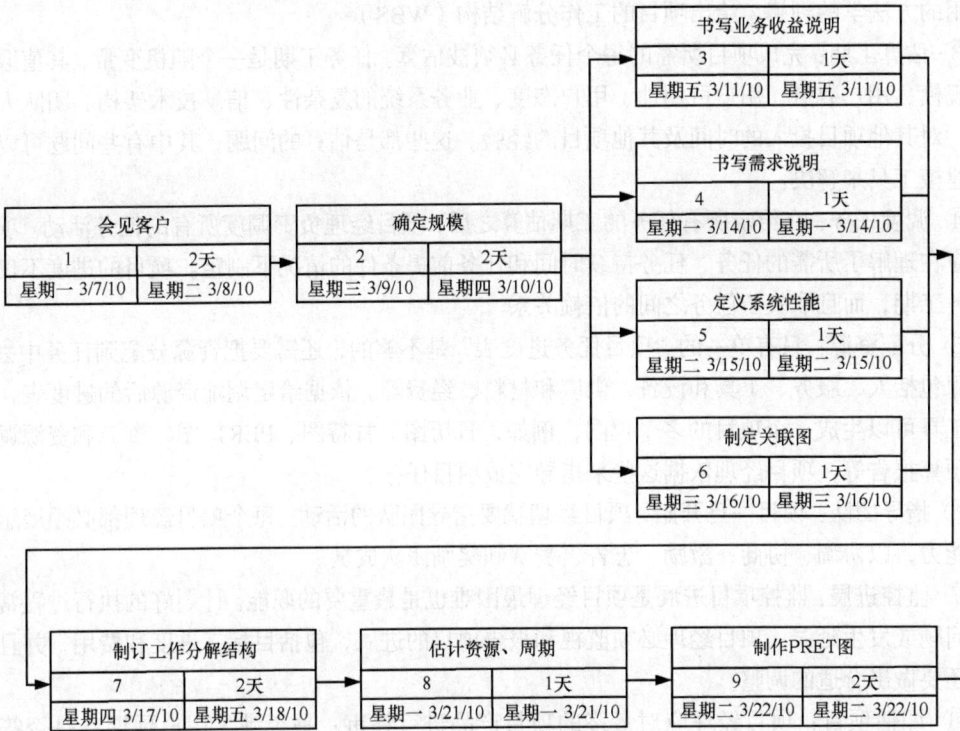

书写业务收益说明	
3	1天
星期五 3/11/10	星期五 3/11/10

会见客户	
1	2天
星期一 3/7/10	星期二 3/8/10

确定规模	
2	2天
星期三 3/9/10	星期四 3/10/10

书写需求说明	
4	1天
星期一 3/14/10	星期一 3/14/10

定义系统性能	
5	1天
星期二 3/15/10	星期二 3/15/10

制定关联图	
6	1天
星期三 3/16/10	星期三 3/16/10

制订工作分解结构	
7	2天
星期四 3/17/10	星期五 3/18/10

估计资源、周期	
8	1天
星期一 3/21/10	星期一 3/21/10

制作PRET图	
9	2天
星期二 3/22/10	星期二 3/22/10

图 1.13　某开发项目部分 PERT 图

（2）活动与职能

项目管理中最主要的管理任务即执行相关的活动，从整个项目管理生存周期来看，项目管理主要涉及以下 8 项活动：协商范围、确定任务、人员安排、组织、调度、指导、控制和项目总结。

① 协商范围：项目范围定义了项目的边界。项目经理必须确定对项目范围的预期和约束条件，以便计划活动、估计费用或管理预期结果。

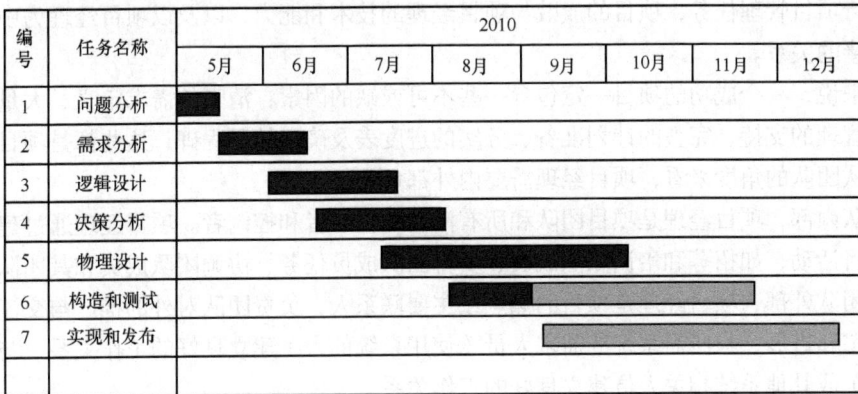

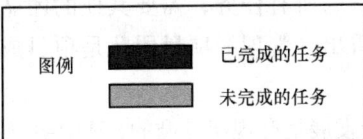

编号	任务名称	2010							
		5月	6月	7月	8月	9月	10月	11月	12月
1	问题分析								
2	需求分析								
3	逻辑设计								
4	决策分析								
5	物理设计								
6	构造和测试								
7	实现和发布								

图例	■ 已完成的任务
	▨ 未完成的任务

图 1.14　某项目开发阶段甘特图

② 确定任务：计划并确定完成项目所需的任务。依据管理者对项目目标的理解及对实现目标所使用的方法学的理解，给出项目的工作分解结构（WBS）。

③ 估算工期：完成项目所需的每个任务必须被估算。任务工期是一个随机变量，其值取决于团队规模、用户数量、用户可用性、用户态度、业务系统的复杂性、信息技术架构、团队人员的经验、对其他项目投入的时间及其他项目的经验。这些都是估算的问题，其中有些问题可以使用项目建模工具来解决。

④ 调度任务：在给定所有任务的工期估算之后，项目经理负责调度所有的任务活动。项目进度表应在理解了所需的任务、任务持续时间和任务前提条件的情况下制定。项目的进度不仅取决于任务工期，而且取决于任务之间的依赖关系。

⑤ 分配资源：只有单一的"项目任务进度表"是不够的，还需要把资源分配到任务中去，这些资源包括人、服务、工具和设备、供应和材料、经费等。依据给定调配资源后的进度表，项目管理工具可以生成一个项目的多个视图，例如，日历图、甘特图、PERT 图、资源和资源调配报告、预算报告等，项目经理依据这些来指导完成项目任务。

⑥ 指导团队：项目一旦开始，项目经理就要指导团队的活动。每个项目经理都必须展示人员管理能力，以协调、协商、激励、忠告、赞赏和奖励团队成员。

⑦ 监控进展：监控项目进展是项目经理最困难也是最重要的职能。计划好的执行过程常常会出现问题或发生延误，项目经理必须监视和报告项目的进展，包括目标、进度和费用，并且在需要时还要做出合适的调整。

⑧ 评估项目：项目经理应对最终的项目产品进行评审：是否满足用户预期？是否符合进度要求？是否在预算范围之内？通过评审总结，从项目团队成员（包括客户）中获取有关的项目经验，旨在改进组织的项目管理水平和过程管理水平，并对系统开发过程的持续改进制订计划。

所有上述活动职能的顺利完成都依赖于项目经理、团队和其他管理人员之间的顺畅交流。

3. 项目团队的管理

项目管理的实质是通过计划项目，然后检测项目，并控制项目执行的过程。其中，项目经理定义和执行项目管理任务，项目的成败与项目经理的技术和能力，以及以项目经理为中心的项目团队有直接的关系。

一般来说，一个成功的项目一定包含一些不可或缺的因素：清晰的需求定义、大量的参与用户、上层管理的支持、完整的计划准备、务实的进度表及确定的里程碑，这些都是项目经理的工作职责。从团队的角度来看，项目经理需要内外都负责任。

在团队内部，项目经理是项目团队和所有活动的指导者和控制者。项目经理通过建立团队结构完成项目活动，如招募和培训团队成员、安排团队成员任务、协调团队成员和其团队之间的活动等。在团队外部，项目经理是项目的焦点或主要联系人，负责团队对外的推广与交流，如报告项目的状态和进展、与所需系统的需求人员（使用系统的人）建立良好的工作关系、与客户（项目赞助者）或其他系统相关人员建立良好的工作关系。

很显然，项目经理个人不可能完成包括这些职责的所有任务，需要其他的团队成员协助完成，其中项目经理要负主要的职责。由此也可以看出，管理好项目团队是项目成功的必要保障。

事实上，一个新的开发团队从组建、磨合到成熟的发展是有规律可循的，其中明确团队目标、准确定位成员角色、良好的队友沟通及出色的团队领导是团队合作成功的关键因素。

1.7　系统分析与设计工具

随着系统分析与设计技术的不断发展，支持系统开发自动化的工具也得到了迅速的发展。为了帮助系统分析员更好地进行系统建模，业界开发了称为计算机辅助软件工程（Computer-Aided Software Engineering，CASE）的自动化工具。同其他的计算机辅助设计技术（Computer Aided Design，CAD）一样，CASE 软件是用来分析、设计和构造信息系统的强有力工具。

1.7.1　CASE 工具的发展

在系统分析与设计活动中，系统分析人员按照工程管理的方法和原则，借助于计算机及其软件工具的帮助，开发、维护和管理软件产品的过程，称为计算机辅助软件工程（CASE）。CASE 的实质是为系统开发提供一组优化集成的，且节省大量人力的软件开发工具，其目的是实现软件在系统开发的各生存周期、各环节的自动化，并使之成为一个整体。

CASE 工具的发展经历了两个阶段。

第一阶段是依赖于系统开发生存周期各阶段的分散工具。这时的 CASE 工具只能支持系统开发某个阶段的工作，而不能支持整个软件生存周期。例如，美国 Hughes 飞机公司开发的概要设计工具系统 AIDES（Automated Interative Design and Evaluation Systen），只提供对结构化设计 SD（Structured Design）阶段的模块图的绘制和文档管理功能。

第二阶段称为软件开发环境（Software Development Environment，SDE）或软件工程环境，CASE 工具的发展逐渐形成了能够支持系统生存周期所有阶段的工具，是包括方法、工具和管理等多种技术在内的综合系统。好的软件开发环境能够帮助简化系统开发过程，提高系统开发的质量。

1.7.2　支持系统开发的 CASE 工具

按照系统开发的不同阶段，CASE 一般分为上层 CASE 和下层 CASE 产品。上层（或前端）CASE 工具自动进行应用的计划、设计和分析，帮助用户定义需求，产生需求说明，并可完成与应用开发相关的所有计划工作。下层（或后端）CASE 工具自动进行应用系统的编程、测试和维护工作，为实施提供支持。若下层 CASE 和上层 CASE 工具的供应商没有提供统一界面，则用户必须重新编写或将所有信息从上层 CASE 工具转换到下层 CASE 工具。那些为整个生存周期提供支持的 CASE 工具称为集成 CASE，或 ICASE 工具。

一些 CASE 工具被设计得尽可能灵活，从而允许分析员使用任何想要的系统开发方法。CASE 工具包含一个关于模型信息的数据库，称为 CASE 工具库。CASE 工具的主要功能包括画图工具，报告生成工具，数据词典，数据库管理系统和规格说明检查工具，代码生成工具和文档资料生成工具等。目前 CASE 的标准是 UML（Unified Medeling Language），最常见的 CASE 工具有 Rational Rose、Sybase PowerDesigner、Microsoft Visio、Microsoft Project、Enterprise Architect、MetaCase、ModelMaker、Visual Paradigm 等。这些工具集成在统一的 CASE 环境中，就可以通过一个公共接口，实现工具之间数据的传递，连接系统开发和维护过程中各个步骤，最后在统一的软、硬件平台上实现系统的全部开发工作。

1.7.3　统一建模语言 UML

UML 是软件系统开发行业的第一个统一的建模语言，目前已成为国际软件界广泛承认的标准，应用领域非常广泛，可用于多种类型软件系统开发建模的各个阶段。它是一种通用建模语言，具有创建系统的静态结构和动态行为等多种结构模型的能力，具有可扩展性和通用性，适合于多种结构系统的建模。

1. UML 的发展历程

面向对象的方法论自 1986 年由 Booch 率先提出后，面向对象的建模语言迅速增加到 50 多种，于是爆发了一场语言大战。其中，3 个最流行的面向对象方法是 OMT 方法（由 James Rumbaugh 提出）、Booch 方法（由 Grady Booch 提出）和 OOSE 方法（由 Ivar Jacobson 提出），且每个方法都有自己的价值重点。OMT 方法的强项是分析，弱项是设计；Booch91 方法的强项是设计，弱项是分析；Jacobson 擅长行为分析，在其他方面表现较弱。

在众多的建模语言中，每种语言都有自己的符号表示方法、过程和 CASE 工具，甚至各种语言所用的术语也不尽相同，各有自己的特点。系统开发人员经常为了选择何种面向对象建模语言而争论不休，很难找到一个最佳答案，这极大地妨碍了用户之间的交流。于是整合这些面向对象方法论的要求越来越迫切。为此，Grady Booch、James Rumbaugh 和 Ivar Jacobson3 人提出了统一建模语言。

1994 年 10 月，Booch 和 Rumbaugh 开始着手建立统一建模语言的工作，他们首先将 Booch93 和 OMT2 统一起来，并于 1995 年 10 月发布了第一个公开版本，称为统一方法（Unified Method）UM 0.8。

1995 年秋，OOSE 方法的创始人 Jacobson 加入了他们的工作，经过共同努力，他们于 1996 年 6 月和 10 月分别发布了两个新的版本，即 UML 0.9 和 UML 0.91，并重新将 Unified Method（UM）命名为 Unified Modeling Language（UML）。UML 在美国得到工业界、科技界和应用界的广泛支持，有 700 多家公司采用了该语言。同时，这 3 位杰出的方法学家被称为"三友（Three Amigos）"。

1996 年，一些机构将 UML 作为其商业策略的趋势已日趋明显，UML 的开发者得到来自公众的正面反应，并倡导成立了 UML 成员协会，一个由建模专家组成的国际性队伍"UML 伙伴组织"开始同"三友"一起工作，以完善、加强和促进 UML 的定义工作。1997 年 1 月，UML 1.0 正式公布，一并提交给 OMG（Object Management Group，对象管理组织），作为软件建模语言标准候选。

其后的半年多时间里，一些重要的软件开发商和系统集成商都成为"UML 伙伴"，如 IBM、Microsoft、HP 等。1997 年 7 月，在征求了合作伙伴的意见之后，"UML 伙伴"公布了 UML1.1 版本。自此，UML 已经基本上完成了标准化的工作。

1997 年 11 月，OMG 采纳 UML 1.1 作为面向对象技术的标准建模语言，并视其为可视化建模语言事实上的工业标准。此时 UML 已稳占面向对象技术市场 85% 的份额。此后，相继推出了 UML 1.2～1.5 版本，目前广泛使用的是 OMG 推出的 UML 2.0。

2. UML 的内容

UML 融合了 Booch、OMT 和 OOSE 方法中的基本概念，吸收许多其他面向对象开发技术中的先进思想，通过丰富的科学实践提炼而成。作为一种建模语言，UML 的定义包括 UML 语义和 UML 表示法两个部分。

① UML 语义：描述基于 UML 的精确元模型定义。元模型为 UML 的所有元素在语法和语义上提供了简单、一致、通用的定义性说明，使开发者能在语义上取得一致，消除了因人而异的最佳表达方法所造成的影响。此外 UML 还支持对元模型的扩展定义。

②　UML 表示法：定义 UML 符号的表示法，为开发者或开发工具使用这些图形符号和文本语法提供标准。这些图形符号和文字所表达的是应用级的模型，在语义上是 UML 元模型的实例。

UML 建模语言的重要内容是构建和定义下列 5 类模型图：用例图、静态图（包括类图、对象图、包图）、行为图（包括状态图、活动图）、交互图（包括顺序图、通信图）和实现图（包括构件图、部署图），关于这些图形的应用将在后面的章节中做详细的介绍。

3．UML 的应用领域

UML 的价值在于它综合体现了国际上各种面向对象方法实践的最好经验，支持用例驱动，以体系结构为中心，以增量和迭代的方式进行软件开发。目前，UML 已经成为软件建模领域事实上的标准，它被成功地应用于许多领域，表达了众多不同的概念，例如，程序语言实现的可视化表示、直接可执行的模型、与实现语言无关的软件规格说明、高层架构和框架描述、过程工程和重组、网站结构、工作流详述、业务建模等。

UML 的目标是以面向对象图的方式来描述任何类型的系统，具有很宽的应用领域。其中最常用的是建立软件系统的模型，但它同样可以用于描述非软件领域的系统，如机械系统、企业机构或业务过程，以及处理复杂数据的信息系统、具有实时要求的工业系统或工业过程等。UML 是一个通用的标准建模语言，可以对任何具有静态结构和动态行为的系统进行建模。

本章小结

本章介绍了信息系统的概念、性质、分类及应用环境。信息系统的分析与设计是一个持续而复杂的工程，在这一艰巨任务中，作为信息系统的重要参与者，涉及的关联人员有系统所有者、用户、分析设计人员、外部服务者及项目经理。本章给出了各类人员的工作职责，介绍了信息系统持续发展的"诺兰模型""西诺特模型"和"米切模型"，这些理论可以用作拟开发系统的战略规划指导。

在一个信息系统的生命中，首先是构想，其次是开发项目过程中的设计、建立及部署，最后是形成成品并用于支持业务。然而，就算在其被广泛使用的过程中，系统也仍然是动态的、活的实体，需要通过更小的工程进行更新、修改和维护。建立、部署、使用和更新一个信息系统的整个过程称为系统开发生存周期。本章简要地介绍了信息系统分析与设计的过程，使用的典型开发技术方法，以及支持系统开发的各种 CASE 工具，为大家在后续章节中的学习提供了一个概貌的认识。

本章习题

1．什么是系统？信息系统一般具有哪些特性？
2．从应用范围来看，信息系统可以分为哪些类型？
3．信息系统中典型的关联人员有哪些？他们在系统中的角色作用是什么？
4．请解释系统内部用户和外部用户的区别是什么。

5. 什么是模型驱动分析？为什么要使用此方法？举例说明。

6. 什么是系统开发生存周期？在项目启动阶段涉及的主要活动有哪些？

7. 为什么引入系统原型开发方法？它的优缺点是什么？

8. 解释敏捷方法的基本原理为何能带来加速的系统开发和部署。

9. 在系统开发过程中，为什么要引入项目管理？项目管理涉及的知识领域有哪些？

10. 什么是计算机辅助软件工程（CASE）？举例说明有哪些常用的 CASE 工具。

第2章
系统静态分析建模

系统分析建模就是研究问题域，产生满足用户需求的分析模型。这个分析模型应该能够正确地描述问题域和系统责任，使后续开发阶段的设计人员能够根据这个模型继续工作。

分析建模的首要任务就是分析，这是一个不断与用户沟通、分解问题、理解问题直到和用户达成共识的过程；其次是建立分析模型，抽象出问题的本质，对问题的逻辑重构，从不同的角度以不同的方式将问题抽象地表述出来。分析分为静态分析和动态分析两种。静态分析就是验证系统组成及其结构的合理性、正确性、完整性、一致性和可行性。也就是说，系统静态分析建模是描述如何构建和初始化系统。

使用 UML 进行面向对象分析和建模时，应该从构建系统的静态模型入手，首先定义系统的边界（即应用中的关键概念）和系统内部的性质和相互之间的联系。这些结构的集合组成了系统的静态视图。

本章将详细介绍如何运用面向对象分析方法、使用 UML 语言构建系统的静态分析模型。

UML 的静态建模机制包括用例图、类图、对象图、包图、构件图、部署图。

2.1　系统分析概念及其常用方法

系统分析是一种问题解决技术，它将一个系统分解成各个组成部分，目的是研究各个部分如何工作、如何交互，以实现其系统目标。

系统分析的基础是问题解决技术。由于解决问题的方法很多，所以系统分析方法也就有很多。目前比较流行的系统分析方法是结构化分析、信息工程、获取原型和面向对象分析，这些方法以前被看作是相互竞争、可互相替代的技术，但实际上，这些方法是可以互补的。

2.1.1　什么是系统分析

任何系统开发都必须完成 4 个阶段：系统启动，系统分析，系统设计和系统实现。尽管整个过程会有迭代和变更，但仍然遵循这样的顺序。其中系统分析阶段是开发一个项目最关键的阶段，系统分析是系统设计的前提条件。一个新系统设计和实现的质量在很大程度上取决于系统分析的质量。

系统分析的任务是了解现有业务系统，理解其中的问题，定义改进目标，并确定后续技术方案必须实现的详细业务需求。因此，需要研究和分析业务领域以获得对有什么、没有什么及需要什么等内容更深入的理解。因此，系统分析阶段要求同用户一起工作以便清楚地定义所开发系统的业务需求和预期。项目经理、系统分析员和系统用户是系统分析的主要关联人员。

系统分析通常分为 4 个阶段：范围定义阶段、问题分析阶段、需求分析阶段和决策分析阶段，前三个阶段称为系统分析，最后一个阶段是系统分析和系统设计的转换。事实上，什么时候系统分析结束和什么时候系统设计开始并没有明确的界限。系统分析强调的是业务问题方面，而非技术和实现方面。

2.1.2　模型驱动分析方法

模型驱动分析使用图形交流业务问题、需求和方案。结构化分析、信息工程和面向对象分析是模型驱动分析的例子。下面简单介绍这 3 种模型驱动分析方法。

1. 结构化分析

结构化分析是传统的系统开发方法，是最早的比较正规的信息系统分析方法之一，也是目前仍在广泛应用的方法之一。结构化分析是模型驱动的、以过程为中心的技术，用于分析一个现有系统，定义新系统的业务需求，或者同时用于这两种用途。模型是展示系统构件的图形，内容包括过程及其相关的输入、输出和文件。结构化分析关注的是数据通过业务和软件过程的流程，是以过程为中心的。也就是说，该方法强调的是信息系统框架中的"过程"构件。

数据流图是结构化分析方法的核心技术，是用于过程建模的关键工具之一，它将系统看作过程的集合，过程的执行就是对数据的处理，它接受数据输入，进行数据转换，输出数据结果。有关过程建模技术将在第 3 章详细介绍。

随着面向对象方法的流行，结构化分析技术已基本不再使用。但是，由于业务过程重构（Business Proless Redesign，BPR）的出现，过程建模技术又获得了重视。

2. 信息工程法

另一种传统方法是信息工程（Inforuation Engineering，IE）法，它关注系统中存储的数据结构，而不是过程。因此，称为以数据为中心的，强调对"知识"（或数据）需求的分析。实体关系图是建模数据需求的关键工具，实体关系图目前仍广泛用于设计关系数据库。

当今，人们通常使用数据流图建模系统过程，使用实体关系图建模系统数据。两种方法形成互补。

3. 面向对象分析

在传统的系统开发方法中，"数据"和"过程"是分离的。而面向对象方法把系统看作是一组对象（封装了数据和过程）的集合，通过这些对象之间的相互协作，共同完成系统的任务。面向对象方法和传统的分析方法有着不同的建模思路。

面向对象分析方法拥有一套称为统一建模语言（UML）的建模工具，可以建用例图、类图、交互图等多种模型，本章从第 3 节开始着重介绍使用 UML 构建的静态模型。

2.1.3　加速系统分析法

加速系统分析法强调构造原型，以便更快速地确定系统业务需求。原型通常是一个预期系统的小规模的、不完整的但可工作的示例。"不完整"是指：一般不包括完善应用系统应具有的错误检查、输入数据验证、安全性和过程完整性等，它既不会被打磨精化，也不会像一个最终系统一样为用户提供帮助。但因为它可以被快速地开发出来，所以它可以快速地确定业务级需求的最重要部分。原型迎合了"当我们看到它时，才知道想要做什么"的思维方式。这种思维方式是许多用户和管理人员的特点。有时原型也可以发展成为完整的信息应用系统。下面简单介绍两种常用的加速系统分析法。

1. 获取原型

获取原型使用快速开发技术辅助用户获取业务需求。例如，使用一个简单的开发工具（如 Access）快速地构造一个简单的数据库，用户输入表单和示例报告，然后征求用户的响应，看这个数据库、表单和报告是否表示了用户的业务需求。一般来说，使用系统决策的开发工具和语言来开发最终的应用系统，简单的工具只是为了快速建立用户需求的原型。

2. 快速架构分析

快速架构分析也是一种构建系统模型的加速分析法。通过逆向工程工具，如 CASE，从现有系统或从已获取的原型中导出系统模型。系统分析员和用户通过改进得到的系统模型，构建新系统的蓝图。快速架构分析也可以看成是模型驱动法和加速分析法的混合。

这两种技术都涉及一个同样的问题：在完全缺少一个更正式的设计的情况下，工程师难以进行原型化，同时还要保持加速系统分析阶段的优点。

2.1.4　需求获取法

顾名思义，需求获取就是进行需求收集的一个活动。

在 20 个世纪 90 年代后，随着软件系统规模和应用领域的不断扩大，人们在需求获取中要面对的困难越来越多，因为需求获取的不充分而导致项目失败的现象也越来越突出。人们逐渐认识到需求获取和需求分析同样重要，二者都是重要的需求处理活动，并为此发展出多种需求获取的方法和技术。很多的需求获取方法互相配合形成需求方法集。

系统分析的所有方法都需要某种形式的需求获取。更进一步说，系统需求依赖于发现当前系统中存在的问题和机会。因此，分析员必须在确定问题、机会和需求方面很熟练。

1. 调查研究技术

调查研究技术是所有系统分析员都应该掌握的一项基本技能。包括：对现有文档、报告、表单、文件、数据库和备忘录的抽样；研究相关文献、权衡其他方案和实地考察；观察当前系统的运转和工作环境；调查和咨询管理人员和用户团体；同合适的管理人员、用户及技术人员面谈。

2. 集体获取方法

该类方法的特点是加速需求的获取和管理，它是将很多涉众集中在一起，通过讨论发现需求，并在讨论中达成需求认识的一致。常见的有头脑风暴（Brainstorming）、专题讨论会（Workshop）、JAD（Joint Application Design）、联合需求计划（Joint Requirements，JRP）。

例如，联合需求计划技术通常由受过 JRP 培训或认证的分析员扮演研讨会主持人的角色，研讨会一般需要 3～5 天。这个研讨会可以代替几个星期或几个月的传统调查研究及后续会议。JRP 提供了一种加速所有系统分析任务和交付成果的工作环境，它促进了系统所有者、系统用户更积极地参与到系统分析中，但它也要求主持人具有较高的协调和协商能力，确保所有与会各方面得到适当的机会为系统开发做出贡献。JRP 通常和模型驱动分析方法一起使用。

事实上，原型法、模型驱动方法在很多系统的开发阶段起着重要的作用，在需求获取中也有很好的应用。特别是在需求模糊和不确定性较大的情况下，原型法尤其有效。模型驱动方法有一个定义明确的模型，模型的定义方式确定了需要收集的信息类型，模型的建立和完善的过程就是需求获取的过程。

除此之外，还有认知方法和基于上下文的方法。认知方法是以认知的方式获取用户无法表达的潜在知识，常见的有任务分析和协议分析。基于上下文的方法更加关注用户在一定环境下表现出来的行为，通过分析用户行为得到信息。

2.1.5 业务过程重构法

现代系统分析方法的一个有趣应用是业务过程重构方法（BPR）。大多数现有的信息系统和应用系统仅仅是自动化了原有的低效业务过程。这样自动化并不会给企业创造价值，而且实际上可能会适得其反。

BPR 是全面质量管理和持续过程改进引发的诸多项目中的一个。有些 BPR 的重点是所有的业务过程，而不考虑自动化程度。BPR 要求全面研究和分析每个业务过程的瓶颈、价值回报及取消或理顺的机会。过程模型，例如，数据流图，帮助企业可视化它们的过程。一旦重新设计了业务过程，大多数 BRP 项目就检查如何最佳地应用信息技术改进业务过程。为了实现或支持新的业务过程，可能会产生新的信息系统和应用系统开发项目。

BPR 也应用于信息系统开发项目中，经常用来研究现有业务过程以确定问题、低效率出现的地方。BPR 在基于购买和集成商用现成产品的项目中也常见。在系统分析期间，对现有业务过程的分析通常是这类项目的一部分。

2.2 系统模型的创建

要开发大型的软件系统，系统分析员需要从不同的角度抽象出目标系统的特性，使用准确的表示法来构建系统模型，检验模型是否满足系统需求，逐步地优化模型并添加细节，将其转换为实现。面向对象的开发过程是一个反复、渐增的过程，其模型具有可追溯性，支持各开发阶段模型之间的无间隙转换。

用面向对象方法开发软件时，通常需要为目标系统建立 3 种模型：对象模型、动态模型和功能模型。这 3 种模型是将一个系统划分成不同的视图，分别从 3 种不同的视角描述所要开发的系统，它们从不同侧面反映了业务系统的实体及其关系、实体间的交互、系统功能。

统一建模语言 UML 是基于面向对象技术的标准建模语言。在 UML 中，使用类图、对象图构建系统的对象模型；使用用例图构建系统的功能模型；使用顺序图、通信图、状态图、活动图建立动态模型。

2.2.1 对象模型

面向对象方法是使用对象描述实体，强调根据对象建立系统，而不是像传统软件开发那样根据功能建立系统。对象模型是以对象和类为基础，描述系统中的对象及这些对象之间的关系，通常体现 5 个层次，即主题层、类和对象层、结构层、属性层和服务层。这 5 个层次，一层比一层更加显现出对象模型的细节。其中，划分主题是指把一个大型、复杂的对象模型分解成子系统，结构层主要体现的是类与类之间的关系。对象模型描述的是系统内部对象的特征、对象之间的关系，它捕获系统的静态特征，为建立系统的动态模型和功能模型提供实质性的框架。要想对某个系统有比较清楚的认识，首先应该考察该系统的静态结构模型，即对象模型。

建立对象模型是一个不断反复精炼的过程，并需要对对象模型做整体性和一致性的检查。需求陈述、应用领域的专业知识及客观世界的常识，是建立对象模型的主要信息来源，系统分析员必须与领域专家及用户反复交流，从客观世界中捕获对具体应用有价值的概念。

2.2.2　功能模型

在软件开发过程中，首先需要明确用户对系统的需求是什么，即系统应该"做什么？"。功能模型指明了系统应该"做什么"，它是用来描述业务系统的目标或功能的模型。建立功能模型目的是为了获取和分析用户需求。

在面向对象的分析和设计技术中，功能模型是由用例模型表示的，用于描述系统应该做什么，系统提供哪些服务。

用例模型是外部行为者所理解的系统功能，描述了开发者和用户对需求规格所达成的共识。对用户而言，用例模型表明了系统的功能，对开发人员而言，用例模型有助于他们明确系统要做什么，帮助他们更深入理解问题域，并为以后各个阶段的建模、体系结构设计、实现及测试系统提供了依据。本章 2.4 节将介绍用例模型的构建。

2.2.3　动态模型

为了清晰地描述一个软件系统，用对象模型描述软件系统内的对象组成及其关系；用功能模型描述了系统能给外界提供哪些服务？做什么？那么系统如何响应用户的需求？如何响应外部事件，以实现一个用例的功能呢？建立动态模型，即描述系统怎么做、何时做？

动态模型描述的是对象的动态行为，它描述了系统如何响应外部事件，系统内对象之间如何交互、协作，涉及对象的执行顺序及对象在其生存周期中的状态变化等。UML 以图的形式提供了 4 种动态模型，即活动图、状态图、顺序图和通信图，将在第 3 章详细介绍这 4 类动态模型。

总之，面向对象建模技术所建立的 3 种模型分别从不同侧面描述了所要开发的系统，使得人们对系统的认识更加全面：功能模型指明系统应该"做什么"；动态模型描述了"怎么做"；对象模型定义了做事情的实体。

面向对象分析方法的关键是识别问题域内的对象，分析它们之间的关系，并建立起 3 类模型：对象模型、动态模型和功能模型。其中建立对象模型是面向对象分析的核心工作。

2.3　对象和类的分析

建立对象模型是面向对象开发的基本任务，UML 静态机制中的类图与对象图具有强大的表达能力，能够有效地建立专业领域的计算机系统的对象模型。尤其类图，是设计人员关心的核心，更是实现人员关注的核心，建模工具也主要根据类图来产生代码。本节侧重介绍类图的相关知识。

2.3.1　类图、对象图概述

1. 类图

在 UML 中，问题域最终要被逐步转化，通过类来建模，通过编程语言构建这些类从而实现系统。类及类之间的关系构成类图（Class Diagram）。类图是面向对象建模最常用的图，在类图中，一方面描述了每个类本身的组成，即类的属性与操作；另一方面描述了系统中类之间的静态联系，即类与类之间的关系。如图 2.1 所示，某电子商务网站类图，可以看出该类图包含了类，类与类之间通过关系相连，有以下特点。①图中共有 7 个类，Order，OrderItem，Customer，Consignee，DeliverOrder，Peddllery，Product。②每个类都有自己的名称、属性和方法。例如，Order 类有两个方法：dispatch()和 close()，DeliveOrder 类有一个 Close()方法，Customer 类有两个属性：name 和 address。③类与类之间的关系。例如，OrderItem 和 Order 之间是组合关系，根据箭头的方向可知 Order 类包含了 OrderItem 类；Order 类和 Customer，Consignee，DeliverOrder 类是关联关系，也就是说，一个订单和客户、收货人、送货单是相关的。

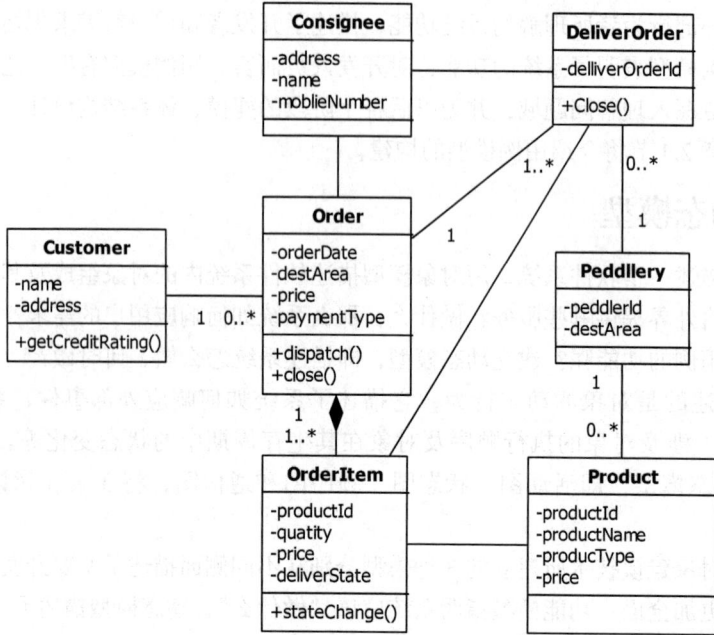

图 2.1　类图示例

（1）类图的组成元素

类图是描述类、接口、协作及它们之间关系的图，如图 2.2 所示，类图的组成包括类（Class），接口（Interface），协作（Collaboration）等，关系包括依赖（Dependence），泛化（Generalization），实现（Realize），关联（Association）等。

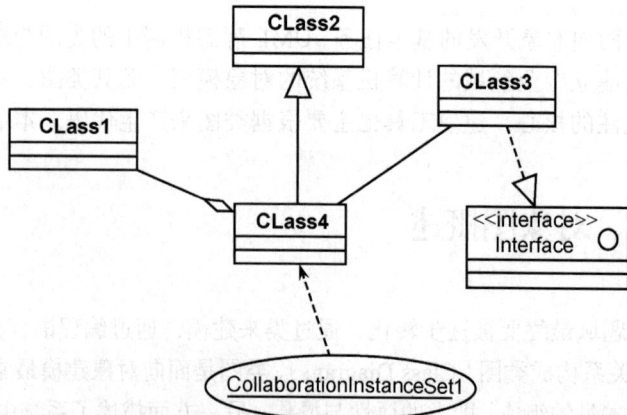

图 2.2　类图

类图还可以像其他图一样有含有注释、约束，也可以有包或子系统，其中包和子系统是对模型元素进行分组。

（2）类图的抽象层次和细化关系

类图应用于软件系统建模时，通常用来构建领域模型、分析模型和设计模型。这 3 个模型不是孤立的，而是相互联系进化发展的。

使用 UML 进行应用建模是一个迭代的过程，所以我们应该建立一个类图的层次概念。在软件开发的不同阶段都使用类图，但在软件开发不同阶段使用的类图具有不同的抽象层次。按照 Steve Cook 和 John Dianiels 的观点，类图分为 3 个层次：概念层、说明层、实现层，分别对应于领域模型、分析模型和设计模型。当然层次的观点同样也适合于其他任何模型，只是在类图中显得更为突出。

领域模型中的类图描述的是现实世界中问题领域的概念理解，属于概念层类图，描述了问题域中的概念，一般这些概念和类有自然的联系（即类可以从问题域的概念中得出），但两者并没有直接的映射关系。绘制类图几乎不考虑实现问题，一个概念模型应独立于实现它的软件和程序设计语言。

分析阶段的类图，即说明层类图，描述软件的接口部分，而不是软件的实现部分。原因是这个接口可能会因为实现环境、运行特性等不同而具有多种实现。

设计模型的类图，即实现层类图，揭示软件的实现部分，真正有类的概念。实现层类图可能是大多数人最常用的类图，但在很多时候，说明层的类图更易于开发者之间的相互理解和交流。

尽管各层次之间并没有一个清晰的界限，理解类图的层次对于构建类图和理解类图都是非常重要的。使用类图要避免过早的陷入实现的细节，应该将重点放在概念层和说明层。

2. 对象图

对象图（Object Diagram）可以看作是类图的一个实例，它常用于描述复杂类图的一个实例。对象是类的实例；对象之间的链接（Link）是类之间关联关系的实例。

（1）对象图的定义

UML 中对象图的表示方法与类图相同，但它们所表达的内容、含义和侧重点是有所不同的。对象图提供了系统的一个"快照"，显示在给定时间实际存在的对象及它们之间的链接。通常可以为一个系统绘制多个不同的对象图，每个都代表系统在一个给定时刻的状态。

对象图中通常含有对象和链接。对象图也可以像其他的图一样，包含注解、约束、包或子系统。

（2）理解对象图的方法

① 识别出对象图中所有的类。

② 了解每个对象的语义及对象之间链接含义。

图 2.3 是一个类图；图 2.4 是对象图，是图 2.3 的一个实例。该对象图涉及 3 个类：大学、部门和教师，其中对象 univ 是类"大学"的一个实例；对象 object1、object2 和 object3 都是类"部门"的实例，只是属性值不同；对象 te 是类"教师"的一个实例。对象之间一律使用实线相连，表示当前的链接。可以看出对象 univ 由对象 object1"分校"和 object2"化工学院"组成，对象 object3"美术学院"属于"分校"下属，院长为对象 te。在图中没有显示对象的操作，但是每一个对象都可以执行其所属类定义的操作。比如，对象 te 可以进行类"教师"定义的操作：取编号( )、取姓名( )。

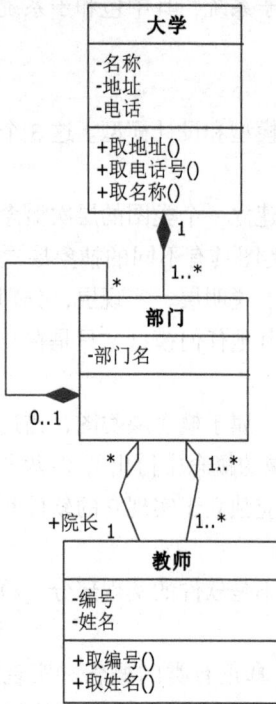

图 2.3 类图

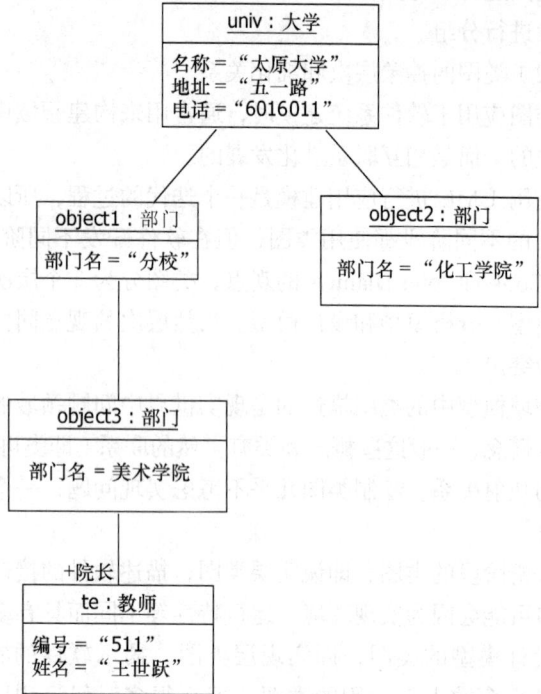

图 2.4 对象图

2.3.2 类图元素

1. 对象、类

对象（Object）与我们对客观世界的理解相关。我们通常用对象描述客观世界中某个具体的实体。对象可以是事、物或抽象概念，是将一组数据和使用该数据的一组基本操作（或过程）封装在一起的实体。

所谓类（Class）是对一类具有相同特征的对象的抽象描述。类确定了对象的结构和能力。类是对象的模板，而对象是类的实例。可以理解为类就像模子，对象是通过模子塑造的实体。

在面向对象建模技术中，我们将客观世界的实体映射为对象，并归纳成一个个类，因此，在进行分析和设计时，通常把注意力集中在类上，而不是具体的对象上。

2. 类的描述

类由类名（Name）、属性（Attribute）和操作（Operation）3 部分组成。UML 中，类用矩形表示，顶部区域显示类名，中间和底部区域分别列出属性和操作。绘制类元素时，也可以根据建模的具体情况隐藏类的属性和操作部分，如图 2.5 所示。

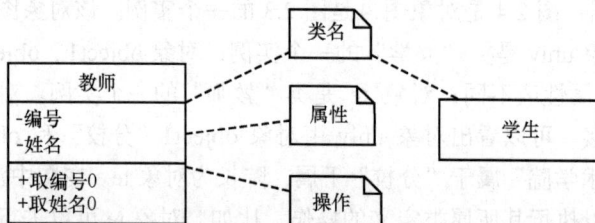

图 2.5 类的表示

类名：应尽量用应用领域中的术语，明确、无歧义，以利于开发人员与用户之间的交流和理解。

属性：中间的格子显示类的属性，用来描述类的特征，表示需要处理的数据。

操作：操作也被称为功能或方法，操作说明了该类能做些什么工作。操作具有名字，还可以有参数和返回结果，如同编程语言中的函数一样。

3. 类之间的关系

现实世界中每个事物都和其他事物有关。在对象模型中，事物联系彼此的方法不管是逻辑上还是物理上都是关系模型。因此，在为系统建模时，不仅需要从问题域的词汇表中抽象出类和对象，还需要描述这些类和对象之间的关系。关系是事物间的连接，识别关系可以帮助发现新类，消除不合适的类，同时还可以帮助发现类中的相关属性和操作。

类之间通常有关联、泛化（继承）、依赖和实现 4 种关系。

（1）泛化（继承）关系

泛化关系指类之间的"一般与特殊关系"，它是一般元素和特殊元素之间的分类关系，即将具有共同特性的元素抽象成类别，并通过增加其内涵而进一步分类，体现了分类与继承原则。例如，将客户进一步分类成个体客户和团体客户，将学生分为大学生、中学生和小学生，使用的就是泛化关系。

通常称一般元素为父类，称特殊元素为子类。子类继承父类的特性（属性、操作、关联等），同时可以有自己的特性。如果子类的操作与父类的操作特征签名相同，则它重载父类的操作，这称为多态性。类之间的这种关系也称继承关系。泛化用一条带空心三角箭头的实线表示，箭头指向父类，如图 2.6 所示。

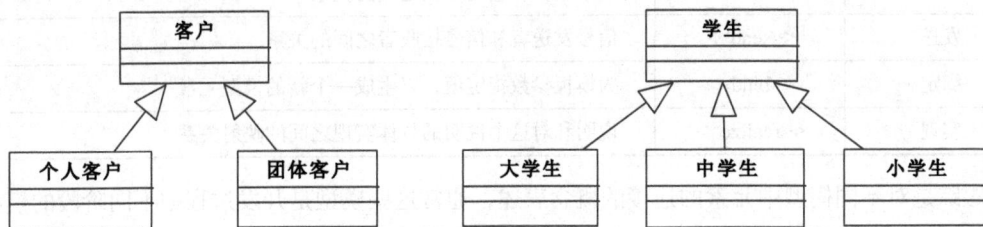

图 2.6　泛化关系

一个子类本身又可以有自己的子类，从而构成复杂的一般/特殊的结构。

单继承：一个子类只从一个父类继承属性和方法。如果在一般/特殊的结构中只有单继承，则为层次结构。

多继承：一个子类也可以从多个父类继承属性和方法。如果在一般/特殊的结构中包含有多继承，则为网格结构。

继承有传递性：一个子类不但可以从它的直接父类继承属性和方法，也可以通过其父类继承祖先类的属性和方法。

（2）依赖关系

依赖是一种"使用"关系，说明一个模型元素的变化必影响到另一个模型元素，但反之未必。依赖关系的 UML 符号是一条带箭头的虚线，箭头指向被依赖的模型元素。

在类图中，依赖由各种原因引起，如一个类把另一个类的对象作为参数，一个类访问另一个类的全局对象，或者一个类的操作需要调用另一个类的操作等。例如，一个教学管理系统中的类之间的依赖关系如图 2.7 所示，课表的安排依赖于实际开设的课程，"课表"类依赖于"课程"类。

"课表"类的两个操作 add()和 remove()都把"课程"作为对象参数进行调用,一旦课程发生变化,课表也随之变化,任课教师也会受影响。

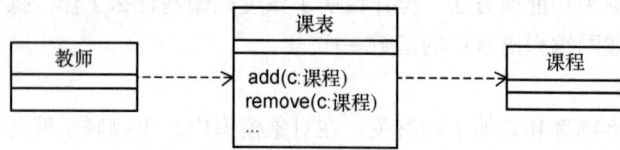

图 2.7 依赖关系

UML 定义了一些可以应用于类之间依赖关系的衍型,规定依赖的含义和作用,见表 2.1。

表2.1 依赖关系的几种衍型

依 赖 关 系	关 键 字	功 能
跟踪	<<trace>>	声明不同模型中的元素之间存在一些连接,但不如映射精确
精化	<<refine>>	声明具有两个不同语义层次上的元素之间的映射
派生	<<derive>>	声明一个实例可以从另一个实例导出。
使用	<<use>>	声明使用一个模型元素需要用到已存在的另一个模型元素,这样才能正确实现使用者的功能,包括调用、实例化、参数和发送
调用	<<call>>	声明一个类调用其他类的操作的方法
实例化	<<instantiate>>	关于一个类的方法创建了另一个类的实例的声明
参数	<<parameter>>	一个操作和它的参数之间的关系
发送	<<send>>	信号发送者和信号接收者之间的关系
绑定	<<bind>>	为模板参数指定值,以生成一个新的模型元素
实现	<<realize>>	说明和对这个说明的具体实现之间的映射关系

跟踪是对不同模型中元素的连接的概念表述,通常这些模型是开发过程中不同阶段的模型。跟踪特别用于追溯跨模型的系统要求和跟踪模型中会影响其他模型的模型所起的变化。

精化是表示位于不同的开发阶段或处于不同的抽象层次中的一个概念的两种形式之间的关系。这并不意味着两个概念会在最后的模型中共存,它们中的一个通常是另一个的未完善的形式。更详细的概念包含着设计者的设计决定,而决定可以通过许多途径来制定。原则上讲,带有偏移标记的对一个模型的改变可被另一个模型证实。精化通常提醒建模者多重模型以可预知的方式发生相互关系。

派生(导出)表示一个元素可以通过计算另一个元素来得到(而被导出的元素可以被明确包含在系统中,以避免花费太多代价进行迭代计算)。

使用表示的是一个元素的行为或实现会影响另一个元素的行为或实现。使用的构造型包括调用和实例。调用表示一个类中的方法调用另一个类的操作;实例表示一个类的方法创建了另一个类的实例。

绑定是将数值分配给模板的参数。它是具有精确语义的高度结构化的关系,可通过取代模板备份中的参数实现。使用和绑定依赖在同一语义层上将很强的语义包括进元素内。它们必须连接模型同一层的元素(或者都是分析层,或者都是设计层,并且在同一抽象层)。跟踪和精化依赖更模糊一些,可以将不同模型或不同抽象层的元素连接起来。

例如，如图 2.8 所示，订单类（Order）要计算一个订单的总金额需要计算各项（Order Goods）的合计，因此，Order 类到 Order Goods 类之间存在<<use>>关系。CarFactory 类中有一个操作中创建了 Car 类的对象。

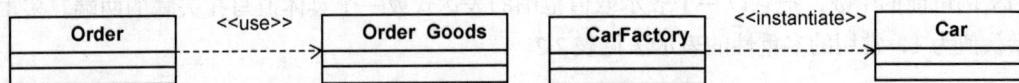

图 2.8　<<use>>和<<instantiate>>依赖关系

（3）关联

关联是一种结构关系，代表类的对象（实例）之间的一组连接（链）。它指明一个事物的对象与另一个事物对象的联系。给出一个连接两个类的关联，可以从一个类的对象导航到另一个类的对象。例如，在人力资源管理系统中，公司"雇用"人员，"雇用"是一个有效的关联，创建了公司和人员的关系，如图 2.9 所示。

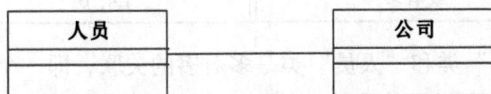

图 2.9　关联

链是对象实例之间的连接，例如，联想公司"雇用"人员张红，那么张红和联想公司之间的连接就是链，链和关联的关系好比对象和类的关系，链可以看成关联的一个实例，一个关联可以有多个链（实例）。

在类图中，关联关系是比较抽象的高层次关系，为了对关联进一步具体化，需要了解关联的属性。关联的属性包括名称、角色、多重性、导航和限定。

① 关联的属性。

● 名称。可以使用一个名称来描述关联的性质，一般用动词或动词词组。为了消除歧义，可以提供一个指出名称方向的三角形。如图关联的名称是"雇用"。在描述关联时，关联的名称并不是必需的，通常在关联名和角色中选择一种即可，如图 2.10 所示。

● 角色。当一个类参与关联时，该类就在关联关系中扮演一个特定的角色，关联双方的类都是以某种角色参与关联的。例如，"公司"类和"人员"类是关联关系，其中"公司"类是以雇主的角色参与关联的，雇员、雇主是类的角色名，如图 2.11 所示。

注意　同一个类可以在其他的关联中扮演相同或不同的角色。

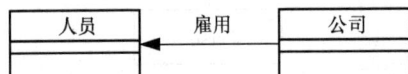

图 2.10　关联

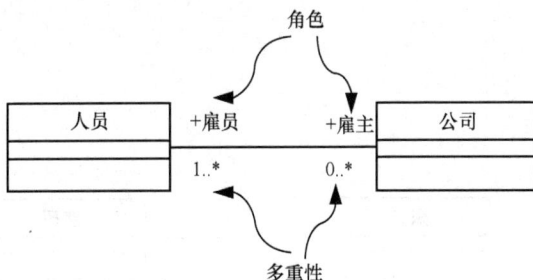

图 2.11　关联

● 多重性。关联表示了对象间的结构关系。在建模过程中，通常需要说明一个关联实例中有多少个相互连接的对象，这就是关联的多重性。比如，如果类 A 和类 B 之间有关联关系，则多重性定义了类 A 有多少个实例可以和类 B 的一个实例关联。多重性的值表示在特定时刻，有效关联的实例可能的个数，把它以一个表示取值范围的表达式或一个具体值写在关联的两端。多重性的默认值为 1，常用的多重性的表示法见表 2.2。

表 2.2　　　　　　　　　　　　　　常用的多重性的表示法

多重性表示	语　义	多重性表示	语　义
*	0 或者多个	0..1	0 或 1 个
n	0 或者多个	1	1 个
0..*	0 或者多个	2..6	2 到 6 个
0..n	0 或者多个	2,6	2 或 6 个
1..*	1 或者多个	1,4,16	1 或 4 或 16 个（枚举）

如图 2.11 所示，"公司"类和"人员"类是多对多的关联，即一个人员对象可以受雇于 0 个或多个公司对象，因为"公司"类方的多重性是（0..*），而另一方面，"人员"类方的多重性是（1..*）表示一个公司对象可以雇用一个或多个人员对象。

● 导航。为了确定关联关系的方向，引进了导航概念。在关联关系上加上导航箭头，表明可以从源类的任何对象直接到达目标类的对象，即只有源对象才能访问目标对象。

在两个方向都可以导航的关联，称为双向关联。双向关联不需要箭头。只在一个方向上可以导航的关联，称作单向关联。如图 2.12 所示，给定一个"账户"可以发现相应的"密码"，但给定一个密码，却不希望发现相应账户，所以限制导航的方向为单向。

● 限定。在关联端紧靠源类图标处可以有限定符（Qualifier），带有限定符的关联称为受限关联或限定关联。受限关联用于一对多或多对多的关联，将目标类的多重性从"多"降为"一"。

限定符的作用是指，给定关联一端的一个对象，并指定限定符内的属性值，能够唯一确定另一端的一个对象或对象集。如图 2.13 所示，给定一个 bank 对象，并给定了一个账户 account 后，就可以找到 0..1 个客户。

应用系统根据关键字对数据集做查询，常用到关联。对于一个多对多关联来说，如果引入限定符，能使该关联的一端的多重性从 n 降到 1 或 0..1，那么这个限定符就能起到标识作用，查询结果是单个对象，效率高。

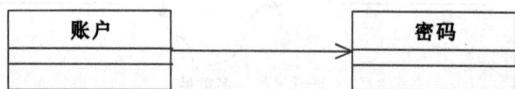

图 2.12　关联

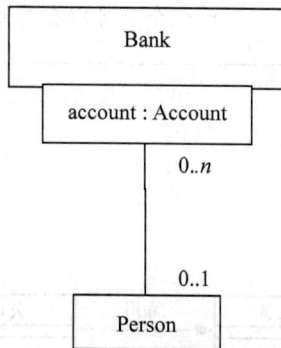

图 2.13　限定

● 约束。关联可以加上一些约束，以规定关联的含义。约束的字符串括在花括号{}内。UML定义了一些约束可以施加在目标关联端上，如"implicit""ordered""changeable""addonly""xor"等，约束 xor 代表一组关联的互斥的情况。

例如，如图 2.14 所示，显示的是两个关联之间存在异或（xor）约束，表示一个 Account 要么与 Person 有关联，要么与 Company 有关联，但不能同时与 Company 和 Person 都有关联，即个人和公司不能拥有同一个账户。

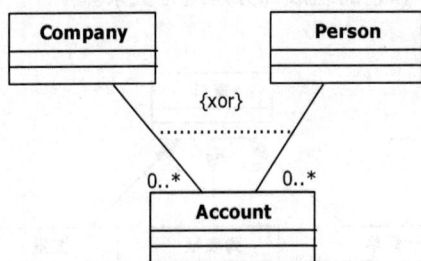

图 2.14　带约束的关联　　　　　　　　图 2.15　关联类

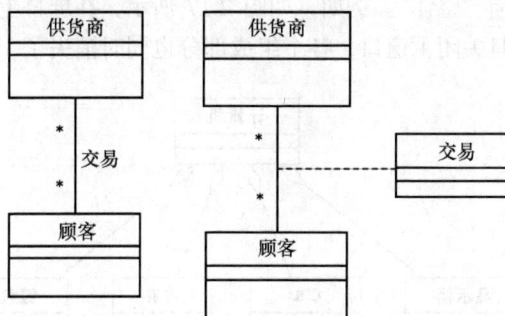

约束不仅可以作用在关联上，也可以应用于其他建模元素上。

● 关联类。在 UML 中，可以把类之间的关联定义成类，称为关联类（Association Class）。关联的每个链就是关联类的实例。关联类也有属性、操作，以及其他信息，并与其他类关联。

关联类与关联之间用虚线连接，关联名就是关联类的名称。如图 2.15 所示，没有使用关联类时，每次交易后，进行交易的供货商和顾客需要分别对本次交易的信息（如商品名、交易数量、单价、时间等）进行记录，如果要统计某种商品在某个时期的销售量，就非常困难，不便于对市场行情的统计、分析、预测。使用了"交易"关联类后，每次交易只在一个供货商和一个顾客之间进行，他们可以有多次交易，这样类之间的关系变得简单了，同时每次交易的商品信息（如商品名、交易数量、单价、时间等）只记录在"交易"关联类中，方便进行宏观统计和分析。

注意：关联关系的增强机制，如关联名、关联角色、限定关联、约束等虽然有较强的语义，但是在类的建模实践中不要滥用，否则容易陷入过渡设计，并降低类图的可读性。

② 关联的种类。一个关联可以有两个或多个关联端，每个关联端连接到一个类，根据关联所连接类的数量，类之间的关联可分为 3 种类型：自返关联、二元关联、N 元关联。

● 自返关联：又称递归关联，是指一个类与它本身相关联。虽然关联只连接一个类，但有两个关联端，每个关联端的角色不同。

● 二元关联：最常见的关联是两个类的关联，即二元关联。

● N 元关联：在 3 个或 3 个以上类之间的关联。

③ 特殊关联：聚集和组合。客观世界中，事物之间的"整体-部分"关联很常见。例如，一个社团与它的成员，汽车与零件等。为了描述"整体-部分"关联，可以用"...包含..."（从整体到部分）或者"...是...的一部分""...是...的成员"（从部分到整体）这样的措词。UML 提供了整体与部分关联的两个形式，即聚集与组合。

● 聚集：是一种特殊形式的关联，表示部分与整体的关系。"部分"可以独立于"整体"而存在，比如，一个学生可以同时是几个社团的成员。聚集使用带空心菱形的实线表示，菱形指向"整体"。例如，如图 2.16 所示，类计算机与类显示器、类 CPU、类内存、类键盘是整体和部分的关系，属于聚集关系。

聚集关系的实例具有传递性和反对称性。传递性：若对象 A 是对象 B 的一部分，对象 B 是对象 C 的一部分，那么对象 A 是对象 C 的一部分；反对称性：若对象 A 是对象 B 的一部分，那么对象 B 就不能是对象 A 的一部分。

● 组合：组合也表示整体与部分的关系，又被称为强聚集。在组合中，强调部分与整体具有相同的生存周期，"部分"对象完全依赖于"整体"对象。组合使用带实心菱形的实线表示，菱形指向"整体"。例如，如图 2.17 所示，在屏幕上打开一个窗口，它由菜单、列表框和按钮组成，一旦关闭了窗口，各个组成部分也同时消失了，那么窗口和它的组成部分是组合关系。

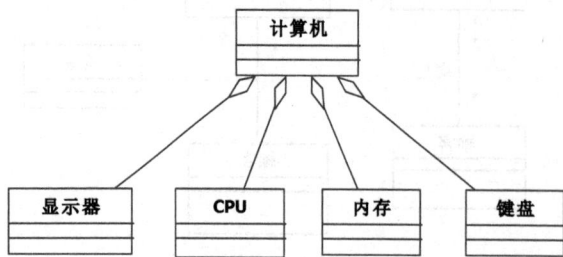

图 2.16 聚集

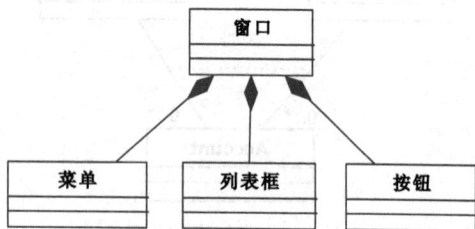

图 2.17 组合

> 聚集和组合是关联中很重要的两个概念，比较容易混淆。判断是聚集还是组合关系，实际应用时，开发人员要根据需求分析描述的上下文来确定。例如，计算机是整体类，内存、CPU 等相对于计算机是部分类。在固定资产管理系统中，它们是组合关系，而在线 DIY 系统中，采用聚集更恰当。

（4）接口和实现关系

接口（Interface）：也是一个类，接口用于描述类或构件必须实现的契约，也就是说，接口是操作的集合，这些操作用于规定类或构件的服务，即接口定义了类或构件必须实现的操作。接口可以看作一种特殊的抽象类，它不含属性，只有抽象操作，即只有操作名没有操作的实现。当类或构件实现一个接口时，意味着类或构件实现了接口的所有操作。

UML 中接口的 3 种表示形式，如图 2.18 所示。

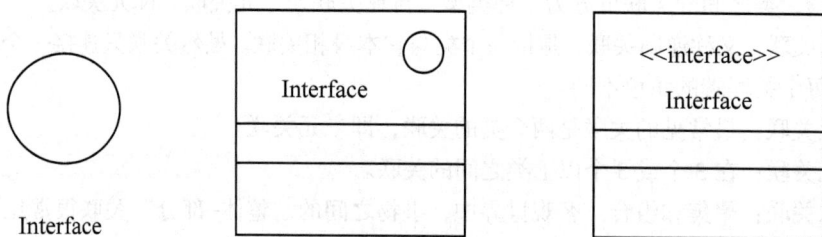

图 2.18 接口的 UML 3 种表示

实现关系：是类元之间的语义关系，在该关系中，一个类元描述了另一个类元保证实现的契约。实现关系用一条带封闭空箭头的虚线来表示，箭头指向描述契约的那个类元。多数情况下，要用实现描述接口和为其提供服务的类之间的关系。如图 2.19 所示，类"传感器"实现了接口"传感器接口"，类"报警器"使用了接口。

图 2.19　实现关系实例

可以在两种情形下用实现关系建模，即在接口的上下文中和协作的上下文中。也就是说接口和实现该接口的类或构件之间存在实现关系，用例及实现该用例的协作之间也存在实现关系。

2.3.3　分析阶段类图的构建

在分析和设计阶段都会涉及建立对象模型的问题，在 UML 软件开发的过程中建立的各类模型采用相同的符号表示，上一阶段产生的模型在下一阶段继续直接使用，只是随着开发过程的不断深入，模型需要不断细化和完善。

分析阶段构建类图的一般步骤：

① 确定类；

② 识别类的属性和操作；

③ 识别类之间的关联；

④ 定义类的结构和层次。

1. 确定类

类是组成任何面向对象系统的核心，类的识别是 UML 建模的基础和关键，也是面向对象方法的一个难点。只有通过对实际系统的分析和设计，逐步加深理解。在分析阶段，类的识别通常由分析员在分析问题域的基础上来完成。常用的方法有行为分析、名词识别法、CRC 分析法、根据边界类、控制类、实体类的划分来帮助识别分析系统中的类、参考设计模式确定类及通过对领域进行分析或利用已有领域分析结果得到类等多种方法，通常可以结合上述几种方法确定类，下面简单介绍使用名词识别法识别类。

（1）找出候选类

采用名词识别法：标识系统描述或用例描述中的所有名词，得到候选类，然后考察每个候选类，从中去掉不必要的类。

（2）审查与筛选类

对已经提取出的候选类，需要逐个审查和筛选，根据下述原则进一步去除不恰当的类。

① 删除冗余类：如两个类表述同一信息，应保留最具有描述能力的类，如"购物系统"中的"用户"与"顾客"是重复的描述，由于"顾客"更具有描述性，故保留它，删除"用户"。

② 去掉无关类：删除与目标系统无关或关系不大的类。

③ 删除模糊的类：有些候选类边界定义不确切，或范围太广，应该删除，如"系统"。

④ 去掉应该是类"属性"的候选类：有些名词实际上是描述其他类的特征，这些名词更适合定义为某个类的属性，应该把它从候选类中删除，如"会员编号" "会员类型"不是一个恰当的类，更适合定义为"会员"类的属性。

⑤ 所描述的操作不适宜作为类，如果所选名词有动作含义，则描述的操作就不是类。但是具有自身性质而且需要独立存在的操作应该描述成类。如我们只构造电话模型，"拨号"就是动态模型的一部分而不是类，但在电话拨号系统中，"拨号"是一个重要的类，它有日期、时间，地点等属性。

⑥ 实现结构不宜作为类：某个特殊解决方案的实现细节，有时会出现在问题陈述中，如数组、索引的序列化文件等，应该去掉这些表示实现细节的类。

确定了系统中的类之后，建模的下一步就需要描述类的行为和结构。对象的行为被定义为类的操作，对象的结构被定义为类的属性。

2. 识别类的属性和操作

类封装了数据及作用在该数据集上的操作。类的属性和操作本质上是类所知道和所要做的事情。

（1）识别类的属性

识别类的属性应该只考虑与具体应用相关的属性，不需要考虑超出所解决问题范围的属性。在分析阶段，应该先找出最重要的属性，这个阶段不考虑只用于实现的属性。识别属性需要结合需求陈述、领域知识和常识，以及经验，也可以借鉴以往分析的成果，如果能找到针对相同或相似的问题域已开发的对象分析模型，应尽可能复用其中的类及其属性、操作的定义。

① 可以从以下角度来发现和确定类潜在的属性。

● 常识性：按一般常识该对象应该有哪些属性。如"在线销售系统"中，"会员"类按一般常识，应该具有"姓名""性别""地址"等属性。

● 专业性：在当前的问题域中，该对象应有哪些属性。例如，对于超市这种问题域，"商品"类的"条形码"应该必须设为其属性的。

● 功能性：根据系统功能的要求，该对象应具有哪些属性。类的有些属性只有具体考虑了系统责任才能决定是否要设置它们。

● 存储性：建立这个对象是为了保存和管理哪些信息。

● 操作性：为了实现对象的操作功能，需要增设哪些属性。例如，实时监控系统中的"传感器"类，为了实现其定时采集信号的功能，需要设置一个"时间间隔"属性。

● 标志性：是否需要增设属性来记录对象的不同状态。例如，类"订单"会有"等待付款""已发货""已收货"等状态，不同的状态下其行为是不同的，需要设置描述其"状态"属性。

● 关联性：用什么属性来表示对象的整体与部分联系和实例连接。

分析员可以深入地研究用户的问题陈述，选择那些应属于该对象的属性，同时对每个对象都要问这样一个问题："在当前的问题域内，哪些数据项（复合的或基本的）能够完善地定义该对象？"

② 筛选类的属性。对于初步发现的属性，通常需要从以下角度进一步分析筛选。

● 应当忽略那些派生属性。如"出生年月"属性值，可以直接导出属性"年龄"的值，应删掉"年龄"属性。

● 忽略那些不太会影响多数操作的次要属性。

● 如某属性描述对象本身的特征，从外界是观察不到的，应当删除。

● 删除对象内与其他属性完全不相关、不一致的属性。

● 删除和系统无关的属性。

● 属性值受到某个关联影响，删除此属性，并把它附加在此关联上。

（2）识别类的操作

需要综合对象模型、动态模型和功能模型，才能正确确定类中应有的服务（操作）。比如，针对某一系统目标，即一个"用例实现"，根据其"用例描述"，构建出相应交互图，描述出为完成这个系统目标一组对象如何协作，从而把系统行为分解到类，有时需要结合相关类的状态图，进一步识别类的操作。因此，类的操作的识别通常是在建立功能模型和动态模型之后，在分析阶段后期和设计阶段逐步完成，只有接近设计过程结束时，才可能达到对一个类的操作的完整定义。分析阶段的类图可以不加入类的操作，或只加入一些主要操作。有关类操作的识别将在第 6 章（对象模型设计）讨论。

3. 组织类并确定其关系

一旦确定了系统的类，就需要组织这些类，并记录类之间的关系。UML 类图以图形化方式描述类及其关系。分析阶段类图包含关联关系及多重性，可以使用继承及聚集机制来组织类。

第一步，确定关联关系及多重性。

关联关系是对象之间的关系。例如，John 和 Peter 是 Person 类的实例，且 John 是 Peter 的父亲。可以使用普通关联列表的方法帮助发现关联，见表 2.3。

表 2.3　　　　　　　　　　　　　　　　普通关联列表

关 联 类 别	示　　例
概念 A 是概念 B 的物理组成部分	屏幕—显示器
A 在物理上包含于 B	货品—集装箱
A 在逻辑上包含于 B	课程表—课程
A 是业务交易 B 中的一个产品	销售项目—销售
A 是 B 的一个成员	学生—社团
A 是 B 的一个分组	系—大学
A 与事务 B 相关	会员—购物，读者—借书

分析关联的多重性：对于每个关联，从一端看本端的一个对象可能与另一端的几个对象进行联系，把结果标注到连线的另一端。

如果需要的话，也可以添加关联角色和限定符，以详细描述关联的性质。

第二步，利用继承组织类。一旦识别出大部分类、关联关系及其多重性，就可以使用继承重新组织类图，使用继承共享公共结构来组织类，继承为确定类之间的共性提供了有效的途径。通常可以在两个方向上识别继承：自顶向下或自底向上。

在自底向上的方法中，比较类的属性以查找共性。通常，类名为识别过程提供了第一条提示。查找具有相似属性、操作的类。

在自顶向下的方法中，检查某个类是否具有一些特殊的情形，需要其他的结构需求或者行为需求。可以借鉴现实生活中对象的分类法，分解出不包含在问题陈述中的特殊化类。在识别特殊化关系的过程中，需要思路要开阔并结合领域知识。

第三步，可以考虑是否存在聚集或组合关系，经过调整和筛选使类图进一步细化。

第四步，对于大型、复杂的系统，过多的类使整个系统看起来不够清晰，为了使模型能够清晰地描述系统，可以把相互协作可完成某个特定功能的一组密切相关的类集合定义成为一个子系统，用包图为其建模，称作类包图，包图将在本章 2.5 节介绍。

总之，采用标准建模语言 UML 进行建模时，必须对 UML 类图的各种要素有清晰的理解。不要试图开始就使用所有的符号。从基本的符号开始，例如，类、关联、属性和继承等。有些符号仅用于特殊的场合和方法中，只有当需要时才去使用。分析阶段构建的类图，主要反映的是系统中应该有的类和各个类之间的关系，并不需要为每个类详细定义属性和操作。根据开发过程的不同阶段，可以提供适当的或多或少的信息。根据项目开发的不同阶段，用正确的观点来构建类图，不要过早地陷入实现细节。

2.3.4　在线销售系统类图分析示例

类图建模过程是不断优化和细化的渐进过程。本节以某"在线销售系统"为例，简单介绍类图建模，这里给出分析阶段的类图。

例如，某"在线销售系统"为所有注册会员提供邮购服务。任何个人和公司都可以注册成为会员。一般访客可以登陆本系统浏览商品信息及促销活动，可以通过填写个人资料，包括姓名，地址，联系方式（比如，电话、电子邮件）等，注册成为会员，如有疑问可以在线求助。只有会员身份才有购买权限，会员购买商品时需填写订单，会员在 WEB 页面浏览产品目录，选择购买项及数量，系统验证会员信息（如发货地址等）及订单商品的可用性后，返回订单总金额等相关信息。会员选择付款方式，如货到付款（现金）或立即支付（信用卡，支票，借记卡等），付款成功之后，订单生成。如果没有正常支付，则生成一个退单或该订单被挂起。销售部门处理所选订单，将发货单发送库存控制部门，库存控制人员根据发货单发货并更改订单的状态。库存控制人员控制并维持适量库存，若库存不足则向供应商发送采购单，接受货物，并随时更新商品的库存信息。会员可以管理自己的信息，包括查看、修改、添加、删除，并支持修改密码、找回密码、重置密码。

1. 确定类

第一步：发现候选类。

首先采用名词法找出候选类，查找需求文档或问题陈述等相关文档，并标记出表示潜在对象的名词如下：

在线销售系统，注册会员，邮购服务，个人，公司，会员，一般访客，系统，商品信息，促销活动，个人资料，姓名，地址，联系方式，电话，电子邮件，会员身份，购买权限，订单，WEB 页面，产品目录，购买项，数量，会员信息，发货地址，订单商品，可用性，总金额，信息，付款方式，货到付款，现金，立即支付，信用卡，支票，借记卡，退单，销售部门，发货单，库存控制部门，库存控制人员，订单的状态，库存，采购单，货物，库存信息，密码。

第二步：筛选类。

并不是上述标识的所有名词都表示问题域的有用的业务对象，通过分析和筛选，去掉不恰当的类（冗余类、与系统无关的类、模糊类、适合定义为某类的属性或操作，表示实现结构的类），如注册会员、会员、会员身份都是一个类的同义词，只留"会员"类；再如个人资料、姓名、地址、会员信息等都表示会员的相关信息，它们之间也有冗余，其中个人资料、会员信息比较笼统，而会员姓名、地址等名词相对更加明确，但它们更适合定义为"会员"类的属性，而不是类，所以都可以去掉。虽然会员的"地址"通常可以作为"会员"类的属性，由于"在线销售系统"需要邮购商品，对系统而言"地址"相对比较重要，也允许一个会员有多个收货地址，因此可以把"地址"提取出来作为一个类。

结合用例描述、领域知识，并参考针对相似问题域已构建出的对象模型，经过分析筛选后，初步建议"在线销售系统"中的类为：会员、地址、会员订单、会员订单商品、商品、促销、业务事件、支付记录、退单、采购单、采购单商品、供货商、收货单。可以准备一个数据字典记录类的定义。"在线销售系统"候选类的数据字典，见表2.4。

2. 识别类的属性和操作

初步确定类之后，把各个类比较明确的属性添加进来，其他属性和操作可以在设计阶段结合动态模型及功能模型逐步完善和精化。

表 2.4   候选类的数据字典

类　名	中　文	定　义
Member	会员	在"在线销售系统"提供的 WEB 页面上注册的个人或企业，这个类有姓名、ID、电话号码、地址等属性

类　名	中　文	定　义
Address	地址	会员联系方式（电话号、EMAIL)及收款或送货地址
Member Order	会员订单	会员购买商品的相关细节信息，包括购买时间、付款方式、订单状态等
Member Ordered goods	会员订单商品	是会员已订购的商品，一个订单包含一个或多个订单商品
Goods	商品	可用于促销和销售给会员的库存产品
Promotion	促销	定时举行的一次活动，向会员提供特价商品的价格
Transaction	业务事件	在线销售系统必须响应的一个业务事件
Payment	支付记录	维护会员使用网上银行等方式对订单的付款的信息
Return	退单	验证商品可用性后，如果条件不满足，产生一个退单
Purchase Order	采购单	是库存控制人员向供货商采购商品的订单
Purchase Ordered goods	采购单商品	是库存控制人员向供货商采购的商品，一个采购单包含一个或多个采购单商品
Supplier	供货商	向该商家提供商品的单位
Goods Receive	收货单	记录库存控制人员收到商品的信息，如商品名称、供货商、收货时间等

3. 组织类并确定其关系

初步确定类后，就需要组织这些类，在分析阶段着重考虑类之间的关联、继承关系。

第一步，确定类之间的关联关系并标识其多重性，个别也需要给出关联名称，通常两个类之间的关联关系是一个类"需要知道"另一个类的信息，也可以参照表 2.3 发现关联。

第二步，使用继承关系组织类，可以通过自顶向下或自底向上两个方向识别继承。

如图 2.20(a)所示，如会员订单、退单，有共同的特性，在业务事件层次可以跟踪客户进行的业务，"订单"和"退单"可以继承一个父类"业务事件"。

如图 2.20(b)所示，把现有的类"地址"可以特化为更具体的子类，如"收费地址""发货地址""电话"及"电子邮箱"。

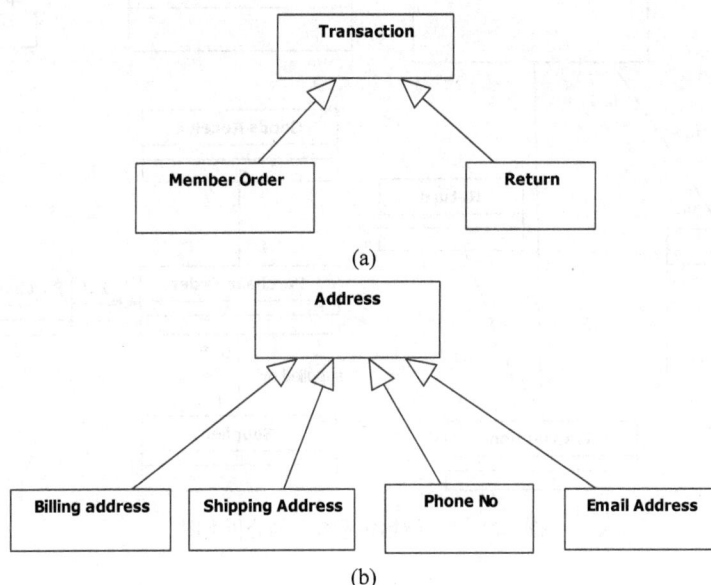

图 2.20　类的泛化关系

把类"收费地址""发货地址""电话"及"电子邮箱"补充到数据字典中。

第三步，确定整体、部分关系，本例还指出两个组合关系，即会员订单和会员订单商品，采购单和采购单商品。

第四步，绘制类图。图2.21所示为"在线销售系统"的分析类图。该图给出的类属性里的ID都属于编号，不代表数据库自动生成的ID号，模型中没有描述类的行为，类的行为将在第6章设计阶段确定和定义。

根据项目开发的不同阶段，各阶段的类模型并没有特别明确的界限，构建的类图各有不同的侧重点，是一个反复修改、逐步精化、趋于完善的过程。

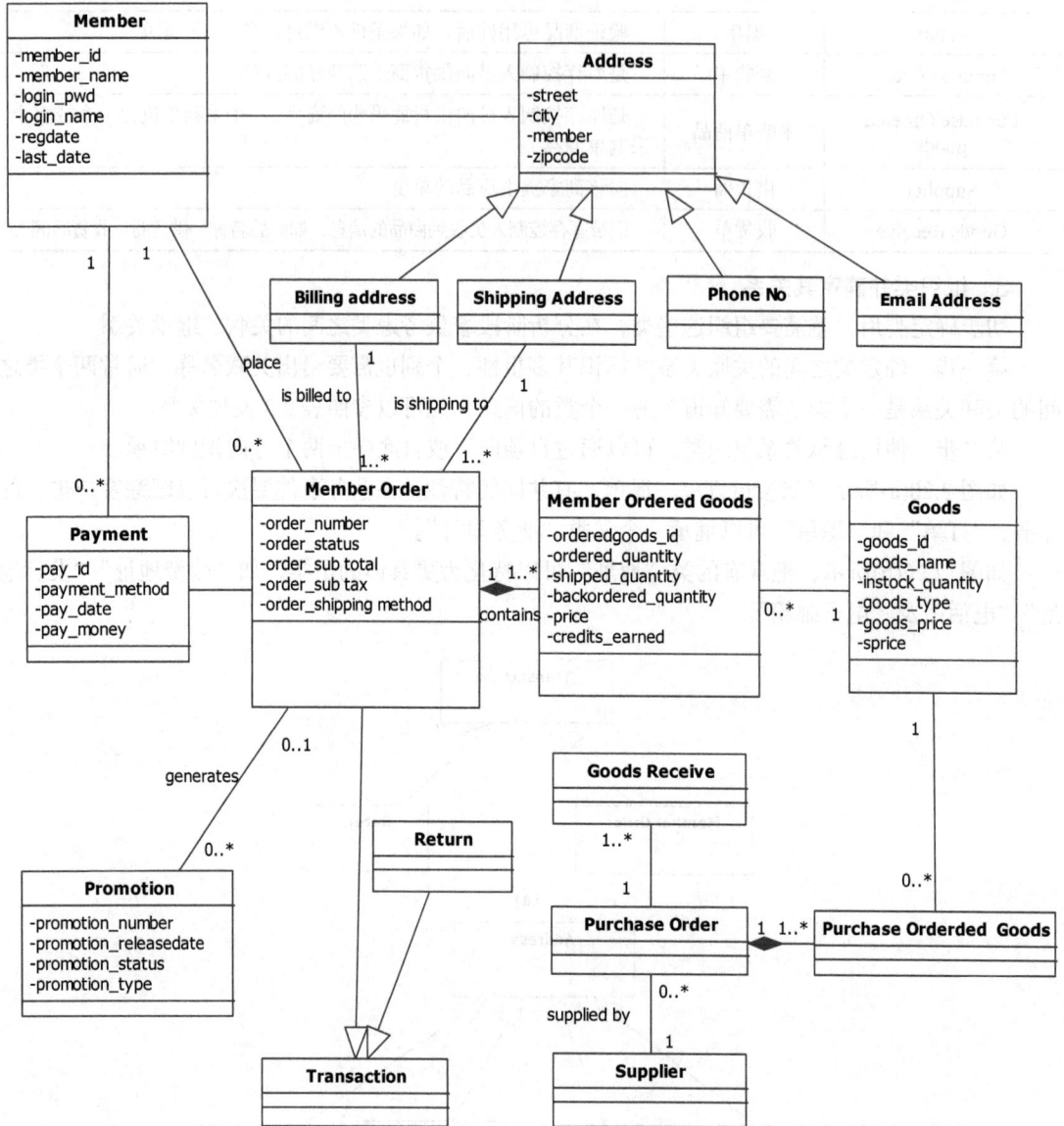

图2.21 "在线销售系统"的分析类图

2.4　用例分析

在软件开发过程中，首先需要明确客户对系统的需求是什么，即系统应该做什么。用例建模是用于描述系统应该做什么的建模技术，它是从用户的角度、以用户可理解的方式描述系统需求，是从外部视角来描述系统行为的过程。建立用例模型的目的是为了获取和分析用户需求。用例模型是外部行为者所理解的系统功能，描述了开发者和用户对需求规格所达成的共识。对客户而言，用例模型表明了系统的功能，对开发者而言，用例模型帮助他们理解系统要做什么，并为以后各个阶段的建模、体系结构设计、对象模型设计，直至实现及测试系统提供了依据。图 2.22 所示是一个简单的用例图。

2.4.1　用例元素的确定

用例模型用于需求分析阶段，它驱动了需求分析之后各阶段的开发工作。一个系统的用例模型是由一幅或一组用例图（Use Case Diagram）组成，还可以包含其他文档，如用例描述等。

用例图主要用于对系统、子系统或类的行为进行建模，它描述了参与者、用例及它们之间的关系，用例图显示谁将是系统相关的用户、用户希望系统提供什么服务。

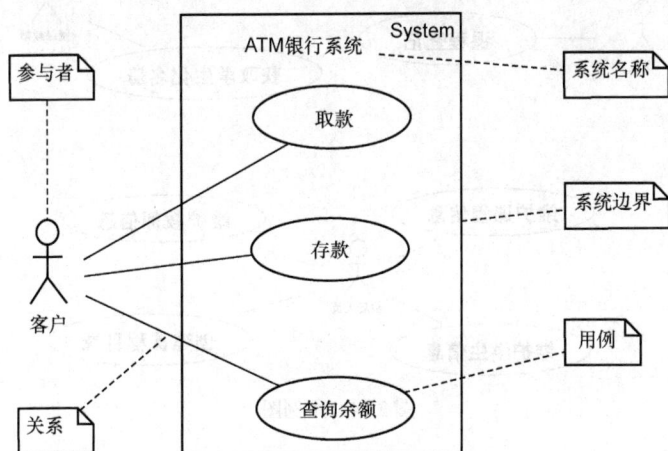

图 2.22　用例图

用例图主要由下述 3 种建模元素组成：

① **参与者（actor）**；

② **用例（use case）**；

③ **关系**。

除此之外，用例图中还可以有其他可选元素：注释和约束，包（用来将用例分组），系统边界框，如图 2.22 所示。

1. 参与者

参与者是与系统交互的实体，包括需要和系统交换信息的一切实体。参与者不是系统的一部分，它们处于系统的外部。参与者可能是人、计算机硬件或设备或外部系统。例如，某销售系统，顾客通过网络下单之后，系统计算出税金、运费、总计金额，并将数目传递一个外挂的会计系统。

可以看出这个系统的参与者是：顾客和会计系统。

（1）参与者的表示

在 UML 中，参与者用人形简笔画来表示，即使参与者并不是人类，也使用这种表示方法。另外表示参与者的方法是使用带有<<actor>>构造型（stereotype）的类图标，将<<actor>>放在图标上半部分中类名的上方，图 2.23 给出参与者的 3 种表示形式。

图 2.23　UML 参与者的表示

（2）参与者与角色

① 参与者代表角色。在用例模型中，参与者是用来模拟角色的，参与者代表了同系统交互的用户所充当的角色，它不是用来模拟物理的现实世界的人、组织或系统本身。如图 2.24 所示，参与者有学生、授课教师和注册人员，例如，注册人员只代表一个角色，它可能由人担当，也能由系统充当，甚至可以是专门从事注册活动的某个组织。

② 角色不是对职位建模。理解角色不是对职位进行建模，这是很重要的。在如图 2.24 所示的教学系统中，教授、副教授、讲师、助教都可以授课，但不应该在用例模型中描述这些，而是应该考虑在这个用例模型中，这些不同类型的人扮演了什么角色。

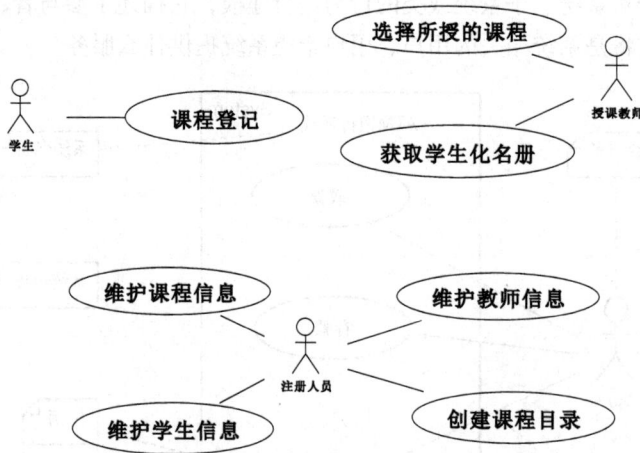

图 2.24　用例图

在用例模型中，"参与者"的精确含义应该是个人或者其他外部系统能够扮演的一组角色。因此，在系统的实际运作中，一个实际用户可能对应系统的多个参与者；不同的用户也可能只对应于一个参与者。

（3）参与者的类型

参与者通常可以分成两大类：主要参与者和次要参与者。

① 主要参与者：是从系统获得可度量价值的用户（可以直接从系统中受益）。主要参与者完全位于系统外部，它使用系统的主要功能，并驱动系统需求，是系统设计面向的主要用户或实体。

② 次要参与者：是监督、操作和管理系统的用户或者实体，处理系统的辅助功能，如处理数据库、通信、系统备份及其他的系统维护工作。

2．用例

用例，本质上是用户需求的描述，是一个具体的用户目标。多数用例是在系统生存周期的需求阶段定义，并在整个生存周期中不断细化。在需求获取阶段，用例主要是用来描述业务的本质、用户的目标，在需求分析阶段，用例被细化，用来建模用户如何实际使用系统。随着分析工作的不断深入，会发现更多的用例，应该及时将新发现的用例添加到已有的用例集中。

（1）用例的表示

用例用一个水平椭圆表示，用例名称可在椭圆的上部、内部或下部。用例名称是一个字符串，应该采用简短的动词短语，包括简单名（simple name）和路径名（path name）。用例的路径名是在用例名前加上所属包的名字。

（2）用例的特征

① 用例是从用户的角度，站在系统外部观察系统的功能，考虑系统做什么，而不考虑系统内部怎么做。

② 用例是对系统行为的描述。

③ 用例可大可小，但对应一个具体的用户目标。也就是说，用例是通过参与者启动执行的，执行结果对参与者来说应该是有意义的。例如，发邮件是一个有效用例，但输入目标地址就不是一个用例，因为发邮件对参与者来说其结果是有意义的，对参与者来说，单纯地输入目标地址后，并不能得到一个有意义的结果。

④ 一个用例包含了系统所执行的一组动作的序列。

⑤ 每个用例都有其对应的参与者。

（3）用例与场景（脚本）

用例是一组用例实例的抽象，用例实例也称场景或脚本。

场景（Scenario）或脚本是用户使用系统的一个实际的场面，是指参与者和系统之间的一系列特定的交互活动。在系统中，通常按照某个顺序执行一系列相关的动作后，就实现了某种功能（用例），把完成这一功能的操作的集合称为用例场景。所以说场景是使用系统的一个特定情节，是由一组特定的动作序列组成。用例是对一组场景共同行为的抽象，场景就是用例的一次完整的、具体的执行过程。

用例与场景的关系（脚本与用例的关系）就像类与实例的关系，即用例是场景的抽象，场景是用例的一个实例。

例如，表 2.5 所列是，小张通过银行 ATM 机取款 2000 元的场景，是"取款"用例的一个实例。

表2.5　　　　　　　　　　　　　　　用例场景

场景名称：小张通过银行 ATM 机取款 2000 元
用例："取款"
参与者：客户
场景：①小张将银行卡插入 ATM；②系统要求客户输入密码；③小张输入卡密码，并确认密码；④系统提示，请客户选择服务类型；⑤小张选择取款服务；⑥系统提示：请客户输入取款数目；⑦小张输入 2000，并确认；⑧系统输出 2000 人民币；⑨小张取出人民币；⑩系统提示服务类型：确认或继续，或退卡；⑪小张选择服务类型退卡，结束服务。

（4）用例的描述

用例只关注系统的外部执行结果，它表示了系统执行时具有的功能。用例图只描述了系统用来做什么及谁使用它，并没有描述系统执行的具体细节，这对于软件开发活动而言是不够充分的。因此，需要开发者与用户进一步交流，构建每个用例的场景，从而抽象出各用例的详细描述，即用例描述。

① 事件流。

在用例描述时可以给出用例的事件流过程，事件流就是用例所包含的一组动作序列。事件流是从用户角度写成的，是从参与者发起用例直到业务事件结束的步骤描述。定义事件流时，把系统看成一个"黑盒"，只说明参与者与系统如何交互。事件流关注系统做什么，而不是怎么做。在描述用例的事件流时，可以用文本、伪代码或顺序图、活动图。

② 用例描述模板

通常使用类似下面的模板来进行用例描述，见表 2.6。

表 2.6　　　　　　　　　　　　用例描述模板

X.1	用例 ID 号及用例名
X.2	用例概述
X.3	参与者
X.4	前置条件（Pre-Conditions）
X.5	后置条件（Post-Conditions）
X.6	事件流
X.6.1	基本事件流（Basic Flow）
X.6.2	扩展事件流（Alternative Flows）

其中 X 代表从 1 开始的用例序号。

用例 ID 号及用例名：用例 ID 号，通常格式为 UCxx。

用例概述：使用用户易于理解的自然语言简要说明该用例的作用。

前置条件：是执行用例之前，关于系统状态的约束条件。如该用例的前置条件可能是另外一个用例已经被执行，或者是用户具有运行当前用例的权限，或者是其他。

后置条件：是在用例执行之后，关于系统状态的约束状态。如一个用例结束后必须运行另外一个用例。并不是每个用例都有后置条件。

事件流：事件流捕获用例的外部可观察行为，侧重描述启动用例时，用户和系统的交互流程。事件流包括基本事件流和扩展事件流。

基本事件流：是对用例中常规的预期路径的描述，是大部分事件所遇到的场景。

扩展事件流：记录如果基本事件流出现异常或变化时的用例行为过程。

3. 关系

在用例图中存在 3 类关系，即参与者与用例之间的关系、参与者与参与者之间的关系及用例与用例之间的关系。

（1）参与者与用例之间的关系

关联关系：关联关系是参与者与用例之间的关系。在用例图中，使用关联关系表示参与者和用例之间的通信。一个参与者可以访问多个用例，多个参与者可以访问一个相同的用例。这个关联可以是双向的，也可以是单向。如果参与者启动了用例，一般箭头指向用例；如果参与者利用了用例提供的服务，箭头可以指向参与者；如果二者是互动的，可以用直线表示，如图 2.25 所示。

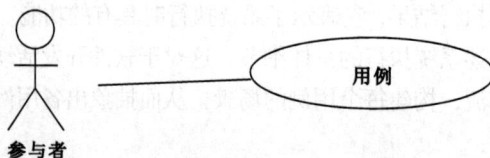

图 2.25　参与者与用例的关系

（2）参与者与参与者之间的关系

继承关系：在用例图中，使用继承关系来描述多个参与者之间的公共行为。在 UML 中，参与者之间的继承关系用一个三角箭头来表示。

当多个参与者可以发起同样的用例时，为了降低与系统通信的冗余，最好将这个公共用例分配给一个新的抽象参与者。原有参与者和新的抽象参与者构成了继承关系。

例如，如图 2.26 所示，"图书管理员"是正式成员，有权"查询库存"，也可以"借书"，而一般"访客"只有"查询库存"权限。如图 2.27 所示，可以创建"客户"参与者访问用例"查询库存"，"图书管理员"和"访客"访问"查询库存"用例从"客户"继承。

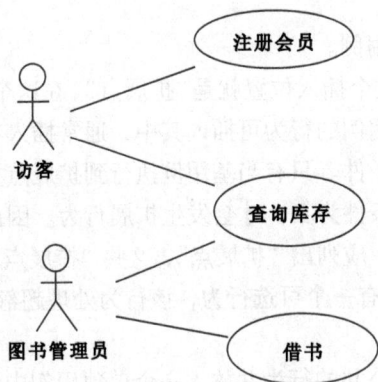

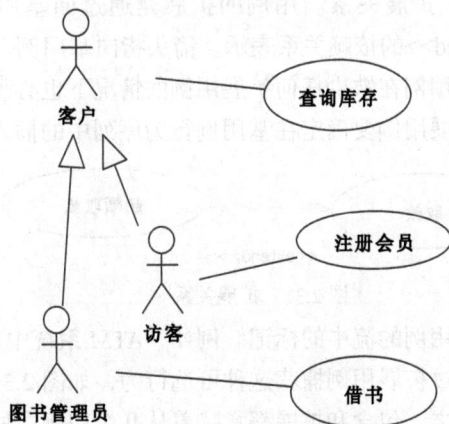

图 2.26　用例图　　　　　　图 2.27　参与者之间的继承关系

（3）用例之间的关系

用例之间存在的关系分为 3 种：继承、包含和扩展。其中包含和扩展都属于依赖关系的衍型。

① **继承关系**。用例之间的继承关系含义与类之间的继承一样。子用例不但继承父用例的行为、关系或通信链接，而且子用例还可以添加新行为。如图 2.28 所示，"电话预订"和"网上预订"都属于"预订"用例的子用例，都继承了"预订"的功能特征。

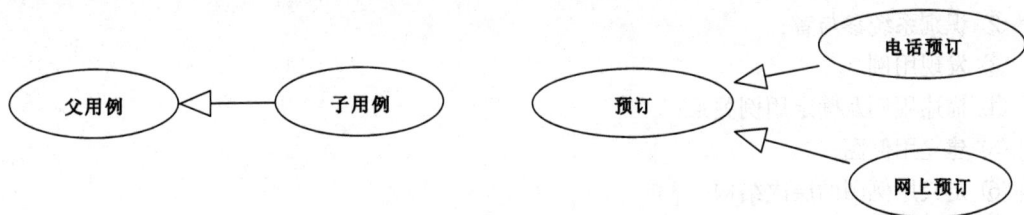

图 2.28　用例之间的继承关系

② **包含关系**。一个用例（基用例）可以包含其他用例（包含用例）具有的行为，并把它所包含的用例行为作为自身用例的一部分，这被称为包含关系。在 UML 中，包含关系用衍型为 <<include>> 的依赖关系表示，是一个带虚线的箭头，从基用例指向包含用例，如图 2.29 所示。

用例是一个事件流的集合，当某个事件流片段在多个用例中出现时，可以将这个公共的事件流片段抽取出来，放在一个独立的包含用例中简化基用例的描述。包含用例代表了某种形式的"复用"，降低了用例之间的冗余。例如，在 ATM 系统中，"取款""存款"和"查询余额"等用例都包含"登录账户"，如图 2.30 所示。

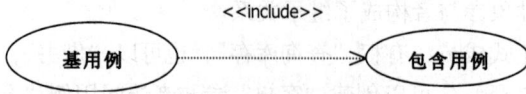

图 2.29　包含关系

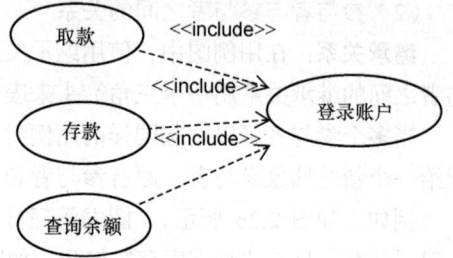

图 2.30　包含关系示例

③ **扩展关系**。用例的扩展是通过向基用例添加动作来扩展该用例。扩展关系用衍型为 <<extend>>的依赖关系表示。箭头指向基用例。

基用例在缺少任何扩展用例的情况下也必须是合法用例。

扩展用例要确定在基用例行为序列中的插入位置,这个插入位置就是"扩展点"。在这个点上,

图 2.31　扩展关系

扩展用例的行为可插入其中,通常插入有一个附加条件。只有当基用例执行到扩展点上并且插入条件为真,才会发生扩展行为。因此,基用例中应列出"扩展点",这些"扩展点"是出现在基用例的流中的标记。例如,ATM 系统中,取款时有一个可选行为,该行为处理超额取款,可以通过扩展用例捕获这种可选行为,如图 2.31 所示。

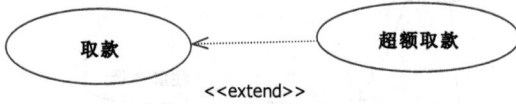

总之,包含和扩展都意味着从几个用例中抽取那些公共的行为并放入一个单独用例中,而这个用例被其他几个用例包含或扩展。

2.4.2　分析阶段用例图的建造

以用例来驱动系统分析与系统设计的方法已成为面向对象方法的主流,任何一个软件系统的开发,首先需要构建用例模型表述用户需要什么,而不涉及系统将如何构造和实现的细节。用例分析是一个迭代和增量的过程,首先构建初始用例模型,其次是细化用例模型,具体步骤如下:

① 确定系统的边界和范围;
② 识别系统参与者;
③ 发现用例;
④ 描述用例及确定用例关系;
⑤ 建立用例图;
⑥ 定义用例图的层次结构。

1．定义系统边界与范围

系统边界用来定义系统的界限,表明所开发系统的范围。一个系统要解决的问题不可能包罗万象,系统所解决的问题只是应用领域中的一部分,因此确定系统的边界是需求分析所要做的第一件事。在开发一个计算机新系统时,用户、系统分析人员及系统设计人员对系统的需求很难说清楚,因此系统分析人员必须和用户反复多次交流,并做大量的调查、研究和论证工作,从而确定系统的范围。确定系统做什么、不做什么,本系统与哪些外部事物发生联系等。例如,所开发的系统是"教务管理系统",如果该系统是只负责处理与教学相关的问题,诸如课程安排、学生选课、成绩管理等业务,至于学生入学注册、学费缴纳、教职工工资管理等不属于这个系统的范围,它们可以由"学生人事管理系统""财务系统"来实现,这样首先明确了"学生人事管理系统""财务系统"对于"教

务管理系统"而言是其外部系统，使用"教务管理系统"的学生、教师、教务员则是该教务管理系统的用户，属于外部事物，而课程安排、学生选课、成绩管理等属于系统的内部元素。

一个系统的范围和开发的目标、任务与其规模大小有关，如果开发的是"学校综合管理系统"，那么"教务管理子系统""学生人事管理子系统"和"财务子系统"都属于该系统边界内的成分。

系统的边界把系统的内部元素与外部事物划分开，系统开发的主要任务是对系统内部元素分析、设计和实现。

在 UML 用例图中，系统的边界用方框表示，可以把它看成一个黑盒子，系统用例都置于其中，参与者置于边界外。

2. 确定参与者

当系统边界确定之后，就要确定和系统直接交互的参与者，识别参与者对下一步识别用例是非常有帮助的。对于一个复杂系统，要列出用例清单比较困难，只有先识别出参与者，再围绕每个参与者找出相关用例，这样相对比较容易。

可以请系统的用户回答以下问题帮助发现参与者。

① 谁使用系统的主要功能？
② 谁改变系统的数据？
③ 谁从系统获取数据？
④ 谁支持、维护系统？
⑤ 谁需要借助系统的支持来完成日常工作？
⑥ 系统需要操纵哪些硬件？
⑦ 系统需要和哪些外部系统交互？
⑧ 谁对系统运行结果感兴趣？

以角色命名参与者，不以职务头衔命名。

3. 发现用例

用例的来源是参与者对系统的期望，所以识别用例最好的方法是从用户的需求入手。我们已经确定了参与者，现在需要从每个参与者出发，考虑以下的问题可以帮助发现与之相关联的用例。

① 每个参与者打算在这个系统里做些什么事情？
② 参与者使用本系统要实现的目标是什么？
③ 参与者是否会在系统中创建、修改、删除、访问、存储数据？如果是，如何来完成这些操作的？
④ 参与者是否会将外部的某些事件通知给该系统？
⑤ 系统是否会将内部的某些事件通知该参与者？

我们可以先把每个参与者的目标看作是一个潜在用例，然后分解或合并，用例名称应该体现用户目标，使用领域术语，一般以"强动词"作为用例名称的开头。

4. 描述用例及确定用例关系

① 描述用例，说明其事件流。用例描述分两个步骤：第一步，对用例概要描述；第二步，对用例详细描述。详细描述就是将事件流进行细化，在实际的开发工作中，对一个用例进行细化及细化到什么程度主要根据项目的迭代计划来决定。

② 确定用例关系。根据用例事件流，将公共行为抽取出来，以包含关系构建用例的关系；对于变化部分，将其抽取出来，放到扩展用例中。

5. 建立用例图、层次化用例图

对于一个复杂的大型系统，可以将系统分解为若干子系统，子系统还可以划分下属子系统，形成一个系统层次结构。每个子系统都需要相应的用例图来描述。用例图之间也就存在层次结构，高层子系统的用例可以分解为若干下属子系统的用例图。具有层次结构的用例图可以清晰、全面、完整地描述用例模型。

2.4.3 在线销售系统用例分析示例

例如，某"在线销售系统"为所有注册会员提供邮购服务。任何个人和公司都可以注册成为会员。一般访客可以登陆本系统浏览商品信息及促销活动，可以通过填写个人资料，包括姓名，地址，联系方式（比如，电话、电子邮件）等，注册成为会员，如有疑问可以在线求助。只有会员身份才有购买权限，会员购买商品时需填写订单，会员在 WEB 页面浏览产品目录，选择购买项及数量，系统验证会员信息（如发货地址等）及订单商品的可用性后，返回订单总金额等相关信息。会员选择付款方式，如货到付款（现金）或立即支付（信用卡，支票，借记卡等），付款成功之后，订单生成。如果没有正常支付，则生成一个退单或该订单被挂起。销售部门处理所选订单，将发货单发送库存控制部门，库存控制人员根据发货单发货并更改订单的状态。库存控制人员控制并维持适量库存，若库存不足则向供应商发送采购单，接受货物，并随时更新商品的库存信息。会员可以管理自己的信息，包括查看、修改、添加、删除，并支持修改密码、找回密码、重置密码。

1. 识别主要参与者

检查分析问题的陈述，很容易识别出 4 个不同角色的用户，该系统的参与者有访客、会员、销售人员、库存控制人员。

2. 发现用例

围绕每个参与者来识别用例。分析每个参与者的职责，可以识别出相关用例。

与参与者"访客"相关的用例有"注册会员""查询商品"。与参与者"会员"相关的用例有"下订单""退单""修改订单""查看会员记录""修改会员资料""查询商品"。与参与者"销售人员"相关的用例有"处理订单""安排发货""提交新促销""修改促销"。与参与者"库存控制人员"相关的用例有"订货""接收货物""发送货物"。

3. 用例描述

用例模型由多个用例组成，每个用例描述都包括"简要描述"和事件流，在项目开发过程中，对每个已确定的用例进行文本分析，可以逐步增量地细化和丰富初始类模型。这里就不给出所有用例的描述了，只给出"下订单"用例描述，见表 2.7。

4. 建模用例图

根据前述识别出该系统的主要参与者有访客、会员、销售人员、库存控制人员。围绕每个参与者识别出的主要用例："查询商品""注册会员""下订单""退单""修改订单""查看会员记录""修改会员资料""处理订单""安排发货""提交新促销""修改促销""订货""接收货物""发送货物"。建模该系统的用例图见图 2.32 所示。

表 2.7　　　　　　　　　　　　　　"下订单"用例描述

100.1	用例 ID 号及用例名	Uc_100 下订单
100.2	用例概述	该用例描述一个在线商务系统中，会员提交一份商品订单，系统验证会员信息及商品可用性，将各条目加入订单中，会员支付后，系统生成订单
100.3	参与者	会员
101.4	前置条件（Pre-Conditions）	会员登录

续表

100.5	后置条件（Post-Conditions）	订单被记录下来并定向到订单处理部门
100.6	事件流	
100.6.1	基本事件流（Basic Flow）	（1）会员请求输入新订单。 （2）系统产生商品目录。 （3）会员选择购买项（商品）及数量。 （4）系统显示会员的个人信息（送货、收费地址）。 （5）会员验证信息。E−1 （6）系统验证会员订购的每个项（商品）的可用性，获取会员价格及订单总额，并显示订单总结。 （7）会员验证订单。E−2 （8）系统提示会员选择支付方式。 （9）会员选择支付方式并支付。E−3 （10）系统记录订单信息，生成一个订单确认，显示给会员，并通过电子邮件发送给会员
100.6.2	扩展事件流（Alternative Flows）	E−1：（替代第 5 步）：如果需要修改，会员修改送货地址、收费地址，系统验证修改，存储。 　　E−2：（替代第 7 步）：如果订单需要修改，会员可以删除不需要的项目或修改订购数量等，一旦会员完成修改，系统继续处理订单，转到（第 6 步）。如果会员选择继续购买转到第 3 步。 　　E−3：（替代第 9 步）：如果付款不成功，系统通知会员并请求其他支付方式。如果会员不能同时选择其他支付方式，会员可以选择取消或挂起订单。如果会员选择挂起订单，系统把订单设置为挂起状态，系统返回主页面。如果会员选择取消订单，系统清除输入信息，返回主页面，终止用例

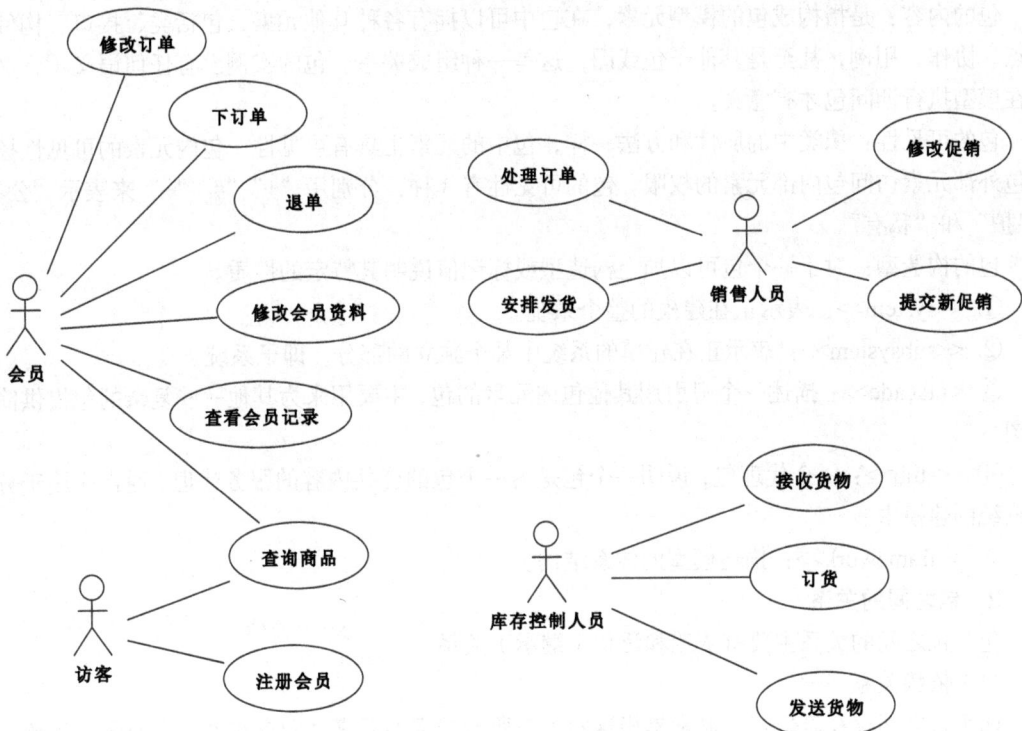

图 2.32　某在线销售系统用例图

对于一个大型软件系统，如某"在线销售系统"，其分析类图及用例模型相对都较为复杂。为了清晰地描述这样的系统，就有必要使用包对其类或用例进行分组，将系统分成不同的包，以确定其子系统。

2.5　包图

包是用来对模型元素分组的。在对一个大型、复杂的软件系统建立模型时，通常会有大量的模型元素（如类、接口、构件等）且关系复杂，使用包将模型元素分组是控制软件复杂度的重要手段。

包图（Package Diagram）的应用主要体现在两种不同层次：一是对组成元素建模；二是对体系结构建模。在大型复杂系统的开发过程中，使用包图以结构化、层次化的方式组织和管理软件模型，使得分别处理不同包的开发团队之间的相互干扰程度降至最低。在分析阶段，包图通常用于描述业务系统和用户需求的结构；在设计和实现阶段，包图可用来描述软件系统的高层结构。

2.5.1　包图及其模型元素

包是一种分组机制，包图是描述包及其关系的图。与所有 UML 的其他图一样，包图还可以包括注释、约束。包间的关系有依赖关系和泛化关系，如图 2.33 所示。

1. 包

包由关系密切的一组模型元素构成，通常将许多类集合成一个更高层次的单位，形成一个高内聚、低耦合的类的集合，包还可以由其他包嵌套构成。

包的内容：是指构成包的模型元素，在包中可以拥有各种其他元素，包括类、接口、构件、结点、协作、用例，甚至是其他子包或图，这是一种组成关系。包的实例没有任何语义（含义），仅在模型执行期间包才有意义。

包的可见性：像类中的属性和方法一样，包中的元素也具有可见性，包内元素的可见性控制了包外部元素访问包内部元素的权限。包的可见性有 3 种：分别用"+""#""−"来表示"公有""保护"和"私有"。

包的构造型：对于一个包可以加上构造型或标记值说明其特定的性质。

① <<system>>：表示正在建模的整个系统。

② <<subsystem>>：表示正在建模的系统中某个独立的部分，即子系统。

③ <<façade>>：描述一个只引用其他包内元素的包，主要用来为其他一些复杂的包提供简略视图。

④ <<stub>>：一个代理包，说明一个包是另一个包的公共内容的服务代理。通常应用于分布式系统的建模中。

⑤ <<framework>>：描述模型的体系结构。

2. 包之间的关系

包与包之间的关系主要有依赖和泛化（继承）关系。

（1）依赖关系

两个包之间存在着依赖，通常是指这两个包所含的模型元素之间存在着一个或多个依赖。两个模型元素之间存在着依赖，是指一个元素的定义的改变会引起另一个元素发生相应改变。对于由类组成的包，如果两个包中的任意两个类存在依赖关系，那么这两个包之间就存在依赖关系。如图 2.33 所示，包"下订单界面"依赖包"系统内部"。

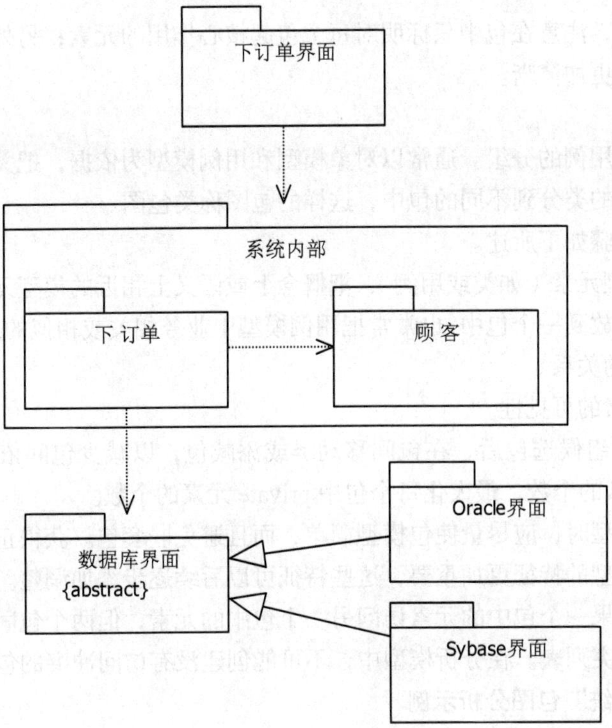

图 2.33　包图

包的依赖关系可以加上衍型来规定它的语义，最常用的是输入依赖关系<<import>><<access>>，两者之间区别是后者不把目标包内容加到源包的名字空间。

<<import>>关系：最普遍的包依赖类型，说明提供者包的命名空间将被添加到客户包的命名空间中，客户包中的元素也能够访问提供者包的所有公共元素。<<import>>关系使命名空间合并，当提供者包中的元素具有与客户包中的元素相同的名称时，将会导致命名空间的冲突。这也意味着，当客户包的元素引用提供者包的元素时，将无需使用全称，只需使用元素名称即可。

<<access>>关系：如果只想使用提供者包中的元素，而不想将两个包合并，则应使用该关系。在客户包中必须使用路径名，才能访问提供者包中的所有公共元素。

（2）泛化关系

包之间的泛化关系与类之间的泛化关系非常类似，使用一般包的地方可以用特殊包代替。

如果两个包之间存在泛化关系，就是指特殊包必须遵循一般性包的接口，对于通用包可以加上一个说明"{abstract}"，表明它只不过是定义了一个接口，这个接口可以由多个专用包实现。

在设计中，当某一个特定的功能有多种实现方法时，比如，实现多数据库支持；实现 B/S 和 C/S 双界面等，这时就需要定义一些高层次的"通用包"和实现高层次功能的"特殊包"。在通用包中定义一些接口和抽象类，在"特殊包"中，定义一些包含实现这些通用类和接口的具体类。例如，在图 2.33 中，"数据库界面"包是"通用包"，"Oracle 界面"和"Sybase 界面"是"特殊包"。该图说明数据库界面有两种风格，通过"数据库界面"包，"系统内部"包既能够使用 Oracle 的界面，也可使用 Sybase 的界面。"通用包"可标记为{abstract}，表示该包只是定义了一个界面，

61

具体实现则由"特殊包"来完成。

2.5.2　包图建模及在线销售系统包图分析示例

在构建包模型时，注意在包中只标明对每个包起核心作用的元素；另外也可以标识每个包的文档标记值，以使其更加清晰。

1．构建包图

包图多用于类或用例的分组。通常以对象模型和用例模型为依据，把关系紧密的类分到同一个包中，把关系松散的类分到不同的包中，这样的包图称类包图。

包图建模主要步骤如下所述。

① 分析系统模型元素（如类或用例），把概念上或语义上相近的模型元素纳入一个包。如把类图中关系紧密的类放到一个包中，也常常把用例模型中业务相关或相似的用例分组到一个包中。

② 确定包之间的关系。

③ 标出包内元素的可见性。

优化：在识别一组候选包后，在包间移动类或添减包，以减少包间依赖，最小化每个包的public、protected元素的个数，最大化每个包中private元素的个数。

在创建分析包模型时，应尽量使包模型简单，而且避免嵌套包。获得正确的包集合比使用诸如包泛化和依赖构造型的特征更加重要，这些特征可以后续逐步添加调整。很多建模工具允许自动验证包间依赖。如果一个包中的元素访问另一个包中的元素，但两个包间却没有依赖关系，那么工具将产生访问冲突列表。在分析模型中，不可能创建没有访问冲突的包图。

2．"在线销售系统"包图分析示例

包图主要用于对组成元素建模和体系结构建模。关于包图应用于对体系结构建模将在第6章包设计讨论。

对组成元素建模是包图最常见的用途，它将建模元素进行分组，然后对组（包）进行命名，在对组成元素建模时，每个包都应该是由在概念上、语义上相互接近的元素组成。

在开发大型软件项目中，通常使用包组织用例，这样可以更加容易管理用例模型。

例如，"在线销售系统"的用例图中，包含用例"查询商品""注册会员""下订单""退单""查看会员记录""修改会员资料""修改订单""处理订单""安排发货""提交新促销""修改促销""订货""接收货物""发送货物"。经过分析可以发现这些用例在设计时可以分组处理，因为某些用例使用的信息与行为是相似的。具体分组见表2.8。

表2.8　　　　　　　　　　　　　用包将用例分组

用　例	组
查询商品、下订单、修改订单、退单、处理订单、安排发货	订单处理
提交新促销、修改促销	促销
注册会员、查看会员记录、修改会员资料	会员管理
订货、接受货物、发送货物	库存控制

这样分组后，可将"在线销售系统"的用例分为"会员管理""订单处理""促销"及"库存控制"4个包，它们构成了该系统的四大业务逻辑功能，每个包都包含了一组用来处理特定类型的业务活动的用例，如图2.34所示。

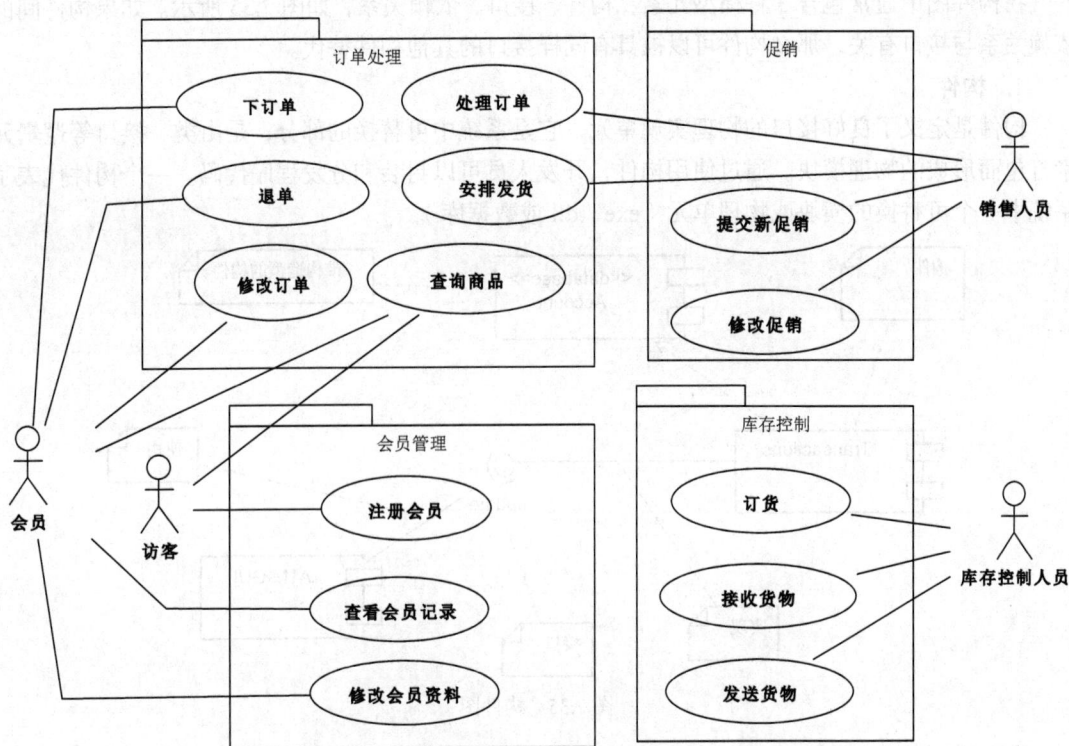

图 2.34　用例包图

2.6　构件图与部署图

系统模型的大部分内容反映了系统逻辑和设计方面的信息，并且独立于系统的最终实现单元。然而，为了系统可重用性和可操作性的目的，系统实现方面的信息也很重要。UML 使用两种视图来表示实现单元：构件图（或称组件图）和部署图（或称配置图）。构件图和部署图也是对系统物理方面建模的重要手段。

构件图表达的是系统代码本身的结构，它将系统中可重用的块包装成具有可替代性的物理单元，这些单元被称为构件，或叫组件。构件图描述了软件系统的各种构件和它们之间的相互关系。使用构件图有利于软件的复用及方便项目组成员制定工作目标和了解工作情况。

部署图是 UML 唯一能描述系统硬件的图。部署图由结点构成，结点代表系统的硬件，构件在结点上驻留并执行。部署图表示了系统硬件的物理拓扑结构及在硬件上运行的可执行构件，它表达的是运行系统的结构。

2.6.1　构件图及其模型元素

构件图（Component Diagram）是一种结构图，展示了构件间相互依赖的网络结构。构件图可以表示成两种形式，一种是含有依赖关系的可用构件（构件库）的集合，它是构造系统的物理组织单元；另一种是表示一个配置好的系统，用以建造该系统的构件已被确定，在这种形式中，每个构件与给它提供服务的其他构件连接，这些连接必须与构件的接口要求相符合。

在构件图中通常包含 3 种模型元素：构件、接口、依赖关系，如图 2.35 所示。如果构件间的依赖关系与接口有关，那么构件可以被具有同样接口的其他构件替代。

1. 构件

构件是定义了良好接口的物理实现单元，它是系统中可替换的部分，是由类、接口等逻辑元素打包而形成的物理模块。通过使用构件，开发人员可以封装和分发程序代码。一个构件代表了系统中一个可替换的模块或物理单元（exe、dll 或数据库）。

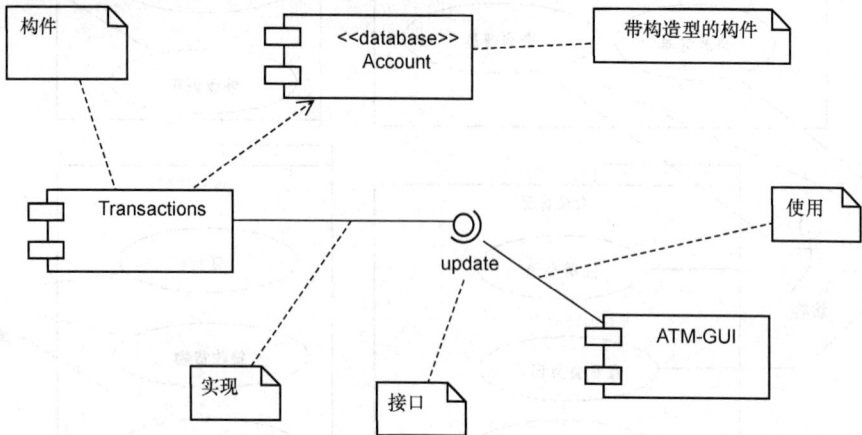

图 2.35　构件图

（1）构件的分类

在 UML 中，构件按其作用可以分为部署构件、工作产品构件和可执行构件。

部署构件（Deployment Component）：又称实施构件，这类构件是运行系统时需要配置的构件，是形成可执行构件的基础。如动态链接库（DLL）、.exe 文件、COM+、EJBs、CORBA、Web 页、数据库表等。此类构件的构造型符号有<<library>>，说明构件是一个静态库或动态库。

工作产品构件（Work Product Component）：也称为源代码构件。这类构件主要是开发过程的产物，包括创建实施构件的源代码文件及数据文件，它们是部署构件的来源。工作产品构件并不直接参加可执行系统，而是用来产生可执行系统的。工作产品构件上可标注如下构造型符号。

① <<file>>说明一个构件是包含源代码或数据的文件。

② <<page>>表示 Web 页。

③ <<document>>表示一个构件代表的是文档，而不是可编译代码。

可执行构件（Execution Component）：是系统执行时使用的构件，可执行构件表示处理机上运行的一个可执行单元，例如，由 DLL 实例化形成的 COM+对象等。常见的构造型符号有：

① <<executable>>：说明该构件能够在系统的结点上执行；

② <<table>>：说明该构件代表的是一个数据库表。

（2）构件和类

构件在许多方面与类相似，二者都有名称；都可以实现一组接口；都可以参与依赖、泛化和关联关系；都可以被嵌套；都可以有实例；都可以参与交互。但是构件和类之间也有一些显著的不同点，如下所述。

抽象方式不同：类表示逻辑抽象，不能单独存在于结点上；而构件是存在于计算机中的物理抽象，可以驻留在结点（计算机）上。通常，在对系统建模时，当准备建模的事物直接存在于结点上时，采用构件。

抽象的级别不同：构件表示一个物理模块，可以包含多个类，构件依赖它所包含的类。类表示一个逻辑模块，只能从属于某个构件。

访问方式不同：通常构件的服务只能通过其接口来访问，而类直接拥有自己的操作和属性，可以直接访问其操作。

2. 构件的接口

构件是基于接口定义的，具有确定的接口。通过使用接口，可以避免在系统中各个构件之间直接发生依赖关系，有利于新构件的替换。在这种情况下，系统中的一个构件可以被支持正确接口的其他构件所替代。构件有两类接口。

① 输出接口：是被构件实现的接口，也称供口，也就是说，构件将该接口作为服务窗口向其他构件开放，它是一个构件能够为其他构件提供服务的操作的集合，一个构件可以有多个供口。

② 需求接口：构件使用的接口被称为需求接口或引入接口，即构件向其他构件请求服务时要遵循的接口。一个构件可遵从多个引入接口。

一个给定的接口可以由一个构件输出，也可以被另一个构件引入，因此接口位于两个构件中间，断开了两个构件之间的直接依赖关系。采用什么样的构件实现接口不会影响使用接口的构件。

可以用两种方式表示构件与接口的关系，图 2.36(a)所示是采用图标的方式，图 2.36(b)所示是采用扩展的方式，这种扩展的方式可以显示接口的操作。图 2.36 表示了构件 Component1 通过接口 Interface1 访问构件 Component2 所提供的操作，构件 Component2 实现了 Interface1 接口。

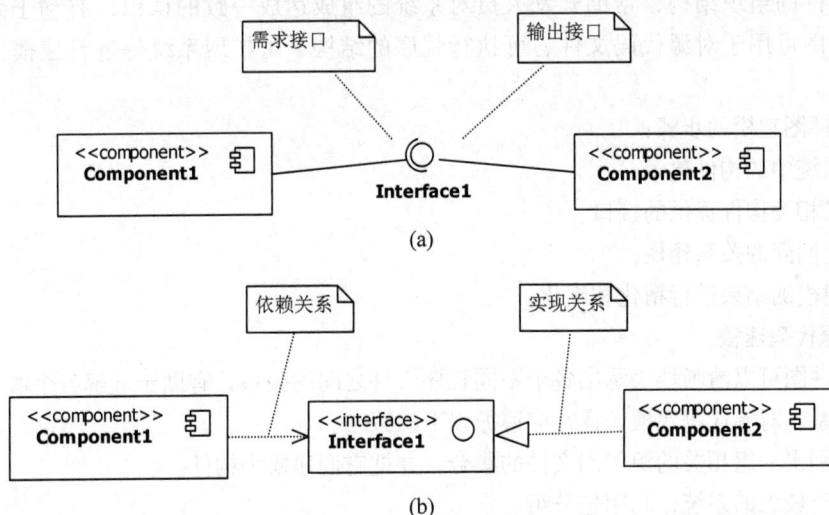

图 2.36　构件与接口

3. 构件之间的关系

构件图中经常体现的是构件之间的依赖关系。如果一个构件内部使用了另一个构件的供口，就存在一个依赖关系。

对于一个较大的构件往往需要其他构件作为其部件，常使用复合结构把构件的内容划分和聚集，使结构关系更加清晰，如图 2.37 所示。

在图中构件"数据检索程序"与构件"SQL 数据库引擎"通过接口"数据库连接"相连，构件"数据检索程序"有两个端口，其中端口 port1 由输出接口"检索对象"向外提供服务；端口

port2 由需求接口"数据库连接"连接到构件"SQL 数据库引擎"要求相关的数据库服务。构件"数据检索程序"内部包含两个构件:"数据检索服务"和"数据库访问"。构件"数据检索服务"和"数据库访问"通过接口"数据存取"相连。

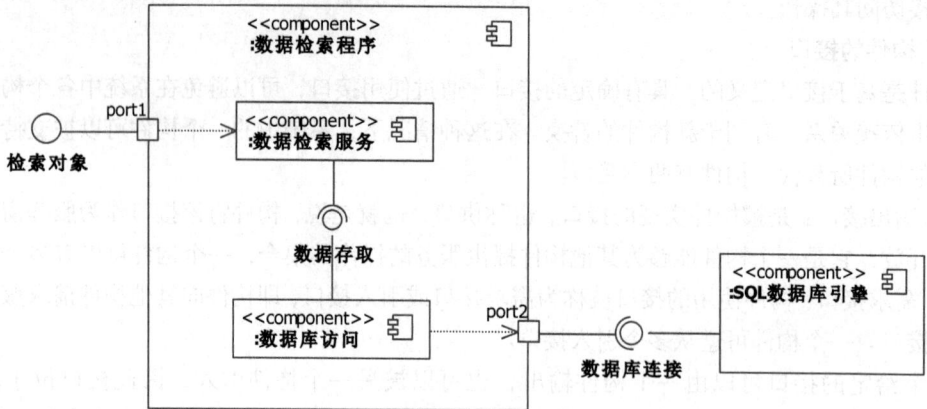

图 2.37　构件图

2.6.2　构件图建模及示例

对于一个大型、复杂的软件系统,可以使用构件图建立模型,通过构件之间的依赖关系描述系统软件的组织结构,帮助开发人员对系统的组成达成一致的认识,有利于做出开发的决策。构件图可用于对源代码文件、可执行程序的结构、可扩展系统等进行建模,其中前两种比较常见。

使用构件图建模的步骤:

① 对系统中的构件建模;

② 定义相关构件提供的接口;

③ 对它们间的关系建模;

④ 对建模的结果进行精化和细化。

1. 对源代码建模

通过构件图可以清晰地表示出各个不同程序文件之间的关系,有助于理解各个源代码文件之间的对应关系。对源代码建模,通常应遵循以下的策略。

(1)识别出一组相关的源代码文件的集合,并把它们建模为构件。

(2)对于较大的系统,利用包分组。

(3)如果对这些模型进行配置管理和版本控制,就需要对这些文件加进一些标记值,如版本、作者和检入/检出信息校验等。

(4)用依赖关系对这些文件之间的编译依赖关系建模。

如图 2.38 所示,构件图中 signal.h 是头文件,有 2 个版本,这个头文件被文件 interp.cpp 和 signal.cpp 引用,所以是依赖关系,其中 interp.cpp 还引用了另一个头文件 irq.h,device.cpp 对 interp.cpp 有编译依赖关系。

2. 对可执行程序的结构建模

一个大型复杂的软件系统,其运行系统往往由多个可执行程序和相关的对象库构成,使用构件图对其建模,有助于说明系统的构成,有利于做出开发的决策,通常应遵循以下的策略。

① 识别所要建模的构件集合。

② 为构件选择合适的构造型。

③ 对每一个构件考虑与相邻构件之间的关系。

如图 2.39 所示，执行程序构件 animator.exe 的版本为 5.0.1，它依赖于动态链接库 dlog.dll、wrframe.dll 和 render.dll，而动态链接库 render.dll 依赖于动态链接库 raytrce.dll。

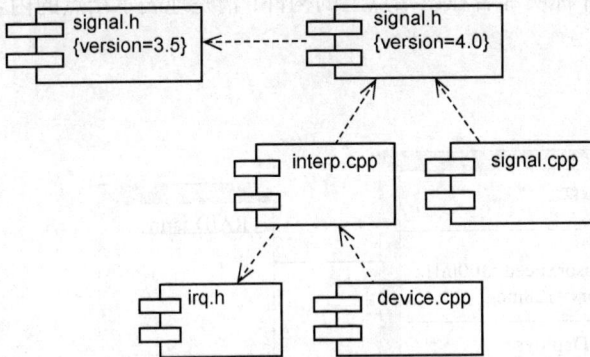

图 2.38　为源代码建模的构件图

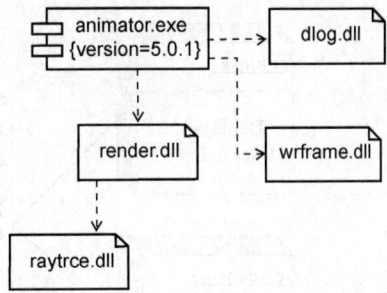

图 2.39　为可执行文件建模的构件图

2.6.3　部署图及其模型元素

经过开发得到的软件系统的构件和重用模块，需要部署在硬件上执行。在 UML 中，部署图（Deployment Diagram）描述了整个系统的软硬件的实际配置，它表示了系统在运行期间的体系结构、硬件元素（结点）的构造及软件构件、模块在不同结点上的分布。部署图也称配置图或实施图。

部署图一般由体系结构设计师、网络工程师、系统工程师来描述。它帮助安装、部署人员掌握系统的拓扑结构，帮助系统的相关人员了解软件中的各个构件驻留在什么硬件位置，以及这些硬件之间的交互关系。总之，构件图和部署图可以用来帮助设计系统的整体架构。

部署图主要包含结点和连接，结点内可以包含构件，也可以包含注释、约束、包或子系统等。

1. 结点

结点（Node）是系统运行期间的物理单元，它代表计算机资源，例如，一台计算机、打印机等硬件设备，系统的构件可以配置在结点上。

（1）结点的种类

在部署图建模过程中，有两种类型的结点：处理器和设备。处理器和设备的 UML 符号如图 2.40 所示。

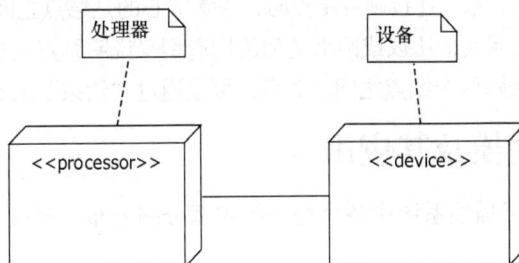

图 2.40　部署图

处理器<<processor>>：是能够执行软件、具有一定计算能力的硬件，如服务器、工作站等。

设备<<device>>：设备是没有计算能力的硬件，通常情况下是通过其接口为外部提供服务，如打印机、扫描仪、IC 读卡器等。

（2）结点的属性和操作

结点是一种类元，也可以具有属性和操作。可以通过结点的属性规定处理器的性能指标，如速度、内存容量等；也可以通过结点的操作标明部署在该结点上的构件，清楚地表示结点的内容，如图 2.41 所示。

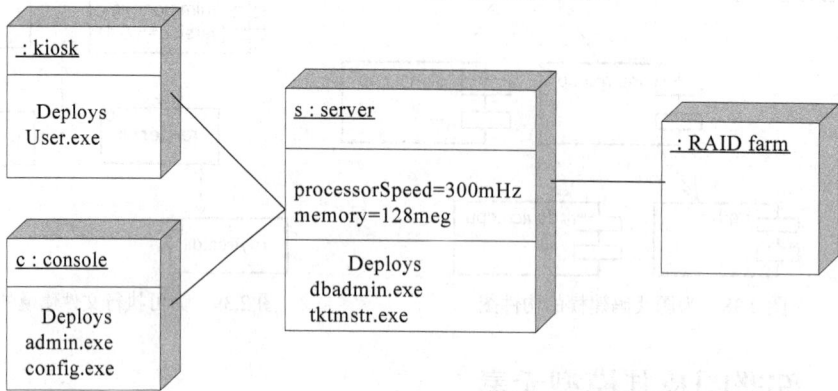

图 2.41　部署图

（3）结点内包含的构件

当某些构件驻留在某个结点，建模时，可以在该结点的内部描述这些构件。构件是参与系统执行的事物，结点是执行构件的事物。在部署图中还可以表明构件之间的依赖关系。结点中的构件可以使用<<artifact>><<database>>等构造型加以描述，其中<<artifact>>构造型用于表示文件或构件等是由开发团队生成的制品。如图 2.42 所示，在结点"Server"上驻留了两个构件 Searchprogram 和 Database，其中构件 Searchprogram 依赖 Database。

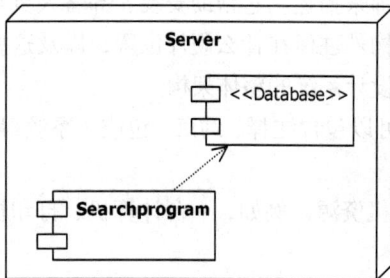

图 2.42　结点

构件是参与系统执行的事物，而结点是执行构件的事物。也就是说，结点执行构件，构件是被结点执行的事物。构件表示逻辑元素的物理打包，而结点表示构件的物理部署。

2. 连接

结点之间的连接是关联关系。连接硬件结点时，通常关心的是结点之间的连接方式，所以一般不需要写名称，而是使用能表明通信协议或网络类型的构造型来说明结点的连接方式，如<<Ethernet>><<TCP/IP>>。为了更好地表示两个结点之间的关系，可以通过"约束"来对连接进行描述。

2.6.4　部署图建模及其应用

部署图建模主要是为了描述系统中各个物理组成部分的分布、提交和安装过程。建立系统部署图，可以参照如下步骤进。

① 对系统中的结点建模；

② 对结点间的关系建模；

③ 分配相关构件驻留在结点上，这些构件来自构件图；

④ 对建模的结果进行精化和细化。

在实际应用中，并不是所有的系统都需要建立部署，如果所开发的软件系统只运行于一台计算机上，而且只使用该计算机上已经有操作系统管理的标准设备（如键盘、鼠标和显示器等），这种情况下就没有必要建立部署图。如果所开发的软件系统需要使用操作系统管理以外的设备（如数码相机和路由器等），或者系统中的设备分布在多个处理器上，这时需要构建部署图，以便使开发人员清楚系统中软件和硬件的映射关系。

部署图主要用来描述嵌入式系统、客户机/服务器系统及分布式系统的静态部署。

1. 为嵌入式系统建模

对于嵌入式系统而言，一般开发的系统具有多个硬件设备，应当使用部署图建模处理器与设备。为嵌入式系统建模的策略如下所述。

① 建模时需要注意识别嵌入式系统的结点（处理器和设备）。

② 使用构造型结点对处理器和设备建模。

③ 在部署图中为处理器（其中含有系统构件）和设备的关系建模。

④ 必要时可以把智能设备展开，对其结构建模。

图 2.43 所示是一个自动加油站系统的部署图。

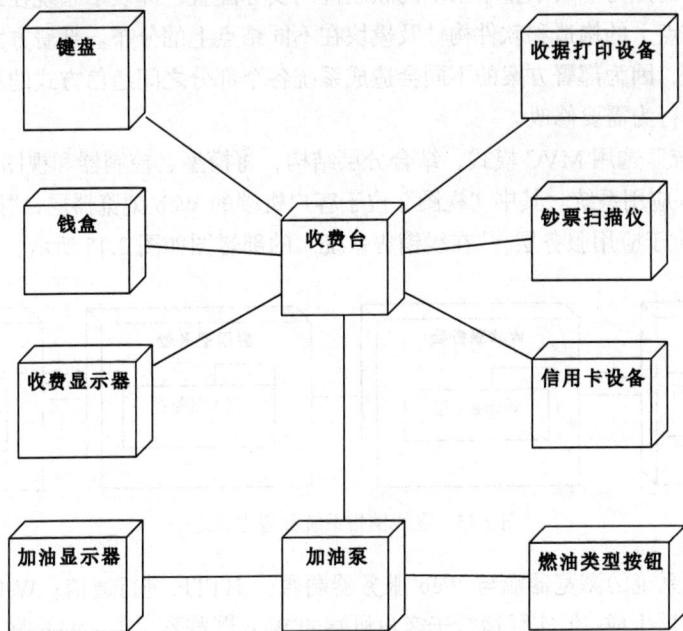

图 2.43　嵌入式建模部署图示例

加油站系统是一个嵌入式系统，由"收费"和"加油"两部分组成。"收费"由一个处理器（收费台）和 6 个设备（键盘、钱盒、收费显示器、收据打印设备、钞票扫描仪、信用卡设备）组成。"加油"由一个处理器（加油泵）和 2 个设备（加油显示器及燃油类型按钮）组成。

2. 为客户机/服务器系统建模

客户机/服务器系统是分布式系统的一种，需要通过部署图描述其客户机端和服务器端的网络连接及系统构件在结点上的物理分布。

图 2.44 所示是一个连锁商店管理系统，有客户机端和服务器端两个结点，客户机端机器上部署了客户机端构件及 RMIStub 构件，服务器端构件部署在服务器上。

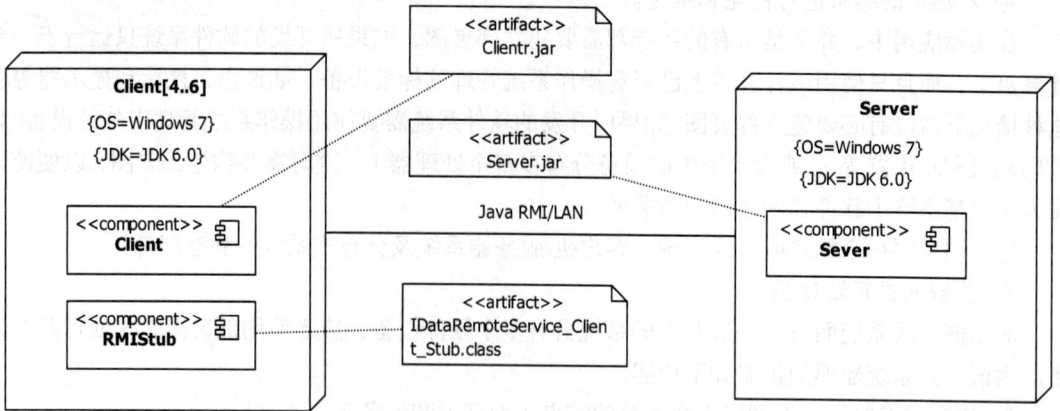

图 2.44　客户机/服务器系统建模部署图示例

2.6.5　在线销售系统部署图建模分析示例

建模部署图目的是为了表示整个系统的软硬件的实际配置，即表示系统在运行期间的体系结构、硬件元素（结点）的构造和软件构件及模块在不同结点上的分布。部署方案的不同对系统设计存在很大的影响，因为部署方案的不同会造成系统各个部分之间通信方式的不同，甚至有可能会导致系统内部的行为需要修改。

"在线销售系统"选用 MVC 模式，结合分层结构，将模型、控制器和视图划分为不同的层，形成一个多层 Web 应用系统。其中"视图"位于客户机端的 Web 浏览器层；"控制器"位于 Web 服务层；"模型"位于应用服务层。"在线销售系统"的部署图如图 2.45 所示。

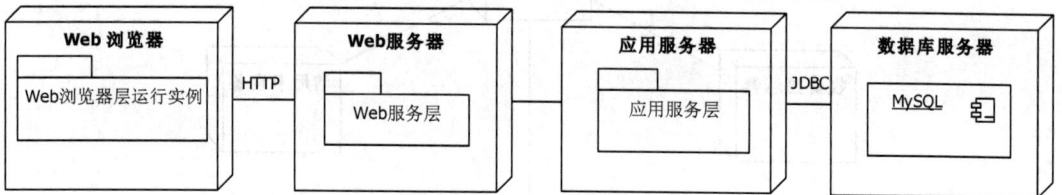

图 2.45　在线销售系统部署方式之一

可以看出，该系统的浏览器端与 Web 服务器端通过 HTTP 进行通信；Web 浏览器层由位于 Web 服务层的控制器生成，但实际运行于客户机端的 Web 浏览器之上。Web 服务层的所有设计元素安装并运行于 Web 服务器上。应用服务层中的所有设计元素安装并运行于应用服务器上，如业务逻辑处理子系统等都部署在应用服务器上，应用服务器所管理的业务数据位于数据库服务器之上。应用服务器与数据库服务器通过 JDBC 协议进行通信。

在线销售系统的 Web 服务层和应用服务层分别部署在不同的物理结点上。因此，这两层之间采用远程调用 RMI 方式进行通信，在这种情况下，需要为"在线销售系统"应用服务层的设计元素设计远程接口，供 Web 服务层调用。在线销售系统各层的设计元素将在第 6 章继续讨论。

本章小结

　　本章主要介绍了系统分析的概念、方法及如何构建系统的静态分析模型。UML 的静态模型主要包括用例图、类图、对象图、包图、构件图和部署图，本章分别介绍了这 6 种静态模型的相关知识及其建模的方法步骤，并以"在线销售系统"的实例贯穿整个章节。

　　用例模型用于需求分析阶段，它描述了待开发系统的功能需求，并驱动了需求分析之后各阶段的开发工作。本章详细介绍了用例模型的基本概念及用例建模的方法步骤，包括如何识别参与者、用例及如何进行用例描述，并通过实例给出了构建用例模型的全过程。

　　UML 的类图、对象图及包图构成了系统的对象模型，其中类图是对象模型的核心。类图由类、类与类之间的关系构成。本章详细描述了 UML 中类之间的 4 种关系：关联（聚集和组合是特殊关联）、继承、依赖和实现，以及接口的概念；重点介绍了建模类图的步骤和方法，包括如何识别类、确定类的属性和操作，以及标识类之间的关联和继承关系。

　　对象图是类图的一个实例，它描述了类图中类的特定实例及某一时刻这些实例之间的特定连接。

　　包是一种分组机制，对于复杂的系统需要使用包对其模型元素进行组织分组。UML 中通常采用包的概念来描述软件系统的体系结构模型，用包建模可以清晰、简洁地描述一个复杂的系统、形成一个描述系统的结构层次。

　　构件图和部署图是用来为面向对象系统的物理实现建模的两种图。构件图描述构件、构件之间的关系，它用来为系统的静态实现建模。部署图描述了结点和运行在结点上的构件的配置，它用来模拟系统的静态部署。本章介绍了构件图、部署图的语义、组成元素、功能及建模的方法步骤，并举例说明了如何应用构件图为源代码、可执行代码建模；如何应用部署图为嵌入式、客户机/服务器系统建模。

本章习题

一、选择题

1. UML 的系统分析需要确立的 3 种模型是（　　）、动态模型和系统的功能模型。
   A. 数据模型　　　　　　　　　B. 静态模型
   C. 关系模型　　　　　　　　　D. 对象模型

2. 下列选项中，哪些是"用例描述"应该包含的内容（多选）？（　　）
   A. 概述　　　　　　　　　　　B. 基本事件流
   C. 可选事件流　　　　　　　　D. 对象模型　　　　　E. 前置条件

3. 关于下面的类图中所表示的关联关系，下列 4 个选项中说法错误的是（　　）。

教 师		课 程		学 生
	1　　0..*		1..*　　1..*	

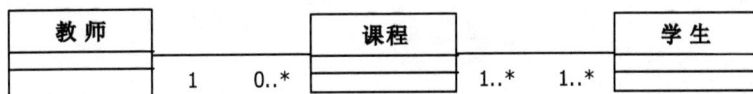

   A. 一个学生可以选一到多门课程　　B. 一个老师可以教 0 到多门课程
   C. 一门课程只能由一位老师上课　　D. 一门课程可以被 0 到多个学生选课

4. 关于分析和设计的区别，下列哪个说法是错误的？（　　　）

    A. 分析侧重于问题域，设计侧重于解域

    B. 一般情况下，设计模型比分析模型复杂得多

    C. 分析解决做什么的问题，设计则解决怎么做的问题

    D. 分析模型主要侧重功能需求，而设计模型则要充分考虑各种非功能需求

    E. 一般情况下，分析模型不考虑系统结构，而设计模型则对系统结构进行全面设计

5. 在 UML 中，关联关系是类之间的关系之一，其中多重性用来描述类之间的对应关系，下面哪个不是其中之一（　　　）。

    A. 0..1   B. 0..*   C. 1..*   D. *..*

6. 关于包的描述，哪个不正确？（　　　）

    A. 和其他建模元素一样，每个包必须有一个区别于其他包的名字

    B. 包中可以包含其他元素，如类、接口、构件、用例等

    C. 包的可见性分为 public、protected、private

    D. 引入（import）使得一个包中的元素可以单向访问另一个包中的元素

    E. 导出（export）使得一个包中的元素可以单向访问另一个包中的元素

二、问答题

1. 用例和场景之间是什么关系？与协作又是什么关系？

2. 请指出用例图的组成元素及其识别方法，并构建自选项目的用例图，并给出相关用例描述。

3. 聚集与组合有何区别？并请举例说明。

4. 根据如下描述，请你结合 UML 的几种关系，给出机器人 UML 分析类图。这张图的焦点是聚集在那些让机器人在路上行走的机制所对应的类上。你可以发现一个虚类 Motor 和两个从它派生出来的类：SteeringMotor 和 MainMotor。这两个类都从它的父亲 Motor 继承了 5 个方法：move()、stop()、resetCounter()、statues()、distance()。这两个类又是另一个类 Driver 的一部分。类 PathAgent 和 Driver 有一个 1 对 1 的关系，和 CollisionSensor 有 1 对 n 的关系。

5. 简述如何在实际工作中发现类，怎样组织类之间的继承关系。

6. 构建自选项目的类图，给出类的属性和操作，并在图中标识关联的多重性。

7. 什么是构件？构件与普通类有哪些相同点和不同点？UML 中的构件有哪几种？

8. 构件有哪两种接口？如何表示？叙述它与构件之间的关系。

9. 在大学教务管理系统中，常常以课程为中心来管理教师、学生、教室等。尝试用构件来开发课程、教师、学生、教室等各个构件，并描述这些构件之间的关系。

10. 比较部署图和构件图，说说它们各自的特点。

11. 在部署图中，什么是结点？UML 中有几种结点？它们的区别是什么？请举例说明。

第3章
系统动态分析建模

面向对象系统的开发过程以体系结构为中心，以用例为驱动，是一个反复、渐进的过程。系统开发模型具有可追溯性，支持各开发阶段模型之间的无间隙转换。在建立系统需求模型的基础上，系统分析阶段需进一步确立系统的静态模型、动态模型和系统功能模型。第 2 章我们对系统的对象静态结构模型做了详细的分析与说明，本章将从系统对象动态活动的角度，对系统分析的各构件组成及对象动态行为模型进行详细介绍。

在 UML 系统开发过程中，动态模型主要是描述系统的动态行为和控制结构。动态行为包括系统中对象生存期内可能的状态及事件发生时状态的转移。还包括对象之间动态通信关系，显示对象之间的交互过程及交互顺序，同时描述了为满足用例要求所进行的活动及活动间的约束关系。

UML 动态建模包括 4 种模型图：活动图、状态图、顺序图、通信图。

3.1 活动和状态分析

动态建模用来描述系统的动态行为，可分为状态模型和交互模型，显示对象在系统运行期间不同时刻的状态，以及其动态交互与通信。在 UML 中，用顺序图和通信图为交互模型建模，用活动图和状态图为状态模型建模。本节主要介绍状态模型中的活动图和状态图建模。

3.1.1 活动和状态的确定

活动图和状态图是用来描述系统的动态行为特征的，主要用于描述事物的状态变化和处理过程。状态图是附加到类和用例的状态机图，描述对象响应外部激励时所经历的各种状态。通过展示事件和转化，状态图显示了对象在其生存周期中依次经历的各种状态。活动图是一种描述系统行为的图，它用于展现参与行为的类所进行的各种活动的顺序关系。

1. 活动图概述

活动图（Activity Diagram）是系统的一种行为视图，用于描述参与行为的对象类的活动顺序。活动是指做某件事情的状态，可以是现实世界中的一项工作，如写论文、修机器等；也可以是执行某个软件的例行程序，如运行对象类中的某个操作等。

活动图用来描述对象或系统达到一个目标所实施一系列活动的过程，描述了系统的动态特征。活动图类似于结构化程序设计中的流程图，不同之处在于它支持并行活动。在 UML 中，活动图主要是由起点、终点、活动、分支、分叉与汇合、泳道等元素组成。例如，在校大学生每学年的学习过程可以归结为以下几个主要活动：开学报到注册、选修课程、结课考试、放假休息，用活动图表示如下：

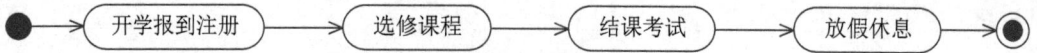

图 3.1　在校学习活动图

活动图是 UML 中常用的一种建模工具，在如图 3.1 所示的学生学习过程中，共计有 4 个活动，每个活动有一名称，标注在活动图符中，例如，第一个活动是"开学报到注册"。从图中可以看出，采用活动图描述在校学生的学习活动，可以简洁、清晰、快速地了解整个活动过程的流程。

2. 活动图组成元素

活动图中的元素主要包括起点、终点、活动、转移、分支、分叉、汇合、泳道及对象流，下面给出详细介绍。

（1）起点与终点

活动图有一个起点一个终点，起点用黑圆点表示，终点用黑圆点外加一个圈表示，如图 3.2 所示。起点是整个活动开始的地方。一个活动可以有多个起点，表示活动在开始时启动了多个控制流。同样，活动也可以没有起点，而是由事件（如接收到某个事件）来启动。

终点表示活动的完成，活动图中可以有多个终点，表示活动可以通过几种不同的方式结束。如果在活动中包含多个并行流，那么当最终到达活动终点时，所有的并行流都会终止。

在如图 3.1 所示活动图中，图中最左边是一个起点，图中最右边是一个终点，用来标识通常学生在校学习活动过程的开始与结束。

（2）活动

在活动图中，活动可以进一步细化为动作状态与活动状态。

动作是由可执行的、不可分的计算组成，这些计算可以引起系统的状态发生变化或者返回一个值。在用活动图描述的控制流中，或者计算为属性赋值的表达式，或者调用对象的操作，或者发送信号给对象，或创建、破坏对象，所有这些可执行的、不可分的计算都被称为动作状态。因为它们是系统的状态，每个都代表了一个动作的执行，如图 3.3 所示。

图 3.2　起点、终点图符　　　　图 3.3　动作状态

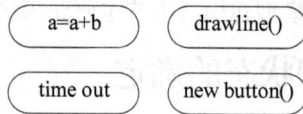

动作状态不能被分解，也就是说事件可以发生，但动作状态的工作却没有被打断。完成动作状态中的工作只需花费相当短的执行时间。

活动状态表示工作流过程中命令的执行或活动的执行，用于等待计算处理工作的完成。活动完成后，执行流程进入活动图中下一个活动状态。

与动作状态相反，活动状态是非原子的、可以分解的，也就是说活动状态是可以被打断的。通常，活动状态需要一段时间才能完成。可以把动作状态看成是活动状态的特例，即动作状态是不能进一步分解的活动状态；也可以把活动状态看作一个组合，该组合的控制流由其他的活动状态和动作状态构成。活动状态和动作状态的 UML 符号表示没有区别，但是活动状态可以有入口动作、出口动作和对子状态的规定，其中入口动作和出口动作分别描述进入或离开状态时要执行的动作。如图 3.4 所示，图中的两个状态是活动状态。

（3）转移

当对象的某个动作或活动完成时，控制流立即传递到下一个动作或活动。转移用来表示从一个动作或活动状态传递到下一个动作或活动状态的路径。在 UML 活动图中，转移使用带箭头的线段表示，如图 3.5 所示，主要用来连接活动、起点、终点、同步条、判断等元素。

在控制流中，转移的输入箭头将激活活动中的某个步骤，在该步骤执行完成后，控制流将沿着输出箭头继续。所以，活动图中的转移是无条件的，一个活动结束即可自动进入下一个活动。

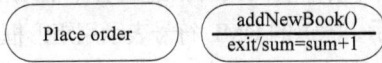

图 3.4　活动状态　　　　　　　　　图 3.5　转移图符

（4）分支与监护条件

在活动图中，对于同一个触发事件，可以根据不同的监护条件转向不同的活动。每一个可能的转移是一个分支。

在 UML 中，分支可以有两种表示法，如图 3.6 所示。一种分支使用菱形表示，它有一个输入转移（箭头从外指向分支符号），一个或多个输出转移（箭头从分支符号指向外），而每个输出转移上都会有一个监护条件，用来表示满足什么条件的时候执行该转移；另外一种不使用菱形。一般来说，菱形分支更常见一些。

应当注意在多个输出转移上的监护条件不能有矛盾，或者说其有互斥性。另外，分支也可以用来表示控制流的循环建模，在活动图中没有直接提供表示循环的建模元素，可以用分支来实现。

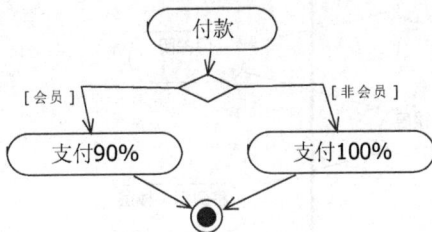　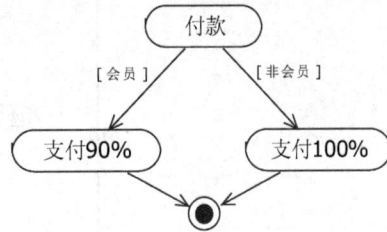

分支表示法1：菱形表示　　　　　　　　分支表示法2：不使用菱形

图 3.6　分支表示

（5）分叉与汇合

在实际的控制流中，除了顺序结构、分支结构和循环结构之外，还可能存在并发的事件流。

分支表示的是从多个可能的活动转移中选择一个，而并则是多个转移可同时发生。在 UML 中，可以采用一个同步线来表示这些并发控制流的分叉与汇合。同步线是一种水平或垂直的粗线段。

如图 3.7 所示，分叉有一个输入转移，有两个或多个输出转移，也就是说分叉表示一个控制流被两个或多个控制流代替，经过分叉后这些控制流是并发的。汇合则相反，有两个或多个输入转移，一个输出转移，表示两个或多个控制流被一个控制流代替。

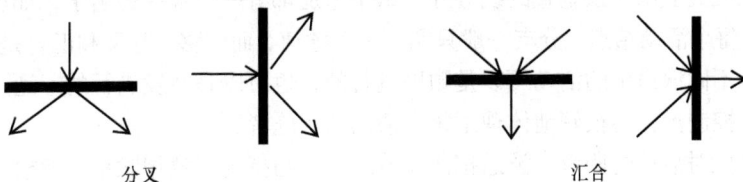

分叉　　　　　　　　　　　　　　汇合

图 3.7　分叉、汇合图符

分叉和汇合在活动图中必须成对出现，若有一个分叉则必须有一个对应的汇合，将从该分叉输出的控制流汇合在一起，表示并发线程的结束。

例如，在图3.8中，"获得订单"活动之后的分叉表示活动"安排付款"和"调货"可以并行进行，两个活动之后的汇合表示需要等到两活动全部完成之后，才可以继续进行下一个活动"交货"。

（6）泳道

在建模系统特定功能时，活动图给出了引发各项活动及活动控制流的完整描述，但是没有说明由谁来完成这些活动。在程序设计中，这意味着活动图没有描述出各个活动由哪个类来完成，泳道（Swimlane）解决了这一问题。如图3.9所示，泳道的UML符号表示用矩形框来表示。将对象名放在矩形框的顶部，将属于某个对象的活动放在该对象的泳道内，而泳道中的活动则由相应对象负责。

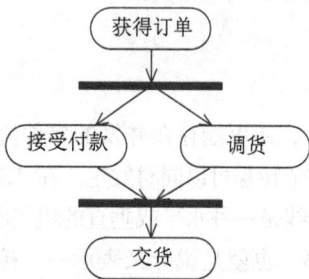

图3.8 分叉与汇合

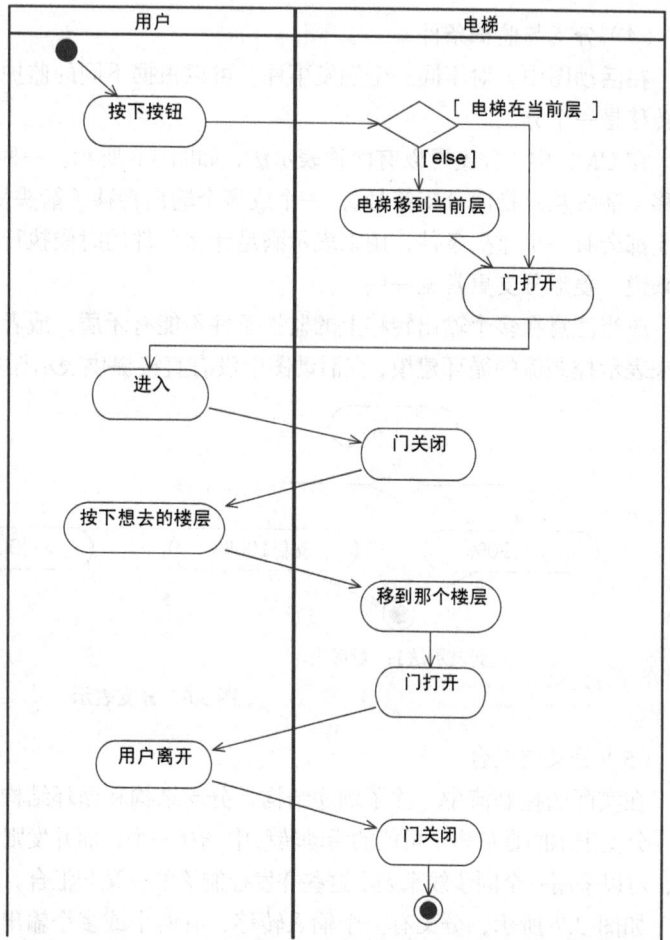

图3.9 带泳道的活动图

每个泳道在视觉上用一条垂直的线分开，每个泳道都有一个唯一的名字，如用户、电梯。从图中可以看出，每个活动结点、分支一般只属于一个泳道，而转移、分叉和汇合是可以跨泳道的。泳道没有顺序，不同泳道中的活动可以是顺序进行的，也可以是并发进行的。通过泳道，不仅体现了整个活动的控制流，还很好地体现了每个活动的实施者。

泳道代表对象对活动的职责，泳道把活动分组，并与指定对象相联系。建模带泳道的活动图可以清楚地了解活动的过程、动作的执行者及活动与对象之间的合作。需要注意的是，泳道和类并不是一一对应的关系，泳道关心的是其所代表的职责，一个泳道可能由一个或多个类实现。

（7）对象流

在活动图中，某些动作与活动的控制流可能与特定对象密切相关，为了明确地表达活动和对象之间的关系，可以将对象放在活动图中，并用箭头将对象和产生、破坏或修改该对象的活动或转移连接起来，这被称作对象流（Object Flow）。

对象流代表了对象在控制流中的参与。对象流箭头从活动指向对象，表示对象作为活动的输出；对象流箭头从对象指向活动，则表示对象是该活动的输入，该活动使用此对象。

图 3.10 所示为含有对象流的活动图。对象流表示动作使用对象或动作对对象的影响，描述了动作状态（或活动状态）与对象之间的依赖关系。例如，活动"订货"产生对象"订单"，该对象的状态为"placed"。其他的活动可以修

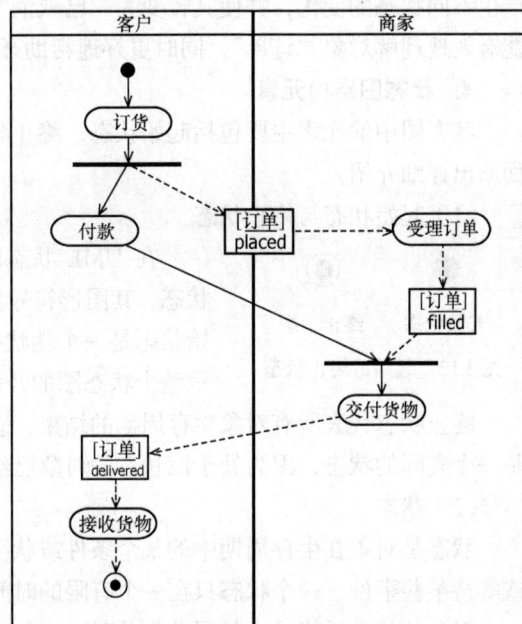

图 3.10　对象流图

改该对象，活动"受理订单"将对象"订单"的状态修改为"filled"，活动"交付货物"又将对象"订单"的状态又修改为"delivered"。

在 UML 活动图中，不仅可以加入一个或多个对象流，而且还可以描述对象的角色、状态和属性值的变化。如图 3.10 所示，对象"订单"的状态随不同的活动发生了变化。

3. 状态图概述

状态图（Statechart Diagram）描述系统中类和对象随时间变化的动态行为。状态图通过状态与状态转换主要用来描述类的行为，但也常用来描述用例、通信和方法的动态行为。图中的每个状态是一个对象在其生命期中满足某种条件的一定时间段的建模，当某一事件发生时，事件会触发状态间的转换，导致对象从一种状态转换到另一种新的状态。状态图通过对此一系列概念的描述，以达到对系统复杂性运行的深刻理解。

在面向对象的分析与设计中，对于系统中的一些重要对象的状态变化需要加以描述时，可以使用状态图。例如，在网上交易系统中，对象"订单"可以有多个状态，这些状态分别是：待处理、待发货、待付款、已发货、已取消、已完成 6 个状态，如图 3.11 所示。

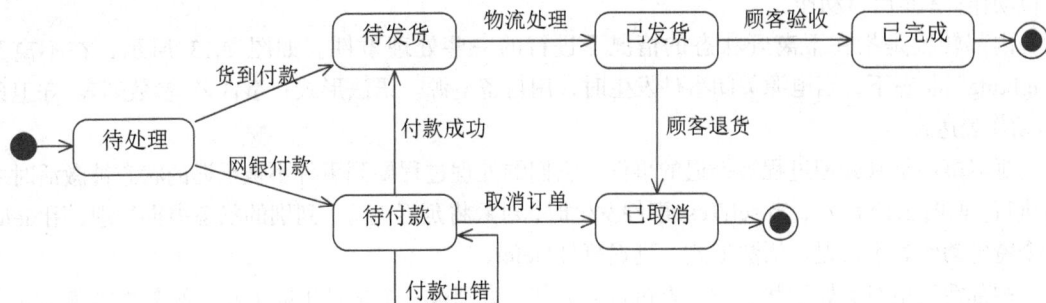

图 3.11　网上交易订单状态图

用户购买商品时首先创建订单，此时订单处于"待处理"状态，随着交易形式的不同，订单产生不同状态的变化，并使其转变为"已取消"或"已完成"最终状态。可以看出，通过状态图能有效地理解对象"订单"，同时更好地帮助开发人员对此管理系统进行分析与设计。

4. 状态图结构元素

状态图中的元素主要包括起始状态、终止状态、状态、事件、转换、子状态与组合状态，下面给出详细介绍。

（1）起始状态与终止状态

起始状态　　终止状态

图 3.12　起始、终止状态

在 UML 状态图中，可以包含一个初始状态，一个或多个终止状态，其图形符号如图 3.12 所示。起始状态代表所有对象的源，起始状态是一个伪状态，因为在此状态中对象还不存在，用来默认表示整个状态图的开始。

终止状态代表所有对象生存周期的结束，表示状态图执行完毕后的结束状态。终止状态也不是一个实际的状态，因为处于该状态的对象已经消亡。

（2）状态

状态是对象在生存周期中的某个条件或状况，在此期间，对象满足某些条件、执行某些活动或等待某些事件。一个状态只在一个有限的时间段内存在。

对象的状态始终是由其属性和关联决定的。状态图中的状态表示的是给定对象的一组属性值，这组属性值对所发生的事件具有相同性质的反应。

换而言之，处于相同状态的对象对同一事件具有同样方式的反应，所以当给定状态下的多个对象接收相同事件时会执行相同的动作，然而处于不同状态下的对象会通过不同的动作对同一事件做出不同的反应。

一般情况下，状态图中状态用圆角矩形表示，图符如图 3.13 所示，可以是只显示名称或显示名称及状态组成部分两种形式。

在显示状态详细组成的图符中，一般来说，可以列出该状态要执行的事件和动作，如入口动作、出口动作、内部转换、延迟事件、内部活动及子状态等组成部分。

入口动作/出口动作是指在进入退出一个状态时要执行的动作。例如，图 3.13 所示描述了一个状态"Lighting"，其入口动作表

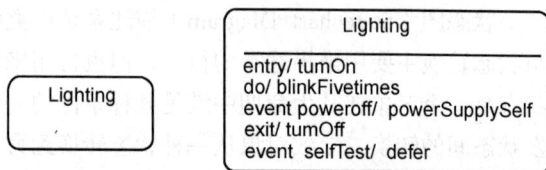

只显示名称的状态　　显示其组成部分的状态

图 3.13　状态的两种表现形式

示当转入该状态时，做开灯动作；其出口动作表示当转出该状态时，做关灯动作。语法形式：entry/入口动作；exit/出口动作。

内部转换是指在不离开状态的情况下进行的一些处理事件。如图 3.13 所示，在不离开"Lighting"状态下，当电源关闭事件发生时，用自备电源。语法形式：事件名 参数列表 守卫条件/动作表达式。

延迟事件是其处理过程被推迟的事件，它们的处理过程要到事件不被延迟的状态被激活时才会执行。如图 3.13 所示，当 selfTest 事件发生时，对象将延迟响应，到别的状态中再处理，用 defer 这个特定动作表示延迟。语法形式：延迟事件/defer。

内部活动指对象处于状态时一直执行的动作，直到被一个事件中断为止。如图 3.13 所示，当处于"Lighting"状态时，灯闪烁 5 次。语法形式：do/活动表达式。

（3）事件

"事件"是指在时间和空间上某点发生的、能够引起某些动作执行的事情，即任何能够影响到对象的东西都可以称为事件，它在某一个时间点上发生，没有持续时间。换句话说，如果某一事情的发生造成了对对象的影响，那么在状态图中它就是一个事件。

事件可以是内部事件也可以是外部事件。外部事件指在系统和它的参与者之间传送的事件。例如，按下 CD 机的 Play 按钮就是外部事件。内部事件指系统内部的对象之间传送的事件。例如，溢出异常就是内部事件。

在 UML 状态图中，主要包含调用事件、改变事件、信号事件和时间事件 4 类。

调用事件：调用是指一个对象对调用操作的接收。当一个对象调用另一个对象的某个操作时，控制权就从发送者传送到了接收者；调用事件触发转换，完成调用操作后，接收者转到一个新的状态，并将控制权返还给发送者。

改变事件：改变依赖于某属性值的布尔表达式的测试。这是一种一直等到特定条件被满足的声明方式，一般不常使用。它与监护条件不同，监护条件中的值不论 true 或 false 只验证或计算一次，改变事件中的条件需一直测试，直到布尔表达式的值为真时停止。在 UML 中，改变事件用 when 关键字表示，当条件由假变为真时，事件将发生，例如，when time=23:59/selfTest()。

信号事件：信号是对象间通信的媒介。信号事件是指由对象异步地发送，并由另一对象接收的事件。信号既可以是动作也可以是一条信息。例如，在计算机中，鼠标和键盘的操作都属于此类事件。

时间事件：是指已经满足某一时间表达式，或者到达某个绝对时间后发生的事件。在 UML 中，时间事件使用关键字 after 表示，例如，after(3 min.)/turnOff()。

（4）转换

转换是两个状态之间的一种关系，表示当一个特定事件出现时，且满足一定的条件（如果有的话），对象会从第一个状态（源状态）进入第二个状态（目标状态），并执行一定的动作或活动。如果一个转换正在引起状态的改变，就称该状态间的转换被触发了。

在 UML 中，状态间的转换用带箭头的实线表示，从源状态出发到目标状态终止，可以把事件触发器特征标记、监护条件和动作表达式放在其上，如图 3.14 所示。

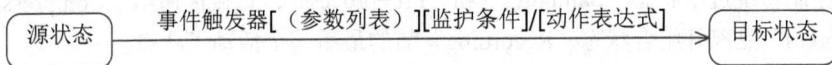

源状态　事件触发器[（参数列表）][监护条件]/[动作表达式]　→　目标状态

图 3.14　状态间转换的图符表示

一般状态间的转换由事件触发，因此应该在转换上标出触发转换的事件表达式，如果未标出，则表示在源状态的内部活动执行完成后，自动触发转换，进入目标状态。

一个给定的状态最终只能产生一个转换，因此同一状态、同一事件的几个转换条件应该是互斥的。

（5）子状态、组合状态

在状态图中可以包含子状态，一般把由两个或多个子状态构成的状态称为组合状态，即组合状态是嵌套子状态的状态，组合状态也称为复合状态。

① 子状态与历史状态。一般情况下，如果没有特别地说明，每当转换进入一个组合状态时，被嵌套的子状态机都会从初始子状态开始运行。但是，在某些情况下，当离开一个组合状态，又重新进入该组合状态时，并不希望从该组合状态的初始子状态开始运行，而希望直接进入上次离

开该组合状态时的最后一个活动子状态。因此，为了描述这种情况，在状态图中定义了"历史状态"这个概念，用来表示上次离开组合状态时的最后一个子状态。

历史状态使得含有顺序子状态的组合状态能记住离开该组合状态前的最后一个活动子状态。历史状态的 UML 符号用带圈的"H"表示，如图 3.15 所示。

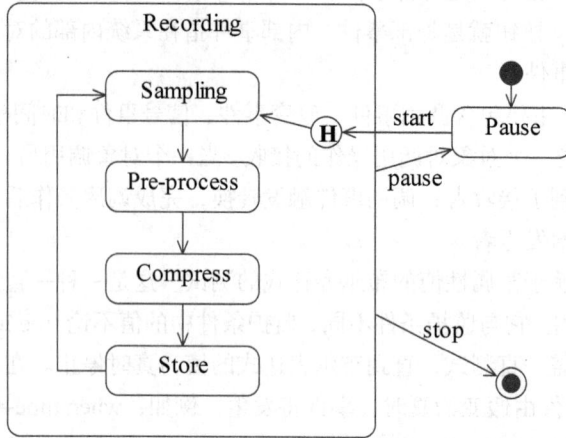

图 3.15　历史状态

如果希望转换激活上次离开组合状态时的最后一个活动子状态，则将组合状态外的这个转换直接转移到历史状态中。当第一次进入组合状态时，组合状态没有历史。因此从历史状态到顺序子状态有一个转移，这个转换的目标（即那个顺序子状态）就是第一次进入子状态机的初始状态。例如，在组合状态"Recording"中，从历史状态到顺序子状态"Sampling"有一个转换。因此，第一次进入组合状态时，顺序子状态"Sampling"就是"Recording"子状态机的初始状态。

在系统运行到某个时候，当事件"pause"发生时，假设此时系统正处在"Recording"状态的"Compress"子状态中，控制将离开子状态"Compress"和状态"Recording"，转移到"Pause"状态；此时，如果又有"start"事件发生时，转换将直接进入组合状态"Recording"的历史状态。也就是说，控制将绕过子状态"Sampling"和"Pre-process"，直接传递给"Compress"子状态，因为"Compress"是离开组合状态"Recording"前的最后一个活动子状态。

假如没有历史状态，当如果又有"start"事件发生时，转换将直接进入组合状态"Recording"的"Sampling"状态，导致上次运行未进入"Store"状态，丢失某些存储结果。

② 子状态与子状态。在组合状态中，子状态之间存在并发与互斥的关系。也就是说，组合状态可以使用"与"关系分解为并发子状态，或通过"或"关系分解为互斥的顺序子状态。因此，嵌套的子状态可能是顺序子状态，也可能是并发子状态。这样，一个组合状态的进入转换，就是其嵌套子状态区域内的初始状态的进入转换；而嵌套子状态区域内的终止状态的转换，则代表包含它的组合状态的相应活动的完成。

● 顺序子状态。顺序子状态是最常见的一种子状态机制，如图 3.16 所示的"拨号"子状态。在该组合状态中，系统在某一个时刻仅位于一个子状态，可称这样的子状态为顺序子状态。

顺序子状态也称非正交状态，即其中子状态之间的关系是互斥的，不能存在两个或两个以上的状态被同时激活。

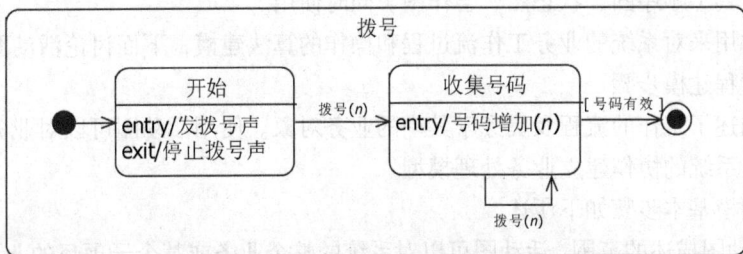

图 3.16　顺序子状态

● 并发子状态。一个组合状态中包含两个或多个并发执行的子状态，也称为正交子状态。这些并发的状态机是相互独立的，当进入一个并发复合状态时，每个并发区域中有一个直接的子状态被激活。

例如，在考取驾驶执照的过程中，一般在报名后，需要在理论学习后通过理论考试、在实践操作学习和教练专人指导后通过驾驶考试，而这些都可以并行开始，如图 3.17 所示。

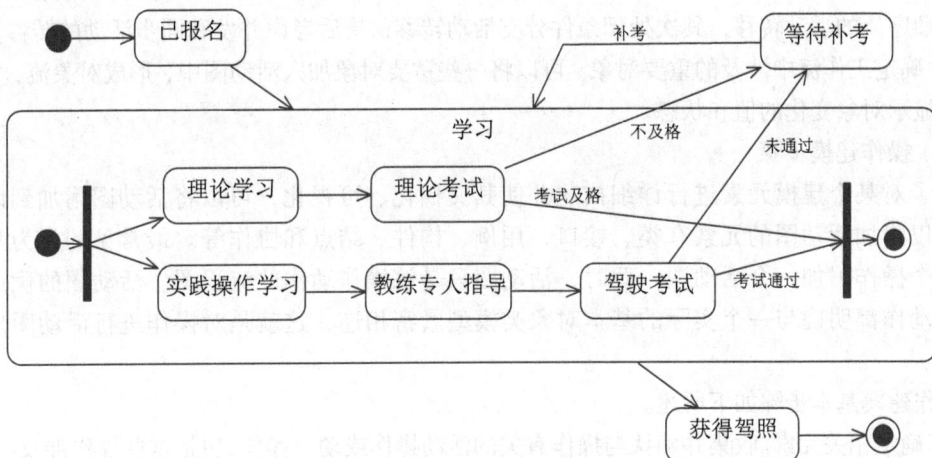

图 3.17　并发子状态

在组合状态“学习”中有两个并发区域，也就是说，当已报名准备考取驾照后，就可以根据个人的时间情况安排学习，可同时安排进行理论和实践的学习。

从图中可以看出，如果理论考试不及格，则直接转换到“等待补考”；同样驾驶考试通不过，也直接转到状态“等待补考”。要想获得驾照，则必须将两个并发区域中的每个状态机都转换到终止状态，即经过理论学习通过理论考试，经过实践学习、教练专人指导并通过驾驶考试。

3.1.2　活动和状态图的建造

1. 活动图建模步骤

活动图实质上是一种流程图，只不过描述的是从一个活动到另一个活动的控制流。活动图描述活动的序列，可以用来分析和验证用例，理解工作流程，描述复杂过程的算法，并且支持带条件的行为和并发行为的多线程建模。在活动图中可以在一个活动上标记出对象名，或者用泳道划分对象的责任，还可以通过对象流来表达对象与这些动作（活动）之间的关系。但总体来说，活动图中动作与对象之间的关系不是很清晰，不如交互图中表现得直观明了。因此，活动图最好和其他动态建模工具（顺序图、状态图、合作图）同时使用。

活动图通常用来对系统的业务工作流过程和操作的算法建模，下面讨论活动图建模技术。

（1）业务过程建模步骤

业务过程描述了工作的流程及贯穿于其中的业务对象。使用活动图可以对业务过程中的各种自动系统和人员系统的协作建立业务处理模型。

业务过程建模基本步骤如下所述。

① 确定活动图描述的范围。活动图可以对系统的整个业务或某个子项目的业务流建模，设定活动图描述的范围，可以更好地在特定的语境中，对业务的履行者和业务实体建模。

② 确定活动对象。找出负责实现工作流的对象，对象可以是业务工作中的一个实体，也可以是抽象的概念。同时考虑为每个重要的对象建立一条泳道。

③ 确定活动（动作）序列。从工作流的起始状态开始，说明随时间变化发生的活动或动作，并在活动图中表示它们。对于复杂动作和多次出现的动作集合，可以考虑归并为一个组合活动。每个组合活动可以使用单独的子活动图来表示。

④ 确定控制流的转移。在确认对象活动的基础上，找出连接这些活动或动作的转移。可以优先处理顺序流的活动转移，其次处理条件分支活动转移，最后考虑并发和同步活动的转移。

⑤ 确定工作流中涉及的重要对象。可以将一些重要对象加入活动图中，形成对象流，并在活动图中显示对象变化的值和状态。

（2）操作建模步骤

为了对某个建模元素进行详细描述并使其文档化、可视化，可以将活动图附加到该元素上。可以附加活动图的元素有类、接口、用例、构件、结点和协作等。最常见的是为某个类中的一个操作附加一个活动图，此时，活动图只是该操作动作的流程图。活动图的优点是其每一个动作都明确与一个实际的基本对象类模型紧密相连，这就是对操作进行活动图建模的原因。

操作建模基本步骤如下所述。

① 确定相关元素。收集并确认与操作有关的活动操作或动作操作，包括这些操作涉及的参数、所属类的属性、可能的返回类型，以及某些关联类的特征。

② 确定边界范围。识别操作的前置条件和后置条件，以确保该操作在执行的全过程中，保持其所属类是不变的这一特征。

③ 确定活动（动作）序列。从该操作的起始状态开始，说明随时间变化发生的活动或动作，并在活动图中将它们表示出来。

④ 如果需要，可以使用分支和合并来描述条件路径和迭代。

⑤ 如果操作属于主动类，在需要时可以用分叉与汇合来描述并发的控制流。

利用活动图为操作建模，也就是为一个操作建立流程图，这样可以很好地展示操作内的算法信息。每一个活动图只反映系统动态模型的某一个侧面，没有任何一个活动图可以单独描述出系统的全貌。所以，活动图建模时，除了遵循基本的操作步骤外，构造一个良好的结构也是很有必要的。

结构良好的活动图应具备这样的条件：能准确地描述系统的动态模型的一个侧面，即图中只包含描述该相关侧面有关的重要元素，图中只提供与其抽象层次相一致的细节。需要注意，在活动图中只需加入对于理解问题必须的修饰，如动作状态的入口动作、出口动作、事件流等描述；但同时也不必过分简化和抽象图示信息，以免造成认识上的误解。

2. 状态图建模过程

在 UML 中，交互模型描述系统中的若干对象共同协作完成某一项工作，而状态图则是为某个对象在其生命期间的各种状态建立模型。状态图适合描述一个对象穿越若干用例的行为，不适合描述多个对象的相互协作。

在对系统的动态方面建模时，若遇到的是一个较为复杂的系统，如果针对每类对象都建立状态机图，其建模工作量会相当大。通常情况下，只对那些状态和行为较为复杂的对象建立状态模型，这样可以方便清楚地认识这些对象的行为，进而准确定义它们的操作。

建立状态图模型的基本步骤如下。

① 确定状态图描述的范围。状态图可以用来描述整个系统、一个用例、一个类或一个对象，设定状态图的描述范围，即要考虑在特定的语境中有哪些对象间的交互，包括这些对象通过依赖或关联到达的其他类的对象。这些邻居对象可能是事件来源、发送目标、动作的操纵目标等，在监护条件中也可能要使用它们。

② 确定描述主体在其生存期的各种稳定状态。针对每个已确定的主体对象，选定一组与该对象的各状态有影响的属性，结合有关的事件和动作，考虑这组属性值的稳定范围，以此为条件来决定该对象的各稳定状态。

③ 确定状态的序号，针对对象的整个生存周期，列出该对象可能处于的状态（此时不考虑子状态），并决定这些稳定状态出现的先后顺序，编写有意义的序号。

④ 确定对象状态可能响应的事件。一般可在对象状态的接口处发现一些事件，对所确定的事件分别给出唯一的名字。这些事件可能触发从一个状态到另一个状态的转换。

⑤ 确定必要的动作，把动作附加到相应的转换线上或对应的状态框内，用转换图符将这些状态连接起来。同时，在转换中添加事件触发器、监护条件或动作，进一步识别各状态的进入动作、退出动作及内部转移。也就是说，动作的识别与状态间转换的确定往往是同时进行的。

⑥ 确定高层控制，优化、简化状态图。如果需要，从对象的高层状态开始，考虑一些状态内部的子状态，同时利用分支、分叉、汇合及历史状态等优化、简化状态图。

每个状态图只是反映系统动态模型的某一个侧面，没有任何一个状态图可以单独描述出系统的全貌。一个结构良好的状态图，除了按上述步骤完成基本建模外，还应从以下方面进行检查与改进。

① 检查与该对象接口的所有事件是否都被状态机所处理；检查在状态图中提到的所有动作是否被该对象的关系和操作所支持。

② 检查状态图，跟踪检查事件的顺序及对事件的响应，审核状态图中所有事件是否都可以按设计要求触发并引起状态转换。进而确认状态的可实现性，即每一个状态在事件的某些组合触发下都能达到；确认无死锁状态，即不存在任何事件触发都不能引起转换的状态。

③ 检查确保没有改变对象的语义。在初次建模状态图时，对动作的确认可能只注重某些方面。需要检查确保状态机图与系统的其他相关模型的一致性，特别是与类图中的类的语义要一致。

在遵循正确建模策略的基础上，绘制状态图时还应注意掌握一些技巧，如为建模的状态图取一个能准确表达其目的的名称；建模过程中，首先考虑对象的稳定状态，然后从状态到状态的合法转换入手，再考虑分支、并发、同步等状态；最后在绘制图形时，注意选择好摆放这些元素的位置，避免因线段交叉引起混乱。

3. 活动图与状态图的对比

在 UML 系统开发过程中，系统的动态模型主要包括对象交互模型和对象的状态模型。对象交互模型由顺序图和通信图进行描述，对象的状态模型则由活动图和状态图进行描述。

状态图描述一个特定对象在生存期的所有可能状态，以及引起状态转换的事件。状态图用来模拟系统的动态方面，是进行系统动态行为建模的重要工具之一。状态图可以用来为某个对象、某个子系统或一个复杂的系统状态进行建模。

活动图也是系统动态建模的图形工具之一，用来表示完成一个操作所需要的活动，或者是一个用例实例场景的活动。活动图实际上也是一种流程图，它描述活动的序列，即系统从一个活动到另一个活动的控制流。活动图特别适合描述动作流和并发处理行为。

活动图是描述一个系统或对象动态行为的一种方法，可以认为是状态图的另一种表现形式。活动图的功能主要是记录各式活动（将要被执行的工作和各种活动）和由于其对象状态转换而产生的各种结果，因此，状态图与活动图会有一些相同的特点。

① 描述图符基本一样。在活动图中，活动的图符由两边半圆边线的矩形表示；在状态图中，状态的图符由圆角矩形表示，除此之外，其余的描述图符两者完全相同。

② 可以描述一个系统或对象在生存期间的状态或行为。状态图用来描述一个对象在生存期的行为、所经历的状态序列、引起状态转移的事件及因状态转移而引起的动作。活动图用来描述一个系统或对象（或几个对象）完成一个操作所需要的活动，或者是一个用例实例（场景）的活动。

③ 可以描述一个系统或对象在多进程操作中的并发行为。在活动图与状态图中，都有用于描述多进程操作的分叉与汇合图符。所以，都可以描述系统或对象的并发操作行为。

④ 可以用条件分支图符描述一个系统或对象的行为控制流。活动图是一种流程图，它描述活动的序列，即系统或对象从一个活动到另一个活动的控制流，特别适合描述动作流和并发处理行为。对状态图而言，用于描述一个系统或对象在生存期的行为、所经历的状态序列、引起状态转移的事件，以及因状态转移而引起的动作，实际上也是一种流程图。

通过以上总结可以看出：活动图是描述一个系统或对象动态行为的一种方法，它是状态图的另一种表现形式。因此，在建立 UML 的各种动态模型中，状态图和活动图并不要求必须同时出现，系统分析与设计人员可以根据需要选择其中一个模型图来为系统或对象建立其动态模型，也可以同时再选择另一个模型图对系统中的某些重点对象进行建模说明。

尽管如此，活动图与状态图的应用还存有很多不同的特征，其中最主要的不同点如下所述。

① 触发一个系统或对象的状态（活动）发生转移的机制不同。

在状态图中，若要对象状态发生转换，必须有一个可以触发状态转换的事件发生，或有一个满足了触发状态转换的条件产生。而在活动图中，活动状态转移不需要事件触发，一个活动执行完毕可以直接进入下一个活动状态。

② 描述多个对象共同完成一个操作的机制不同。

状态图一般用来描述一个系统或某个对象在特定时间段内的状态变化行为，如果要描述多个对象的协作，状态图一般采用状态嵌套的方式来描述多个对象共同完成的一个操作。

活动图通常通过建立泳道的方法来描述一个系统中多个对象共同完成一个操作或一个用例场景所需要的活动，所以活动图更适合用来描述一个系统或一个活动的并发行为。

3.1.3 活动和状态的建模示例

1. 活动图建模示例

在"教务管理系统"的用例分析中，"选修课管理"是比较重要的一个用例，进一步细化用例图，可以将系统第二层的"选修课管理子系统"用例图分解为 5 个用例："选修课管理""选修课注册""选修课查询""选修课信息汇总"和"教师信息查询"。接下来我们重点关注其中的"选修课管理",其用例展开如图 3.18 所示。

从图 3.18 可知,"选修课管理"包含 4 个用例:"增加课程""删除课程""修改课程"和"课程查询"。其中"课程查询"用例分别依赖于"增加课程""删除课程"和"修改课程",只有"教务管理员"这个参与者有权管理这 4 个用例。在系统分析时,可以用文字对这些用例的功能和实现方法进行详细描述,也可以采用活动图对重要的用例进行特别说明,进而达到对系统的工程流程及实现方法进行更具体更详细地说明。图 3.19 就是对"增加课程"用例进行描述的活动图。

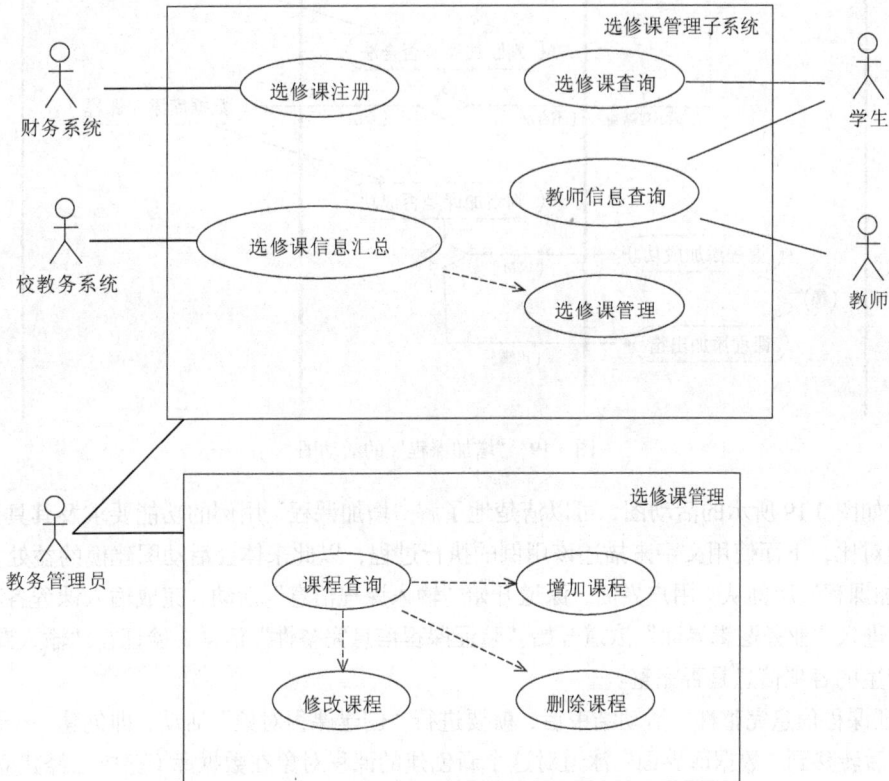

图 3.18　"选修课管理子系统"及"选修课管理"用例图

通过分析"增加课程"操作细节,抽象出增加课程活动如图 3.19 所示,"增加课程"分别需要在 3 个界面实施操作,所以活动图设置了 3 个泳道:"用户界面""业务逻辑界面"和"数据库界面"。每个泳道分别放置在该界面操作的相应活动处,除起点和终点外,图中共有其他活动 9 个,按其所在操作界面分别放在 3 个泳道内,再由带箭头的转移图符连接起来,组成了一个完整的活动图。

从图 3.19 可以看出,"用户界面"泳道包含 3 个活动:"输入课程信息""课程添加成功"和"课程添加出错",这几个活动都与用户界面有关。而与"业务逻辑界面"泳道有关的活动是:"验证课程信息完整性""创建课程对象""判断加课是否合法"和"判断加课是否成功"4 个活动。与"数据库界面"泳道有关的活动有 2 个:"查询数据库中课程"和"数据库添加课程"活动。

在确认泳道与活动后，主要的任务是确定活动的序列。依据用例分析的业务操作流程，该活动图从"输入课程信息"活动开始，到"课程添加成功"或"课程添加出错"终止。其中在"业务逻辑界面"有 2 个逻辑判断，活动流程将按满足条件的方向继续前进。

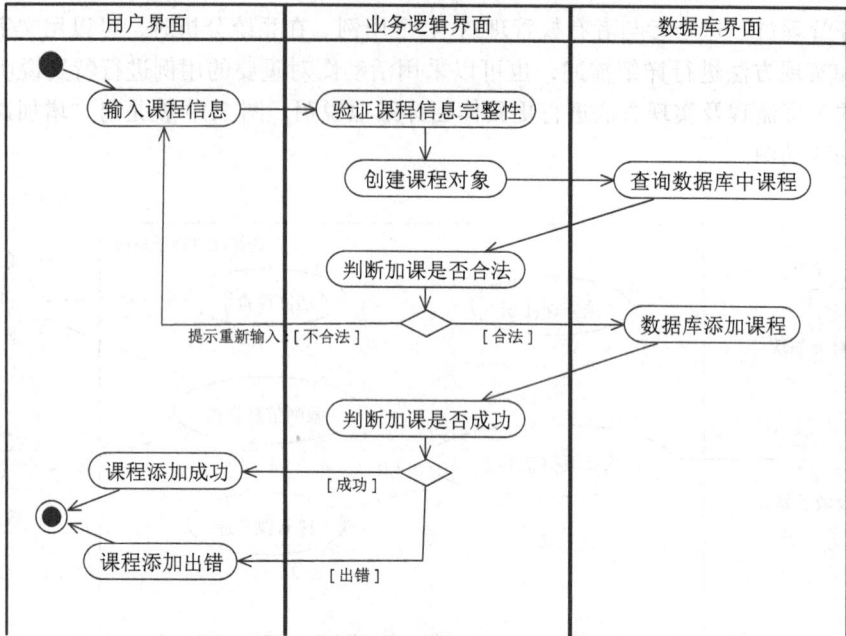

图 3.19 "增加课程"的活动图

通过如图 3.19 所示的活动图，可以清楚地了解"增加课程"用例的功能要求及其具体实现过程。作为对比，下面使用文字来描述该用例的执行过程，以此来体会活动图建模的益处。

"增加课程"用例从"用户界面"泳道开始"输入课程信息"活动，完成输入课程各项信息的工作后，进入"业务逻辑界面"泳道开始"验证课程信息完整性"活动，验证在"输入课程信息"活动中产生的各项信息是否完整。

"验证课程信息完整性"活动结束后，就要进行"创建课程对象"活动，即创建一个新的课程对象，然后转移到"数据库界面"泳道对这个新创建的课程对象在数据库（存放已经建立的课程）中进行"查询数据库中课程"的活动，查看课程数据库中是否已经存在该课程。

根据查询结果，再转移到"业务逻辑界面"泳道进行"判断加课是否合法"活动。如果不合法（如课程重名等），则在屏幕上提示"重新输入"字样，提示用户返回到"用户界面"泳道重新进行"输入课程信息"活动。如果合法，则转移到"数据库界面"泳道进行"数据库添加课程"活动，即在数据库中正式添加这个课程对象。

然后再转移到"业务逻辑界面"泳道进行"判断加课是否成功"活动，如果成功，返回到"用户界面"泳道进行"课程添加成功"活动，提示用户：增加课程的所有活动结束。如果增加课程不成功，则返回到"用户界面"泳道进行"课程添加出错"活动，提示用户：增加课程的任务没有完成，"增加课程"的所有活动结束。

2. 状态图建模示例

在"教务管理系统"中，学生是其操作的重要对象之一，下面来分析一下学生对象的状态变化过程。

构建状态图时，首先需要找到与系统中对象相关的转换事件，也就是找到有哪些启动的活动（这些活动或许导致状态转换），以及其他针对对象的转换事件。可以通过以下几个方面来寻找转换事件。

① 哪些事件可以创建或删除对象。

② 哪些事件可以定义或修改属性值。

③ 哪些事件可以创建或结束与其他对象的关系。

④ 哪些事件可以导致对象状态的转换。

通过分析这些问题可以找到一组相关的转换事件，另外由于所有的这些转换事件都是来源于用例的，因此对于每个并未包含在用例顺序图中的转换事件，都会导致新的用例会被发现。

在对学生学习过程进行上面的分析后，找到以下一组事件：参加考试、录取、生病、康复、完成学业、学籍处理等。这些事件都属于状态图中的转换事件。

① 参加考试：学生参加考试后进入"学前"状态。

② 录取：处于"学前"状态的学生被录取后变成"在校"的学生。

③ 生病："在校"学生如果生病需要长时间的治疗和休养，则进入"休学"状态。

④ 康复：休学的学生经过一段时间疗养康复后，可以再回到学校继续学习，转成"在校"状态。

⑤ 完成学业：在校学生完成要求的学业后可以毕业，学生进入"毕业"状态。

⑥ 学籍处理：学生在校学习期间如果有严重的违纪或出现严重学业问题可能被学籍处理，退出"在校"状态，进入"退学"状态。

通过上面的分析可以得到以下的学生状态：学前、在校、退学、毕业、休学。将学生状态与转换事件联系起来，构成了学生对象的状态图，如图 3.20 所示。

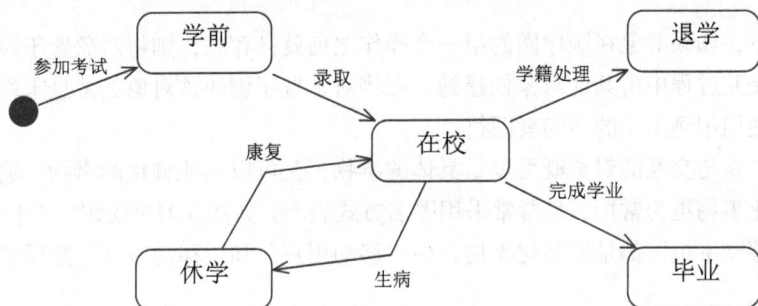

图 3.20 学生对象状态图

3.2 时序与协作分析

在面向对象的系统分析与设计中，动态建模用来描述系统的动态行为，显示对象在系统运行期间不同时刻的状态，以及其动态交互与协作。动态模型在描述系统对象的活动行为及状态变化的同时，分析系统对象的活动时序及对象间的交互与通信是很有必要的。在 UML 中，用顺序图来描述系统对象的活动时序，用通信图来描述活动对象间的交互与协作。本节主要介绍动态模型中的顺序图和通信图建模。

3.2.1 时序与协作的确定

顺序图和通信图从细化分析与设计的角度来建模系统的动态结构。顺序图主要描述系统对象的交互活动行为，注重消息的传递及时间顺序的安排，用以描述以时间推移为序的对象活动轨迹，常常用于建模一个完整的用例过程。通信图描述的重点是参与交互的对象的组织结构，强调的是活动的交互与协作行为，可以为系统对象间的动态交互建模。

1. 顺序图概述

顺序图（Sequence Diagram）描述的是参与交互的对象及对象之间消息交换的顺序，用来表示用例中的行为顺序。顺序图可以把用例描述的需求转化为进一步、更加正式的精细表达，所以用例常常被细化为一个或多个顺序图。

在 UML 中，顺序图采用二维形式描述各个对象间的交互关系，其中参加交互的对象沿横轴排列，发起交互的对象通常放在左边，其他对象依次排放。在顺序图中，纵轴为时间轴，对象发送和接收的消息沿纵轴方向按时间顺序从上到下放置。图 3.21 所示为移动手机通话顺序图，其中涉及 5个对象：移动手机使用用户、移动手机按键、移动手机显示屏、移动手机及移动信号通信基站。

2. 顺序图组成元素

一个顺序图主要由对象、生命线、消息等元素组成，下面进行详细的介绍。

（1）对象

在面向对象系统中，类定义了对象可以执行的各种行为，而对象则是行为的具体执行者。顺序图用于描述系统的动态行为，通常对对象概念来建模，即顺序图是对象层建模，而非类层次。

顺序图中，将对象放置在最上面的位置，其中对象的命名方式与对象图中的命名方式相同。如图 3.21 所示，对象采用只包含对象名称的矩形框表示，对象名下面有一个下划线，如对象"移动手机"所示。

一般情况下，如果对象在顺序图的第一个操作之前就已存在，则将对象置于顺序图的顶部；如果对象是在交互过程中由其他对象创建的，则将对象置于创建该对象的消息末端。同时，在顺序图中也可以使用用例图中的参与者图符。

顺序图中，参与交互的对象既可以是具体的事物，又可以是原型化的事物。通常，具有角色化功能的原型化事物更为常用，且常常采用匿名方式表示。如图 3.21 所示中，"手机按键""手机显示屏"和"移动手机"都是原型化事物，而"移动用户"和"移动基站"则用匿名方式表示。

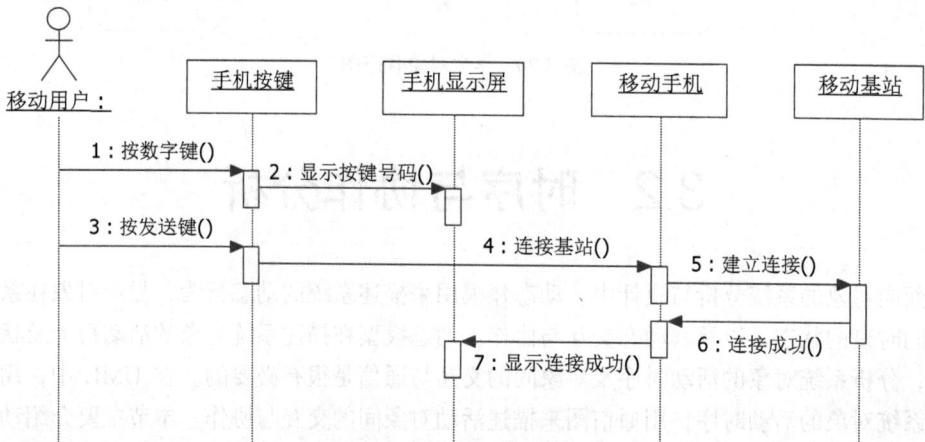

图 3.21 移动手机通话顺序图

（2）生命线

每个对象都有自己的生命线，对象生命线是一条垂直的虚线，用来表示一个对象在一段时间内存在。大多数情况下，顺序图中对象出现于整个交互过程中，即对象置于顺序图顶部，其生命线从图的顶部画到图的底部。

生命线上的长条形矩形称为"控制焦点"，或者"激活期"，如图 3.22 所示。它表示一个对象执行一个动作所经历的时间段，顶部表示动作的开始，矩形底部表示动作的结束。

对象激活期是指对象执行一个动作的时间段，即对象激活的时间长度。当某对象在激活期时，该对象处于激活状态，能够响应或发送消息，执行动作或活动。当某对象不在激活期时，该对象处于休眠状态，什么事情都不做，但它仍然存在，等待新的消息来激活它。

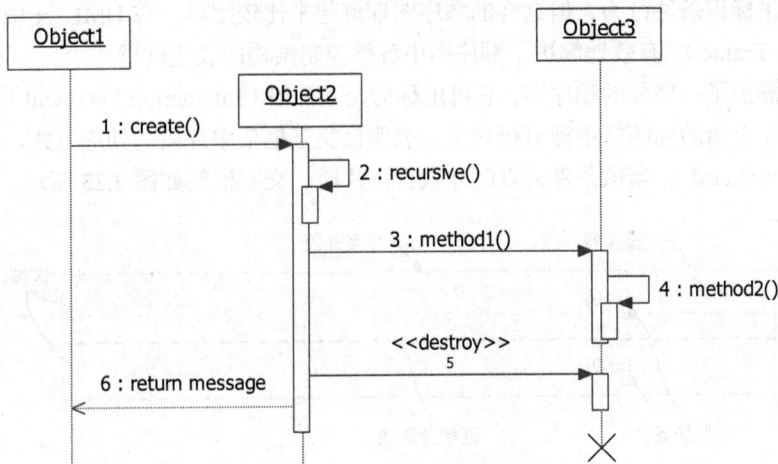

图 3.22　顺序图中的消息

（3）消息

消息描述对象之间所进行的通信。消息可激发对象的某个动作，或唤起信号，或导致目标对象的创建或销毁。消息是两个对象之间的单路通信，表示从发送方到接收方的控制信息流。在 UML 中，消息用带箭头的直线表示，线段上可标注要发送的消息名，在消息的起点隐含着发送事件，在消息的终点隐含着接受事件。

顺序图和通信图都可表示消息的序列。顺序图中消息序列强调时间顺序，通信图则强调交换消息的对象之间的关系。

消息有多种类型，在 UML 中根据通信消息的性质，可将消息分为调用、返回、发送、创建和销毁 5 种类型。

调用：也称同步调用，同步调用消息代表一个操作调用的控制流。同步调用的发送方把控制传送给消息的接受者，然后暂停活动，等待消息接受者的应答，收到应答后了才继续自己的操作。简单地说，调用即表示调用某个对象的一个操作。调用可以是对象之间的调用，也可以是对对象本身的调用（自身调用）。

返回：也称回复消息，表示被调用的对象向调用者返回一个值。在绘制顺序图时，有时为了简洁可以不必画出。

发送：也称异步消息，表示消息的发送对象不用等待消息接受对象回应的返回消息，即可开始另一个活动。异步调用消息在某种程度上规定了发送方和接收方的责任，即发送方只负责消息的发送，至于接收方如何响应，发送方则不需要知道。对于接收方来说，在收到消息后，它既可以对消息进行处理，也可以什么都不去做。

创建：指用来创建对象的消息。在顺序图中，对象默认位置在图的顶部，这说明对象在交互开始前就已经存在。如果对象是在交互过程中创建的，应该将对象放在图的中间，如图 3.22 所示。对象在创建消息发生之后才能存在，对象的生命线也是在创建消息之后才存在的。

销毁：指用来销毁对象的消息。如果要销毁对象，只要在其生命线终点放一个"×"符号，表示对删除或取消消息的回应。

图 3.22 是一个简单的顺序图，图中给出了各种消息的简单应用与图符表示。

（4）顺序图中的结构化控制

顺序图中不容易直接表示循环行为和条件行为，在早期的 UML 版本中使用"*"来标识循环，使用监护条件来标识条件行为，但这样的顺序图理解起来比较困难。在 UML2.x 中引入了交互框架（Interaction Frame），有效地解决了顺序图中各种控制结构的表述问题。

交互框架涵盖了一部分的顺序图，它可由称为交互片段（Interaction Fragment）的多个分区组成。交互框架左上角的标题框中标有操作符，表明该交互框架中片段的处理方式。每个片段允许带有监护条件（Guard），当该条件为真时才执行该片段。交互框架如图 3.23 所示。

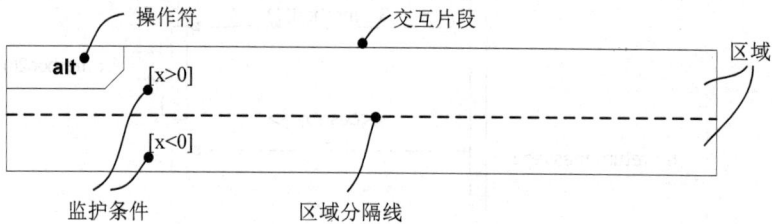

图 3.23　顺序图中的交互框架

如果把两个或多个片段放在一个交互框架里，各片段的区域之间用一条虚线分隔，则称为组合片段（Combined Fragment）。组合片段常用于表示交互中的条件选择、并发或引用情况，一个顺序图中可以含有多个交互框架，每一个交互框架可以包含一个或多个交互片段；一个交互框架中可以包含另一个交互框架。使用交互框架将使交互图更为简洁明了，而且便于表示交互中的分支、循环、并发，以及一个交互引用另一个交互的情况。表 3.1 给出了交互框架中常用操作符及其功能说明。

表 3.1　　　　　　　　　　　交互框架中常用操作符及其功能

操　作　符	作　　用	功　能　说　明
opt	单选	当护卫条件为真时，包含在可选片段内的交互可以执行
alt	多选	用水平虚线将交互区域分割为几个分区，每个分区表示一个条件分支并有一个监护条件。根据判断条件，选择片段中的分区执行
loop	循环	循环执行交互片段内的交互，直到判断护卫条件为假时停止
par	并行	用来表示"并行"，即用来表示两个或多个并发执行的子片段，并行子片段中单个元素的执行次序可以以任何可能的顺序相互操作
break	终止	该操作与循环语句的 break 相似，通常用来定义一个含有监护条件的子片断。若监护条件为"真"，则执行子片断，且不执行包含子片断的图中其他交互；若监护条件为"假"，则将正常地继续进行
ref	引用	一个单独的顺序图很难显示一些复杂的控制流,通常用来将大型的顺序图进行分解,类似于用例关系中的 include

图 3.24 给出了一个带有结构化控制操作符的顺序图，最外层的边框左上角的标有"sd 取款"，表示该顺序图的名称为"取款"。图中的 loop、opt 和 par 为控制操作符，分别表示循环、选择和并行，这样可以很清楚地描述对象在执行中的控制方式。

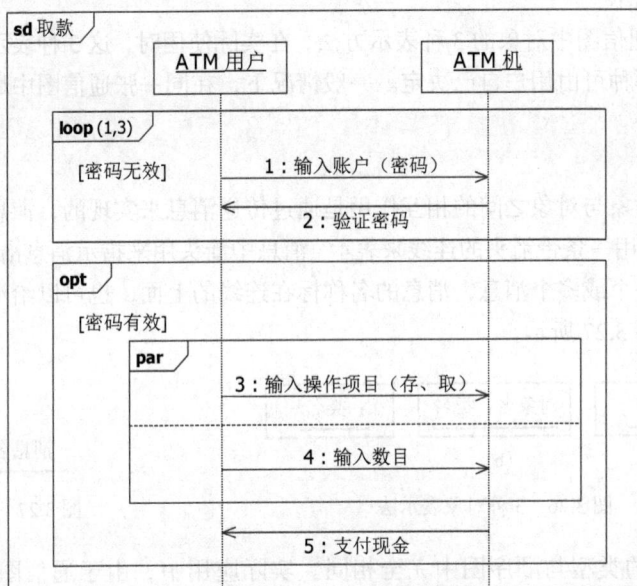

图 3.24　带有控制结构的取款顺序图

3. 通信图概述

通信图（Communication Diagram）是一种强调发送和接收消息的对象及其组织结构的交互图，用以描述对象及对象之间的交互关系。通信图与顺序图一样，都是用来展示对象间的链接及组织结构的交互，但两者的侧重点却不同。顺序图着重于描述交互的时间顺序，而通信图则侧重于描述协作对象间的交互和链接。也就是说，通信图与顺序图分析系统时切入点角度不同，顺序图是按照时间推进来描述，通信图则是从按照空间布局的角度来分析。图 3.25 所示为描述移动手机通话的通信图。

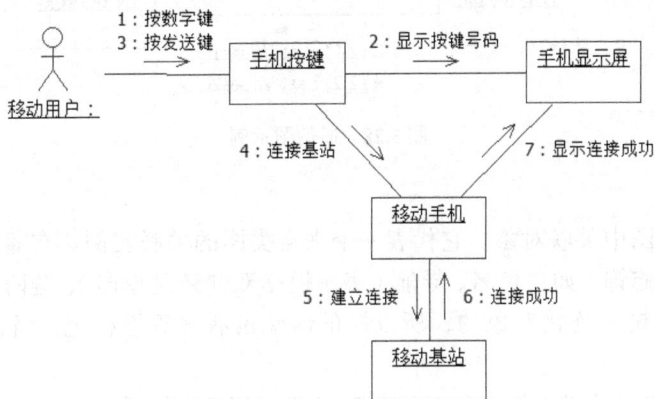

图 3.25　移动手机通话通信图

4. 通信图结构元素

通信图的构成元素与顺序图非常相似，主要由对象、消息和链组成，下面进行详细的介绍。

（1）对象

通信图中的对象是类图中类的实例，对象在对象框中表示，通常不带属性定义部分。在 UML 中可用 3 种图符来表示。

图 3.26 显示了通信图中对象的 3 种表示方法，在实际使用时，这 3 种表示方法的意义是完全相同的，具体使用哪种可由用户自己决定。一般情况下，在同一张通信图中最好使用统一的一种表示方法。

（2）消息

在通信图中，对象与对象之间的相互作用是通过传递消息来实现的，消息是对象与对象之间通信的方式。消息使用一条带箭头的连线来表示。消息中箭头用来指示消息沿着关系传递的方向。一条连线可以表示一个或多个消息，消息的名称标在连线的上面，也可以给消息增加参数并标上一些控制信息，如图 3.27 所示。

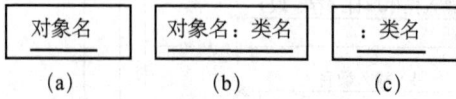

图 3.26　3 种对象表示法

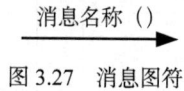

图 3.27　消息图符

通信图中消息的类型与顺序图中完全相同。实际应用中，由于通信图中消息较多，为了更清楚地表示各个消息间的关系，需要对关系进行序列化。对消息进行序列化时，只需要在各个消息前增加一个序列 ID 即可。常用的方法就是按照消息的执行顺序进行序列化，如图 3.28 所示。

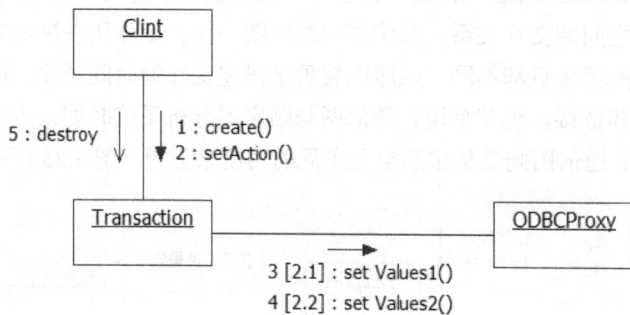

图 3.28　通信图示例

（3）链

链用来在通信图中关联对象。它代表一个来自类图的关联实例。在通信图中，消息显示在链上可以加一些修饰，如角色名、导航（表示链是双向还是单向）、链两端的对象是否有聚集关系等，但由于链是连接对象的，所以链的两端没有多重性标记。链的图符就是简单的实线。

图 3.28 中的通信图有两个链接和 5 个消息。为表示消息间的顺序，给消息各加一个数字前缀。在控制流中，每个新的消息的顺序号单调增加（从 1 开始，然后为 2，3 等）。为了表示消息嵌套，使用带小数点的号码。例如，1 表示第一个消息，1.1 表示嵌套在消息 1 中的第一个消息，1.2 表示嵌套在消息 1 中的第二个消息，如此等等。这样的嵌套深度不限。在通信图中，沿着同一个链

接可以放置多种消息箭头线（可以方向不同），且沿着一个链接只绘制同种且同方向的消息箭头线一次，把同种且同方向的消息放在相应的消息箭头线的旁侧。

3.2.2　顺序图与通信图的建造

1. 顺序图建模步骤

顺序图主要通过对象及对象消息的传递来描述对象间的交互行为，它注重消息的时间顺序，即对象间消息的发送和接收的顺序。顺序图揭示了一个特定场景的交互，即系统执行期间发生在某个时间点的对象之间的特定交互，它适合描述实时系统中的时间特性和时间约束。实际建模时，顺序图按照下面 3 个步骤进行。

（1）确定交互范围及涉及的对象

顺序图描述系统的交互行为，如系统的一次执行、或一组对象间的协作，建模时通过分析上下文的语境，首先确定系统交互的范围，进而确认可能需要的对象。

通过首先发出消息的对象，分析该对象有哪些输入操作，以及它向哪些对象提供操作。追踪这些前后相关的对象，做进一步的模拟跟踪，直到分析完与当前语境中有关的全部对象。

（2）合理安排对象顺序

通过识别对象在交互中扮演的角色，在顺序图的顶部列出所选定的一组对象，并为每个对象设置生命线。一般情况下，将最重要的对象放在最左边，例如，对全局进行初始化的对象；将发起交互的对象放在左边；将交互密切的对象尽可能相邻；将交互中创建的对象放置在其创建的时间点上。

（3）确认消息及传递

消息代表对象间的通信，可激发对象的某类操作。如果一个对象的操作在某个执行点上应该向另一个对象发送消息，则从这一点向后者画一条带箭头的直线，并在其上标明消息名及可能的参数、约束或构造类型。同时，也可用适当的图符来区别不同种类的消息。

在顺序图中，对象间消息依据箭头的方向，按照时间顺序自上而下在对象的生命线之间传递，发送消息与接收消息的对象必须处在生命线激活期。

一般顺序图从初始化消息开始，以其返回消息而终止；对于创建与销毁等特殊消息，可采用相应的构造型和标记；如果需要，可使用结构化控制方式来描述消息关系，也可以使用注释说明方式，对对象操作的功能、时间及空间约束进行描述。

2. 通信图建模过程

通信图主要用于描述对象之间的组织关系，图中包含对象组及其相互间的关联，通过描述关联上传递的消息，来分析系统的组成及各成分之间的协作，以此来实现系统行为的描述。

通信图着重于描述有协作关系的对象之间的交互和链接，图中不仅描述对象及对象间的链接，还特别强调链接的对象之间如何发送消息。通信图主要用于系统中的操作执行、用例执行或一个简单的交互场景的建模，一般操作步骤如下。

（1）确定交互范围及涉及的对象

通信图主要用于描述动态交互，确认和设定描述的语义范围是首先必须做得事情。接下来通过识别对象在交互中扮演的角色，可确认并初始化对象。

（2）合理安排对象位置

将初始对象放置在通信图中。一般情况下，较重要的对象放在图的中央，与其有直接交互的对象放置在其邻近。

（3）确认链接与消息

如果对象的类之间有关联或依赖，且这样的对象间要进行交互，就要在对象之间建立链接。

从一个交互的消息开始，将随后的每个消息及其序号标出，在消息箭头线上可以给出消息标签的内容、约束或构造类型。可以给出区别同步、异步等各类消息的相应图符。

由于通信图不具有像顺序图一样的结构化控制，一般来说，一个通信图从初始对象开始，到其终止对象结束，一个通信图只描述一个控制流。若要给某个复杂的操作建模，可能需要建立多张通信图，其中一些图描述操作的基本情况，另一些则用来描述可能的选择或例外的情况。

3. 顺序图与通信图的对比

顺序图和通信图都属于交互图，用于描述对象间的动态关系，并且两者之间可以相互转化。

顺序图和通信图都有各自不同的建模切入点，顺序图强调消息的时间顺序，通信图强调参与交互的对象的组织。除了共同使用对象、消息元素外，两种图使用的建模元素也各有特点，顺序图中使用生命线和控制焦点，通信图中则描述路径与链接。

顺序图和通信图在语义上是等价的，两者之间可以相互转换。但是，这并不意味着两者之间能够完全相互替代。顺序图可以表示某些通信图中无法表示的信息，同样，通信图中也会有顺序图无法表达的内容。例如，在顺序图中不能表示对象与对象之间的链接，但顺序图可以描述对象的创建与销毁；在通信图中不能表示生命线的分叉，对象的创建与销毁只能通过消息描述或约束来表示。此外，顺序图可以表现对象的激活与休眠情况，而通信图由于没有时间的描述，因此也无法清晰地表示对象的激活与休眠。

总之，顺序图描述对象间消息传递的时间顺序，用于分析交互的顺序，是按时间顺序对控制流建模，可以有效地帮助人们观察系统的顺序行为。通信图描述对象间的联系和传递的消息，用于描述一个操作的实现，是按对象组织关系对控制流建模，可以帮助开发者进行过程设计。

3.2.3 时序与协作的建模示例

在进行系统分析与设计时，面对具体的开发项目，如何理解和掌握系统全部的控制流是一件不容易的事情。系统中有很多个对象类，每个对象类都各有一组操作，对象之间通过哪些交互才能完成系统的功能要求？也就是说，如何通过这些众多的操作来理解和想象系统行为的先后顺序是非常困难的。在 UML 中，使用顺序图和通信图可以有效地帮助人们观察和分析系统的交互行为。

1. 顺序图建模示例

在面向对象的分析中，顺序图用于对系统控制流进行建模。按照一般的建模步骤，首先对系统交互范围及涉及的对象进行确认，对系统中对象进行分类，找出其中的主动对象类和被动对象类，以便合理安排其在对象图中的顺序。

在银行管理系统中，用户从 ATM 取款机上进行提取现金的操作是一个相对独立的用例，下面采用顺序图对此用例的细节过程做进一步的描述。

　　图 3.29 所示为某银行卡用户使用 ATM 取款机取款的顺序图,其中涉及 5 个对象:ATM 用户、读卡机、屏幕、账户和吐钱机。取款的动作从 ATM 用户将卡插入读卡机开始,读卡机读卡,打开该用户的账户对象并初始化屏幕。屏幕提示输入用户密码,用户输入密码,然后由系统(即账户)验证密码和账户对象,账户返回密码有效信息,然后屏幕向 ATM 用户提供业务选项,用户选择取款,并在屏幕提示下输入取款金额。ATM 机器验证用户账户金额,验证通过后在其账户中扣去相应金额,并由吐钱机提供现金,最后退卡。

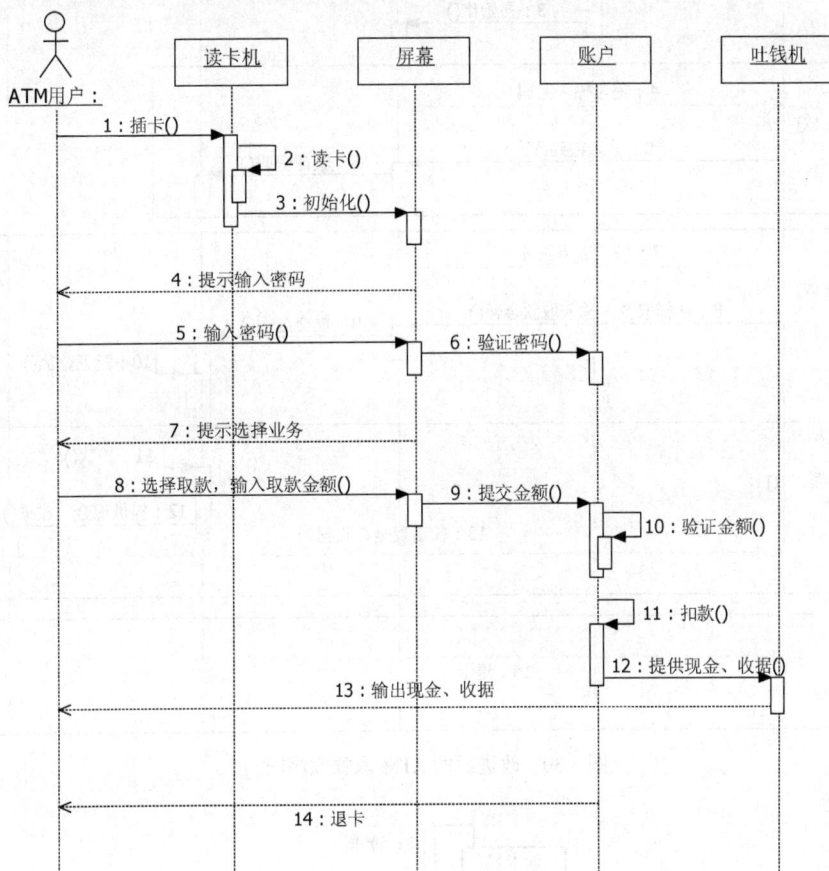

图 3.29　ATM 取款顺序图

　　在如图 3.29 所示顺序图中,描述了银行用户与 ATM 取款机之间的取钱交互场景,清楚地给出了提取现金的整个交互过程。在实际取现操作中,用户可能会出现与顺序图不符的动作,即当需要在顺序图中表达选择、并行、循环或有重复等操作时,可以使用交互片段来实现,改进后的顺序图如图 3.30 所示。

2. 通信图建模示例

　　系统建模时,通信图主要用于描述系统中对象间的组织关系,分析对象间的协作与交互行为,通信图与顺序图在语义上是等价的。利用 UML 建模软件,可以方便地将两种图随时转换。图 3.31 通信图由如图 3.29 所示 ATM 取款顺序图转换而得,图中可以清楚地看到此取款用例由 ATM 用户、读卡机、屏幕、账户和吐钱机 5 个对象组成,其中“ATM 用户”与“屏幕”及“屏幕”与“账户”的交互信息最多。

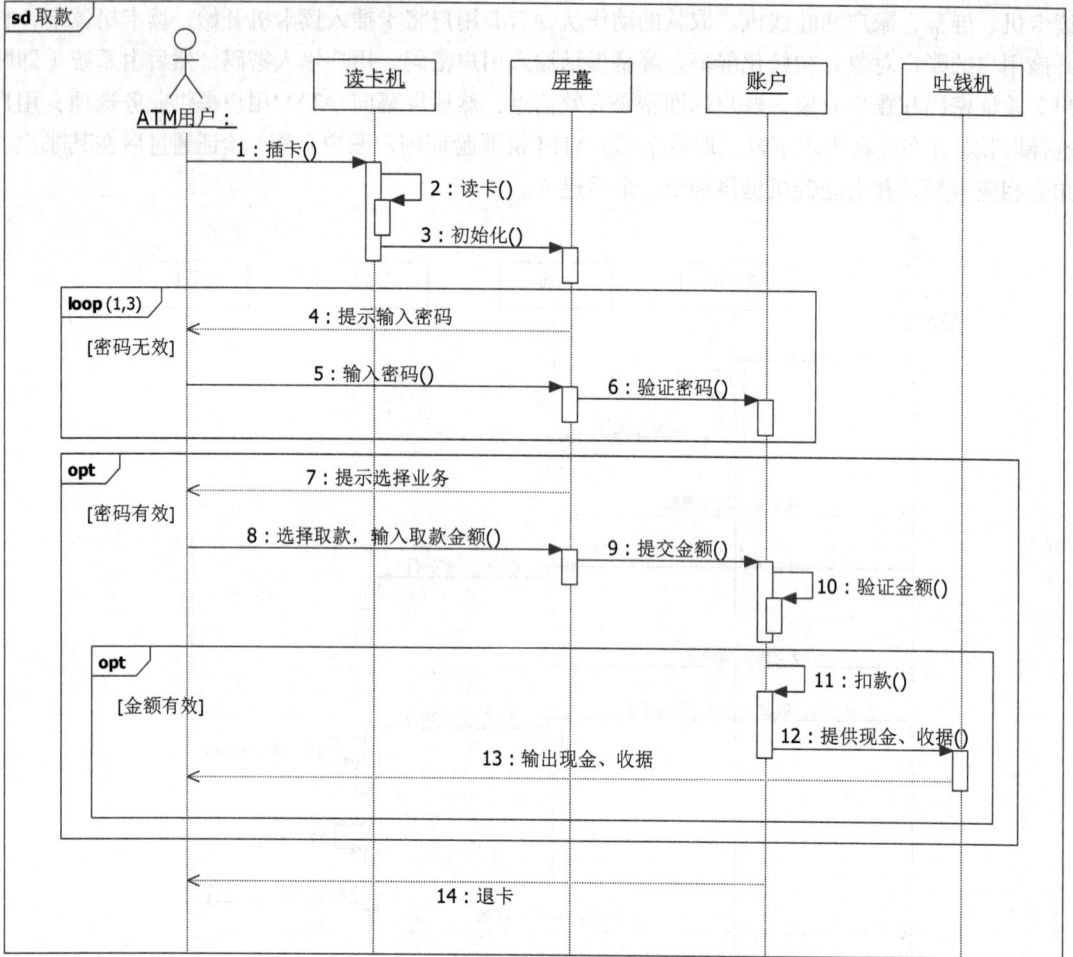

图 3.30　改进后的 ATM 取款顺序图

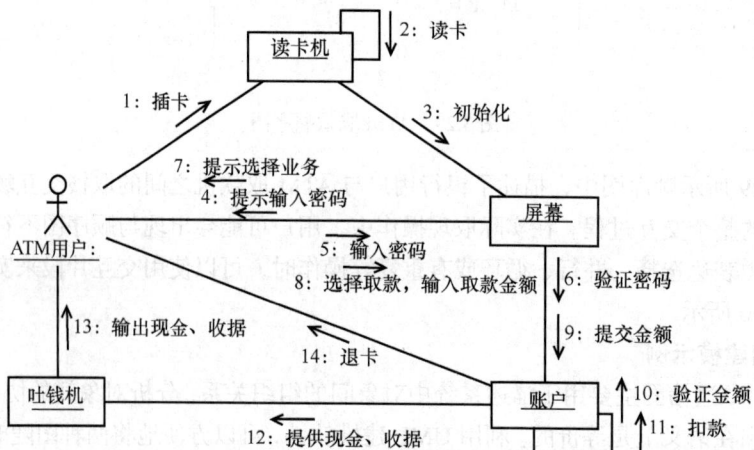

图 3.31　ATM 取款通信图

3.3　过程建模

过程建模是一种组织和记录数据的结构和流向的技术，它记录系统的"过程"和由系统的"过程"实现的逻辑、策略和程序。本节主要介绍这一类特殊的过程模型，也称为上下文数据流图，该模型是用来记录系统范围的过程模型，也称为环境模型。

3.3.1　过程建模概述

过程建模以数据流图为基础，数据流图（Data Flow Diagram，DFD）是一种系统模型，它通过描述系统的数据流及系统实施的工作或处理过程来为系统建模。图 3.32 所示是一个简单的数据流图。可以看出，数据流图可以使用户和设计人员快速地理解系统的业务流程，是系统分析与设计阶段的最常用的建模工具之一。

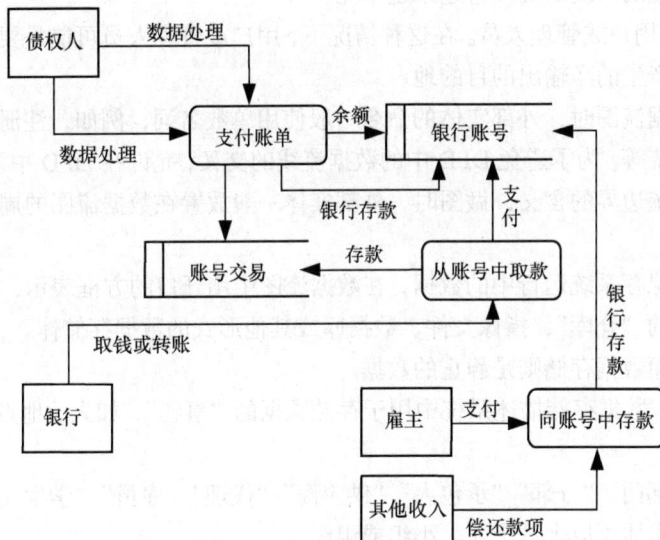

图 3.32　数据流图示例

事实上，数据流图已经流行了 20 多年，但是人们对 DFD 的兴趣最近又有所恢复，主要原因是它们在业务过程重构（BPR）中的应用。当企业开始意识到大部分的数据处理系统仅仅是将过时的、低效的原始业务改造成自动化过程时，就会产生重新理顺那些业务过程的兴趣。为了达到分析、重构和改进业务过程的目的，首先需要建模新的、高效的业务过程才可能实现，而数据流图正是一种强有力的业务过程建模图。

从面向对象的角度来说，上下文数据流图实际上是一个过程类模型，它描述了系统与企业及和其他外界系统的接口，是一种系统动态分析建模技术。

3.3.2　过程建模的元素

过程建模的主要任务是绘制数据流图。数据流图由外部实体、数据存储、处理过程和数据流 4 种符号组成，如图 3.33 所示。下面就各种图符及其代表功能做一个简单介绍。

1. 外部实体

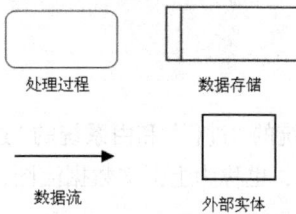

图 3.33　数据流图图符

外部实体是指本系统之外的人、组织部门、其他系统或者其他组织，它们和系统有信息传递的关系。外部实体形成了系统的边界，定义了系统与其环境的接口。

过程建模中，正确识别外部实体及其内部的工作与活动是很重要的，这些活动都属于系统范围之外，即系统和这些边界之间的数据流变化，不会引起这些活动发生实质性的改变。通常情况下，系统分析人员从下列几个方面确认外部实体。

① 公司的一个办公室、部门、分部或个人，它们在公司内给系统提供净输入，从系统接收净输出，或者二者兼备。

② 位于你的公司以外，但给你的系统提供净输入或者从你的系统接收净输出的组织、机构或者个人，例如，客户、供应商、承包人、银行和政府部门等。

③ 另一个企业或另外的系统，可能你的系统必须与它交互。目前，很少有系统不与其他系统接口，且与其他企业的系统的交互也越来越常见。

④ 系统的最终用户或管理人员。在这种情况下，用户或管理人员可能是要净输入到系统的数据源，或是由系统产生的净输出的目的地。

在绘制系统数据流图时，外部实体的命名一般使用单数名词，例如，注册员、供应商、生产系统或财务信息系统等。为了避免 DFD 中的数据流线的交叉，允许在 DFD 中重复绘制外部实体。为了更好地表达系统边界的含义，做图时，外部实体一般放置在数据流图的周围。

2. 数据存储

数据存储用来保存系统运行中的数据，在数据流图中用开口的方框表示，如图 3.33 所示。数据存储是一个数据的"仓库"，指像文件、数据库或其他形式的数据存储体。在 DFD 中，数据流是运动着的数据，而数据存储则是静止的数据。

在系统分析时，数据存储描述系统中用于存储数据的"事物"，如人、地点和对象等。可能会分析出这些事物：

人："客户""部门""分部""承包人""供应商""代理""雇员""学生文件""导师""办公室"等，即人这类实体可以表示个人、小组或组织。

地点："销售地区""建筑物""分区办公室""房间""校园"等。

对象："图书""部件""产品""发票""订单""课程"等。

在 DFD 图中允许重复绘制数据存储，这样可以避免数据流线的交叉，但也要尽量减少重复。

3. 过程概念

"过程"是信息系统的一个基本构件。一个系统通常会包含多个过程。过程响应业务事件和条件，并将"数据"转换成有用的信息。过程建模技术就是建模过程，并分析过程与系统环境、其他系统及其他过程的交互技术。

（1）系统与过程

"系统"是一组构件及其交互作用的集合体，用来描述有序组织的结构及功能。在过程建模中，系统本身可以看作是一个过程。一个最简单的过程模型是基于输入、输出和系统本身的一个过程。

"过程"概念定义了系统的边界，系统在这个边界之内，环境在边界之外，系统与其环境交换输入和输出。因为环境总是在变化，设计良好的系统具有一个反馈和控制环路，以使系统可以自我调整适应变化的情况。

　　例如，把一个企业考虑为一个系统，该系统在一个包含了客户、供应商、竞争者、其他行业和政府的环境中运行，它的输入包括材料、服务、新雇员、新设备、工具、费用和订单等，输出则包括产品、服务、废料、淘汰设备、以前的雇员和费用等。企业监视环境以对其产品线、服务、操作程序、竞争者、经济做出相应调整。

　　在 DFD 图中，过程符号如图 3.33 所示。过程是在输入数据流或条件上执行，或者是对输入数据流或条件做出响应的工作。在某种意义上，过程就是转换，将输入转换成输出。如果使用不同的 CASE 工具，过程建模符号也会有所不同。

　　（2）过程与分解

　　当把一个复杂系统作为一个整体（即单个过程）看待时，一般很难全面地理解它。所以，在系统分析中，通常将一个系统分解成它的构件子系统，子系统又被分解成更小的子系统，直到确定出整个系统的可管理子集，这项技术被称为分解。

　　分解是将一个系统分解成它的构件子系统、过程或子过程的行为。在系统分析中，采用分解技术对系统进行划分，用于改进、沟通、分析和设计逻辑子系统。图 3.34 所示被称为分解图。分解图也称为层次图，显示系统自顶向下的功能分解和结构，以便用于更详细的过程建模。

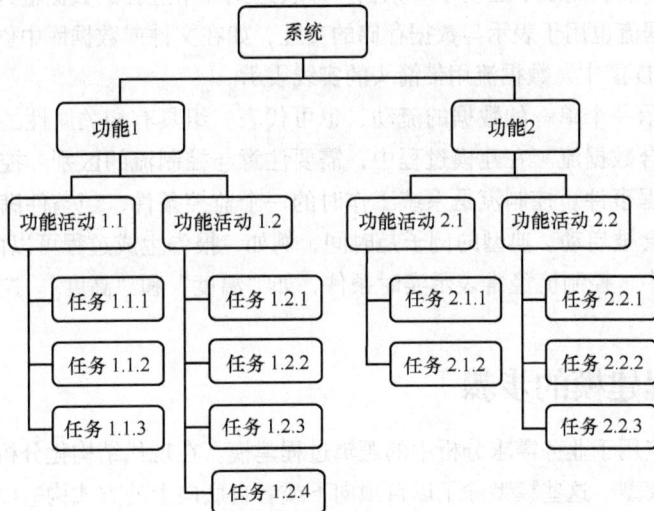

图 3.34　过程分解图

　　一般情况下，分解图中的父过程包含有两个或多个子过程，只有单个子过程的分解图是无意义的，因为这不能揭示系统的任何额外细节。

　　分解图中的连线不包含箭头，因为分解图用来显示结构，而非流程。而且，连线没有命名，隐含地表明父过程由子过程构成。

　　（3）过程及分类

　　在 DFD 图中，过程也称处理过程，指系统必须实施的工作或行动。一般情况下，存在有 3 类逻辑过程：功能过程、事件过程和基本过程。

　　功能指系统拥有的一系列相关的和正在进行的活动。功能没有开始和结束，它只是不断地按需要执行其工作。例如，一个生产系统可能包括以下功能：生产计划、生产调度、材料管理、生产控制、质量管理和库存控制等，每个功能又可能包括几十或几百个更离散的子活动或任务过程。

　　事件指作为一个整体完成的逻辑单位工作。事件由离散的输入触发，当过程与相应的输出响应时事件结束。事件有时也称为事务。

功能由响应事件的过程组成。如"材料管理"功能可以响应下列事件：测试材料质量、库存新材料、处理毁坏的材料、订购新材料等。其中，每一个事件都有一个触发器和响应，它们可以用事件的输入和输出定义。

事件过程又可进一步分解成基本过程。基本过程指为完成某一事件的响应所需的离散的活动或任务。在过程模型中，基本过程用于描述系统的最低层次细节。基本过程也称子过程。

过程建模中不考虑除了传送数据而不做任何其他工作的过程，因为在这些过程中其操作数据没有任何变化。过程模型中创建的是这类型的逻辑过程，如执行计算（计算平均积分点）、做出决策（决定是否可以获得订购的产品）、排序、过滤或者总结数据（确定过期的发票）、组织数据成为有用信息（生成报告或回答问题）、使用存储数据（创建、读取、修改或删除记录）等过程。

4. 数据流

过程响应输入并产生输出。因此，所有的过程至少都有一个输入数据流和一个输出数据流。数据流是过程与系统环境之间的通信。

在过程建模中，数据流表示运动中的数据，即表达到一个过程的数据输入，或者来自一个过程的数据输出。数据流也用于表示与数据存储的交互，如在文件或数据库中创建、读取、删除或修改数据等。在 DFD 图中，数据流用带箭头的实线表示。

数据流可以表示一个单一的数据的流动，也可代表一组具有相关属性的数据流，或者由其他数据流构成的组合数据流。在建模过程中，需要注意与控制流的区别。控制流表示触发一个过程的条件或非数据事件。控制流是系统工作时的一个监控条件，当条件满足预定的状态时，条件输入的过程就会被启动。典型的例子是时间，例如，报告生成过程可以由顺序事件"月末"触发。在实时系统中，控制流经常表示实时条件，如"温度"和"高度"。控制流用带箭头的虚线表示。

3.3.3 过程建模的步骤

过程建模主要应用于业务需求分析中的逻辑过程建模。在现代结构化分析策略中，重点是构建目标系统的逻辑模型。这些模型除了以自顶向下或者自底向上的方式构造以外，还按照事件划分的原则进行组织。事件划分根据业务事件和对那些事件的响应将一个系统划分成子系统，是一种基于事件驱动的过程建模策略，其策略步骤如图 3.35 所示。

① 构造系统上下文数据流图，确认系统的项目范围。从图 3.35 中可以看出，数据流图显示了系统与其环境的主要接口。

② 绘制功能分解图，将系统划分成逻辑子系统。如果分析的是很小的系统，这一步也可以省略。

③ 编写事件响应或用例清单表，以确定并证实系统必须提供响应的业务事件。在用例表中描述了每个事件所需要的或者可能的响应。

④ 为分解图中的每个事件添写处理过程。此时的分解图可作为系统的概要提纲。

⑤ 作为备选，为每个事件构造一个事件图，并进行验证。

⑥ 通过合并事件图构造一个或者多个系统图，帮助显示系统的"整体视图"。

⑦ 对需要进一步处理细节的事件过程构造基本图，帮助显示单个事件的所有基本过程、数据存储和数据流。

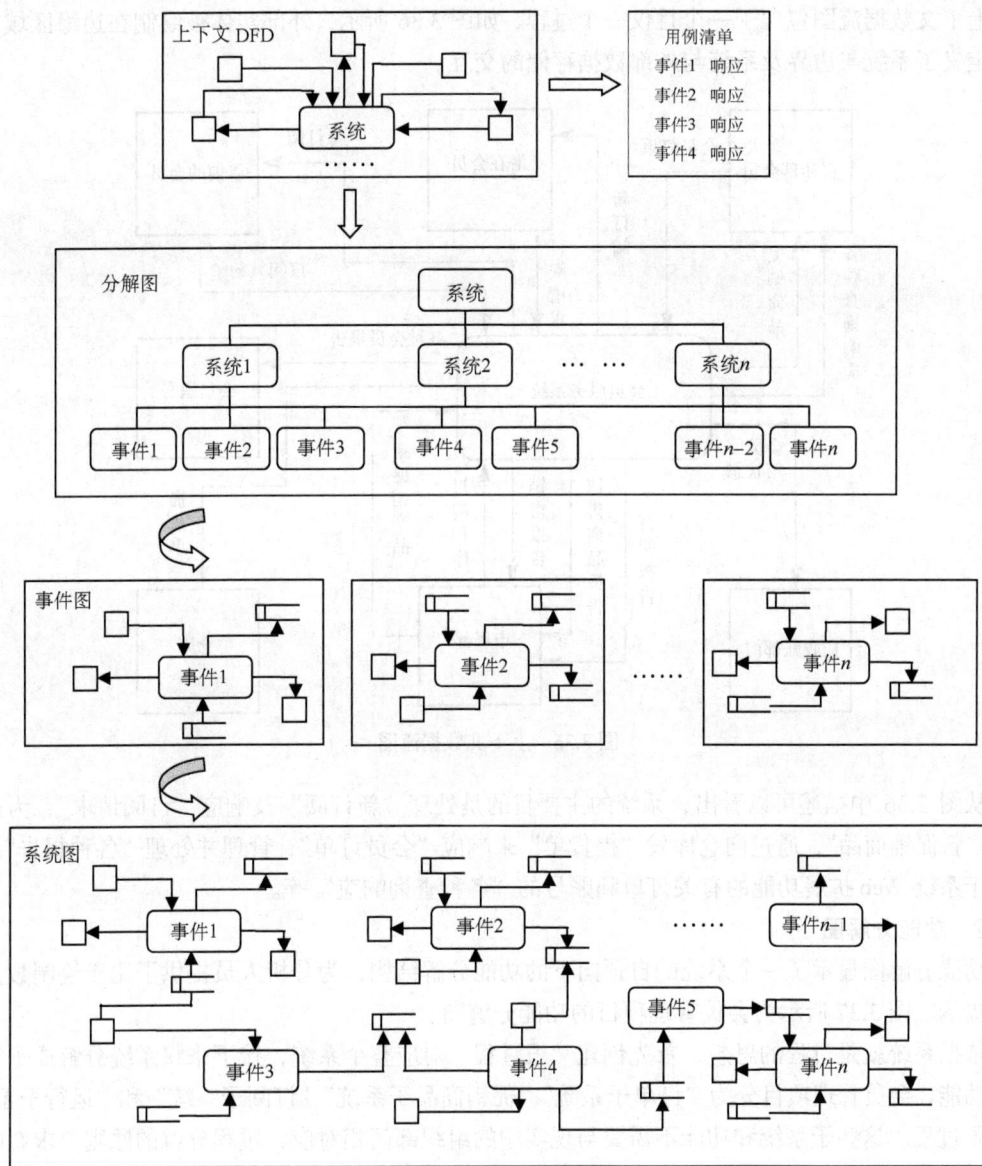

图 3.35　事件驱动的过程建模策略

3.3.4　过程建模分析示例

过程模型主要用于业务需求过程的建模，作为系统分析员或最终使用客户，必须知道或了解如何绘制分解图和数据流图。下面通过某俱乐部会员管理案例来学习绘制过程模型。

当系统的初始研究阶段和问题分析阶段已经完成了，描述业务数据需求的数据模型也已构造，下面开始建模相应的过程模型。

1．上下文数据流图

建模数据流图的目的是为了确认系统的初始范围。在过程模型中，系统项目范围是指从"系统所有者"的角度看到的系统与外界的"通信"边界，它使用了上下文数据流图来描述。一般任何项目的范围总是会有变化的，所以上下文图也在不断地变化。

上下文数据流图包含了一个且仅一个过程，如图 3.36 所示，外部实体被绘制在边缘区域，数据流定义了系统与边界及系统与外部数据存储的交互。

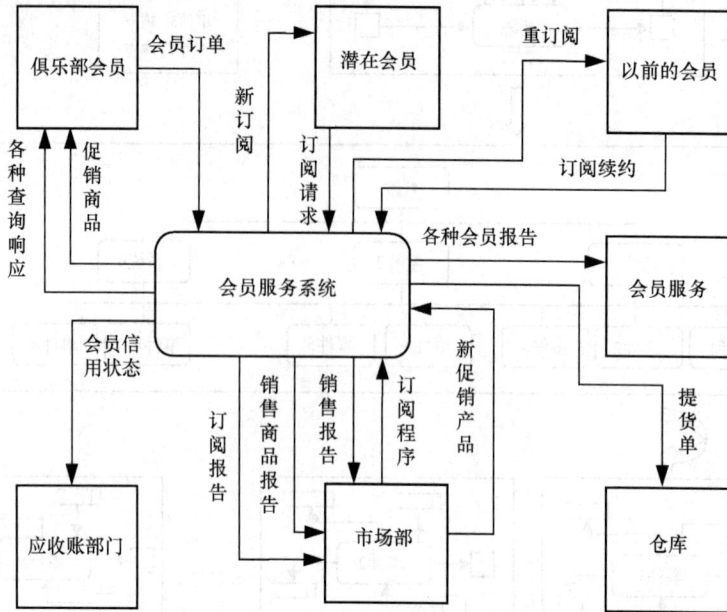

图 3.36　上下文数据流图

从图 3.36 中描述可以看出，系统的主要目的是处理"新订阅"及响应"订阅请求"，为产品创建"新促销商品"，通过向仓库发"提货单"来响应"会员订单"，管理并处理"各种报告"，以及基于系统 Web 扩展功能的有关订单和账号的"各种查询响应"等。

2. 功能分解图

功能分解图显示了一个系统的自顶向下的功能分解结构，为分析人员提供了用于绘制数据流图的提纲。图 3.37 所示为会员管理项目的功能分解图。

依据系统就是过程的思想，首先创建"根过程"对应整个系统，接下来将系统分解成子系统或子功能，会员管理项目分为"订单子系统""促销商品子系统""订阅子系统"和"运行子系统"4 个子过程。这些子系统和功能不需要与现实中的组织部门相对应，过程分解的原则要求忽略组织边界，构造理顺过程和数据共享的交叉功能系统。

3. 事件响应或用例清单

构建分解图后，接下来是确定系统必须响应的业务事件。从数据流图中可以发现一些输入事件，但不可能显示出所有的事件。一般系统中存在 3 类事件：外部事件、顺序事件、状态事件。

外部事件由外部实体引发。当这些事件发生时，就出现一个到系统的输入数据流。例如，从事件"客户发出一个新订单"可以识别出"客户"到系统的一个输入数据流。

顺序事件以时间为基础触发过程，或只表示某事发生。当这些事件发生时，会产生一个输入控制流。例如，"提醒客户支付上次票据的时间"或者"月末"。

状态事件依据状态或条件的转变触发过程。与顺序事件一样，状态事件用一个输入控制流表示。

信息系统通常主要响应外部事件和顺序事件。状态事件通常与实时系统有关，例如，电梯控制或机器人控制。目前，有多种分析方法用于发现、确认及响应事件，第 2 章介绍的用例技术就是较有效的方法之一。

用例从用户角度确定并描述需要的系统过程。每个用例都由用户或者外部系统触发，它们称为参与者。参与者是任何需要同系统交互并交换信息的事物，因此它等价于 DFD 中的外部实体。事实上，用例与数据流图的关系是非常紧密的，用例中引发事件的参与者，它们将成为 DFD 中的外部实体；用例事件由 DFD 中的某个过程处理；用例输入或者触发器将成为 DFD 中的一个数据流或者控制流；用例的输出和响应会成为 DFD 中的数据流。

表 3.2 显示了用例清单的部分内容。对于每个用例，描述了参与者、用例、触发及响应事件等主要内容。其中用括号来指示顺序事件。响应包括了修改数据模型中存储的实体数据，如创建新的实体实例、修改实体的现有实例及删除实体实例等。

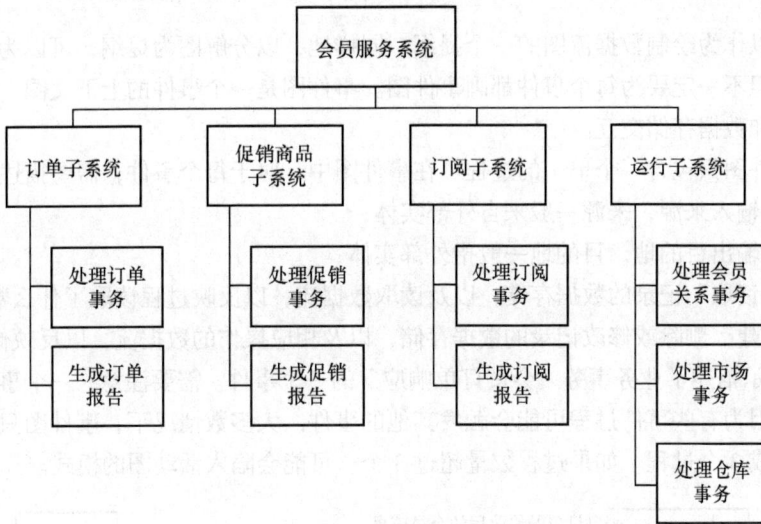

图 3.37　功能分解图

表 3.2　　　　　　　　　　　　　　　　　　　系统部分用例表

参与者/外部实体	用例（或事件）	触 发 器	响 应
市场部	制定一个新的会员关系订阅计划以吸收新会员	新会员订阅程序	生成"订阅计划确认"在数据库中创建"合同"
市场部	为当前会员改变订阅计划（例如，延长履行时间）	订阅计划改变	生成"合同修改确认"修改数据库中的"合同"
（时间）	一个订阅计划过期	（当前日期）	生成"合同修改确认"在数据库中逻辑地删除（置空）"合同"
会员	通过订阅加入俱乐部	新订购	生成"会员目录修改确认"在数据库中创建"会员"；在数据库中创建第一个"会员订单"和"会员订购的产品"
应收账部门	修改会员的信用状态	信用状态修改	生成"信用目录修改确认"修改数据库中的"会员"
（时间）	市场部决定停止销售一个产品后 90 天	（当前日期）	生成"目录修改确认"在数据库中逻辑地删除（失效）"产品"
会员	发出订单	新会员订单	生成"会员订单确认"在数据库中创建"会员订单"和"会员订购的产品"

续表

参与者/外部实体	用例（或事件）	触 发 器	响 应
会员	修改订单	会员订单修改请求	生成"会员订单确认"修改数据库中的"会员订单"和"会员订购的产品"
会员	取消订单	会员订单取消	生成"会员订单确认"在数据库中逻辑地删除"会员订单"和"会员订购的产品"
俱乐部	（月末）	（当前日期）	生成"月度销省分析报告" 生成"月度会员合同例外情况分析报告" 生成"会员关系分析报告"

4. 事件图

分解图可以作为绘制数据流图的一个提纲。同样地，以分解图为提纲，可以为每个事件过程绘制事件图，但不一定要为每个事件都画事件图。事件图是一个事件的上下文图，它显示了事件的输入、输出和数据存储交互。

大多数事件图只包含一个单一的过程。在事件图中，对于每个事件，需要描述的内容有：

① 输入及输入来源，来源一般来自外部实体；

② 输出及输出目的地，目的地一般指外部实体；

③ 从中"读取"记录的数据存储，以及读取数据流，以反映过程读取了什么数据；

④ 从中创建、删除或修改记录的数据存储，以及相应操作的数据流，以反映修改的特性。

图 3.38 所示描述了业务事务"会员订单响应"的一个事件。需要注意，一个事件图也可以包含多个过程，因为有些事件过程可能会触发其他的事件。大多数情况下，事件图只有一个过程，偶尔会有两个或 3 个过程。如果过程数量超过 3 个，可能会陷入活动图的模式。

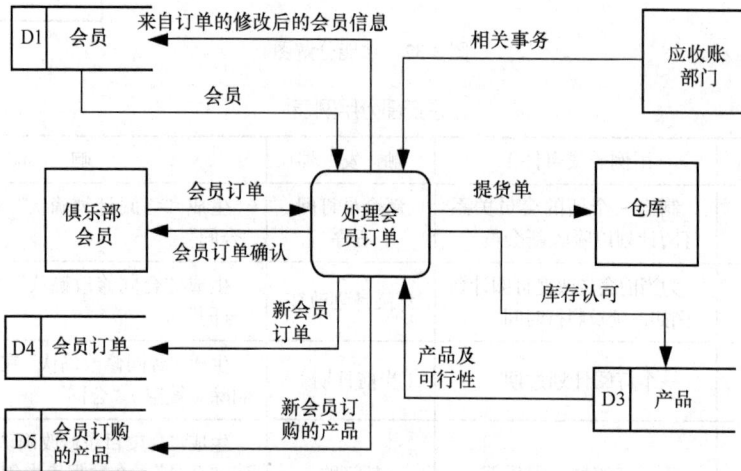

图 3.38 外部事件图

5. 系统图

通过事件图可方便地验证系统应响应的事件，但这些事件又不是孤立存在的，它们集合于一个系统或子系统。因此，构造一个显示系统或子系统中所有事件的系统图是很有必要的。

系统图可以在单张图中显示系统的所有事件，或在单张图中显示子系统的所有事件，如图 3.39 显示了"订单子系统"的子系统图。

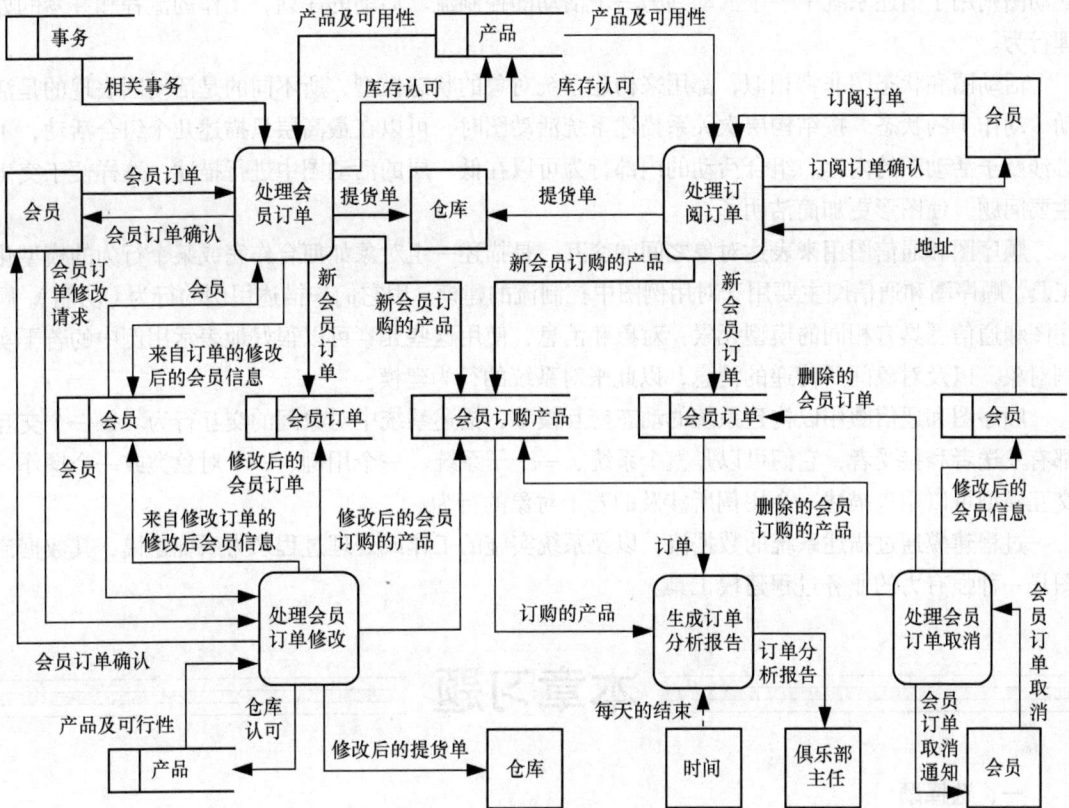

图 3.39　系统图示例

通过系统图，可以清楚地了解系统所有事件过程，及其如何沟通与使用共享的数据存储。在绘制系统图时，为了减少数据流线的交叉，可以重复绘制数据存储和外部实体。

系统图中的某些事件过程可以细化成一个基本数据流图，以揭示更多的细节，这对较复杂的业务事务过程很有必要，如图 3.39 所示的订单处理。有些事件比较简单，如报告生成，则不需要再进一步扩展。

除了上述建模图外，对需要进一步处理细节的事件过程可构造基本图。基本图指基本数据流图，是将复杂的事件过程细化成一个更详细的数据流图。例如，图 3.39 例中，如果需要可以将订单业务处理进一步详细描述，绘制订单处理基本数据流图，从而可以深入描述处理过程中的"验证会员""验证订购产品""计算订单费用"等具有更强内聚特征的基本过程。

总结而言，上下文图、系统图、事件图和基本图的组合构成了过程模型。一个设计良好的完整的过程模型，可以在最终用户和编程人员之间有效地进行业务沟通，是一种十分有效的建模技术。

本章小结

在 UML 中，采用活动图、状态图、顺序图和通信图来建立动态行为模型。状态图可以表现一个对象在生存期的行为、所经历的状态序列、引起状态转移的事件及因状态转移而引起的动作。

活动图则用于描述系统中一个活动到另一个活动的控制流、活动的序列、工作的流程和并发的处理行为。

活动图和状态图非常相似，都用来构建系统对象的状态模型，所不同的是活动图表现的是活动（动作）的状态。按结构层次关系描述系统活动图时，可以在最高层只描述几个组合活动，不必涉及子活动图的内容。组合活动的内部行为可以在低一层的活动图中进行描述，这样便于突出主要问题，使图形更加简洁明了。

顺序图和通信图用来表达对象之间的交互，是描述一组对象如何合作完成某个行为的模型化工具。顺序图和通信图主要用于对用例图中控制流的建模，用它们来描述用例的行为（功能）。顺序图和通信图具有相同的模型元素：对象和消息，使用这些元素可以很好地表示用例中的若干实例对象，以及对象间所传递的消息，以此来对系统的行为建模。

顺序图和通信图用以构建系统的动态交互模型，描述系统中对象间的交互行为。每一个交互都有发送者和接受者，它们可以是整个系统、一个子系统、一个用例、一个对象类或一个操作。交互模型可以用来描述一个用例所涉及的若干对象的行为。

过程建模通过描述系统的数据流，以及系统实施的工作或处理过程来为系统建模，其数据流图是一种强有力的业务过程建模工具。

本章习题

一、选择题

1. 在系统建模设计中，描述动态行为的动态模型可分为状态模型和（　　）模型两类。

    A. 动态　　　　　　B. 动作　　　　　　C. 交互　　　　　　D. 运动

2. 状态图描述一个对象在不同（　　）的驱使下发生的状态迁移。

    A. 事件　　　　　　B. 对象　　　　　　C. 执行者　　　　　　D. 数据

3. 在 UML 设计中，（　　）把活动图中的活动划分为若干组，并将划分的组指定给对象，这些对象将履行该组所包括的活动，同时明确地显示出哪些活动是由哪些对象来完成的。

    A. 同步线　　　　　　B. 活动　　　　　　C. 泳道　　　　　　D. 组合活动

4. 顺序图和通信图主要用于对用例图中（　　）的建模，用它们来描述用例图的行为。

    A. 数据流　　　　　　B. 控制流　　　　　　C. 消息流　　　　　　D. 数据字典

5. 顺序图的模型元素中有（　　）、生命线、消息、链接等，这些模型元素表示某个用例中的若干个对象和对象之间所传递的消息，以此来对系统的行为建模。

    A. 对象　　　　　　B. 事件　　　　　　C. 活动　　　　　　D. 状态

二、简述题

1. 在面向对象的系统分析与设计中系统动态模型包括哪些模型？

2. 动态建模中活动图建模主要用来做什么？

3. 活动图建模的步骤有哪些？应当注意什么问题？

4. 简述在面向对象的系统分析与设计中状态模型的主要用途。

5. 在 UML 中状态的图符由几部分组成？每部分的内容是什么？

6. 状态图中的状态转换一般是由哪些事件触发的？

7. 动态建模中描述对象交互行为的建模图形有哪几种图？

8. 顺序图的作用和特点是什么？

9. 绘制顺序图的步骤有哪些？应注意的问题是什么？

10. 通信图的作用和特点是什么？从动态建模的角度看，顺序图与通信图有什么异同？

11. 过程建模中的"过程"概念如何理解？

12. 过程建模的主要步骤有哪些？

第4章
数据建模

本章针对系统中的数据建模进行专门分析，主要介绍数据模型的概念、E-R 图的用法及 UML 用于数据建模阶段的规范。

4.1　数据模型

数据模型（Data Model）是对现实世界数据特征的抽象，是用来描述数据的一组概念和定义，是建立数据库的基础。

通常，在一个数据模型中需要描述数据的组织结构、对数据的操作和数据的完整性约束。当前存在的数据模型大体上可以分为两大类。

1. 基于记录的逻辑模型

基于记录的逻辑模型有层次模型、网状模型和关系模型。它们是传统的 3 种数据模型，它们都是以数据记录和数据项作为基本数据结构的。

2. 基于对象的逻辑模型

常见基于对象的逻辑模型有实体联系模型（E-R 模型）和面向对象数据模型等。

4.1.1　基于记录的逻辑模型

1. 层次数据模型

（1）基本概念和结构

层次模型是按照层次结构的形式组织数据库中数据的数据模型，即用树型结构表示实体集与实体集之间的联系。其中用结点表示实体集，结点之间联系的基本方式是 $1:n$。

① 记录和字段。记录是用来描述某个事物或事物间关系的数据单位，也是存储的数据单位，记录是有命名的。它包含若干字段，每个字段也是有命名的。字段只能是简单的数据类型，例如，整数、实数、字符串等。图 4.1(a)所示是一个名为系的记录，图 4.1(b)所示是系的一个实例。

系			
系名	系号	系主任名	地点

计算机系	9	李远	科技大楼

　　(a) 记录的型　　　　　　　　　　(b) 记录的一个实例

图 4.1　层次数据模型的记录及其实例

② 双亲子女关系（简称 PCR）。双亲子女关系是层次数据模型中最基本的数据关系，它代表了两个记录型之间一对多的关系（1：n）。例如，一个系有多个班，就构成了如图 4.2(a)所示的双亲子女关系（即 PCR 型），在"1"方的记录型称为双亲记录，在"n"方的记录型称为子女记录。图 4.2(b)所示是 PCR 的一个实例。

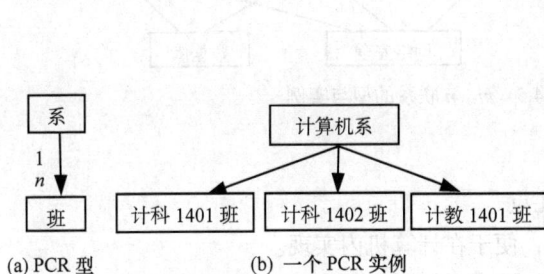

(a) PCR 型　　　　　(b) 一个 PCR 实例

图 4.2　双亲子女关系（PCR）　　　　图 4.3　层次数据模型

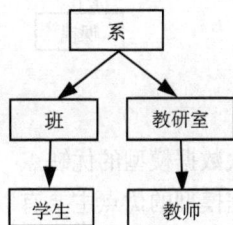

③ 层次数据模型。利用 PCR 可以构成层次数据模型如图 4.3 所示。

层次数据模型是一棵树，其数据结构的特点如下所述。

- 在每棵树中仅有根结点无双亲。
- 除根结点外的任何结点有且仅有一个双亲结点，但可以有任意个子女结点。
- 树中无子女的结点称为叶结点。

如图 4.4 所示是层次数据模型的一个实例。

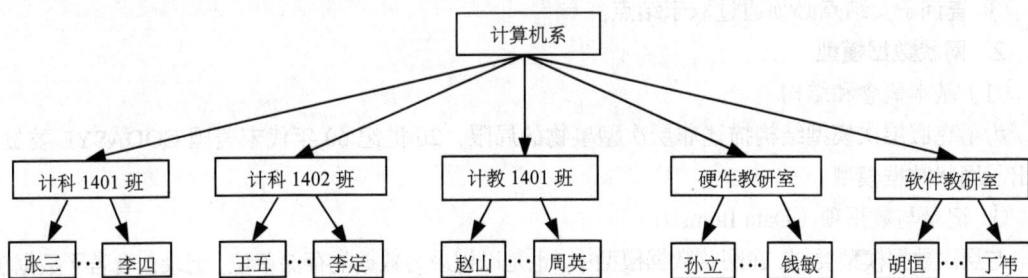

图 4.4　层次数据模型的实例

（2）数据操作

① 查询操作。在层次数据模型中，若要查找一个记录，需从根结点开始，按给定条件沿一个层次路径查找所需要的记录。

② 更新操作。层次数据模型的更新操作包括数据插入、数据删除和数据修改。

（3）数据约束

层次数据模型的数据约束主要是由层次结构的特点造成的。

① 除了根结点外，任何其他结点不能离开其双亲结点而孤立存在。这条约束表明了在插入一个子女记录时，必须与一个约束双亲记录相联系，否则不能插入；在删除一个记录时，其子女记录也将自动被删除。这一约束为数据操作造成了不便。

② 层次数据模型所体现的记录之间的联系只限于二元 1：n 或 1：1 的联系，这约束了用层次模型描述现实世界的能力。

对于现实世界中存在的二元 $m:n$ 联系和多元 $m:n:p$ 等复杂联系，就不能用层次模型直接进行表达了。例如，学生记录型和课程记录型是一个 $m : n$ 联系，将无法用层次模型直接表达学生与课程之间的多对多联系，如图 4.5 所示。

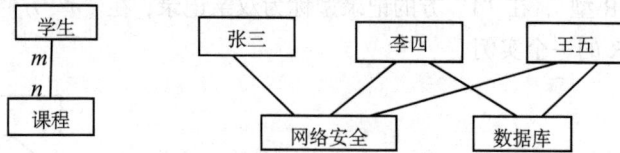

图 4.5　$m : n$ 联系的型与实例

（4）层次数据模型的优缺点

层次数据模型的优点主要有以下几点。

① 层次模型结构简单、层次分明，便于在计算机内实现。

② 在层次结构中，从根结点到树中任一结点均存在一条唯一的层次路径，这为有效地进行数据操纵提供了条件。

③ 在层次结构中除根结点外所有结点有且只有一个双亲结点，故实体集之间的联系可用双亲结点唯一地表示，因此层次模型 DBMS 对层次结构的数据有较高的处理效率。

④ 层次数据模型提供了良好的完整性支持。

层次数据模型的缺点主要有以下几点。

① 层次数据模型缺乏直接表达现实世界中非层次型结构的复杂联系，如多对多联系。

② 对插入或删除操作有较多的限制。

③ 查询子女结点必须通过双亲结点。

2. 网状数据模型

（1）基本概念和结构

为了克服层次模型结构描述非层次型事物的局限，20 世纪 60 年代末美国 CODASYL 委员会提出了网状数据模型。

① 记录与数据项（Data Items）。

与层次数据模型类似，在网状数据模型中，也是以记录为数据的存储单位。记录包含若干数据项，数据项相当于字段，但与层次数据模型中的字段不同，网状数据模型中的数据项不一定是简单的数据类型，也可以是多值的和复合的数据。

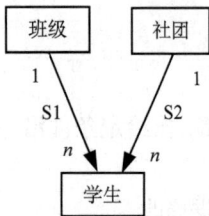

图 4.6　简单的网状结构

② 系（Set）。在网状数据模型中，数据间的联系用系表示。系代表了两记录之间的 $1 : n$ 联系，系用一条弧表示，箭头指向"n"方。"1"方的记录称首记录，"n"方的记录称属记录。图 4.6 所示是简单的网状结构的例子。

③ 系型。

● 单属系型。单属系型由主记录型和单一的属记录型组成。

例如，班级记录型和学生记录型组成的班级－学生系是单属系型，如图 4.7 所示。

● 多属系型。多属系型中包含 3 个以上记录型，其中一个为首记录型，其余为属记录型。

例如，在学校中有教师和职工，他们有不同的记录结构，可形成两个记录类型。当建立一个学校—教职工系型时，可将教师记录型和职工记录型作为学校的两个属记录型，如图 4.8 所示。

● 奇异系型。奇异系型是一种只有属记录型而无首记录型的一种特殊系型。

例如，一个单位的所有部门可以组成一个无首记录型的奇异系型，如图 4.9 所示。

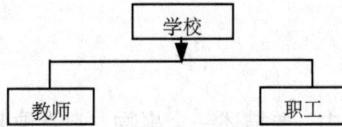

图 4.7　单属系型　　　　图 4.8　多属系型　　　　图 4.9　奇异系型

④ 联系记录。对于二元 $m:n$ 联系和多元 $m:n:p$ 联系也不能直接用系来表示，而是采用联系记录这个辅助数据结构来将实体集间的 $m:n$ 联系转换成两个 $1:n$ 联系。

例如，学生记录与课程记录之间的 $m:n$ 联系可通过引入联系记录——学生选课记录，将其转换为两个 $1:n$ 联系，如图 4.10 所示。

网状数据模型中规定，一个记录型不能在一个系中既作为系的首记录又作为系的属记录，即系不能直接用来表示一个记录型的自身联系，我们通常可采用增加联系记录的方法来解决。

例如，职工间的领导关系可以表示成一个环，如图 4.11(a) 所示，增加一个联系记录型——领导记录，该记录存放领导职务等信息，从而形成两个系类型 S1、S2，如图 4.11(b) 所示。

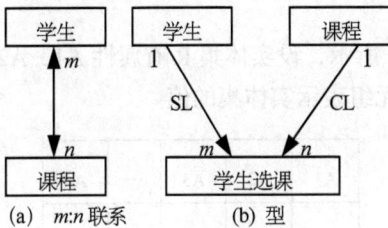

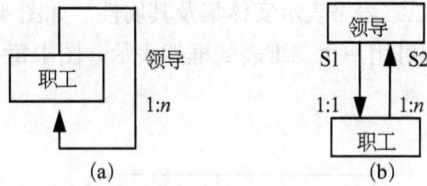

图 4.10　联系记录　　　　　　　　图 4.11　环结构的表示

（2）数据操作

① 查询操作。查询操作主要是通过查找语句 FIND 和取数语句 GET 配合使用实现的。FIND 语句主要是查找定位数据库中满足条件的记录为当前记录。GET 语句主要是将当前记录取出来供应用程序使用。

② 更新操作。网状数据模型的更新操作分为对记录的更新和对系的更新两类。

（3）数据约束

① 一个记录值不能出现在同一个系型的多个系值中。

② 一个记录型不能同时为同一个系的首记录和属记录。

③ 任一个系值有且仅有一个首记录值，但可以有任意个属记录值。

④ 每个系型有且仅有一个首记录型，但可以有多个属记录型，且属记录型必须至少有一个。

（4）网状数据模型的优缺点

网状数据模型的优点主要有：

① 能够更为直接地描述现实世界。

② 具有存取效率高等良好性能。

网状数据模型的缺点主要有：

① 数据结构比较复杂，不便于终端用户掌握。

② 其数据定义语言（DDL）、数据操作语言（DML）较为复杂，用户掌握使用较为困难。

③ 数据独立性较差。

3. 关系数据模型

（1）基本概念

① 属性和域。在现实世界中，要描述一个事物，常常取其若干特征来表示，这些特征称为属性。例如，大学生可用姓名、学号、性别、系别等属性来描述。

每个属性对应一个值的集合，作为其可以取值的范围，称为属性的域。例如，姓名的域是所有合法姓名的集合；性别的域是｜男，女｜等。

② 关系和元组。一个对象可以用一个或多个关系来表示。关系就是定义在它的所有属性域上的多元关系。设有关系 R，它有属性 A1，A2，…，An，其对应的域分别为 D1，D2，…，Dn，则关系 R 可表示为

$$R = (A1/D1,A2/D2,\cdots,An/Dn) \qquad 或 R = (A1,A2,\cdots,An)$$

元组是关系中各个属性的一个取值的集合。

③ 键。关系中的某一属性或属性组的值唯一地决定其他所有属性的值，也就是唯一决定一个元组，而其任何真子集无此性质，则称这个属性或属性组为该关系的候选键，简称键。

（2）关系数据模型的数据结构

① 关系数据模型的描述功能。

● 用二维表格表示实体集及其属性。如图 4.12 所示，设实体集 R 有属性 A1，A2，…，An，实体集的型可用一个二维表的框架表示。图中每一元组表示实体集的值。

A1	A2	A3	…	An

(a)关系 R 的型

A1	A2	A3	…	An
a11	a12	a13	…	a1n
…	…	…	…	…
am1	am2	am3	…	amn

(b)关系 R 的值

学号	姓名	年龄	性别	系部号
S1	程宏	19	男	9
S2	王盟	20	女	9
S3	刘莎莎	18	女	10
S4	李刚	20	男	11

(c)学生情况表

系部号	系名	系主任	地点
9	计算机系	李远	科技大楼
10	电子系	张立	电子大楼
11	化工系	王力	化工大楼

(d)院系情况表

图 4.12　关系数据模型

● 用二维表描述实体集间的联系。关系模型不仅可用二维表表示实体集，而且可用二维表描述实体集间的联系。

例如，在图书管理中经常用的"借书人统计表"和"图书登记表"，如图 4.13(a)、图 4.13(b)

所示。

由于借书人与图书之间是 $m:n$ 联系，在前面用层次模型或网状模型将是一项复杂的事情。在这里用二维表——"借书登记表"来表示借书人和图书两个实体集之间的联系则十分简便，如图 4.13(c)所示。

姓名	借书证号	单位
张三	10001	计算机系
刘一	10002	自动化系
…	…	…

总编号	分类号	刊名	作者
200001	TP101	数据库导论	C. J. DATE
400002	TO102	自动化系	周明德
…	…	…	…

借书证号	总编号	借阅日期
10001	200001	2003.9.1
10001	400002	2003.9.1
10002	400002	2003.10.9
…	…	…

(a) 借书人统计表　　　　　(b) 图书登记表　　　　　(c) 借书登记表

图 4.13　实体间的联系

② 关系的性质。关系是一个简单的二维表，其主要性质如下所述。
- 关系是一个二维表，表中的每一行对应一个元组，表中的每一列有一个属性名且对应一个域。
- 列是同质的，即每一列的值来自同一域。
- 关系中的每一个属性是不可再分解的，即所有域都应是原子数据的集合。
- 关系中任意两个元组不能完全相同。
- 关系中行的排列顺序、列的排列顺序是无关紧要的。
- 每个关系都由关键字的属性集唯一标识各个元组。

③ 关系模式。关系模式是关系中信息内容结构的描述。它包括关系名、属性名、每个属性列的取值集合、数据完整性约束条件及各属性间固有的数据依赖关系等。可以表示为

$$R(U,D,DOM,I,\Sigma)$$

其中：R 为关系名；U 为组成关系的全部属性的集合；D 是 U 中属性取值的值域；DOM 是属性列到域的映射，即 DOM：U→D；I 是一组完整性约束条件；Σ 是属性集间的一组数据依赖。

通常，可用 R(U)来简化地表示关系模式。例如，描述大学生的关系模式表示为

STUDENT（学号，姓名，性别，年龄，所在系，籍贯，入学年份）

（3）数据操作

① 关系代数。关系代数由一组以关系作为运算对象的特定的关系运算所组成，用户通过这组运算对一个或多个关系进行"组合"与"分割"，从而得到所需要的新关系。

关系代数又分为传统的集合运算和专门的关系运算。
- 传统的集合运算。主要包括并运算、差运算、交运算和笛卡儿乘积运算等。
- 专门的关系运算。包括选择运算、投影运算、连接运算、自然连接运算、半连接运算、自然半连接运算和除运算等。

其中：｛$\sigma,\Pi,\cup,-,\times$｝5 种运算为关系代数的基本运算，组成了一个完备的操作集，任何其他关系代数操作都可以用这 5 种操作来表示。

② 关系演算。除了用关系代数表示关系操作外，还可以用谓词演算来表达关系的操作，称为关系演算。关系演算又可分为元组关系演算和域关系演算。

（4）数据约束

① 域完整性约束。域完整性约束限定了属性值的取值范围，并由语义决定一个属性值是否允许为空值 NULL。

② 实体完整性约束。每个关系应有一个主键，每个元组的主键的值应是唯一的。主键的值不能为 NULL，否则无法区分和识别元组。

③ 参照完整性约束。参照完整性约束是不同关系间的约束，当存在关系间的引用时，要求不能引用不存在的元组。

（5）关系数据模型的优缺点

关系数据模型的优点主要有以下几点。

① 关系数据模型有坚实的理论基础。

② 在关系数据模型中，二维表不仅能表示实体集，而且能方便地表示实体集间的联系。

③ 关系数据模型中数据的表示方法统一、简单，便于计算机实现，便于用户使用。

④ 数据独立性高。

关系数据模型的缺点主要有以下两点。

① 关系数据模型的查询效率常常不如非关系数据模型。

② 关系数据模型等传统数据模型还存在不能以自然的方式表示实体集间的联系、语义信息不足、数据类型过少等弱点。

4.1.2　基于对象的逻辑模型

1. 对象和对象标识符

（1）对象

在面向对象数据模型中，所有现实世界中的实体都模拟为对象，小至一个整数、字符串，大至一个公司、一部电影，都可以看成对象。

（2）对象标识符

在 OO 数据模型中，每个对象都有一个系统内唯一不变的标识符，称为对象标识符（OID）。OID 一般是由系统产生，用户不得修改。OID 是区别对象的唯一标志，与对象的属性值无关。

① 如果两对象的属性值和方法一样，但 OID 不同，则仍认为是两个"相等"而不同的对象。

② 如果一个对象的属性值修改了，只要其标识符不变，则仍认为是同一对象。

因此，OID 可看成是对象的替身，以构造更复杂的对象。

2. 属性和方法

（1）属性

每个对象包含若干属性，用以描述对象的状态、组成和特性。属性也是对象，它又可能包含其他对象作为其属性。这种递归引用对象的过程可以继续下去，从而组成各种复杂的对象。

（2）方法

除了属性外，对象还包含若干方法，用以描述对象的行为特性。方法又称为操作，它可以改变对象的状态，对对象进行各种数据库操作。方法的定义与表示包含两个部分：

一是方法的接口，说明方法的名称、参数和结果的类型；

二是方法的实现部分，是用程序编写的一个过程，以实现方法的功能。

一个对象一般是由一组属性、一组方法，再冠以一个 OID 组成。

3. 封装和消息传递

（1）封装

在 OO 数据模型中，系统把一个对象的属性和方法封装成一个整体，如图 4.14 所示。

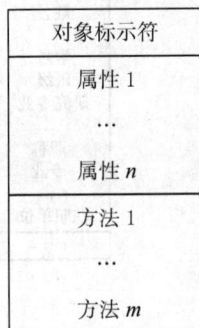

对象标示符
属性 1
…
属性 n
方法 1
…
方法 m

图 4.14 对象的封装

对象的封装性体现在以下几个方面：

① 对象具有清晰的边界；

② 对象具有统一的外部接口；

③ 对象的内部实现是不公开的。

（2）消息传递

对象是封装的，对象与外界、对象与对象之间的通信一般只能借助于消息。通过把消息传送给对象，调用对象的相应方法，以进行相应的操作，再以消息形式返回操作的结果。这种通信机制称为消息传递。

消息一般由操作者、接收者、操作参数 3 个部分组成。对象、消息之间的关系如图 4.15 所示。

4. 类和实例

（1）类

类是具有共同属性和方法的对象的集合，这些属性和方法可以在类中统一说明。同类对象在数据结构和操作性质方面具有共性。

例如，研究生、本科生是一些有共同性质的对象，可能抽象为一个学生类，如图 4.16 所示。

（2）实例

类中每个对象称为该类的一个实例。同一个类中对象的属性名虽然是相同的，但这些属性的取值会因各个实例而异，如图 4.17 所示。

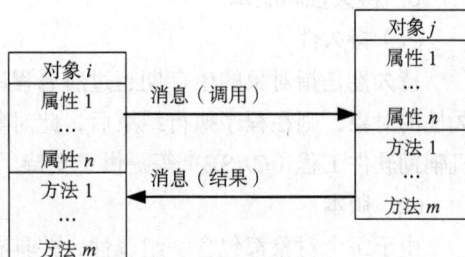

图 4.15 消息传递

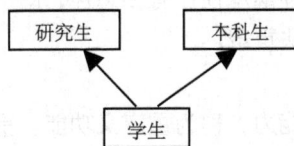

图 4.16 类

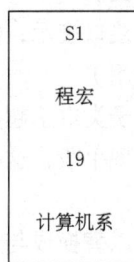

图 4.17 类的实例

5. 类层次结构和继承

（1）类层次结构

在类层次结构中，一个类的下层可以是多个子类；一个类的上层也可以有多个超类。图 4.18 所示是一个学校类层次结构的例子。

（2）继承

在类继承时，可能发生属性名和方法名的同名冲突，包括各超类之间的冲突和子类与超类之间的冲突，如图 4.19 所示。

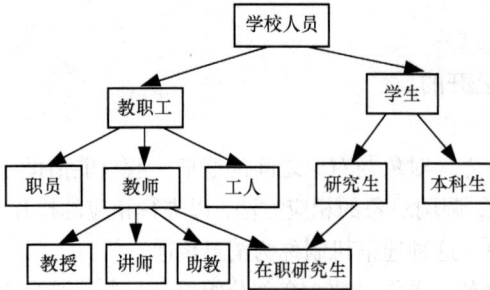

图 4.18 类层次结构

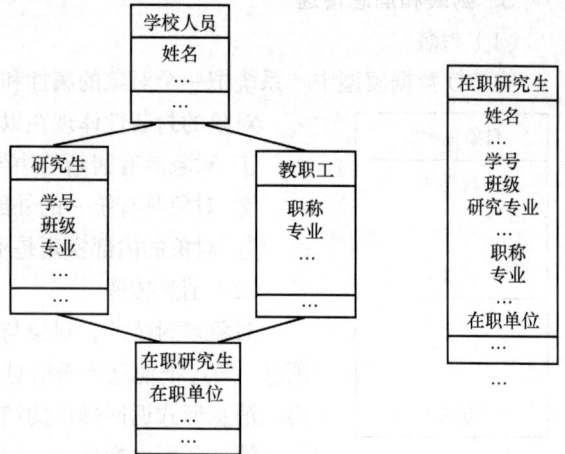

图 4.19 继承

6. 持久性和版本

（1）持久性

持久性是指对象的生存期超过所属程序的执行期，即当一个程序在执行过程中产生了一个持久性的对象，则在程序执行结束后，此对象依然存在。持久性程序设计为面向对象数据库、计算机辅助软件工程（CASE）等提供了支持。

（2）版本

由于每个对象都包含一组属性，并具有相应的属性值，所以当为属性指定一组新值时，就建立了一个新的版本。因此，同一对象可产生多个不同的版本。对象的版本概念为 CAD/CAM、工程数据库、OODB、多媒体数据库、CASE 技术提供了重要支持。

7. 多态、重载、重定义与动态联编

（1）多态（一名多义）

类的方法有相同的接口表示，但允许有不同的多种内部实现，这种情况称为方法的多态。

（2）重载（一名多用）

在类继承结构中，子类继承超类的方法，这种继承往往有多态性，即子类仅继承超类的接口表示，但它用自己的实现手段，这种情况称为方法重载。

（3）重定义

子类属性、方法可以替换成与超类不一致的能力，称为重定义功能。重定义便于提高属性、方法的灵活性。

（4）动态联编

方法的多态性和方法重载在计算机中采用动态联编的方法来实现，即在应用程序执行到一定阶段后才与方法联编。

8. 与关系数据模型的比较

（1）在关系数据模型中的基本数据结构是表，这相当于 OO 数据模型中的类；而关系中的数据元组相当于 OO 数据模型中的实例。

（2）在关系数据模型中，对数据库的操作都归结为对关系的运算，而在 OO 数据模型中，对类层次结构的操作分为两部分：一是封装在类内的操作即方法；二是类间相互沟通的操作即消息。

（3）在关系数据模型中有域、实体和参照完整性约束，完整性约束条件可以用逻辑公式表示，称为完整性约束方法。在 OO 数据模型中，这些用于约束的公式可以用方法或消息表示，称为完整性约束消息。

4.2　实体关系（E-R）模型

信息系统中的数据均是对各种实体的描述，对系统所涉及的实体及其关系进行分析和描述是非常重要的。要找出数据之间的关系必须先分析这些数据所涉及的实体之间的关系，建立实体关系模型。

4.2.1　实体之间的基本关系

1．一对一的关系（简记为 1∶1）

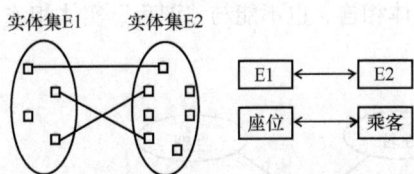

图 4.20　实体间一对一的关系

定义：假设有实体 E1 和实体 E2，从实体 E1 中任取一个元素，一定能在实体 E2 中找到一个元素与之对应；反之，从实体 E2 中任取一个元素，也一定能在实体 E1 中找到一个元素对应，则称实体 E1 与实体 E2 存在一对一的关系。

例如，对于某一次乘车来说，"乘客"实体与"座位"实体之间就存在一对一的联系，如图 4.20 所示。

2．一对多的关系（简记为 1∶n）

定义：假设有实体 E1 和实体 E2，从实体 E1 中任取一个元素，可在实体 E2 中找到多个元素与之对应；反之，从实体 E2 中任取一个元素，只能在实体 E1 中找到一个元素与之对应，则称实体 E1 与实体 E2 存在一对多的关系。

例如，"车间"实体与"工人"实体之间就是一对多的关系，如图 4.21 所示。

3．多对多的关系（简记为 m∶n）

定义：假设有实体 E1 和实体 E2，从实体 E1 中任取一个元素，可在实体 E2 中找到多个元素与之对应；反之，从实体 E2 中任取一个元素，在实体 E1 中也可找到多个元素与之对应，则称实体 E1 与实体 E2 存在多对多的关系。

例如，"学生"实体与"课程"实体之间的联系就是多对多的关系，如图 4.22 所示。

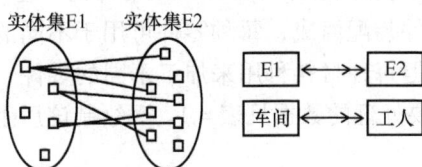

图 4.21　实体间一对多的关系

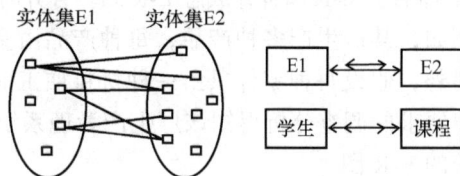

图 4.22　实体间多对多的关系

4.2.2　实体关系图

描述实体之间关系常用的方法是 E-R 图法（Entity-Relation Approach），即用 E-R 图来描述系统中各实体之间的关系。我们常把 E-R 图称作实体关系模型，是今后数据存储设计的基础，如图 4.23 所示。

1. E-R 图中的基本元素及其符号表示

（1）实体

这里所说的实体（entity）是指系统中要存储的数据所对应的客观事物。用一个矩形框表示实体，实体的名称写在矩形框中，如图 4.23(a)所示。

（2）联系

两实体之间存在的联系（relation）用菱形框表示，框中给出联系名称，E-R 图中，还需在联系两边的直线标明联系的种类，如图 4.23(b)所示。

（3）属性

E-R 图中的属性（attribute）均取自数据字典中数据项的汇总表。它们代表了系统中所要存储的数据，并用直线将其与所描述的实体相连，如图 4.23(c)所示。

需要注意的是，有些属性描述了两个实体联系时的特性，这时，属性就必须与两实体之间的联系相连，如学生学习课程的成绩属性就不能与"学生"实体相连，也不能与"课程"实体相连，而应与这两个实体之间的联系"学习"相连，如图 4.24 所示。

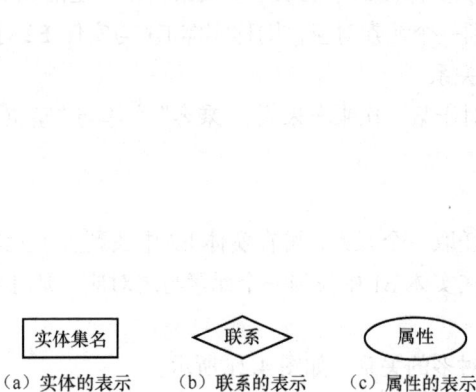

图 4.23　E-R 图中基本元素的符号表示　　图 4.24　学生与课程联系的 E-R 图

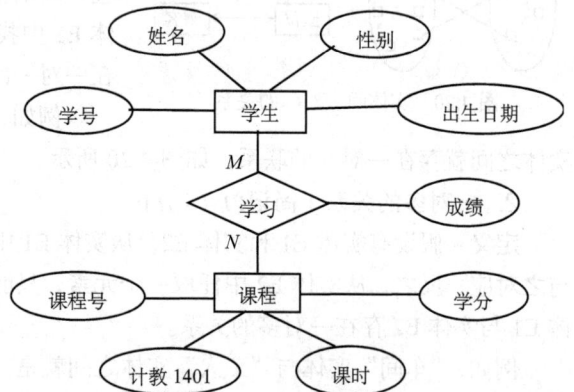

2. E-R 图的绘制方法

绘制 E-R 图的方法步骤如下。

① 先绘制各分 E-R 图。分 E-R 图是指只涉及两个有联系实体之间的实体–联系图。

② 将各分 E-R 图合并成总 E-R 图。合并时是将具有相同实体的分 E-R 图合并到一起。

例如，某厂生产多种产品，每种产品由多种零件装配而成，每种零件可用于不同的产品上。另外，假设每种零件只由一种材料加工而成，但每种材料科用来加工不同的零件。根据对用户要求的调查分析得知该厂生产管理系统中需要处理的数据见表 4.1。现绘制该厂生产管理系统的 E-R 图。

首先绘制各分 E-R 图。该生产管理系统中，所处理的数据共涉及 3 个实体，即产品、零件和材料。根据分析得知：产品和零件之间存在多对多的联系，可对应画一个分 E-R 图，如图 4.25(a)所示；又知材料和零件之间存在一对多的联系，也可对应画一个分 E-R 图，如图 4.25(b)所示。

表 4.1　　　　　　　　　　　　　　　　　　处理数据表

属 性 名	含　义	属 性 名	含　义
GNO	产品编号	GNA	产品名称
GTY	产品型号	GDATE	产品生产日期
PNO	零件编号	PNA	零件名称
UW	零件单重	UP	零件单价
MNO	材料代号	MNA	材料名称
CU	材料计量单位	CUP	材料单价
GQTY	装配每种产品所需的零件数	PQTY	加工每种零件所需的材料数

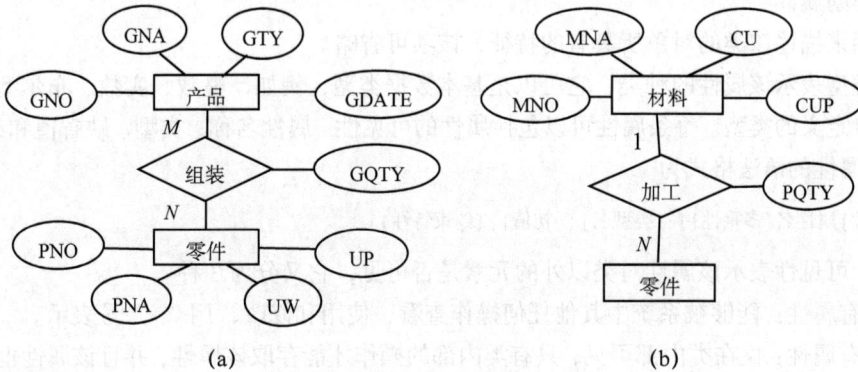

(a)　　　　　　　　　　　　　　　　　　　(b)

图 4.25　生产管理系统的分 E-R 图

然后合并各分 E-R 图，可得到总 E-R 图。因为这两个分 E-R 图均有零件实体，因此可将这两个分 E-R 图合并在一起，如图 4.26 所示。

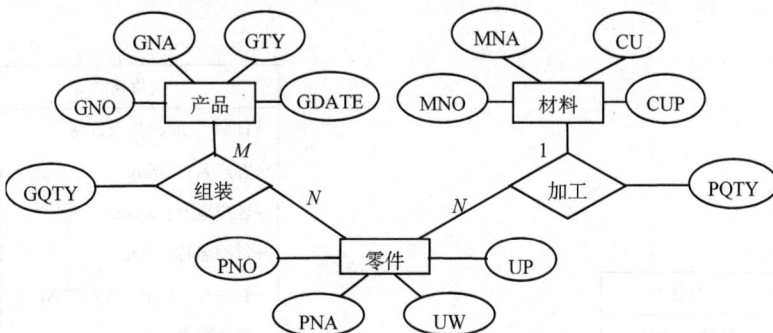

图 4.26　生产管理系统的总 E-R 图

4.3　UML 用于数据建模阶段的规范

UML 作为一种统一的软件建模语言，具有广泛的建模能力。UML 立足于对事物实体、事物性质、事物结构、事物关系、事物状态、事物动态变化过程的全程描述和反映。作为一种建模语言，UML 有严密的语法、语义规范。UML 采用一组图形符号来描述各原件模型，这些图形符号具有简单、直观、规范的特点。

4.3.1　实体的表示（类的表示）

在 UML 中，类的可视化表示为一个划分成 3 个格子的长方形，如图 4.27 所示。类的图示描述分为长式和短式。长式由类名、属性及操作 3 部分组成，属性的常见类型有 Char、Boolean、Double、Float、Integer、Object、Short、String 等。

（1）类的名称

每个类都必须有一个名字，用来区分于其他的类。一般而言，类的名字是名词，路径名字是在类名前加包含类的包名。

（2）类的属性

属性用来描述该类的对象所具有的特征，该项可省略。

属性类型表示该属性的种类，它可以是基本数据类型，例如，整数、实数、布尔型等，也可以是用户自定义的类型。每条属性可以包括属性的可见性、属性名称、类型、缺省值和约束特性。UML 描述属性的语法格式为

[可见性]属性名[多重性][：类型名][=初值][{约束特性}]

其中，可见性表示该属性对类以外的元素是否可见，它又分为 3 种。

① 公有属性：能够被系统中其他任何操作查看、使用和修改，用"+"号表示。

② 私有属性：仅在类内部可见，只有类内部的操作才能存取该属性，并且该属性也不能被其子类使用，用"−"号表示。

③ 保护属性：供类中的操作存取，并且该属性也能被其子类使用，用"#"号表示。

如图 4.28 所示的"发货单"类中，"日期"属性描述为"+日期：Date=当天日期"。可见性"+"表示它是公有属性，其属性名为"日期"，类型为"Date"，缺省值为"当天日期"，此处没有约束特性。

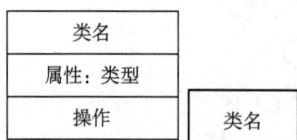

发货单
+日期：Date=当天日期
+客户名：String
−客户地址：String
+货物名称：String
−管理员：String=SYSTEM
−货物数量：Integer
+取发货日期（）：Date

类名
属性：类型
操作

类名

图 4.27　类的图示　　　　图 4.28　属性及操作的可见性实例

（3）类的操作

对数据的具体处理方法的描述则放在操作部分，操作说明了该类能做些什么工作。操作通常称为函数，它是类的一个组成部分，只能作用于该类的对象上。一个类可以有任意数目的操作，也可以没有操作。每种操作由操作名、参数表、返回值类型等部分构成。标准语法格式为

[可见性]操作名[(参数表)]：[返回值类型][{约束特性}]

其中，可见性与属性的可见性相同。

参数表由多个参数构成，参数的语法格式为

参数名：参数类型名=缺省值

其中，缺省值的含义是，如果调用该操作时没有为操作中的参数提供实际参数，那么系统就自动将参数定义式中的缺省值赋给该参数。

返回值类型：表示操作返回的结果类型。

约束特性主要有查询、顺序、监护和并发，其中后 3 个特征表达操作的并发语义。

4.3.2 联系的表示

在 UML 中，类之间的关系通常有关联、聚集、泛化、依赖和细化。

1. 关联

关联表示两个类之间存在某种语义上的联系。由于对象是类的实例，因此，类与类之间的关联也就是其对象之间的关联。类与类之间有多种连接方式，每种连接的含义各不相同（语义上的连接），但外部表示形式相似，故统称为关联。

在 UML 中，关联用一根连接类的实线表示。关联关系一般都是双向的，即关联的对象双方彼此都能与对方通信，称作双向关联。如果类与类之间的关联是单向的，表示该关联单方向被使用。为了避免混淆，在名字的前面或后面带一个表示关联方向的黑三角，黑三角的尖角指明这个关联只能用在尖角所指的类上。图 4.29 所示的是一种单向关联，意思是"某用户拥有口令"。

（1）关联的角色

关联两头的类以某种角色参与关联，如图 4.30 所示。"公司"以"雇主"的角色、"人"以"雇员"的角色参与的"工作合同"关联。"雇主"和"雇员"称为角色名。如果在关联上没有标出角色名，则隐含地用类的名称作为角色名。

角色还具有多重性，表示可以有多少个对象参与该关联。在图 4.30 中，雇员只能与一个雇主签订工作合同，表示为"1"；雇主可以和多个雇员签订工作合同，表示为"*"。多重性表示参与对象的数目的上下界限制。表 4.2 列出了 UML 中常用的多重性标识。

图 4.29 单向关联

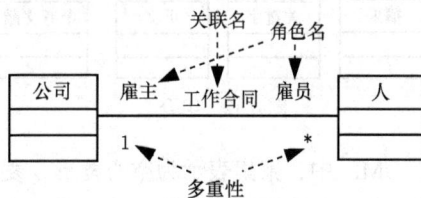

图 4.30 关联的角色

如果图中没有明确表示关联的重数，则系统默认为 1。

（2）关联类

在有些情况下，关联不仅需要一个名称，而且还需要设置一些属性、操作及其他特征，此时可引入一个关联类来记录。关联类通过一根虚线与关联连接。关联类的表示如图 4.31 所示。

图 4.31 关联类

表 4.2   UML 中常用的多重性标识

多 重 性	含 义
1	仅有一个
n	多个
0..1	0 个或一个
0..n	0 或者更多
1..n	一个或者更多
<number>	确定的个数。例如：5 个（5）
<number1>..<number2>	特定的范围。例如：4 到 6 个（4..6）
<number1>..<number2>,<number3>	特定的范围或者一个确定数字。 例如：2 到 6 个或者 8 个（2..6，8）
<number1>..<number2>, <number3>..<number4>	几个范围中的一个 例如：2 到 5 个或 7 到 9 个（2..5，7..9）

（3）整体–部分关联

在 UML 中，整体–部分关联有两种特殊的表示法：组合和聚集。

① 组合关联表示整体拥有各部分，部分与整体共存，如整体不存在了，部分也会随之消失。例如，一篇论文由摘要、关键字、正文和参考文献组成，其中关键字不少于 5 个，参考文献不少于 10 篇。显然，如果论文不存在，就不会有组成该论文的摘要、关键字和参考文献等内容，如图 4.32 所示。

在 UML 中，组合表示为实心菱形。在图中组成对象和每个成分对象之间的关联表示为一端黑色菱形块的关联线，菱形块放在组成对象一侧。

② 聚集是一种特殊形式的关联，它也表示类之间的整体–部分关联，但主要强调组/成员的关联。例如，部门和职工之间是聚集关系，如图 4.33 所示。

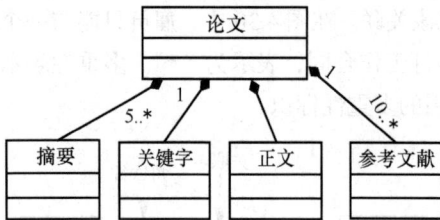

图 4.32   组合

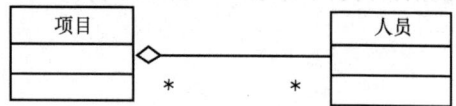

图 4.33   聚集

在 UML 中，聚集表示为空心菱形，菱形紧挨着具有整体性质的类。在图中，聚集对象和每个构成对象之间的关联表示为一端有菱形块的关联线，菱形块放在聚集对象的一侧。

2. 泛化关系

在 UML 中，泛化关系指出类之间 "一般与特殊" 的关系，它是通用元素与具体元素之间的一种分类关系，如图 4.34(a)所示。一般类描述了多个具体类的共性，一般类又称为父类，通过特化得到子类。在 UML 中，泛化表示为一头为空心三角形的连线。三角形的尖对着一般类，父类与子类之间可构成类的分层结构。图 4.34(b)所示为一个分层继承类图的实例。

3. 依赖关系

用带箭头的虚线连接有依赖关系的两个类，箭头指向独立的类。图 4.35 所示为类的依赖关系，类 B 是独立的，类 A 以某种方式依赖于类 B，如果类 B 改变了，将影响依赖于它的类 A 中的元素。

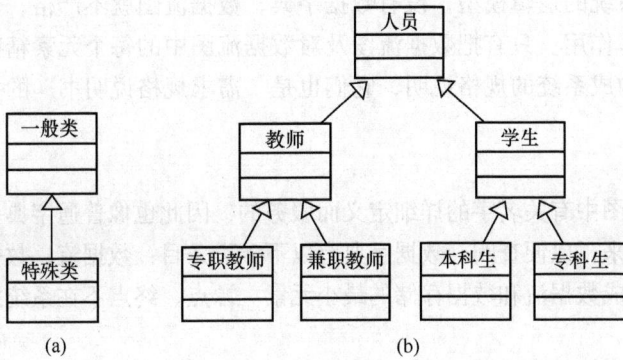

图 4.34 类的泛化

图 4.35 类的依赖关系

4. 细化关系

当对同一事物在不同抽象层次上描述时，这些描述之间具有细化关系。如图 4.36 所示，表示了类的细化关系，类 B 进一步细化后得到类 A，类 A 细化了类 B，称为类 B 与类 A 具有细化关系，用由 A 指向 B 的虚线级空心三角形表示。细化主要用于表示类的模型之间的相关性，常用于跟踪模型的演变。

5. 对象图

类图表示类及类与类之间的关系，对象是类的实例，因此对象图可以看作是类图的一个实例，对象之间的链是类之间的关联实例。在 UML 中，对象与类的图形表示相似，主要差别在于对象的名字下面要加下划线，链的图形表示与关联相似。对象图常用于表示复杂的类的一个实例。图 4.37 所示为一个类图和一个对象图，其中对象图是类图的实例。

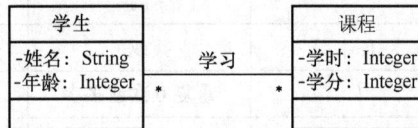

（a）类图

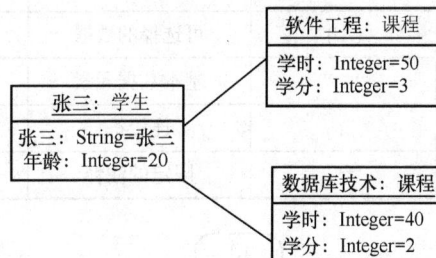

图 4.36 类的细化关系 　　　　（b）对象图

　　　　　　　　　　　　　　　　图 4.37 类图和对象图

4.3.3 数据字典和元数据的表示

1. 数据字典的表示

数据字典（Data Dictionary，DD）是用来定义数据流图中的各个成分的具体含义，它以一种准确的、无二义性的说明方式为系统的分析、设计及维护提供了有关元素的一致的定义和详细的描述。它和数据流图共同构成了系统的逻辑模型，没有数据字典，数据流图就不严格，然而没有数据流图，数据字典也难以发挥作用。只有把数据流图及对数据流图中的每个元素精确定义的数据字典放在一起，才能共同构成系统的规格说明，它们也是"需求规格说明书"的主要组成部分。

（1）数据字典的内容及格式

数据字典是为分析人员查找数据流图中有关名字的详细定义而服务的，因此也像普通字典一样，要把所有条目按一定的次序排列起来，以便查阅。数据字典有以下4类条目：数据流、数据存储、数据项及基本加工。数据项是组成数据流和数据存储的最小元素。源点、终点不在系统之内，一般不在字典中说明。

① 数据流条目。数据流条目给出了数据流图中数据流的定义，通常列出该数据流的各组成数据项。组成数据流或数据存储的方式有3种类型：顺序、选择和重复。

在定义数据流或数据存储组成时，使用表4.3所示的符号。

例如，使用表4.3所示的符号，定义如图4.38所示"审核借书"数据流图中借书数据流。

借书=借书证编号+借阅日期+书名+借阅方式+密码+借阅人+操作员编号

密码={字母}

操作员编号="GLY001"‥"GLY100"

借阅方式=[教师｜学生]

表4.3 数据字典定义中使用的符号

数据结构	符号	意义	实例与解释
顺序	=	被定义为	
	+	与	$X=a+b$ 表示 X 由 a 和 b 组成
选择	[...｜...]	或	$X=[a\|b]$ 表示 X 由 a 或 b 组成
重复	{...}	重复 0 次或多次	$X=\{a\}$ 表示 X 由 0 个或多个 a 组成
	$m\{...\}n$ 或 $\{...\}_m^n$	至少 m 次重复，最多 n 次重复	$X=2\{a\}5$ 或 $X=\{a\}_2^5$ 表示 X 中最少出现 2 次 a，最多出现 5 次 a。5、2 为重复次数的上下限
可选	(...)	可选择的数据	$X=(a)$ 表示 a 可在 X 中出现，也可不出现
	"..."	基本数据元素	$X="a"$，表示 X 是取值为字符 a 的数据元素
	..	连接符	$X=1‥9$，表示 X 可取 1 到 9 中任意一个值
	**	限定的注释	

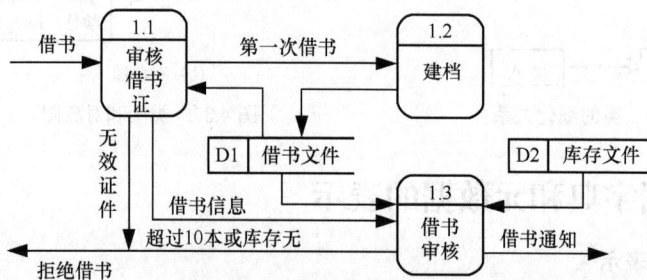

图4.38 "借书审核"数据流图

数据流条目主要内容及举例如下。

数据流名称：借书
别名：借书单
简述：读者借书时填写的单据
来源：读者
去向：加工 1 "审核借书"
数据流量：500 份/天
组成：借书证编号 + 借阅日期 + 书名 + 借阅方式 + 密码 + 借阅人 + 操作员编号

其中数据流量指单位时间内（每小时或每天或每周或每月）的传输次数。

② 数据存储条目。数据存储条目是对数据存储的定义，主要内容及举例如下。

数据存储名称：借书文件
别名：无
简述：存放读者借书信息
组成：借书证编号 + 借阅日期 + 书名 + 借阅方式 + 密码 + 借阅人 + 操作员编号
组织方式：数据文件，以借书证编号为关键字进行索引
查询要求：要求能立即查询并修改

③ 数据项条目。数据项条目是不可再分解的数据单位，其定义格式及举例如下。

数据项名称：借书证编号
别名：无
简述：本系统中所有读者的借书证编号
类型：字符串
长度：10
取值范围及含义：第 1 位：教师/学生 第 2～3 位：部门或系别 第 4～7 位：科室或班级 第 8～10 位：顺序编号

④ 加工条目。加工条目是用来说明 DFD 中基本加工的处理逻辑。由于上层的加工是由下层的基本加工分解而来，只要有了基本加工的说明，就可理解其他加工。加工条目的主要内容及举例如下。

加工名：审核借书证
编号：1.1
激发条件：接收到借书证时
优先级：普通
输入：借书证
输出：认定合格的借书证
加工逻辑：根据借书文件及读者借书证 IF 借书证编号在借书文件中存在 AND 未过期 AND 密码正确 THEN 借书证有效 ELSE 借书证无效 ENDIF

数据字典中的加工逻辑主要描述该加工"做什么",即实现加工的策略,而不是实现加工的细节,它描述如何把输入数据流变换为输出数据流的加工规则。为了使加工逻辑直观易读、易被用户理解,有 3 种常用的描述方法:结构化语言、判定表及判定树。

（2）数据字典的用途

数据流图只描述了系统的"分解"、系统由哪几部分组成、各部分之间的联系,并没有对各个数据流、加工及数据存储进行详细说明,分析人员仅靠"图"来完整地理解一个系统的逻辑功能是不可能的。

数据字典是分析阶段的重要工具。在数据字典中建立的定义有助于改进分析员和用户之间的通信,对数据的严密定义有助于改进在不同的开发人员或不同的开发小组之间的通信。

（3）数据字典的实现

实现数据字典有两种途径:全人工过程和全自动化过程(利用数据字典处理程序)。无论使用哪种途径,数据字典都应该具有下列特点:

① 通过名字能方便地查阅数据的定义;

② 没有冗余;

③ 尽量不重复在规格说明的其他组成部分中已经出现的信息;

④ 容易更新和修改;

⑤ 能单独处理描述每个数据元素的信息;

⑥ 定义的书写方法简单方便而且严格。

随着软件规模的不断增加,数据字典的规模和复杂度也在迅速增加,全人工过程维护数据字典几乎是不可能的。目前,数据字典基本上是用 CASE 分析与设计工具的一部分实现的。

2. 元数据的表示

元数据一般分为 3 个层次结构,元数据元素、元数据实体和元数据子集。元数据元素是元数据的最基本单元。元数据实体是同类元数据的集合。元数据子集是相互关联的元数据实体和元素的集合。实体有简单实体和复合实体两种。简单实体只包含元素,复合实体既包含简单实体又包含元素,它们之间具有继承关系。

元数据子集、实体和元素的必要性分为 3 种。

一是必选项,是元数据的核心内容,适用于各种被描述的对象,是元数据文件必需包含的子集、实体或元素。

二是一定条件下应选项,是针对不同的被描述对象,在满足一定条件时,元数据文件必需提供的子集。

三是可选项,是该子集、实体或元素是可选或不可选,由数据生产者决定是否将其包含在元数据文件之中。

元数据的特征一般由 8 ~ 9 个属性来定义,分别为编号、名称、英文名称、定义、约束条件、最大次数、数据类型、域值及标识码等,见表 4.4。

① 编号:是按元素在各个部分中的组织方式所编的唯一数字编号,由数字和小数点组成。

② 名称:赋予元数据元素的中文名称或英文名称,以使该标准在全球空间信息基础设施及未来数字地球中同样具有标准作用。

③ 定义:对元数据中元素的详细描述。

④ 约束条件:约束条件共有 3 种,即必选项、有条件应选项和可选项。

⑤ 最大次数:表示该元素在数据描述中可能出现的最大次数,单独出现的用"1"表示,重

复出现的用"N"表示。

⑥ 数据类型：表示用计算机实现该标准时可以赋给元数据元素的数值类型，如"integer"表示整数型、"real"表示实数型、"text"表示 ASCII 码字符串等；其中数据类型前加"free"单词表示该元素在取值时没有具体限制条件，这时任何符合该"类型"条件的值均满足要求。

⑦ 标识码：为元数据元素的英文名称的缩写词，用不多于 8 个字符的缩写组成。标识码是唯一性的，在计算机中实现该标准体系时用。

表 4.4　　　　　　　　　　　　　　　　　元数据的特征

编号	名称	英文名称	数据集的建立	约束条件	最大次数	数据类型	域值	标识码
1.4	描述信息	Description	对数据集的描述，包括它的使用目的和限制条件	M	1	Compound		descript
1.4.1	语言	Language	数据中使用的语言	M	N	text	free text	Language
1.4.2	摘要	Abstract	对数据集内容的简要说明	M	1	text	free text	abstract
1.4.3	目的	Purpose	对于建立该数据集目的的简要说明	M	1	text	free text	purpose
1.4.4	补充信息	Supplemental Information	关于数据集的其他描述信息，诸如数据模型等	0	1	text	free text	supplinf
…	…	…	…	…	…	…	…	…
8.1	作者	Author	创建该数据集的组织或个人名	M	N	text	free text	origin
8.2	出版日期	Publication date	数据集的出版日期	M	1	date	free date	pubdate
8.3	出版时间	Publication time	数据集的出版时间	0	1	time	free time	pubtime

4.4　教务管理系统分析示例

某高校教务处负责学校日常教学秩序的管理，其工作有录取新生，制定学校所开设各专业的培养计划，执行学期开课，编排学校课表，课表日常调度，管理学生学籍变动、学生毕业，进行学生在校期间成绩管理，制定开课教材计划，完成教材库存、进书、发放管理，组织学生、教师参加各种考试或培训，对教师任教资格、教学质量、历年任课情况进行管理等。

此高校现有一些功能比较分散、只能用于单机的程序，在这些程序的帮助下，通过大量重复性的人工劳动完成各项业务。例如，课表编排是在 Excel 报表中由各学院的教务员集中起来填写表格来完成的；成绩是通过教务员在各院系录入来完成的，因此院系教务人员的负担比较重，容易出现录入出错的情况；录入成绩过程需要为一门课程中每个学生的成绩重复录入课程名称、课程编码、学时、学分；需要多种学生成绩统计，而程序只能提供其中的一部分，其余都需要人工输入。

根据以上情况，此高校教务处决定开发教务管理系统，改进教学管理。

4.4.1　示例分析

在现有系统的基础上，通过对涉及的各业务环节的深入分析，明确了所建立的系统的任务，具体分析如下。

在通过全国联网招生系统分批次、分省份录取新生的过程中，对每一批录取的新生及时打印录取通知书并通过邮局寄发。一个批次的新生录取结束后，可能有个别新生的补录处理。全部新生录取结束后，对被录取新生按专业划分班级，要求在一个专业中有多个班级的情况下，所划分的班级中不能有同名学生，同专业各班级学生男女性别比例保持一致，所划分的班级可以进行个别调整。在给定可用学生宿舍来源的情况下，划分学生宿舍分配。

新生入学时进行缴费、注册，经过国家规定的入学资格考核后，新生成为有正式学籍的在校学生。学生在校期间，逐学年缴纳学费，享受假期乘车优惠，其所学专业、所在院系可以调整。学生可能会休学、停学、降级、退学。学校还需要提供各种学籍变动证明，毕业时根据其学习成绩及专业培养计划的各项要求进行毕业审核，决定毕业证书、结业证书或者肄业证书的发放，决定学位的授予。

学生在校期间的主要活动是课程的学习。专业培养计划规定了学生每学年需要完成的课程学习任务。学校要提前制定开课计划，根据各教学单位教学任务的分配情况，划分教学班级、制定任课教师，根据教师对课程安排的要求，安排时间和所需要的各种类型、规格的教室，其中需要满足教师、学生、教室三者安排的不冲突，即一个教师不能再同一时间开设两个教学班级的课程，一个学生所属的教学班级不能在同一时间开设两种课程，一个教室在同一时间不能被重复安排。每个教师、学生班级在各个时间的课程分布要比较均匀，避免安排过于集中。课表安排要在校历规定的学期范围内考虑各种节假日和周末，尽量满足部分学生、教师的特殊时间限制。课表编排完毕，发放学生课表、教师个人课表、教室课表，用作教学运行的依据。

学期中要进行课程考试安排和CET、计算机等级考试的时间、教室和监考的安排，对需要进行调整的课程重新安排部分课时单元，对提出申请的单位或学生借出空闲教室，发布各种考试安排信息和凭单。

部分课程在同一课程有多名任课教师的情况下，允许学生选择任课教师，要能够处理学生集中提出的选择任课教师的要求，根据提出要求的时间先后，决定选择教师和课程结果。由于一些课程学生非常多，对系统的处理效率和及时性有比较高的要求。

课程结束后进行考核，学生成绩由开课单位或任课教师提供并录入在系统，课程成绩单反馈给任课教师并归档留存，成绩情况允许学生自行查询，能够根据不同条件计算学生成绩统计排名，打印成绩排名报表，提供个人成绩单给学生。不及格的课程学生需要重修，重修成绩也要进行录入，可能存在一个学生经过多次重修一门课程的情况。

一门课程结束后，给学生发放教学质量评价填涂卡，学生分课程分项填涂后汇总，形成对教师任课情况的总体评价，评价结果反馈给教师，教师任课情况和教学质量情况记入教师教学档案。

主管领导需要了解各方面的基本情况和统计汇总情况，需要掌握现在的、过去的情况和发展趋势，用于分析决策。

4.4.2　示例的物理模型

所要建立系统的物理模型如图 4.39 所示。

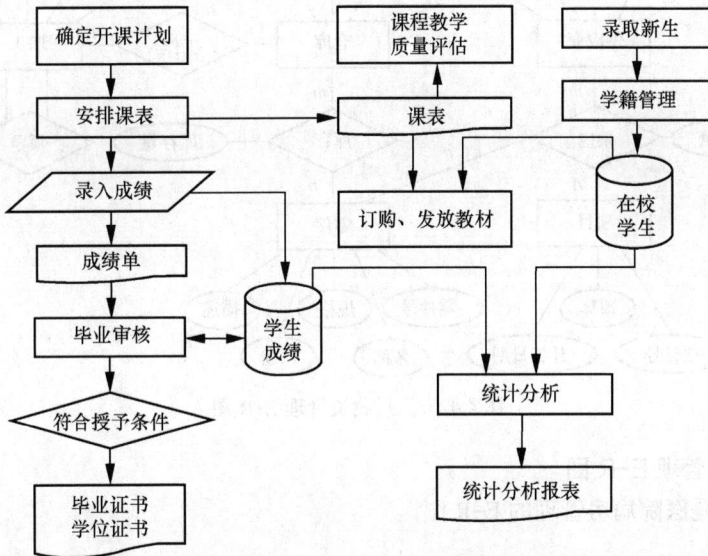

图 4.39　教务管理系统的系统流程图

4.5　实体关系图集成示例

1. 学生选课及教师任课系统

学生选课系统 E-R 图如图 4.40 所示。

教师任课的局部 E-R 图如图 4.41 所示。

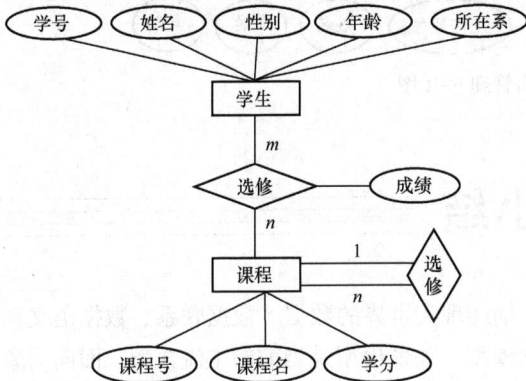

图 4.40　学生选课系统 E-R 图

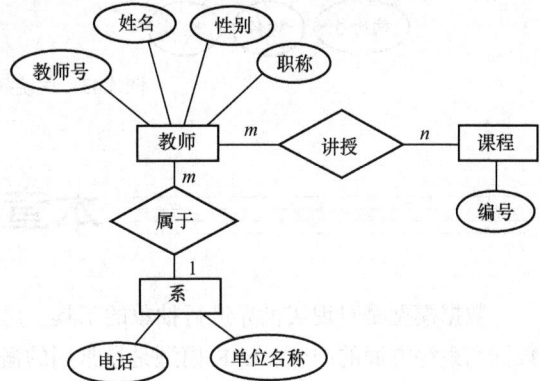

图 4.41　教师任课的局部 E-R 图

2. 工厂物资管理 E-R 图

图 4.42 所示是工厂物资管理的 E-R 图。

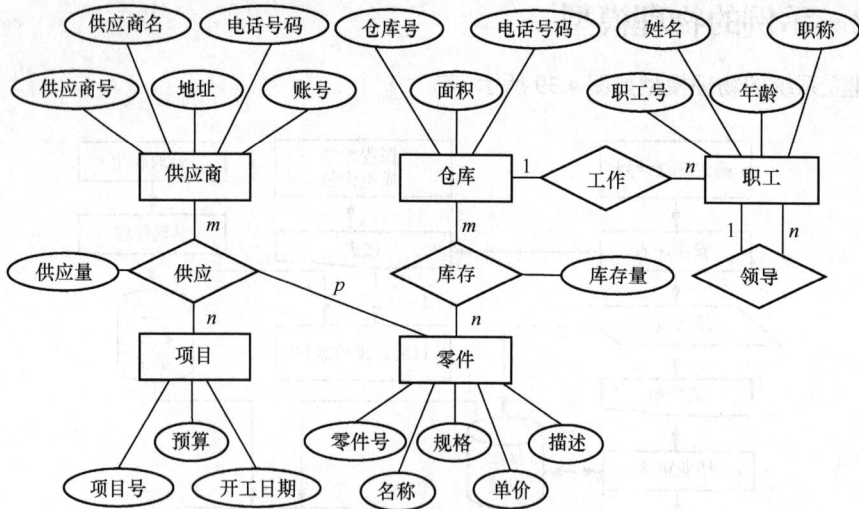

图 4.42　工厂物资管理 E-R 图

3. 医院病房管理 E-R 图

图 4.43 所示是医院病房管理的 E-R 图。

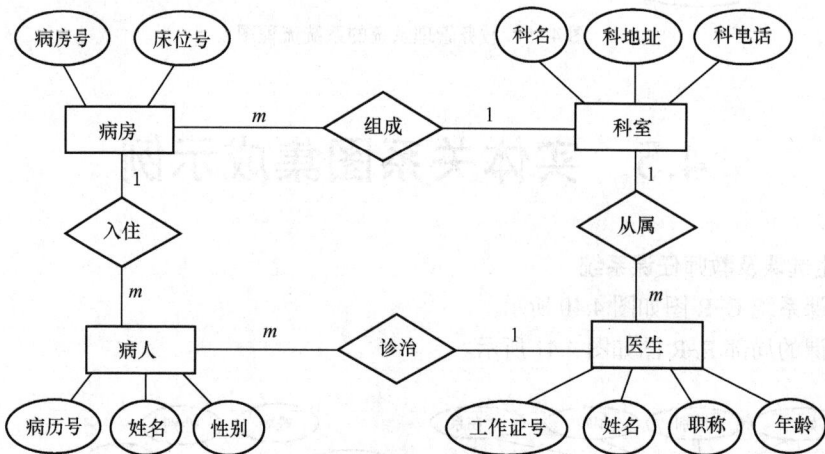

图 4.43　医院病房管理 E-R 图

本章小结

　　数据模型是对现实世界进行抽象的工具，用于描述现实世界的数据、数据联系、数据语义和数据约束等方面的内容。E-R 模型是最常用的概念模型，关系模型是当前的主流模型，面向对象（OODB）模型是今后发展的方向。UML 是一种面向对象的建模语言，它是运用统一的、标准化的标记和定义实现对软件系统进行面向对象的描述和建模。

　　UML 的目标是以面向对象的方式来描述任何类型的系统，具有很宽的应用领域。其中最常用的是建立软件系统的模型，但它同样可以用于描述非软件领域的系统，如机械系统、企业机构或业务过程，以及处理复杂数据的信息系统、具有实时要求的工业系统或工业过程等。总之，UML是一个通用的标准建模语言，可以对任何具有静态结构和动态行为的系统进行建模。

本章通过各种 E-R 图示例对数据模型进行了总结。

本章习题

1. 简述概念数据模型、层次数据模型、网状数据模型、关系数据模型、面向对象数据模型的概念及其优缺点。

2. 结合 E-R 图规范，画出学生管理的 E-R 图。

3. 建立分析和设计模型的一种重要方法是 UML。试问 UML 是一种什么样的建模方法？它如何表示一个系统？

4. UML 的内容包括哪些成分？

5. 简述数据字典的内容规范。

第5章
系统架构设计

前面第 2、3、4 章介绍的内容涉及的是系统分析阶段，本章我们将介绍关于系统设计阶段的主体内容及注意事项。分析活动的结果是规范，规定了基于这些需求提出的系统会完成什么工作；而设计生成的方案用于满足分析得到的要求。

系统设计阶段的主要任务是根据系统分析阶段所确定的新系统的逻辑模型、功能要求等内容，在用户提供的环境条件下，设计出一个能够方便实施的方案。该阶段的任务包括系统架构设计（即设计软件系统的模块层次结构），数据库的设计，应用逻辑和资源的设计及人机界面的设计，其目的是明确软件系统该"如何做"。关于人机界面设计和数据库设计，本书在第 7、8 章分别单独阐述，本章主要讨论系统架构设计。

5.1 架构设计（总体设计）

软件体系结构通常被称为架构，对该名词的认识，主流的标准观点如下所述。

ANSI/IEEE 610.12–1990 软件工程标准词汇对于体系架构定义是："体系架构是以构件、构件之间的关系、构件与环境之间的关系为内容的某一系统的基本组织结构及指导上述内容设计与演化的原理"。

美国卡内基梅隆大学软件工程研究所的 Mary Shaw 和 David Garlan 则认为，软件体系结构是软件设计过程中，超越计算中的算法设计和数据结构设计的一个层次。体系结构问题包括各个方面的组织和全局控制结构，通信协议同步，数据存储，给设计元素分配特定功能，设计元素的组织，规模和性能，在各设计方案之间进行选择等。

Garlan & Shaw 模型的基本思想是：软件体系结构={构件（component）、连接件（connector）和约束（constrain）}。其中构件可以是一组代码，如程序的模块；也可以是一个独立的程序，如数据库服务器。连接件可以是过程调用、管道、远程过程调用（RPC）等，用于表示构件之间的相互作用。约束一般为对象连接时的规则，或指明构件连接的形式和条件，例如，上层构件可要求下层构件的服务，反之不行；两对象不得递归地发送消息；代码复制迁移的一致性约束；什么条件下此种连接无效等。

此外，Bass, Booch & Rumbaugh &Jacobson, Perry & Wolf、Boehm 等也相继给出架构的定义，虽然各种定义架构的角度不同，研究对象也略有侧重，但其核心的内容都是软件系统的结构，其中以 Garlan & Shaw 模型为代表，强调了体系结构的基本要素是构件、连接件及其约束（或者连接语义），这些定义大部分是从构造的角度来阐述软件架构，而 IEEE 的定义不仅强调了系统的基

132

本组成，同时强调了架构的环境，即和外界的交互。

综上所述，软件架构是指软件系统的结构和风格设计、使用方案和行为的设计，以及软件功能构件的区分、归类、构件接口和它们之间数据交换的规范和标准。架构设计应按照数据、过程、接口和网络构件给出系统构造使用的技术。

架构（总体）设计是在系统设计的早期，开发系统的蓝图，可以作为后续设计的提纲。本节主要介绍软件架构设计的目标、架构设计的原则和目前常用的应用架构设计。

5.1.1　架构师的定位及其应掌握的知识体系

1. 架构师的定位

在系统分析与设计中，起关键作用的人员有两类：系统架构师和软件架构师。两者既有相似的特质，也有各具特色的能力和要求。

系统架构师的职责包括：一是理解系统的业务需求，制定系统的整体框架（包括技术框架和业务框架）；二是对系统框架相关技术和业务进行培训，指导开发人员开发，并解决系统开发、运行中出现的各种问题。系统架构师的主要责任之一是对系统的重用、扩展、安全、性能、伸缩性、简洁性等做系统级的把握。系统架构师能力要求包括：一是系统架构相关的知识和经验；二是很强的自学能力、分析能力、解决问题的能力；三是写作、沟通表达、培训的知识和经验。

软件架构师的角色是主导系统全局的分析、设计和实施，负责软件架构和关键技术的决策。软件架构师的职责包括：领导与协调整个项目中的技术活动（分析、设计和实施等）；推动主要的技术决策，并最终表达为软件构架；确定和文档化系统中相对构架而言意义重大的方面，包括系统的需求、设计、实施和部署等"视图"；确定设计元素的分组及这些主要分组之间的接口；为技术决策提供规则，平衡各类涉众的不同关注点，化解技术风险，并保证相关决定被有效的传达和贯彻；理解、评价并接收系统需求；评价和确认软件架构的实现。

软件架构师作为整个软件系统结构的总设计师，其知识体系、技能和经验决定了软件系统的可靠性、安全性、可维护性、可扩展性和可移植性等方面的性能。因此一个优秀的软件架构师必须具备相当丰富的知识、技能和经验。

通过对比软件架构师和系统架构师在软件开发中的职责和角色，不难发现软件架构师与系统架构师所必需的知识体系也是不尽相同的，系统架构师的主要职责是在需求分析、开发管理、运行维护等方面，而软件架构师的工作重点是在架构与设计这两个关键环节上。因此在系统架构师必须具备的知识体系中，对系统的构架与设计等方面知识体系的要求就相对低些；而软件架构师在需求分析、项目管理、运行维护等方面知识的要求也就相对低些。

下面主要讨论软件架构师应掌握的知识体系。

2. 架构师应掌握的知识体系

软件架构师所应具备的业务知识包括：深入了解系统建设的业务需求；了解系统的非功能需求和运行维护需求；了解企业 IT 公共设施、网络环境、外部系统。

软件架构师所应具备的软件知识主要包括：最好要有系统开发全过程经验；对 IT 建设生存周期各个环节有深入了解，比如：系统/模块逻辑设计、物理设计、代码开发、项目管理、测试、发布、运行维护等；深入掌握 1～2 种主流技术平台上开发系统的方法；了解多种应用系统的结构；了解架构设计领域的主要理论、流派、框架。

成为一名合格的软件架构师必须至少具备两方面的知识：信息系统综合知识体系和软件架构

知识体系。其中，信息系统综合知识体系包括：计算机系统综合知识；系统配置和方法方面的知识；典型系统应用的知识；系统开发知识；安全性和可靠性技术方面的知识；标准化方面的知识；信息化基础方面的知识；数学和英语基础知识。

软件架构知识体系包括以下几个方面。

① 系统计划：包括项目的提出和可行性分析，系统方案的制定、评价和改进、新旧系统的分析与比较、现有软硬件和数据资源的有效利用等。

② 软件架构设计：包括软件架构的概念、软件架构与设计、架构风格、特定领域的架构风格、基于架构的软件开发方法、架构评估、软件产品线和系统演化等。

③ 设计模式：包括设计模式的概念、组成、分类和实现、模式和软件架构的关系等。

④ 系统设计：包括处理流程设计、人机界面设计、文件与存储设计、数据库设计、网络应用系统的设计、系统运行环境的集成与设计、中间件与应用服务器、性能设计与性能评估等。

⑤ 软件建模：包括定义问题与归结模型、结构化系统建模设计与数据流图、面向对象系统建模、数据库建模和逆向工程等。

⑥ 分布式系统设计：包括分布式通信协议的设计、基于对象与 Web 的分布式设计、基于消息和协同的分布式设计和异构分布式系统的互操作性设计等。

⑦ 嵌入式系统设计：包括实施任务调度和多任务设计、中断处理和异常处理、嵌入式系统开发设计等。

⑧ 系统可靠性分析与设计：包括系统故障模型和可靠性模型、系统的可靠性分析与可靠度计算、提高系统可靠性的措施、系统的故障对策和系统的备份与恢复等。

⑨ 系统的安全性和保密性设计：包括系统的访问控制技术、数据的完整性、数据与文件的加密、通信的安全和系统的安全设计等。

⑩ 复杂架构设计：包括操作系统的架构、编译器的架构和大型基础库的架构等。

5.1.2　软件架构的设计目标、设计策略和原则

软件架构是一个软件系统从整体到部分的最高层次的划分，描述软件系统中构件如何形成整体架构，构件相互之间如何发生作用，这些都是关于这个软件系统本身结构的重要信息。

通过软件架构的设计，目的是：①使软件系统能够达到为用户提供最佳的功能和服务的状态；②使软件和系统的结合达到最佳运行性能；③合理和最佳地利用系统的各项资源；④在软件的开发、部署、运行、维护、升级换代上提供最大的灵活性；⑤为系统提供最大的安全性、稳定性和可靠性的各项质量素质。因此，软件架构的设计目标包括：可靠性、安全性、可扩展性、可定制化、可延伸性、可维护性、客户体验特性、市场时机等几个因素。

软件架构设计的策略主要包括以下 4 个方面。

一是全面认识需求。需求分析的好坏对整个项目的成败起着决定性的作用，在真正认识和全面重视非功能性需求后，需求空间从平面被"拉"成立方体。所以，为了更好地设计软件架构，需要建立多维度、检查表式的"需求分类图谱"。

二是关键需求决定架构的选择。架构的选择和设定既要照顾全面需求，又要突出重点，既要满足必须的需求，又要在理解全面需求的基础上，设计和选择更合理的架构。图 5.1 和图 5.2 分别给出了客房预定、登记、结算系统的需求描述到结构设计的对应关系及分层关系图示。需要特别提醒的是：在不同时期，划分需求重要等级的尺度是不一样的。

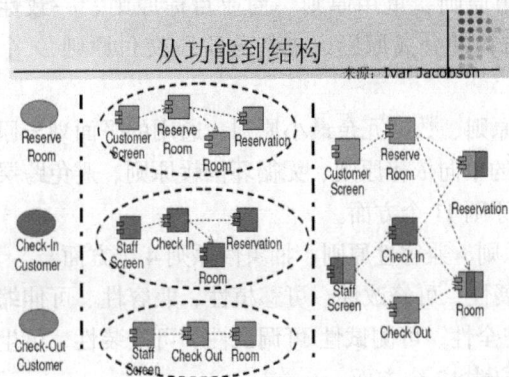

图 5.1 从功能需求描述到结构设计的图示

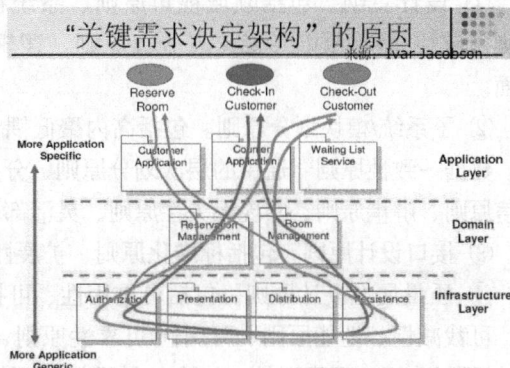

图 5.2 分层结构的对应关系图

三是多视图探寻架构。著名的"4+1"视图架构包含逻辑视图、进程视图、物理视图、开发视图和场景视图，强调从多个视角对同一个问题进行建模和设计，不同视图侧重点不同，可根据具体情况做适当选择和增减。

四是尽早验证架构。验证架构的技术可分为两种：原型法（RUP 称为可执行架构）和框架法。根据构建原型法的基础可将原型法分为水平原型和垂直原型；根据后续环节中是否保留原型内容，可将原型法分为抛弃原型和进化原型，如图 5.3 所示。Rational 统一过程 RUP 的可执行架构采用的其实就是垂直进化原型。

原型法类型	水平原型	垂直原型
抛弃原型	水平抛弃原型	垂直抛弃原型
进化原型	水平进化原型	垂直进化原型

图 5.3 原型法的分类

框架有多种分类方法，如按照在不同阶段的使用目的不同可分为：技术框架、业务框架；按照框架的透明程度可分为：白盒框架、黑盒框架和灰盒框架；按照系统不同层次应用框架的技术可分为：应用框架、中间件框架和基础平台框架；按照框架的基础可分为：垂直框架和水平框架，见表 5.1。

表 5.1 架构框架的几种分类方法

分 类 标 准	内 容
在不同阶段的使用目的不同	技术框架、业务框架（针对不同领域）
框架的透明程度	白盒框架、黑盒框架和灰盒框架
系统不同层次应用框架的技术	应用框架、中间件框架和基础平台框架
框架的基础	垂直框架和水平框架

一般地，软件架构设计必须遵循的原则包括：满足功能性需求和非功能需求；实用性原则；满足复用的要求，最大程度地提高开发人员的工作效率。详细地讲，软件架构设计的原则可从以下 4 个方面提出指导。

① 设计总纲。包括领域视角原则、系统视角原则、重用原则、商业目标原则、一致性原则、够用/简单原则、变化点分离原则、逻辑与物理分离原则、支持分阶段交付原则 9 个方面。

② 子系统/模块划分原则。包括高内聚低耦合原则、数据冗余最小原则、通用的平面划分原则、数据一致性原则、通用的层次划分原则、分层的单向依赖原则、无循环依赖原则、避免跨层通信原则、解耦原则、实现无关性原则、灵活部署原则 11 个方面。

③ 接口设计原则。包括标准化原则、扩展性原则、兼容性原则、抽象性原则 4 个方面。

④ 质量属性设计原则。包括可重用性、可扩展性、可修改性、可移植性、兼容性、可伸缩性、可裁减性、性能原则、可用性/可靠性原则、安全性、可测试性/可调试性、可安装性、可生产性/可制造型、可配置性、成本、易懂性、可维护性 17 个方面。

5.1.3 常用的软件架构风格及使用情况分析

根据人们关注的角度不同，可以将软件架构分成 3 种：逻辑架构、物理架构和系统架构。

逻辑架构指软件系统中元件之间的关系，如用户界面，数据库，外部系统接口，商业逻辑元件等。图 5.4 所示是一个应用服务的逻辑架构示意图。

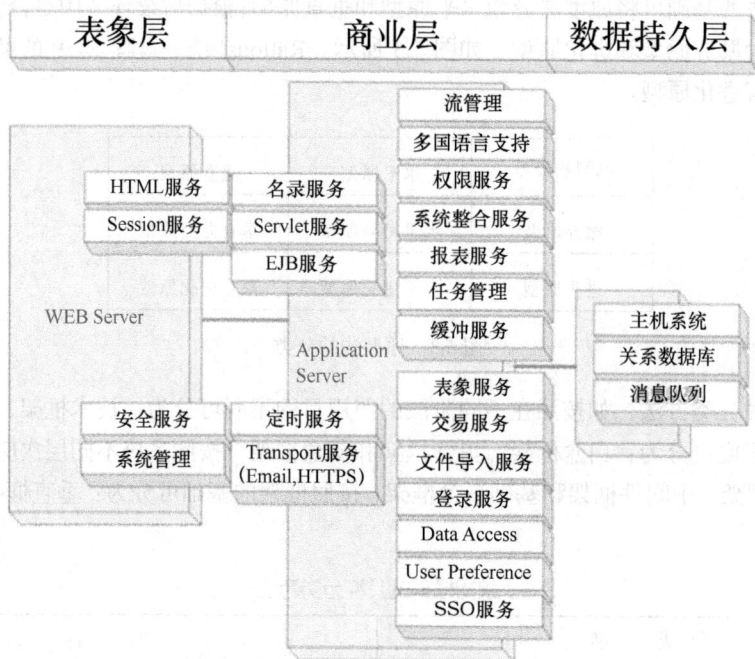

图 5.4 一个应用服务的逻辑架构示意图

物理架构指软件元件是怎样放到硬件上的。图 5.5 所示描述了一个分布于北京和上海的分布式系统的物理架构，图中所有的元件都是物理设备，包括网络分流器、代理服务器、WEB 服务器、应用服务器、报表服务器、整合服务器、存储服务器、主机等。

系统架构指的是系统的非功能性特征，如可扩展性、可靠性、强壮性、灵活性、性能等。系统架构的设计要求架构师具备软件和硬件的功能和性能的过硬知识，这一工作是架构设计工作中最困难的工作。

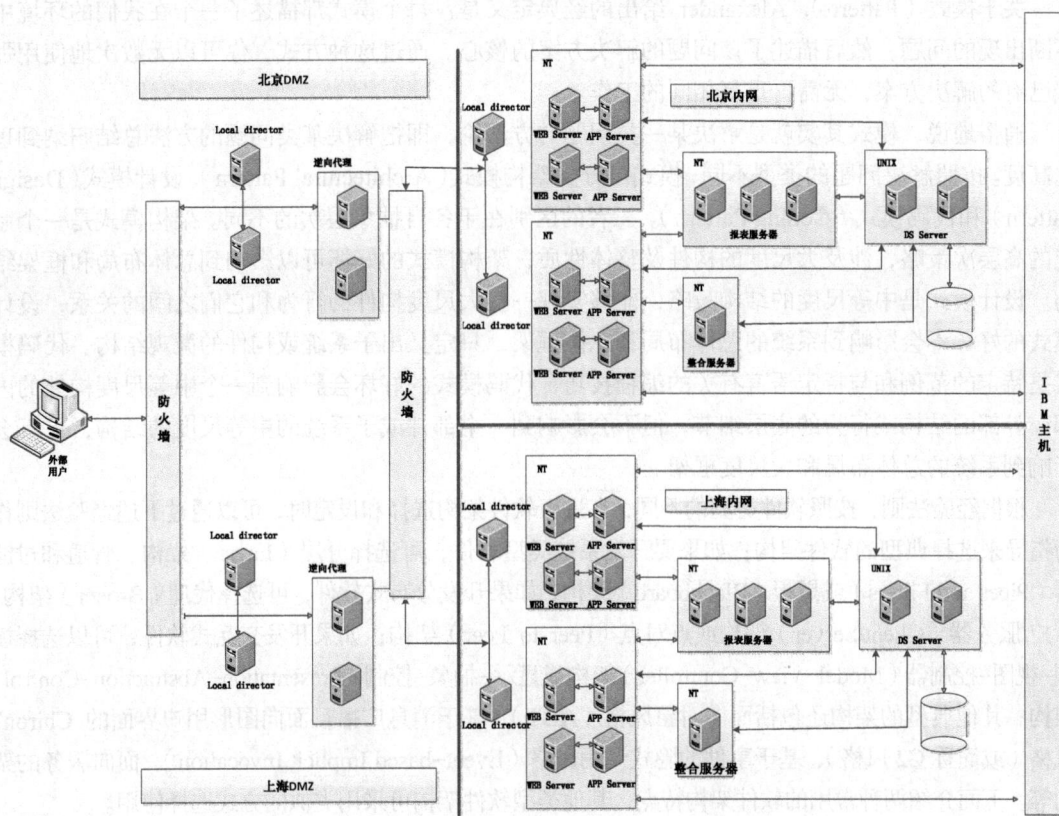

图 5.5　一个分布于北京和上海的分布式系统的物理架构示意图

在介绍常用的软件架构之前，先来给出框架、模式的定义及它们之间的区别和联系。

框架（Framework）是某种应用的半成品，是完成特定系统的一组供选用构件。简单说就是使用别人搭好的舞台，你来做表演。框架与架构的区别并无明确的定义，但一般从分层的观点看，认为框架是底层的，接近系统的，软件开发者在框架上构建自己的软件架构，开发自己的应用程序。现在的软件系统越来越复杂，特别是服务器端软件，涉及的知识、内容和问题太多，如果在某些方面使用成熟的框架，可以避免重复做已有的基础工作，而只需要集中精力完成系统的业务逻辑设计。

框架具有下列特点：框架一般是成熟、稳健的，可以处理系统很多细节问题，例如，事务性，安全性，数据流控制等问题；框架一般都经过很多人使用，所以结构很好，扩展性也很好，而且它是不断升级的，使用框架的开发者可以直接享受别人升级代码带来的好处；框架一般是处于底层应用平台（如 JAVAEE）和高层业务逻辑之间的中间层。

按照目前主流的设计环境，常见的框架包括 JAVA 框架、.NET 框架和基于 C++的框架 3 种。其中常见的 JAVA 框架有 EJB、WAF、Struts、Turbine、COCOON、ECHO、JATO、TCF、Spring、Hibernate、IBatis、JSF 等。.NET 框架是创建、部署和运行 Web 服务及其他应用程序的一个环境，它包括 3 个主要部分：公共语言运行时、框架类和 ASP.NET。.NET 框架对 Web 站点的支持通过 ASP.NET 实现，在编写 Windows 软件（使用 ATL/COM、MFC、VB 或标准 Win32）方面，与当前创建应用程序的方式相比，.NET 具有独特的优势。其他基于 C++的框架有 ACE、BOOST、MFC、ATL、QT、wxWidgets 等。

关于模式（Pattern），Alexander 给出的经典定义是：每个模式都描述了一个在我们的环境中不断出现的问题，然后描述了该问题的解决方案的核心。通过这种方式，你可以无数次地使用那些已有的解决方案，无需再重复相同的工作。

通俗地说，模式其实就是解决某一类问题的方法论，即把解决某类问题的方法总结归纳到理论高度。按照解决问题的类型不同，模式可分为架构模式（Architectural Pattern）、设计模式（Design Pattern）和代码模式（Coding Pattern）。三者的区别在于各自抽象层次的不同。架构模式是一个系统的高层次策略，涉及大尺度的构件及整体性质，架构模式的好坏可以影响到总体布局和框架结构。设计模式是中等尺度的结构策略，能够实现一些大尺度构件的行为和它们之间的关系，设计模式的好坏不会影响到系统的总体布局和总体框架，只定义出子系统或构件的微观结构。代码模式是特定的范例和与特定语言有关的编程技巧，代码模式的好坏会影响到一个中等尺度构件的内部、外部的结构或行为的底层细节，但不会影响到一个部件或子系统的中等尺度的结构，更不会影响到系统的总体布局和大尺度框架。

根据经验法则，按照软件类型的不同，在进行软件架构选择和设定时，可以通过下述经验法则作为指导来选择典型的软件架构：如果要开发系统类型软件，可选择分层（Layer）架构、管道和过滤器（Pipes and Filters）或黑板（Blackboard）架构；如果开发分布式软件，可选择代理（Broker）架构、客户/服务器（Client/Server）架构或点对点（Peer to Peer）架构；如果开发交互式软件，可以选择模型–视图–控制器（Model–View–Controller）架构或显示–抽象–控制（Presentation–Abstraction–Control）架构；其他典型的架构还包括面向对象风格（ADT）、基于消息广播且面向图形用户界面的 Chiron2 风格（或简称 C2 风格）、基于事件的隐式调用风格（Event–based Implicit Invocation）、面向服务的架构等。下面介绍两种常用的软件架构特点，其他类型软件架构可采用类似的方式选择使用。

5.1.4　分层架构

人们解决问题的方式一般是将复杂的大问题分解为几个简单的小问题，然后再逐个求解每个小问题。从软件设计发展的历史和现代流行的软件开发观点看，分层架构是软件分析和设计的基本的、具有普遍适应性的思想方法。分层架构最典型的例子应该是计算机网络的体系结构。国际标准化组织 ISO 的开放系统互联 OSI 将网络体系结构划分为 7 层协议的模型，包括物理层、数据链路层、网络层、传送层、会话层、表示层和应用层。严格的分层系统在不相邻的层之间不发生直接的联系。但在某些层次系统中处于某一层的构件可以调用所在层之下的服务，不仅限于相邻的下一层。

分层架构设计一个主要的目的就是把系统划分成为很多"板块"。划分的方式通常有两种，横向划分和纵向划分。横向划分一般将系统按照商业目的或功能进行划分，如一个"书店管理系统"可以划分成为进货、销售、库存管理、员工管理等，如图 5.6 所示；纵向划分则按照抽象层次的高低，将系统划分成"层"，或叫 Layer[①]。如"一个公司的内网管理系统"通常可以划分成为下面的几个层次：网页层，也就是用户界面层，负责显示数据、接受用户输入；领域层，包括 JavaBean或者 COM 对象、B2B 服务等构件，封装必要的商业逻辑，负责根据商业逻辑决定显示什么数据，以及如何根据用户输入的数据进行计算；数据库层，负责存储数据，按照查询要求提供所存储的数据；操作系统层，如 Windows NT 或者 Solaris 等；硬件层，如 SUN E450 服务器等，如图 5.7所示。

[①]注：有时把分层 Layer 叫作 Tier，但是 Tier 多带有物理含义，不同的 Tier 往往位于不同的计算机上，由网络连接起来，而Layer 是纯粹逻辑的概念，与物理划分无关，所以软件架构中一般使用 Layer。

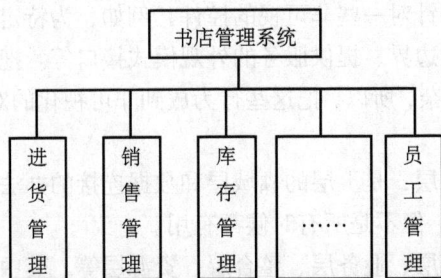

图 5.6 一个书店的管理系统的横向划分示意图　　图 5.7 一个公司的内网管理系统的纵向划分示意图

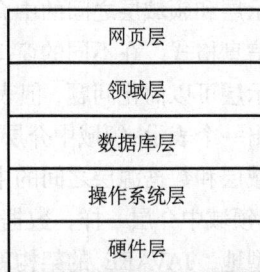

使用分层架构的好处：不需要去了解每一层的实现细节；可以使用不同的技术来改变基础层，而不会影响其上面层的应用；任何一层的变化都不会影响到其他各层；容易制定出每一层的标准；处于较低位置的分层可以用来建立较高位置分层的多项服务；分层架构本身的特点决定了该架构更容易容纳新的技术和变化。

分层架构的弱点：每一个分层不可能封装所有的功能，一旦系统有功能变动，势必要波及所有的层；因为各分层之间相对独立，所以效率降低；分层最难的问题是要定义各个层的内容，以及要承担的责任。

典型的三层结构包括：表示层、领域层、基础架构层，如图 5.8 所示。表示层逻辑主要处理用户和软件的交互，如视窗图形界面（Windows Interface Manipulation Program，WIMP）和基于 html 的界面，其职责就是为用户提供信息，以及把用户的指令翻译后传送给业务层和基础架构层；基础架构层逻辑包括处理和与其他系统的通信，代表系统执行任务等，例如，数据库系统交互，和其他应用系统的交互等；领域层逻辑有时也称业务逻辑，包括输入和存储数据的计算、验证表示层传回来的数据，根据表示层的指令指派一个基础架构层逻辑。

如何使用分层架构进行软件设计，要看具体的情况才能够决定各层的划分。

例 5.1：设计一个电子商务系统，要求能够同时处理大量用户的请求，用户的范围遍及全球，而且数字还在不断增长。对该问题要求，领域逻辑很简单，无非是订单的处理，以及和库存系统的连接部分。这就需要在设计过程中考虑（1）表示层要友好，能够适应最广泛的用户，因此采用 html 技术；（2）支持分布式处理，以胜任同时几千个客户的访问；（3）考虑未来的升级问题。

例 5.2：设计一个小型租借系统。很显然，与电子商务系统相比，该系统的用户少得多，但是领域逻辑要复杂一些，还要给该系统的用户提供一个方便的输入界面，WIMP 就是一个不错的选择。

一种改进的分层架构包括表示层（Presentation）、控制/中介层（Controller/Mediator）、领域层（Domain）、数据映射层（Data Mapping）、数据源层（Data Source），如图 5.9 所示。

图 5.8 典型的三层结构示意图　　图 5.9 一种改进的分层结构示意图

表示层和领域层之间的中介（控制）层，主要针对一些非可视的控件，例如，为特定的表示层组织信息格式、在不同的窗口间导航、处理交易边界、提供服务的外观模式接口等。把行为分配给表示层可以简化问题，但表示层模型会比较复杂，所以，把这些行为放到非可视化的对象中，并提取出一个表示−领域中介层是值得的。

领域层和数据源层之间的中介层属于数据映射层，是上层的领域层和数据连接的办法之一。与表示−领域中介层一样，数据映射层有时候有用，但不是所有时候都有用。

典型地，JAVAEE 的架构就包括客户层、表示层、业务层、整合层、资源层等。其中，架构中的客户层是运行在客户机上的表示层；表示层则运行在服务器上；业务层是表达领域逻辑的；整合层是基础架构层；资源层是基础架构层通信的外部数据，如图 5.10 所示。

微软的 DNA 架构也定义了 3 层：表示层、业务层和数据存储层，如图 5.11 所示，但是在数据的传递方式上与 JAVAEE 还有很大的不同。在微软的 DNA 中，各层的操作都基于数据存储层传出的 SQL 查询结果集。这样的话，实际上是增加了表示层和业务层同数据存储层之间的耦合度。DNA 的记录集在层之间的动作类似于数据传输对象。

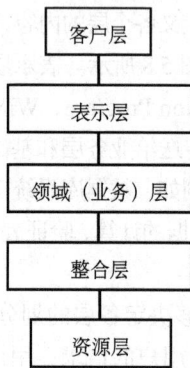

图 5.10　JAVAEE 的分层架构示意图　　　　图 5.11　微软的 DNA 架构示意图

在实际系统的设计过程中，也可以根据情况，对分层结构的某一层或某几层进行再分解或合并，从而形成新的分层架构。

5.1.5　客户/服务器架构

客户/服务器（Client/Server）结构通常缩写为 C/S 结构，是在资源不对等的基础上，通过网络，为解决资源共享问题而提出来的一种软件架构，是 20 世纪 90 年代成熟起来的技术。该架构定义客户端如何与服务器相连，以实现数据和应用分布到多个处理机上的目的，充分利用网络优势，将任务合理分配到客户和服务器端来实现，最大程度地降低系统的通信开销。C/S 体系结构有 3 个主要组成部分：数据库服务器、客户应用程序和网络，目前大多数应用软件系统都是 C/S 形式的软件架构或其变种。

C/S 体系结构将应用一分为二，服务器（后台）负责有效地管理系统的资源，包括：①数据库安全性的要求；②数据库访问并发性的控制；③数据库前端的客户应用程序的全局数据完整性规则；④数据库的备份与恢复。客户机（前台）完成与用户的交互任务，主要任务包括：①提供用户与数据库交互的界面；②向数据库服务器提交用户请求，并接收来自数据库服务器的信息；③利用客户应用程序对存在于客户端的数据执行应用逻辑要求。网络通信软件的主要作用是完成数据库服务器和客户应用程序之间的数据传输。服务器为多个客户应用程序管理数据，而客户程序发送、请求和分析从服务器接受的数据，这是一种"胖客户机"或"瘦服务器"的体系结构。处理流程图如图 5.12 所示。

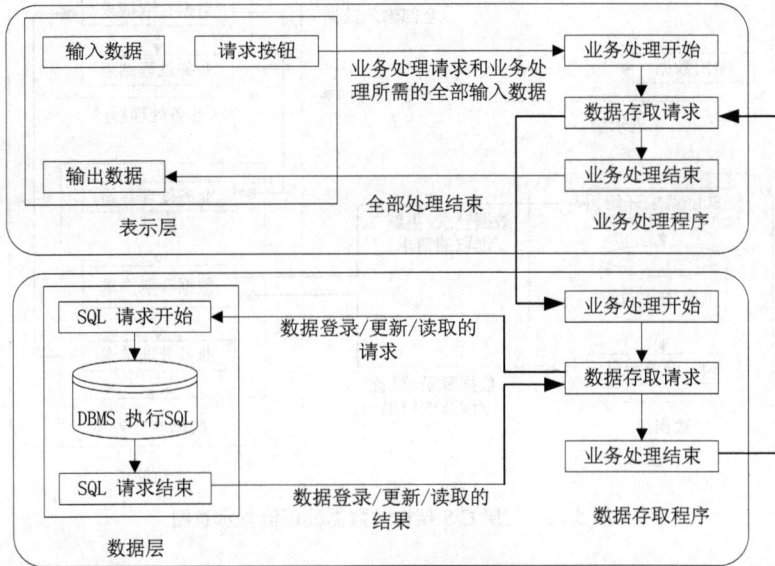

图 5.12　C/S 体系结构处理流程示意图

C/S 架构具有强大的数据操作和事务处理能力，模型思想简单，易于理解和接受；系统的客户应用程序和服务器构件分别运行在不同的计算机上，这对于硬件和软件的变化显示出极大的适应性和灵活性，而且易于系统的伸缩；另外，系统中的功能构件充分隔离，客户应用程序的开发集中于数据的显示和分析，而数据库服务器端的开发则集中于数据的管理，将较大的应用处理任务分布到许多通过网络连接的低成本计算机上，降低服务器端配置的过高要求。但 C/S 架构的缺点也比较多，主要表现在：由于对客户端软硬件配置要求较高而导致开发成本较高；因大部分事务处理工作集中在客户端完成，故客户端程序设计复杂；客户端一般只是事务处理，界面单一、枯燥；用户界面风格不一，使用繁杂，不利于推广使用；由于客户端用不同开发工具开发的软件一般互不兼容，软件移植困难；对分散到各个客户端的软件维护和升级也比较困难；新技术不能轻易应用等。

随着企业规模的日益扩大，软件的复杂程度不断提高，传统的两层 C/S 体系结构存在以下局限：只包含单一服务器且以局域网为中心，难以扩展至大型企业广域网或 Internet 网；软、硬件的组合及集成能力有限；客户机的负荷太重，系统性能容易变坏；数据安全性不好。为解决上述问题，在两层 C/S 架构基础上增加了一个应用服务器层，将整个应用逻辑驻留在应用服务器上，三层 C/S 体系结构解决方案应运而生。

三层 C/S 体系结构将应用功能分成表示层、功能层和数据层 3 个部分。表示层是应用的用户接口部分，担负着用户与应用间的对话功能，主要用于检查用户从键盘等设备输入的数据，显示应用输出的数据，检查的内容也只限于数据的形式和取值的范围，不包括有关业务本身的处理逻辑。功能层又称应用逻辑层，是应用逻辑处理的核心，是连接客户端和数据库服务器的中介和桥梁，响应用户发来的请求，执行某种应用逻辑任务，同时向数据库服务器发送 SQL 请求，数据库服务器将数据和结果通过应用服务器最终返回给客户端。数据层的主要组成部分就是数据库管理系统，负责管理对数据库中数据的读写工作，该层主要任务是实现数据的存储、数据的访问控制、数据完整性约束和并发控制等。三层 C/S 架构的数据处理流程如图 5.13 所示。

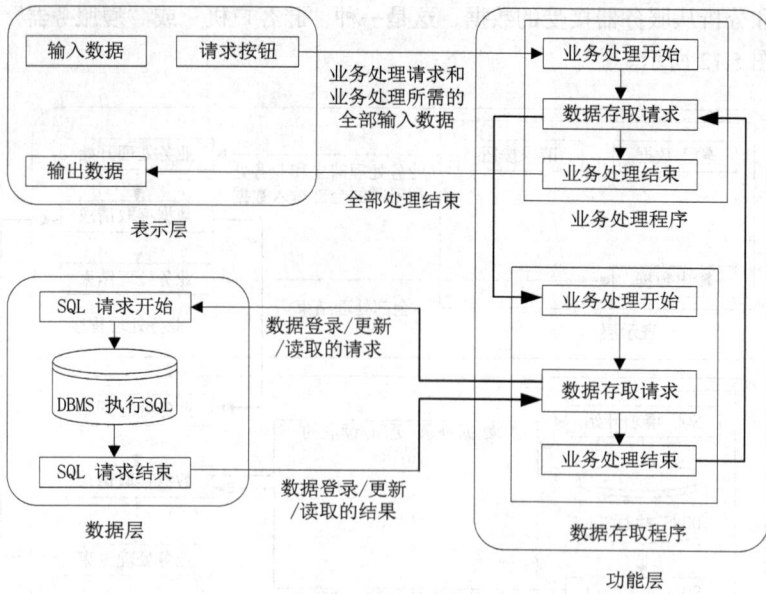

图 5.13　三层 C/S 架构的数据处理流程示意图

三层 C/S 架构的物理配置中，一般地只是将表示层配置在客户机端，如图 5.14（1）或（2）所示，若如图 5.14（3）所示将功能层也放在客户机端，与两层的 C/S 结构相比，系统的可维护性要好得多，但其他问题并未得到解决，客户机负荷太重。若如图 5.14（2）所示将功能层和数据层分别放在不同的服务器，则两层服务器之间也需要传送数据，但好处是灵活性高，能够适应客户机数目的增加和处理负荷的变动。系统规模越大，这种形态的优点就越显著。

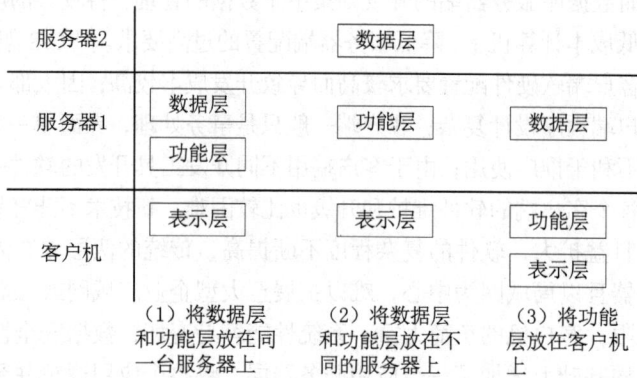

图 5.14　三层 C/S 架构的物理配置示意图

三层 C/S 架构的优点是：允许合理地划分三层结构的功能，使之在逻辑上保持相对独立，提高系统和软件的可维护性和可扩展性；允许更灵活有效地选用相应的平台和硬件系统，使之在处理负荷能力上与处理特性上分别适应于结构清晰的三层；并且这些平台和各个组成部分可以具有良好的可升级性和开放性；应用的各层可以并行开发，可以选择各自最适合的开发语言；利用功能层有效地隔离开表示层与数据层，未授权的用户难以绕过功能层而利用数据库工具或黑客手段去非法地访问数据层，为严格的安全管理奠定了坚实的基础。要注意的问题是：三层 C/S 结构各层间的通信效率若不高，即使分配给各层的硬件能力很强，其作为整体来说也达不到所要求的性能；设计时必须慎重考虑三层间的通信方法、通信频度及数据量，这和提高各层的独立性一样是三层 C/S 结构的关键问题。

浏览器/服务器（Browser/Server，B/S）风格就是上述三层 C/S 结构应用的一种实现方式，包括浏览器/Web 服务器/数据库服务器 3 层。B/S 体系结构主要是利用不断成熟的 WWW 浏览器技术，结合浏览器的多种脚本语言，用通用浏览器实现原来需要复杂的专用软件才能实现的强大功能，并节约了开发成本。从另外的角度讲，B/S 结构也可以看作是一种全新的软件体系结构。

B/S 架构的优点是：基于 B/S 体系结构的软件简化了客户端，系统安装、修改和维护全在服务器端解决。用户在使用系统时，仅仅需要一个浏览器就可运行全部的模块，真正达到了"零客户端"的功能，很容易在运行时自动升级；B/S 体系结构模式特别适用于网上信息的发布；B/S 体系结构还提供了异种机，异种网，异种应用服务的联机、联网、统一服务的最现实的开放性基础。B/S 体系结构的缺点是：缺乏对动态页面的支持能力，没有集成有效的数据库处理功能；系统扩展能力差，安全性难以控制；应用系统在数据查询等响应速度上，要远远地低于 C/S 体系结构；数据提交一般以页面为单位，数据的动态交互性不强，不利于在线事务处理（OnLine Transaction Processing，OLTP）应用。

一般的实际应用中，根据实际应用要求，我们经常选择 C/S 和 B/S 的混合体系结构作应用系统的架构设计。

5.1.6　教学管理系统架构选择和设计示例

根据教学管理系统的需求描述，软件架构设计可以选择分层架构中的 C/S 和 B/S 混合体系结构，鉴于教务管理人员对教学管理系统的操作较多，建议选择通过内部局域网访问的 C/S 体系结构，而一般的学生和其他使用该教学管理系统的人员，则可以选择 B/S 体系结构构建。该教学管理系统的架构选择和设计示意图如图 5.15 所示。

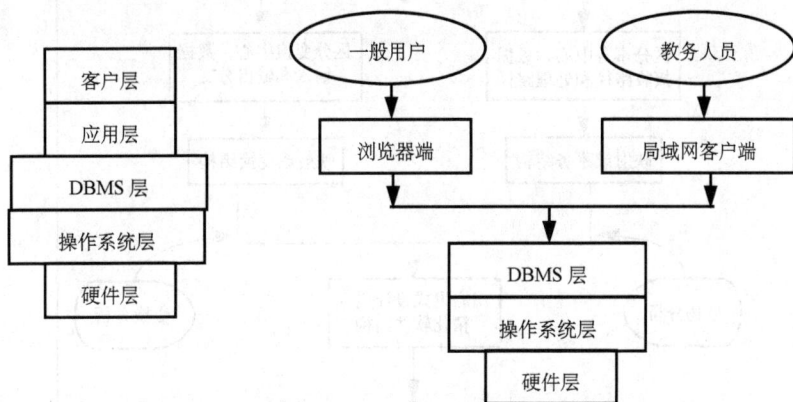

图 5.15　教学管理系统的分层架构选择和混合结构示意图

5.2　从需求到设计的转换

软件设计可在多个层面进行。一般地，总体设计（也称为系统设计或架构设计）提出影响整个系统结构方面的标准，而详细设计则提出类的设计及系统详细的工作机制。

软件总体设计的方法主要有面向数据结构的设计、结构化设计和面向对象的设计，其中面向数据结构设计的基本原则是基于系统输入/输出数据进行的设计，首先确定数据结构，然后赋予每个过程与它所操作的数据相同的数据结构，主要针对以数据为核心的、规模比较小的系统设计，最著名的是 Michael Jackson、Warnier 和 Orr 的技术，这种面向数据结构的设计远没有像结构化设计那样流行，而且随着面向对象范型的出现，它基本上已经不再使用了，本书不再对此进行专门讨论。结构化设计是一种面向过程的设计或称为面向数据流的设计方法，是应用最广泛的设计方法之一，可以建立良好的系统结构，也可以与结构化分析方法、结构化程序设计方法前后呼应，形成统一、完整的系列化方法，该方法以需求分析阶段获得的数据流图为基础，通过一系列映射机制，把数据流图变换为软件结构图。面向对象设计的详细内容我们将在第 6 章中阐述，本节主要阐述结构化方法中，从需求到设计的转换。

5.2.1 从数据流图到软件结构图的转换

需求分析阶段，我们已经通过结构化分析方法产生了数据流图（Data Flow Diagram, DFD）。结构化设计能方便地将数据流图转换成软件结构图。根据 DFD 中从系统的输入数据流到系统的输出数据流的一连串连续变换的信息流类型的不同，DFD 可分为变换型和事务型两种类型，事务型和变换型数据流图的结构化设计步骤基本上大同小异，如图 5.16 所示，它们之间主要差别就是从数据流图到软件结构的映射方法不同。因此，在进行软件结构设计时，首先对数据流图进行分析，然后判断属于哪一种类型，根据不同的数据流类型，通过一系列映射，把数据流图转换为软件结构图。

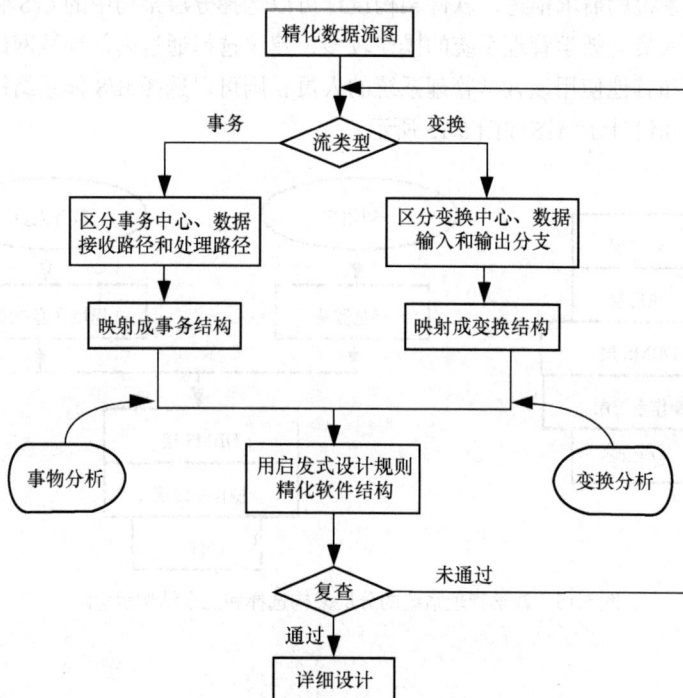

图 5.16　数据流图转换为软件结构图的基本流程

1. 变换型数据流图到软件结构图的映射

变换型数据处理问题的工作机理是变换中心将从输入端接收的数据加工处理后，发送给输出端输出结果，如图 5.17 所示。当数据流具有这种特征时，就称为变换型数据流。变换型数据流DFD 可明显地分为三大部分：逻辑输入、变换中心（主加工）、逻辑输出。

图 5.17　变换型数据流示意图

变换型数据流图到软件结构图的映射机制如下所述。

首先，设计软件结构的顶层和第一层。

设计一个主模块，并用系统的名字为它命名，作为系统的顶层。第一层为每一个逻辑输入设计一个输入模块，功能是为主模块提供数据；为每一个逻辑输出设计一个输出模块，功能是将主模块提供的数据输出；为中心变换设计一个变换模块，功能是将逻辑输入转换成逻辑输出。主模块控制和协调第一层的输入模块、变换模块和输出模块的工作。

然后，设计软件结构的下层结构。每个逻辑输入模块有 2 个下属模块：一个接收数据；另一个把数据变换成上级模块所需要的数据格式。而接收数据模块同时又是输入模块，又要重复上述工作。如此循环下去，直到输入模块已经涉及物理输入端为止。同样，每个逻辑输出模块有 2 个下属模块：一个是将上级模块提供的数据变换成输出的形式；另一个是将它们输出。对于每一个逻辑输出，在数据流图上向物理输出端方向移动，遇到物理输出为止。设计中心变换模块的下层模块没有通用的方法，一般应参照数据流图的中心变换部分和功能分解的原则来考虑如何对中心变换模块进行分解。变换型数据流转换后的初始软件结构图如图 5.18 所示。

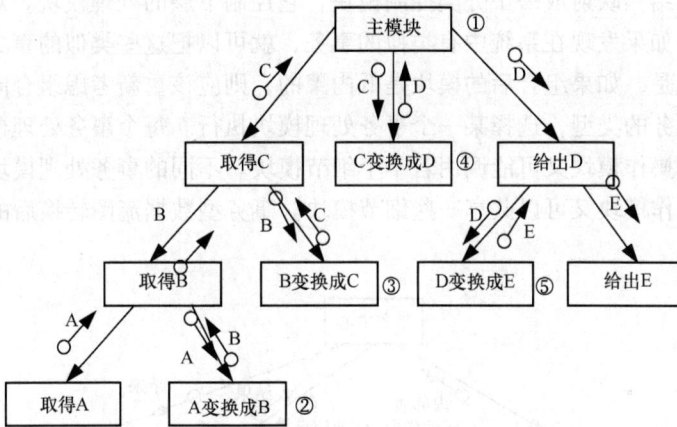

图 5.18　变换型数据流转换后的初始软件结构示意图

2. 事务型数据流图到软件结构图的映射

事务型数据处理问题的工作机理是接受一项事务，根据事务处理的特点和性质，由事务中心选择分派一个适当的处理单元，然后给出结果。通常事务中心位于几条处理路径的起点，从数据流图上很容易标识出来，因为事务处理中心一般会有"发射中心"的特征，所以各式各样活动流都以事务中心为起点呈辐射状流出，如图 5.19 所示。

事务中心主要完成下述任务：接收输入数据（输入数据又称为事务）；分析每个事务以确定它的类型；根据事务类型选取一条活动通路。通常，事务中心前面的部分叫作接收路径，发射中心后面各条发散路径叫作事务处理路径。对于每条处理路径来讲，还应该确定它们自己的流特征。

与变换型数据流图的转换机制类似，事务型数据流图到软件结构图的映射机制如下。

首先，设计软件结构的顶层和第一层。软件结构图的顶层是系统的事务控制模块。第一层是由事务流输入分支和事务分类处理分支映射得到的程序结构。也就是说，第一层通常是由两部分组成：取得事务和处理事务。

然后，设计软件结构的下层结构。设计事务流输入分支的方法与变换分析中输入流的设计方法类似，从事务中心开始，沿输入路径向物理输入端移动。每个接收数据模块的功能是向调用它的上级模块提供数据，它需要有两个下属模块：一个接收数据；另一个把这些数据变换成它的上级模块所需要的数据格式。接收数据模块同时又是输入模块，也要重复上述工作。如此循环下去，直到输入模块已经涉及物理输入端为止。

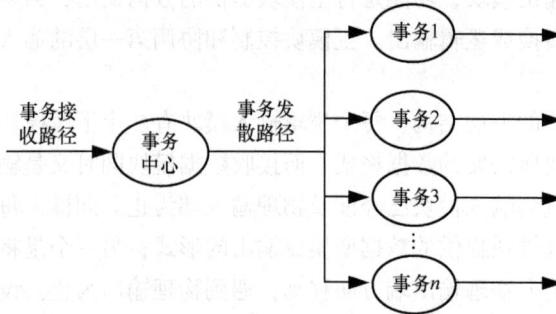

图 5.19 事务型数据流示意图

事务处理分支结构映射成一个分类控制模块，它控制下层的处理模块。对每个事务建立一个事务处理模块。如果发现在系统中有类似的事务，就可以把这些类似的事务组织成一个公共事务处理模块。但是，如果组合后的模块是低内聚的，则应该重新考虑组合问题。事务中心模块按照所接受的事务的类型，选择某一个事务处理模块执行。每个事务处理模块可能要调用若干个操作模块，而操作模块又可能调用若干个细节模块。不同的事务处理模块可以共享一些操作模块。不同的操作模块又可以共享一些细节模块。事务型数据流图转换后的初始软件结构图如图 5.20 所示。

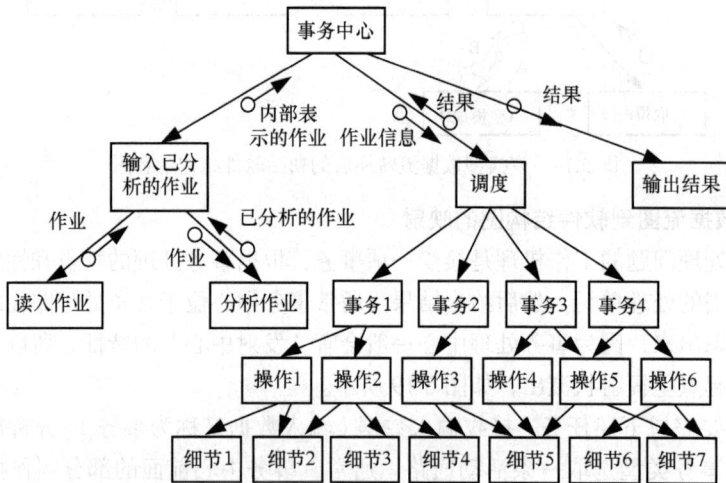

图 5.20 事务型数据流转换后的初始软件结构示意图

3. 变换-事务混合型数据流图到软件结构图的映射

一般来讲，一个稍微复杂一些的项目就不可能是单一的变换型，也不可能是单一的事务型，通常是变换型数据流和事务型数据流的混合体。在具体的应用中一般以变换型为主，事务型为辅的方式进行软件结构设计。变换-事务混合型的系统结构图如图 5.21 所示。

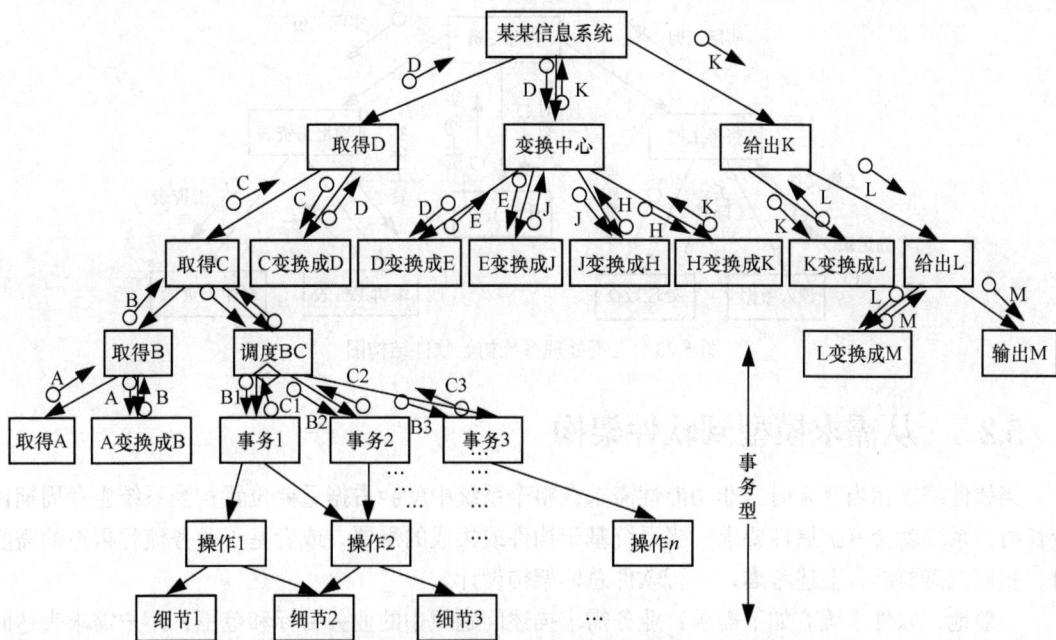

图 5.21 变换-事务混合型数据流的初始软件结构示意图

5.2.2 工资管理系统数据流图到软件结构图的转换示例

下面给出一组数据流图转换为软件结构图的示例。

图 5.22 是工资管理系统的数据流图和"工资管理"处理框的展开示意图。

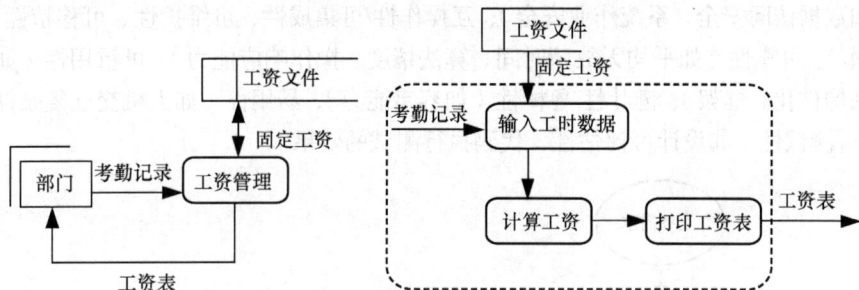

图 5.22 工资管理系统的数据流图和处理展开图

本系统中的"工资处理"子系统属于变换型结构。变换结构是一种线性结构。它可以明显地分成逻辑输入、主加工和逻辑输出。变换分析过程可以分为 3 步。

① 找出系统的逻辑输入、主加工和逻辑输出。"工资处理"子系统的逻辑输入是"考勤记录"和"固定工资",主加工是"计算工资",逻辑输出是"打印工资表"。

② 设计顶层模块和第一层模块。系统的主加工就是系统的顶层模块,其功能就是整个系统的功能"计算工资"。第一层模块按照输入、变换、输出等分支来处理,并起一个合适的模块名。第一层模块与顶层模块传递的数据应该同数据流图相对应。

③ 设计中、下层模块。对输入、变换、输出模块逐个分解,便可以得到初始结构图。图 5.23 是由图 5.22 的数据流图导出的相应的初始软件结构图。

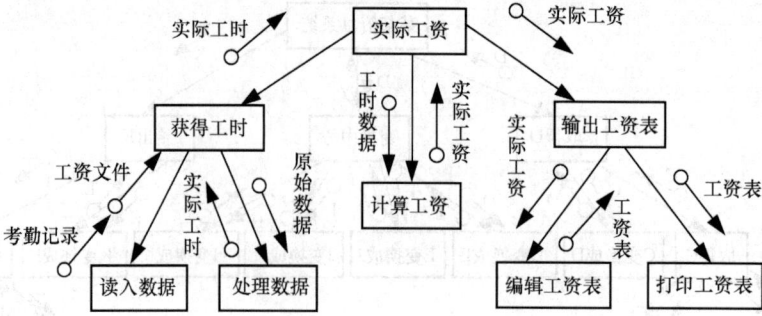

图 5.23　工资处理系统初始软件结构图

5.2.3　从需求模型到软件架构

当软件需求相当复杂时，非功能性需求在整个系统中就会占据重要位置；当系统生存周期比较长时，系统就会有扩展性要求；当系统基于构件或集成的需要，或者基于业务流程再造的需要时，我们就需要综合上述考虑，进行软件总体架构设计。

一般地，软件系统有如下需求：业务需求描述问题域中的业务目标和范围；用户需求表达问题域中的用户期望和结果；系统需求指出待构建系统必须完成的全部任务和功能集合，定义了系统做什么；软件需求是指系统需求分配给软件的部分；功能性需求包括软件系统为满足业务需求和用户需求所必须包括的明确功能；而非功能性需求则指的是关于软件系统属性、特性、特征的描述，同时也是对解决方案的限制。软件系统的上述需求可用图 5.24 示意性地描述。

软件需求工程中关注的质量属性主要包括：性能（如吞吐量、响应能力、并发能力）、持续可用性（与平均无故障时间有关，操作有效性、操作效率）、可扩展性（如业务增加、组织扩张）、安全性（如数据访问安全、系统作业安全）、互操作性/可集成性、可维护性、可移植性（如硬件、OS、数据库）、可靠性（如平均无故障时间、算法精度、操作响应能力）、可重用性（如通用功能提取、产品构件化、框架）、健壮性/鲁棒性（如容错能力）、易用性（如人机交互复杂性、操作导航能力）、可测试性（如设计可评估性、代码执行测试的效果）。

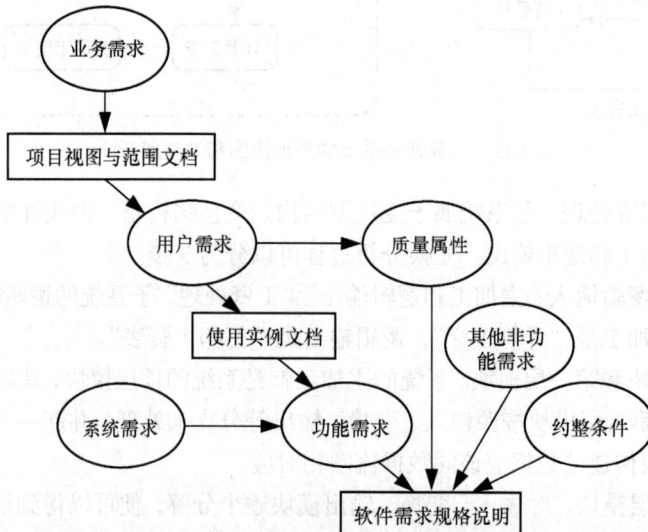

图 5.24　软件系统的需求分类示意图

软件需求工程中关注的约束性需求是项目显式或隐式的对系统的限制，包括投资成本、开发周期、技术要求、人员素质、项目或产品的技术指标等。约束性需求是系统应遵循的规则，如财务软件的国际会计准则、电信产品的国家技术标准、数控或工控系统的误差要求等。

软件架构设计时，除了满足系统功能的基本要求外，更多的是需要综合考虑软件的质量属性和约束性需求。

5.2.4　软件设计模式

简单地说，设计模式是对软件设计问题的可重用的解决方案。重用设计比重用代码更有意义，可充分利用已有的软件开发经验，为设计提供共同的词汇，方便交流和书写开发文档，降低错误的可能性，还节省时间。

面向对象设计，就是在系统设计的过程中，通过把系统分成相对独立但又相互联系的对象组合的一种设计方法。对象具有属性和行为，对象间通过消息进行交互（协作）。面向对象分析和设计一般有以下几个关键步骤。

① 发现对象。找出系统应该有哪些对象构成。

② 建模对象的属性。对象具有哪些属性。

③ 建模对象的行为。对象具有哪些行为，或者说对象需要做什么，它的职责是什么。

④ 建模对象的关系。对象与对象之间的关系是什么，怎样进行交互、协作等。

面向对象设计模式可以分为两类：GRASP（General Responsibility Assignment Software Patterns，通用职责分配软件模式）和 GoF（Gang of Four，"四人帮"设计模式）。

GRASP 是 Craig Larman 在 *Applying UML and Patterns* 一书中首先提出的，作者称其为设计模式，其实，称其为面向对象的设计原则更合适一些。因为，与 GoF 等设计模式不同的是，GoF 等设计模式是针对特定问题而提出的解决方法，而 GRASP 则是站在面向对象设计的角度，告诉我们怎么样设计问题空间中的类与它们的行为责任，以及明确类之间的相互关系等，用来解决面向对象设计的一些问题。GRASP 可以说是 GoF 等设计模式的基础。

GRASP 的核心思想是"职责分配"，GRASP 的主要特征是对象职责分配的基本原则，主要应用在分析和建模上。GRASP 没有为编程开发人员提供具体的模板形式的程序代码示例，只是提出将现实世界的业务功能抽象成应用系统的具体软件对象的过程中，应用系统的开发人员应当遵循的一些基本原则。

也就是说，如何把现实世界的业务功能抽象成对象，如何决定一个系统有多少对象，每个对象都包括什么职责，GRASP 模式给出了最基本的指导原则。

GRASP 模式的责任是类间的一种合约或义务，也可以理解成一个业务功能，分为知道责任（表示知道什么）和行为责任（表示做什么），包括行为、数据、对象、关系的创建和控制等。责任不是类的方法，类的方法用于实现行为责任，而责任更可以理解成是系统应提供的一个业务功能。责任的分配可使用顺序图或通信图来表达，面向对象的设计过程就是将责任分配给对象的过程。

5.2.5　GRASP 模式

在面向对象的设计过程中，经常会出现如下一些问题。

问题 1：找出对象的行为（职责）之后，怎么样分配这些行为呢？也就是说怎么确认"行为"属于哪个对象呢？问题 2：如果两个对象之间有协作关系，它们之间最好通过什么样的方式协作呢？问题 3：已经被抽象出来的对象，如何面对将来可能发生的变化呢？GRASP 提出 9 个基本模式，用于解决以上设计过程中遇到的各种问题，参见表 5.2。

表 5.2   GRASP 模式中的 9 个基本模式

序　号	模式名称	特　点	备　注
1	信息专家（Information Expert）	类的职责分配问题	基本模式
2	创建者（Creator）	类的实例的创建职责问题	基本模式
3	高内聚（High Cohesion）	降低类的复杂程度，简化控制	基本模式
4	低耦合（Low Coupling）	降低类之间的关联程度，适应可变性	基本模式
5	控制者(Controller)	解决事件处理职责问题	基本模式
6	多态性（Polymorphism）	把基于类型的可变行为的定义职责分配给行为发生的类	扩展模式
7	纯虚构（Pure Fabrication）	把非问题领域中的职责分配给人工定义的类	扩展模式
8	间接性（Indirection）	解决类的关联问题	扩展模式
9	变化预防（Protected Variations）	设计稳定的接口来应对将来可能发生的变化或其他不安定的因素	扩展模式

下面从"问题描述""解决方案""好处"和"用法举例"4 个方面分别阐述 9 个模式。

1．信息专家模式

问题描述：

信息专家模式是 GRASP 模式中解决类的职责分配问题的最基本的模式，主要应用于"当我们发现了系统对象和职责之后，职责的分配原则（职责将分配给哪个对象执行）是什么？"的环境中。

解决方案：

职责的执行需要某些信息，把职责分配给该信息的拥有者。换句话说，某项职责的执行需要某些资源，只有拥有这些资源的对象才有资格执行职责。一般地，如果满足面向对象设计中的封装性的设计，都会满足信息专家模式，因为信息专家是对类的属性（信息），以及对类的属性的操作的封装，它符合对象封装性的概念。

好处：

——信息的拥有者类同时就是信息的操作者类，可以减少不必要的类之间的关联。

——各类的职责单一明确，容易理解。

用法举例：

假定"学生成绩管理系统"中的用例 1 要求为：管理员创建题库（把题条加入题库）。

再细化一下：管理员创建题库（把题条加入题库）：如果题库中已经存在所给的题条，则退出，否则加入题条。

针对上述用例 1，存在 3 个对象：管理员用户 User，题条 SubjectItem，题库 SubjectLibrary；2 个职责：判断（新加入的题条是否与题库某题条相等），加入（题条的加入）；

这 2 个职责究竟应该由哪个对象执行？我们使用信息专家模式来分析。

首先，判断 2 个题条是否相等，只要判断题条的 ID 属性（关键属性）是否相等就可以了。题条的 ID 是属于题条的，所以对它的操作应该放在题条 SubjectItem 里。

其次，题条的加入需要操作的数据有两部分，一部分是新加入的题条本身，另一部分是题库，题条是题库的一部分，所以题条的加入应该放在题库 SubjectLibrary 里完成，如图 5.25 所示。

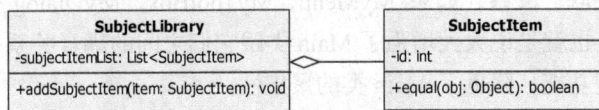

图 5.25　管理员创建题库（把题条加入题库）用例的设计图示

如果把以上 2 个职责放在第三方类中，无疑增加了它们与第三方类之间的耦合关系。

2. 创建者模式

问题陈述：

创建者模式是 GRASP 模式中解决类的实例的创建职责问题的模式。

解决方案：

如果出现以下条件之一为真的情况，类 A 的实例的创建职责就分配给类 B。

① B 包含 A。

② B 聚集 A。

③ B 记录 A。

④ B 频繁使用 A。

⑤ B 有 A 初始化数据。

创建者模式提倡类的实例（对象）创建职责由聚集或包含该对象的对象创建。

> 创建者模式只是一个原则，如果类 A，B 之间没有包含或聚集关系，应该先考虑是否有"B 记录 A"，或者"B 有 A 初始化数据"的关系，然后是"B 频繁使用 A"的关系。另外，作为代替方案，一般的采用工厂（Factory）创建方案。

如果不遵循创建者模式，把类的实例的创建职责交给无关的类，类之间的关系会变得复杂化，降低系统的可维护性和可扩展性。

一般来说，应用创建者模式，可以从上到下设计好类之间的包含或聚集关系阶层图，让每个类负责创建自己包含的类的实例。

好处：

——整个结构清晰易懂。

——有利于类或构件的重用。

——防止职责的分散。

——降低耦合性。

用法举例：

有一个用户窗口 MainWindow，包含 Menu，ToolBox，Dialog 等，Dialog 上布置有 Text，Button 等元素。应用创建者模式，先为它们设计好具有阶层关系的类图如图 5.26 所示。

MyMenu，MyToolBox，MyDialog 由 MainWindow 所包含，MyText，MyButton 被 MyDialog 包含，MainWindow 由 Main 类调用。

根据创建者模式所提倡的方法，它们的实例的创建职责的分配应该是：

MainWindow 的实例由 Main 创建；

MyMenu，MyTooBox，MyDialog 的实例由 MainWindow 创建；

MyText，MyButton 的实例由 MyDialog 创建。

反过来，如果 MyMenu，MyToolBox，MyDialog 等实例的创建都放在 Main 类里，那么 Main 就跟它们产生一种"关联"关系，如果 MyMenu，MyToolBox，MyDialog 等发生修改，Main 也不得不跟着一起修改，也就是说大大增强了 Main 类跟它们之间的耦合关系；而 Main 类本身，也聚集了多余的实例创建功能，降低了 Main 类的聚集性。

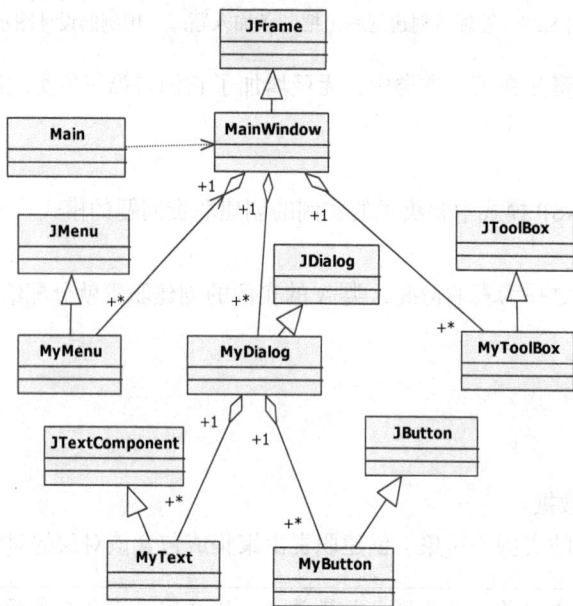

图 5.26　用户窗口 MainWindow 的类层次关系图

3. 高内聚模式

问题陈述：

怎么做才能降低类的复杂程度，简化控制？高内聚模式是 GRASP 模式中为降低类的复杂程度，简化控制而提出的面向对象设计的原则性模式。高内聚与低耦合模式是 GRASP 其他模式的根本。

解决方案：

紧密相关的功能（职责）应该分配给同一个类。

所谓内聚，是指单个物体（类）内部的功能聚集度。例如，只包含有相互关联的功能的类，具有高内聚性，同时，它的外部表现（作用，意图）也就明显；反之，如果一个类由一些不相关的功能构成，它的内聚性就低，它的外部表现就不明显，一方面很难理解它的作用和意图，另一方面一旦需求变化，扩展性就差。

在现实世界里，高内聚表现在"各司其职"上，也就是说自己只干跟自己相关的工作，别人的工作让人做。例如，电视机只有信息传播的功能，冰箱只有冷藏冷冻的功能，它们就是一个功能高内聚的个体。为什么不把电视机与冰箱的功能做在一起呢？因为做在一起的话，一方面，只需要电视或冰箱功能的消费者却不得不同时购买它们的整合体，而且消费者如果想换代电视机时，冰箱也只有一起换代；另一方面，如果厂家需要升级电视功能，也不得不考虑怎么整合原来的冰箱功能。也就是说功能低内聚的产品不利于消费者使用，不利于生产者维护，不利于产品本身的升级换代。同样，反映到软件设计上，低内聚的类存在使用难，维护升级难的缺点。

好处：

——聚集相关功能，结构清晰，容易理解。

——只聚集相关功能，使得类的职责单一明确，从而降低类的复杂程度，使用简单。

4. 低耦合模式

问题陈述：

怎么做才能降低类之间关联程度，能适应需求的变化呢？低耦合模式是 GRASP 模式中为降低类之间的关联程度，适应可变性而提出的面向对象设计的原则性模式。

解决方案：

为类分配职责时，应该尽量降低类之间的关联关系（耦合性）。亦即应该以降低类之间的耦合关系作为职责分配的原则。

所谓耦合，是指多个物体（类）之间的物理或者意思上的关联程度。在面向对象方法中，类是最基本的元素，耦合主要指不同类之间相互关联的紧密程度。面向对象里的关联主要指一个类对另一个类的调用，聚合（包含），参数传递等关系。

例如，所谓两个关联得非常紧密的类（高耦合），是指其中一个类发生变化（修改）时，另一个类也不得不跟着发生变化（修改）。

面向对象设计要求类之间满足"低耦合"原则，它是衡量一个设计是否优良的一个重要标准，因为"低耦合"有助于使得系统中某一部分的变化对其他部分的影响降到最低程度。

好处：

——独立性，有利于重用。

——适应需求变化，一旦发生变化时，可以把影响缩小到最小范围。

内聚与耦合的辩证关系：

一方面，高内聚要求把紧密关联的功能（职责）聚合在同一个类中，防止功能的扩散和类的无谓增加，从而减少类之间的关联，降低类之间的发生耦合的概率。

另一方面，高内聚要求把不相关的功能分散到不同的类，类增加了，势必造成相互关联类的增加，从而增大类之间发生耦合的概率。

高内聚与低耦合是 GRASP 模式的核心概念，是其他 GRASP 模式的根本。面向对象设计应该考虑效率，实现难度等因素，同时兼顾高内聚与低耦合性。

5. 控制器模式

问题陈述：

在用户接口层（UI）之外，应该由哪个类来处理（控制）系统操作（事件）呢？或者说，当触发一个系统事件时，应该把对事件的处理职责分配给 UI 层之外的哪个层呢？控制器模式是 GRASP 模式中解决事件处理职责问题的模式。

解决方案：

把系统事件的处理职责分配给控制器类。

担当控制器类角色的候补类可能为：

——系统全体，设备，子系统等的表现类（Facade Controller）；

——系统事件发生的用例的控制类，通常被命名为 Handler，Coordinator，Session 等（用例或 Session 的控制器）。整个系统事件都使用同一个控制器。

控制器模式相当于著名的 MVC 设计模式的 C（Controller）部分，提倡用一个专门的类来处理所有的系统事件，或者说控制器模式把所有系统事件的处理职责分配给一个专门的类集中处理。

好处：

应用控制器模式的系统，对系统事件进行集中处理，所以：

——防止同类职责的分散，满足高内聚，低耦合原则；

——有利于共通处理（前处理，后处理等）；

——变化的高适应能力，能够把变化的修改范围控制在最小范围（控制器）之内。

用法举例：MVC 模式

MVC 模式是 Model–View–Controller 头字母的缩写，中文翻译为"模型–视图–控制器"模式。该模式把一个 GUI 应用划分为业务逻辑处理(M)，画面表示(V)，控制(C)3 部分，并以此为基础进行设计和开发。

在设计和开发应用系统时，往往需要考虑系统的可维护性，可扩展性，可重用性等；而且，一个大规模的系统开发往往都是多人分工合作，为了开发上的效率性考虑，一般都安排不同的专家（开发人员）负责不同的领域担当不同的工作。

MVC 的构成要素包括 Model，View，Controller 3 部分。Model 模型部分主要用来负责业务逻辑的处理，数据的保持。Model 是 MVC 模式的核心部分，它也是一个应用需要实现的最主要的部分：进行业务逻辑的处理。View 视图负责数据的输出，画面的表示。Controller 控制器，负责接收从视图发送过来的数据，同时控制 Model 与 View 部分，如图 5.27 所示。

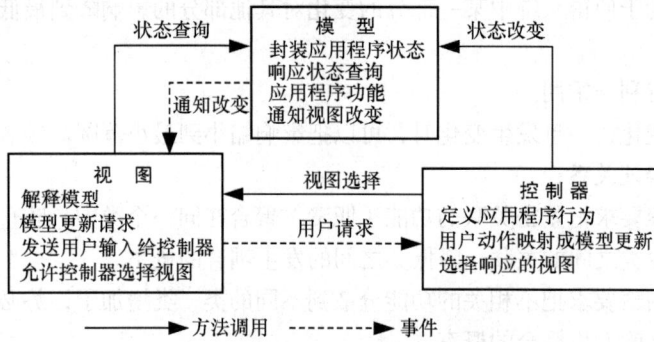

图 5.27　MVC 模式的关系和功能图示

MVC 模式输入输出流程图如图 5.28 所示。

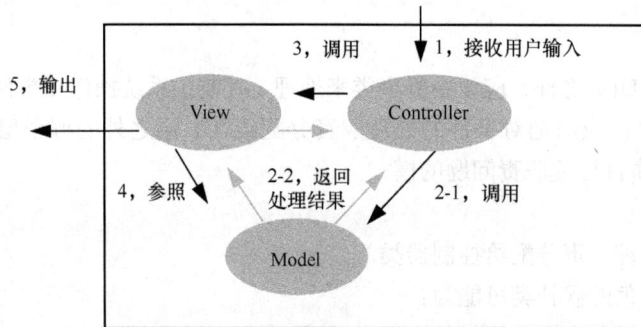

图 5.28　MVC 模式输入输出流程图

① Controller 接收用户输入。

② Controller 调用 Model 进行业务逻辑处理（控制）。

③ Controller 通知/调用 View 进行画面描画处理（控制）。

④ View 根据需要适当参照 Model 的值。

⑤ View 进行画面描画处理。

使用 MVC 模式，分离模型、视图与控制器，使得这 3 部分功能相对独立，一方面可以让系统的设计开发工作分工明确，方便开发人员的互相合作；另一方面，按照 MVC 模式划分的系统的各部分功能保持独立，有利于构件复用。例如，一个模型可以对应多个显示视图，也就是说，同一套业务逻辑只要改变视图便可对应不同的用户界面。

6. 多态性模式

问题陈述：

根据类型（类）的不同而发生变化的行为的定义职责，应该分配给谁？多态性模式是 GRASP 扩展模式的一种，它通过多态操作把基于类型的可变行为的定义职责分配给行为发生的类。

问题比较抽象难懂，我们通过举例来解释一下。

如物体的移动行为，不同的物体有不同的移动方法，比方说汽车与人的移动方法不一样。

在面向对象设计中，怎么样分配此类行为的定义职责呢？或者说，此类行为应该在哪儿定义，怎么定义呢？

解决方案：

多态性模式提倡通过多态操作把基于类型的可变行为的定义职责分配给行为发生的类。

多态性是面向对象的重要概念之一。所谓多态性，简单地说，就是具有同一接口的不同对象对相同的消息具有不同的行为。或者说同一消息作用于不同的对象，而产生不同的结果。

传统的设计方法，当类型发生变化时，利用条件判断语句对类型进行判断，然后执行不同的行为。

多态性模式把各变化的"行为"定义职责分别分配给具有相同操作行为界面的通用接口的实现子类，利用多态性适应行为的可变性。

好处：

——避免重复代码。

——避免重复的分歧条件。

——易扩展。只要实现了统一的通用接口，便可实现行为的扩展。

用法举例：

物体的移动行为，应用多态性设计模式设计的类图如图 5.29 所示。

这样的话，如果我们需要扩展"移动"行为，只需简单地创建一个实现 IRunner 接口的类。

其他应用多态性模式的例子还有如：GoF 设计模式之命令模式和策略模式等。

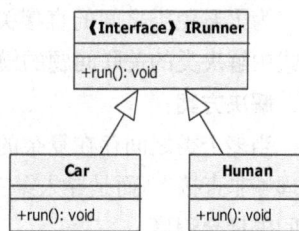

图 5.29　应用多态性设计模式设计的物体移动行为类图

7. 纯虚构模式

问题陈述：

非问题领域中的职责应该分配给谁？或者说，按照信息专家等模式分配职责时，存在某些不恰当的职责时，应该怎么做？

所谓不恰当的职责，是指难以分配的职责：在保证高内聚，低耦合的条件下，某些职责难以分配给现存的任何问题领域里的类。纯虚构模式是 GRASP 扩展模式之一，它把非问题领域中的职责分配给人工定义的类。

解决方案：

纯虚构模式提倡把那些非问题领域的职责分配给人工生成的或者容易实现此类职责的概念类。

Domain Class 的概念：

我们设计对象的时候应该尽量保持与现实世界里的对象一致。这种与现实世界里的对象保持一致的从业务分析中抽象出来的类叫作"Domain Class"。它相当于上述问题领域里的类。

如一个简单的用例：用户注册。

用户就是一个"Domain Class"，它是现实世界里的业务对象，相当于这里的"问题领域里的类"。

用户注册需要操作数据库，"数据库操作"是系统功能实现的一个必需功能，它不是现实世界里存在的业务对象，它是一个非 Domain Class。如果把"数据库操作"看作一个行为职责，它就相当于这里所说的"非问题领域里的职责"。

一般来说，Domain Class 与非 Domain Class 的功能如果聚合在一个类里，就破坏了"高内聚"原则。

好处：

——高内聚。不必分配问题领域以外的职责给各 Domain 类，从而保证各 Domain 类内部功能上的高度聚集性。

——低耦合。问题领域以外的职责被分配给第三方非 Domain 类，一方面可以降低各 Domain 类之间的关联程度，另一方面可以比较漂亮地整合系统的各方面的职责。

——重用性。各 Domain 类由于功能上的聚集与关联度的降低，可以更容易地得到重用。

用法举例：

以上述"用户注册"的用例为例，对于问题领域里的类"用户（User）"，如果把"数据库操作的职责"分配给"用户（User）"，那么 User 类的内聚性大大降低。

应用纯虚构模式，应该人工定义一个数据库管理的概念类 UserDbMgr，把数据库操作的功能分配给它完成。

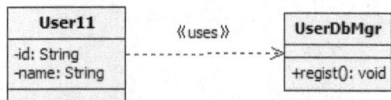

图 5.30 纯虚构模式进行的用户注册类设计

如图 5.30 所示，分离 Domain 类 User 与非 Domain 类 UserDbMgr，User 类只保持问题领域中的信息，保证了高内聚性和易重用性。

8. 间接性模式

问题陈述：

为了避免类之间的直接关联，应该给什么样的类分配"关联"责任？间接性模式是 GRASP 模式中解决类的关联问题的模式。

解决方案：

当多个类之间存在复杂的消息交互（关联）时，间接性模式提倡类之间不直接进行消息交互处理（非直接），而是导入第三方类，把责任（多个类之间的关联责任）分配给第三方类，降低类之间的耦合程度。

好处：

——高内聚。通过把"关联"的功能分散到第三方类，原来的类可以更加关注自身功能的实现。

——低耦合。原本关联类之间不直接关联，降低类之间的耦合性。

——高重用性。第三方类对"关联"功能的集中处理，与原来的类对自身功能的专注，有利于类的重用。

用法举例：

应用间接性模式的一个最好范例是 GoF 模式的中介者模式。

9. 变化预防模式

问题陈述：

对存在于系统、子系统或对象等元素中的各种变化或不安定的因素，为了不产生对其他元素的不利影响，在它们中间应该怎么样分配职责？变化预防模式是 GRASP 扩展模式之一，它设计稳定的接口来应对将来可能发生的变化或其他不安定的因素。

解决方案：

该模式提倡在可预测的变化或不安定因素的周围，用稳定的接口来承担职责。

在面向对象设计中，面向接口编程便符合变化预防模式的概念。

有人把变化预防模式称为 Don't Talk to Strangers（别跟陌生人说话），因为这两者的考虑方法一致。

Don't Talk to Strangers 别名 Demeter 法则：只跟直接依赖的对象通信（不要耦合没有明显通信需求的两个对象），也就是说两个对象之间能不关联的就尽量不要关联。

所谓直接依赖的对象，如有一个对象 A，跟它直接依赖的对象有：

① A 对象本身；

② A 的属性成员对象；

③ 通过参数传送给 A 的对象（A 的方法里参数）；

④ A 的方法内部生成的对象。

好处：

——提高系统对变化的应对能力。一旦系统的可预见的不安定因素发生变化（如追加功能等），只需要生成一个已有的稳定接口的实现类就可以了，无需修改原来的类。

——高内聚。具体的功能在各子类中实现，各类的内部功能具有高度聚集性。

——低耦合。用户类只跟稳定接口通信，减少了跟其他陌生对象的关联的机会，降低了类之间的耦合性。

用法举例：

把一段字符串保存到文件、打印机等输出设备。

这是一个可变的或者说存在不安定因素的功能需求，因为输出设备除了文件、打印机之外，还可能有数据库、屏幕终端、网络输出流等。

应用变化预防模式，我们为其定义一个能实现输出功能的稳定接口 IOutputer，而具体的功能在具体的子类中实现，如打印机输出类 PrinterOutputer，数据库输出类 DatabaseOutputer，文件输出类 FileOutputer 等。使用此"输出功能"的用户只要知道接口就行了。也就是说，对于用户来说，用户的直接依赖对象只有父接口 IOutputer，至于其子类诸如 PrinterOutputer，DatabaseOutputer，FileOutputer 等都属于陌生人。

应用变化预防模式的类图如图 5.31 所示。

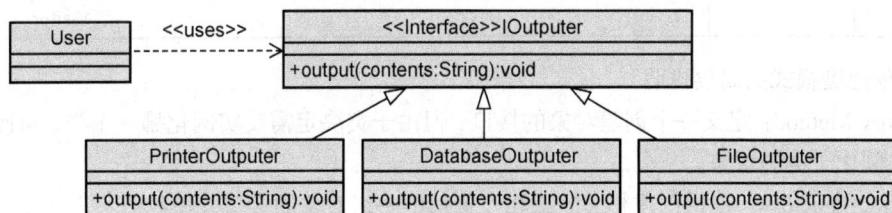

图 5.31 应用变化预防模式的类图设计

5.2.6　GOF 设计模式

《Design Patterns: Elements of Reusable Object- Oriented Software》（即后述《设计模式》一书）是由 Erich Gamma、Richard Helm、Ralph Johnson 和 John Vlissides 合著（Addison-Wesley，1995）。这几位作者常被称为"四人组（Gang of Four）"，而这本书也就被称为"四人组（或 GoF）"书。

根据模式的目标，GOF 设计模式将它们分成创建型模式、结构型模式和行为型模式。创建型模式处理的是对象的创建过程，结构型模式处理的是对象/类的组合，行为型模式处理类和对象间的交互方式和任务分布。

根据模式主要的应用对象，又可以分为主要应用于类的和主要应用于对象的。设计模式的分类参见表 5.3。

① 创建型模式（creational pattern）抽象了创建对象的过程，使用系统不依赖于系统中对象是如何创建、组合和表示的。创建型模式包括工厂方法（Factory Method）、抽象工厂（Abstract Factory）、生成器（Builder）、原型（Prototype）、单件（Singleton）。

② 结构型模式（structural pattern）主要描述如何组合类和对象以获得更大的结构。结构型模式包括适配器（Adapter）、桥接（Bridge）、组成（Composite）、装饰（Decorator）、刻面（Facade）、享元（Flyweight）、代理（Proxy）。

③ 行为型模式（behavioral pattern）主要描述算法和对象间职责的分配，主要考虑对象（或类）之间的通信模式。行为型模式包括职责链（Chain of Responsibility）、命令（Command）、解释器（Interpreter）、迭代器（Iterator）、中介者（Mediator）、备忘录（Memento）、观察者（Observer）、状态（State）、策略（Strategy）、模板方法（Template method）、访问者（Visitor）。

由表 5.3 可知，Adapter 这个设计模式既可以作用于类，也可以作用于对象。实际上，Adapter 设计模式有两种使用方式，一种是通过类之间的多重继承（类 Adapter 设计模式），另一种是通过组合的形式（对象 Adapter 设计模式）。

表 5.3　　　　　　　　　　　　　　　　　GoF 设计模式分类

		目的		
		创建型	结构型	行为型
范围	类	Factory Method	Adapter	Interpreter Template Method
	对象	Abstract Factory Builder Prototype Singleton	Adapter Bridge Composite Decorator Façade Flyweight Proxy	Chain of Responsibility Command Iterator Mediator Memento Observer State Strategy Visitor

1.　创建型模式的简要说明

Factory Method：定义一个创建对象的接口，但由子类决定需要实例化哪一个类；可改变的方面是：实例化子类的对象。

Abstract Factory：提供创建相关的或相互依赖的一组对象的接口，使我们不需要指定类；可改变的方面是：产品对象族。

Builder：将一个复杂对象的结构与它的描述隔离，使我们使用相同的结构就可以得到不同的描述；可改变的方面是：如何建立一种组合对象。

Prototype：使用一个原型来限制要创建的类的类型，通过复制这个原型得到新的类；可改变的方面是：实例化类的对象。

Singleton：保证一个类只有一个实例，并提供一个全局性的访问点；可改变的方面是：类的单个实例。

2. 结构型模式的简要说明

Adapter：将一个类的接口转换成用户希望得到的另一种接口，它使原本不相容的接口得以协同工作；可改变的方面是：与对象的接口。

Bridge：将类的抽象概念和它的实现分离，使它们可以相互独立地变化；可改变的方面是：对象的实现。

Composite：将对象组成树结构来表示局部和整体的层次关系，客户可以统一处理单个对象和对象组合；可改变的方面是：对象的结构和组合。

Decorator：给对象动态地加入新的职责，它提供了用子类扩展功能的一个灵活的替代；可改变的方面是：无子类对象的责任。

Façade：给一个子系统的所有接口提供一个统一的接口，它定义了更高层的接口，使该子系统更便于使用；可改变的方面是：与子系统的接口。

Flyweight：提供支持大量细粒度对象共享的有效方法；可改变的方面是：对象的存储代价。

Proxy：给另一个对象提供一个代理或定位符号，以控制对它的访问；可改变的方面是：如何访问对象及对象位置。

3. 行为型模式的简要说明

Chain of Responsibility：通过给多个对象处理请求的机会，减少请求的发送者与接收者之间的耦合；将接收对象链接起来，在链中传递请求，直到有一个对象处理这个请求；可改变的方面是：可满足请求的对象。

Command：将一个请求封装为一个对象，从而将不同的请求对象化，并进行排队或登记，以支持撤消操作；可改变的方面是：何时及如何满足一个请求。

Interpreter：给定一种语言，给出它的语法的一种描述方法和一个解释器，该解释器用这种描述方法解释语言中的句子；可改变的方面是：语言的语法和解释。

Iterator：提供一种顺序访问一个聚集对象中元素的方法，而不需要暴露它的低层描述；可改变的方面是：如何访问、遍历聚集的元素。

Mediator：定义一个对象来封装一系列对象的交互；它保持对象间避免显式地互相联系，从而消除它们之间的耦合，还可以独立地改变对象间的交互；可改变的方面是：对象之间如何交互及哪些对象交互。

Memento：在不破坏封装的条件下，获得一个内部状态，并将它外部化，从而可以在以后使对象恢复到这个状态；可改变的方面是：何时及哪些私有信息存储在对象之外。

Observer：定义一个对象的一对多的信赖关系，当一个对象改变状态时，所有与它有信赖关系的对象都得到通知并自动更新；可改变的方面是：信赖该对象的对象数量，信赖对象如何保持最新数据。

State：允许一个对象在其内部状态改变时改变它的行为，对象看起来似乎能改变自己的类；可改变的方面是：对象的状态。

Strategy：定义一族算法，对每一个都进行封装，使它们互相可交换；它使算法可以独立于用户而变化；可改变的方面是：算法。

Template Method：定义一个操作的算法骨架，使某些步骤决定于子类；它使子类重定义一个算法的某些步骤，但不改变整个算法的结构；可改变的方面是：算法的步骤。

Visitor：描述在一个对象结构中对某些元素需要执行的一个操作；它使我们在不改变被操作元素类的条件下定义新操作；可改变的方面是：无需改变其类而可应用于对象的操作。

本节只列出 GoF 设计模式的分类和简要介绍，关于设计模式的学习和掌握，需要更深入细致地详细阐述和学习，不在本书范畴，有兴趣的读者可选择参考文献[4]仔细研读。

5.3　系统资源设计

软件工程领域的发展包含程序设计方法的发展、软件需求的发展和软件环境的发展 3 个方面。其中程序设计方法的发展由原先以功能分解为主的结构化程序设计方法逐渐过渡到面向对象方

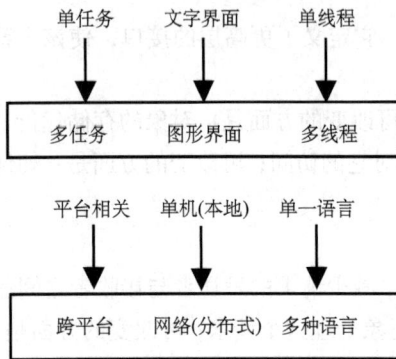

图 5.32　软件开发环境的发展过程示意图

法；软件需求的发展则从最初的科学计算发展到实际生活应用，再发展到管理信息系统应用，现在已经发展到各种分布式系统应用；伴随着程序设计方法和软件需求的发展，软件环境的发展也已经从文字界面、单任务、单线程环境经过图形界面下多任务、多线程环境过度到跨平台的网络（分布式）、多种语言并存的开发环境，软件开发环境发展过程示意图如图 5.32 所示。因此，在为系统设计合适的解决方案时，系统设计人员除了需要考虑系统架构外，还需要考虑目标处理环境和资源，即新系统开发和运行中将要存在的应用逻辑设计，以及系统物理配置的设计，本节主要介绍当前开发平台中常用的应用逻辑结构设计和系统物理设计，以及设计过程所涉及的构件图和部署图的描述。

5.3.1　系统应用逻辑结构设计

在软件开发环境的支持下，软件开发框架发展历史如图 5.33 所示。目前单机领域软件系统的开发已经极少，以该发展历史图为指导，系统的网络结构设计可以结合系统实际情况，选择客户/服务器、浏览器/服务器、分布式应用程序架构或 Web Services 框架进行设计。

客户/服务器模式（详见本章 5.1 节描述）是一种分布式计算应用，使用一个应用程序（客户端）和另一个程序（服务端）交换数据，客户端和服务端一般使用同样的语言来编写，使用相同的协议来相互通信，采用点对点的工作方式，服务器端运行系统软件，存放集中式数据，而客户端运行应用软件，集中处理业务逻辑。该方式采用客户端开发，资源独占方式运行，部署时，工作

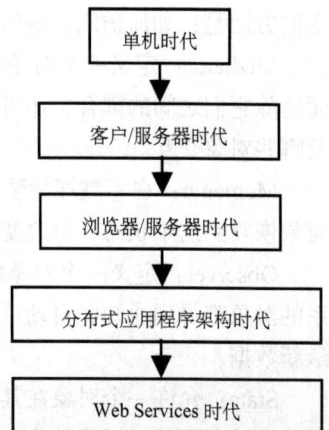

图 5.33　软件框架发展示意图

集中在客户端，软件维护比较困难；典型的应用系统是各类关系数据库系统，开发工具可以选择微软公司的 Visual 系列工具。

　　浏览器/服务器模式也是一种分布式计算应用，是客户/服务器模式的一种典型应用。该模式在服务器端完成全部计算工作，客户端使用通用浏览器，只用于数据的显示（页面）。开发工作量主要集中在服务器端（页面描述可以根据是服务器解释还是客户机解释而使得工作方式和工作量都有所不同）。部署工作也主要集中在服务器端，客户端只需要常规的浏览器软件即可进行访问，客户端实现了零维护，解决了客户/服务器模式中的维护问题，典型应用系统是静态/动态网页发布系统。

　　分布式应用程序架构是随着 Internet/Intranet 的快速发展，分布式数据存储管理的需要、多种软件系统、企业应用集成（EAI）及电子商务、电子政务、电子海关等应用需求而引发的一种新的模式。该架构的基础是 OSI 七层模型，即物理、数据链路、网络、传送、会话、表示、应用层，所采用的协议是 RS232、TCP/IP、IIOP、DCE-RPC 等，远程过程调用 RPC 所用的协议包括 Socket、SMTP、FTP、HTTP、COM+、CORBA、SOAP 等，表现形式有 C/S、B/S、DNA 多层架构等。分布式应用程序架构的实现有多种，比较典型的实现包括微软公司的分布式应用程序架构 DNA 模型：COM、DCOM、COM+；由 OMG 提出的公共对象请求代理架构 CORBA（Common Object Request Broker Architecture）；以及由 SUN 公司提出的 JAVAEE 架构。三者的工作机制如图 5.34 所示。

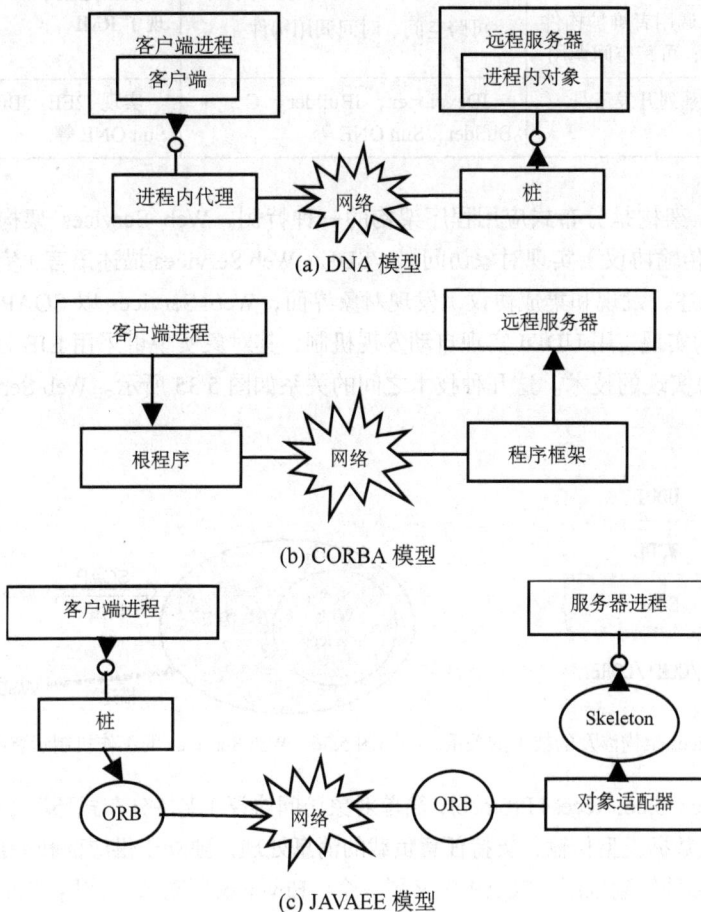

(a) DNA 模型

(b) CORBA 模型

(c) JAVAEE 模型

图 5.34　3 种模型的工作机制示意图

3 种模型的特点对比参见表 5.4 所示。

表 5.4 3 种模型的特点对比

特　　点	DNA 模型	CORBA 模型	JAVAEE 模型
优点	独立于语言； 有较完善的事务处理及安全机制	独立于语言； 实现了跨平台	实现了跨平台； 应用可以配置到包括 Windows 平台在的任何服务器端环境中
缺点	过分依赖 Windows 平台，没有实现跨平台； 技术复杂，实现困难	各结点均需安装 ORB；技术杂，难于实现； 庞大而复杂，并且技术和标准更新相对较慢	各框架缺陷各不相同
基本概念	构件类、接口、方法； 接口描述：MIDL	构件类、接口、方法； 接口描述：IDL	JDBC：访问关系型数据库的 API； JTA，JTS：Java 事务处理 API，Java 事务处理服务器； Servlet：服务器端运行的小程序； Applet：客户端运行的小程序； JSP：Java 服务器页面； EJB：Enterprise JavaBean
运行机制	注册表、Windows SCM、调用者维护构件生存期；可跨空间调用	ORB、由 ORB 维护构件生存期； 可跨空间、时间调用构件	只要是基于 Java 的开发工具都实现了 RMI
开发工具	微软系列开发工具	JDeveloper，JBuilder，C＋＋Builder，Sun ONE 等	实现 J2EE：JBuilder，JDeveloper，Sun ONE 等

Web Services 架构是分布式应用程序架构的一种特例。Web Services 架构涉及的技术包括 SOAP（简单对象传输协议）实现对象访问、WSDL（Web Services 描述语言）完成对象界面描述和 UDDI（统一描述、发现和集成协议）发现对象界面，Web Services 以 SOAP 为消息格式，用 WSDL 描述自身的实现，用 UDDI 实现自动发现机制，其对象实现可采用 EJB、COM+、CORBA 及任何可用于对象实现的技术。这几种技术之间的关系如图 5.35 所示。Web Services 的工作机制如图 5.36 所示。

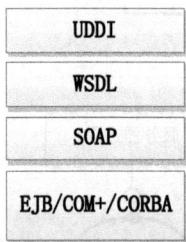

图 5.35　Web Services 架构涉及的技术的关系　　图 5.36　Web Services 的工作机制示意图

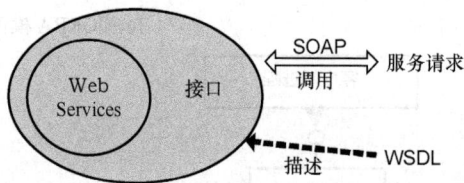

SOAP（Simple Object Access Protocol，简单对象访问协议）支持分布式环境中的远程方法调用，支持富信息和复杂数据类型传输，支持任意负载的消息处理，独立于供应商和平台，支持 HTTP、FTP 和 SMTP 等多种传输机制。SOAP 定义了一个 "Envelope" 对象，使用 "Envelope" 包装消息自身，消息可以采用自身特定的 XML 词汇，使用 namespace 来区分彼此，如图 5.37 所示。

SOAP 成功得益于以下几点原因。

首先，Internet 环境下实现技术的多样性使得早期的分布式技术无法实现普遍的互相连接；其次，现有技术所存在的缺陷包括：DCOM——需要每个连接点都使用 Windows；CORBA——需要每个连接点都有 ORB；RMI——需要每个连接点都使用 Java；第三，SOAP 是基于平台独立的选择，因为它采用简单的 XML 格式，可以在任意平台采用任意技术，可以使用开放源代码资源。

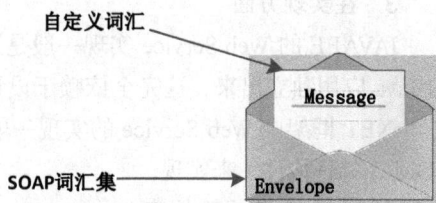

图 5.37　SOAP 的消息包装示意图

WSDL 是以 XML 的格式描述 Web Services 的，其作用类似于 COM 中的 IDL。

UDDI 可以理解成 Web Services 的搜索引擎，它定义了如何创建商业目录的规范，这个目录包含一组对提供在线 Web 服务的公司的引用，同时也保存了有关这个提供 Web 服务公司的附加信息。

Web Services 与 CORBA、COM+ / DCOM 的几个特征对比见表 5.5。

Web Services 的优点：传输的是易于理解接收的 XML 文本，完全实现了独立于平台和语言；易于实现；支持复杂数据类型；可以穿透防火墙。

表 5.5　　　　　Web Services 与 CORBA、COM+/DCOM 的几个特征对比

特　征	CORBA	COM+/DCOM	Web Service
远程过程调用机制	Internet Inter-ORB 协议（IIOP）	分布式计算环境远程过程调用（DCE - RPC）	超文本传输协议（HTTP）
编码	通用数据表示（CDR）	网络数据表示（NDR）	扩展标记语言（XML）
接口描述	接口定义语言（IDL）	接口定义语言（IDL）	Web 服务描述语言（WSDL）
发现	命名服务与交易服务	注册库	通用发现、描述与集成机制(UDDI)
防火墙的友好性	否	否	是
跨平台性	部分	否	是

Web Services 的缺点：传输数据量大，传输效率不高；安全机制等细节还不健全。

Web Services 的开发工具包括：

.NET（Microsoft）、JAVAEE（Java 2 Platform Enterprise Edition/SUN）、Delphi（Borland）C++ Builder（Borland）、Apache SOAP（IBM）……几乎所有的大型开发工具都支持 Web Services 的实现。

即使选择 Microsoft 平台，实现 Web Services 的方法也有多种：如按 SOAP 的定义格式手工编写；用下载的 SOAP 工具包；使用 ATL Server（包含在.NET 中）；使用.NET Remoting；使用 ASP.NET 等。

在构建 Web Services 服务方面，使用 JAVAEE 与.NET 平台的简单对比。

1. 在基本设计和对 Web Services 的支持方面

JAVAEE 通过一组 API 包(JAXM、JAXP、JAXR、JAX-RPC)对 Web Services 提供支持，Web Services 直接构建在平台中；.NET 框架提供完整的服务标准的实现如 SOAP、WSDL 和 UDDI。

2. 在工具和服务器方面

有多家公司已经构建了基于 JAVAEE 的集成开发环境(IDE)和应用服务器。对 Web Services 标准的支持和复杂的程度因产品而异。

Microsoft 进行使用 Visual Studio.NET 开发 Web Services，同时提供了支持 Web Services 的服务器软件，包括 BizTalk 2000 及 SQL Server 2000 等。

3. 在实现方面

JAVAEE 的 Web Service 实现一般是通过 EJB 来实现的，然而也可以把提供 Web Service 实现的 Java 应用独立出来，这完全依赖于设计和构建应用程序的业务处理和数据逻辑层。

.NET 框架中 Web Service 的实现一般通过.NET Managed Component（包括 Managed Class 及 COM/COM+构件）来实现。

在 JAVAEE 平台下构建 Web Services 的结构示意图如图 5.38 所示，JAVAEE 的部署示意图如图 5.39 所示。

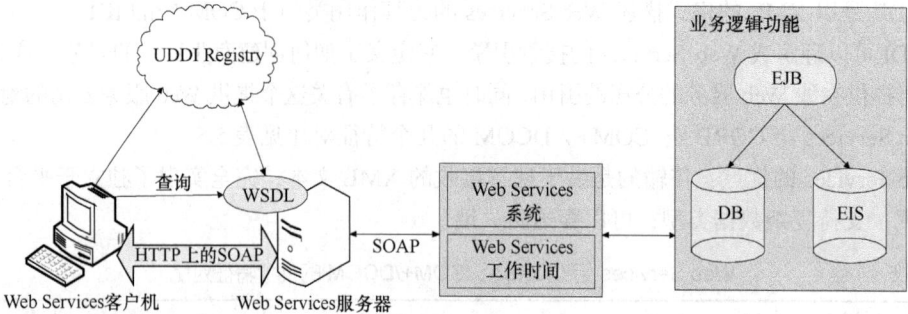

图 5.38　JAVAEE 系统的 Web Services 的结构示意图

未来建立软件系统的趋势如下所述。

① 本地软件应用开发：COM 构件、CORBA 构件、Java 构件、EJB 构件。

② 局域网软件应用开发：

- JAVAEE（浏览器、Web 服务器、应用服务器、DBMS）；
- 基于 SOAP 的 Web 服务。

③ 基于 Internet 网软件应用开发：

基于 SOAP 的 Web 服务（用 HTTP 协议通信、用 XML 打包数据）。

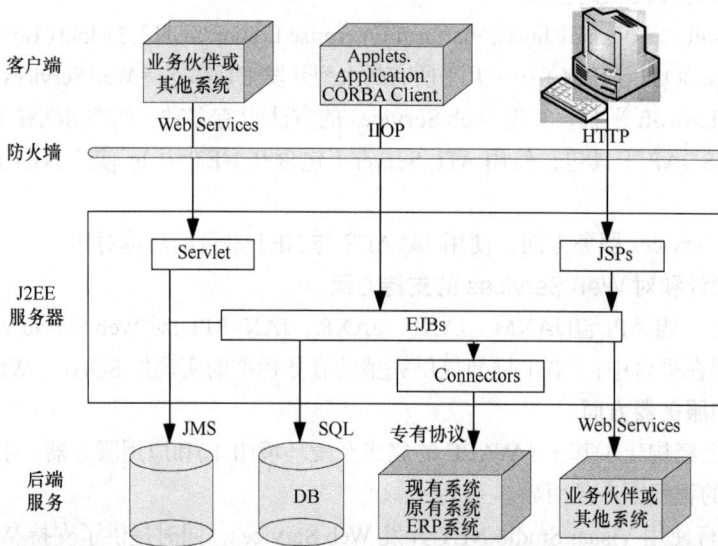

图 5.39　JAVAEE 的部署示意图

5.3.2 系统物理设计及其实现

为了构造一个面向对象的软件系统必须考虑系统的逻辑和物理两个方面。逻辑方面需要发现和描述对象类、接口、协同、交互和状态机等事物，并考虑其相互关系，物理方面需要找出构件和结点，并给出其部署情况。

UML 提供了两种物理表示图形：构件图和部署图。构件是上述逻辑事物的物理包。构件图表示系统中的不同物理构件，包括源代码文件、二进制文件、脚本文件、可执行文件等及其相互之间的联系，它表达的是系统代码本身的结构，通过功能或者文件组织在一起。部署图(也称为配置图)由结点构成，结点代表系统的硬件，构件在结点上驻留并执行。部署图表示系统的软件构件与硬件之间的关系，它表达的是运行系统的结构，用来帮助读者了解软件中的各个构件驻留在什么硬件位置，以及这些硬件之间的交互关系。构件图和部署图可以用来帮助设计系统的整体架构。

构件图和部署图用于建立系统的实现模型。从广义角度来讲，构件图和部署图也可用于领域业务建模，用构件图描述业务过程，用部署图描述业务活动中的组织机构和资源。

1. 构件图

构件是一组逻辑元素（如类、协同等）的物理实现。一个类可以由一个或多个构件实现。因此，构件和类的关系是一种依赖关系，构件拥有类，类不存在了，包含它的构件也就不存在了。构件和类的关系可以用依赖关系表示。例如，图 5.40 中的构件"Mailer"依赖于类"Mailbox""RoutingList"和"MailQueue"。通常，构件与类的依赖联系不必用图形显式表示，可以在说明文档中予以说明。

与对象类一样，构件可以有实例。构件的实例代表运行期间的可执行软件模块。例如，图 5.41 中的构件"mymailer:Mailer"就是构件"Mailer"的一个实例，它存在于运行期间。构件的实例只能用于部署图中。构件实例名字中的冒号"："之后跟着构件的型（Type）的名字，这里的"Mailer"是实例构件"mymailer"的型名。

构件性质的表示法与类相同。构件所包含的模型元素的可视性同样有"公共""保护""私用"等。例如，图 5.41 中的构件"Mailer"所包含的对象类"Mailbox"和"RoutingList"，其可视性为"公共"，对外界可视；类"MailQueue"的可视性为"私用"，对外界不可视。

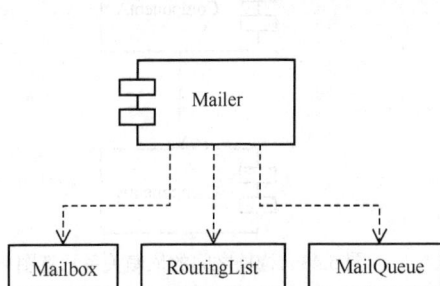

图 5.40 构件与类的依赖联系示例

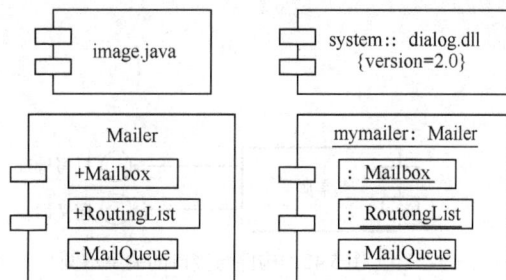

图 5.41 简单构件与扩充构件示例

构件在很多方面与对象类相似，如构件和类都有名字，都有实例，都能实现接口，都存在着联系等，但是构件和类有实质性的区别。构件代表物理事物，而类代表事物的逻辑抽象，因此构件可以用于部署图的结点中，而类不能。一般构件只有操作，外界只能通过接口接触它们，而类可以直接有属性和操作。

在许多方面构件与包类似，但是也有许多不同之处。一个构件代表一个物理的代码模块，而包可以包含成组的逻辑模型元素，也可以包含物理的构件。一个对象类可以出现在多个构件中，却只能在一个包中定义。

构件提供接口的实现，一个构件可以实现一个或多个接口。例如，在图 5.42 中的构件"字典"实现两个接口"拼写检查"和"同义词"。

构件的图标是一个大矩形的左边嵌两个小矩形。构件必须有名字。构件的名字可以用一个简单名（文字串）表示，如"image.java"是 Java 语言的一个图形构件；或用路径名表示，如"system::dialog.dll"，其中 system 是动态连接库构件 dialog.dll 所属的包名。注意，在构件名"image.java"和"system::dialog.dll"中分别带有扩展名.java 和.dll，以便表示更多的名字信息。但是，一个简单构件名不一定需要带有扩展名。从语法的角度，简单地称它们为"image"和"dialog"也是正确的，如图 5.41 所示。

在构件图中，对于一个构件可以只标出构件名。在构件名之后或之下，可以用括在花括号中的文字（即标记值）说明构件的性质，如"{version=2.0}"等。当需要了解构件所包含的模型元素时，则需要把每个模型元素的名字在构件的大矩形框里列出，这称为扩充的构件。例如，在图 5.41 中，构件"Mailer"（邮件处理器）是一个扩充构件，在构件名"Mailer"的下面列出了 3 个对象类"Mailbox"（邮件箱）、"RoutingList"（路由表）和"MailQueue"（邮件队列），每一个对象类都给出了可视性标记。构件"mymailer:Mailer"（我的邮寄处理器）也是一个扩充构件，它是构件"Mailer"的一个实例，因此在构件名下面有下划线。在构件名"mymailer:Mailer"的下面列出了 3 个匿名对象":Mailbox"":RoutingList"和":MailQueue"，它们分别是构件"Mailer"的 3 个对象类的实例。

一般地，构件有 3 种类型，分别是部署构件、工作产品构件和执行构件。部署构件是构成一个可执行系统所必需的构件，如动态链接库 DLL、可执行（EXE）文件、ActiveX 控件、动态 Web 页、数据库表及如 COM+、CORBA 及企业级 Java Beans 等模块。工作产品构件是指在开发阶段使用的构件，它包括源程序文件、数据文件等，它们一般不直接构成可执行系统，但可以产生部署构件。执行构件是作为一个正在执行的系统的结果而被创建的，如 COM+的一个对象，它是一个动态连接库（DLL）的实例。

构件之间的依赖关系使用在一端带有开放箭头的短划线表示。箭头从依赖的对象指向被依赖的对象，如图 5.43 所示。

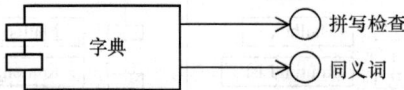

图 5.42 构件与接口的关系示例

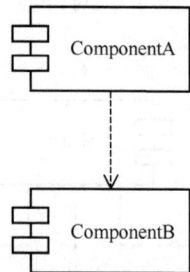

图 5.43 构件之间的依赖关系示意图

根据构件种类的不同，构件之间的依赖可以分为两种：开发期间的依赖和调用依赖。

开发期间的依赖（Development-time Dependency）是指在编译阶段和连接阶段的构件之间的依赖，如图 5.44 所示。

提供服务的称为供应者（Supplier），使用服务的称为客户（Client）。客户构件依赖于供应者构件。供应者构件在开发期间存在，但并不需要在运行期间存在。如果没有标出构造型，指明特别的含义，那么这种依赖代表在开发期间构件之间的通信或调用联系。

调用依赖（Call Dependency）是指一个构件调用或使用另一个构件的服务，如图 5.45 所示。客户构件调用或使用供应者构件的服务，调用可以直接进行，或通过接口进行。供应者构件的元素可以是构件的型或对象。

图 5.44　构件开发期间的依赖　　　　　　图 5.45　构件的调用依赖

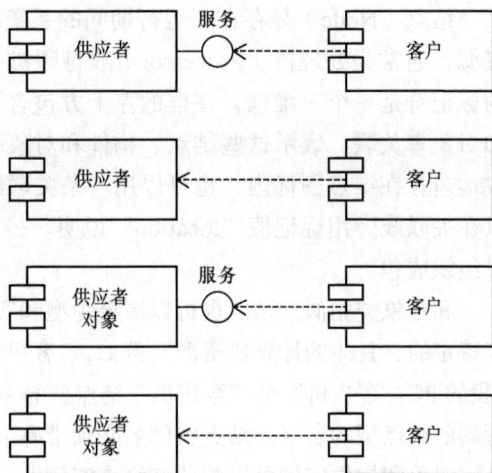

调用依赖可以发生在开发期间的构件的型之间，用构件图表示；调用依赖也可以发生在运行期间的构件的实例之间，可在部署图中表示。

另外，UML 的所有扩展机制都可以用于构件。例如，可以在构件上加上标记值描述构件的性质，使用构造型规定构件的种类。

UML 定义了以下 5 个用于构件的标准构造型。

（1）<<executable>>

构造型<<executable>>说明一个构件可以在系统的结点上执行。

（2）<<library>>

构造型<<library>>说明一个构件是一个静态的或动态的对象库。

（3）<<table>>

构造型<<table>>说明一个构件代表的是一个数据库表。

（4）<<file>>

构造型<<file>>说明一个构件代表的是一个文档，它包含的是源代码或数据。

（5）<<document>>

构造型<<document>>说明一个构件代表的是一个文档。

在 UML 2.0 中规定，构件的图标取消其大矩形框左边所嵌的两个小矩形，但必须在大矩形的右上角贴上一个小的老式构件图标，或者在构件的名称上方给出构造型<<component>>，如图 5.46 所示。

图 5.46　UML 2.0 的构件图标

另外，在 UML 2.0 中，构件代表系统的一个模块化部分，可以是指逻辑的，也可以是指物理的。它封装了该部分的内容（一组模型元素的状态和行为），这些内容是该构件私有的、隐藏的。按照基于构件的开发方法（Component Based Development），一个系统可以看作是由若干个构件通过接口连接而成的。构件在系统的整个开发生存周期中被建模，不断精化，直到系统的部署、配置和运行。

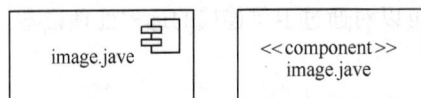

2. 部署图

UML 部署图由结点和结点之间的联系构成，用于表示一个分布式系统的运行系统的硬件结点组成结构，以及在这些结点上运行软件构件的分布。

结点（Node）是存在于运行期间的系统的物理元素，常常表达的是一种硬件，代表计算机资源，通常为处理器（Processor）或打印机、扫描仪等，系统的构件可以配置在结点上。结点的标记符是一个三维框，在框的左上方包含了结点的名称。一个结点可以与其他的结点、构件和对象有关联，表示这些结点、构件和对象驻留在该结点上，在图形表示方面不一定把它们显式地包含在结点图标内，也可以用一条关联线把结点和驻留在它上面的模型元素相连接，并可以在关联线旁用标记值"location"说明。另外，结点和对象类、协同、构件等模型元素一样可以组织成包。

和对象类相似，结点也可以区分为型和实例，结点型代表计算资源的不同类型，结点实例代表特定的、具体的计算机资源。例如，"客户机"是一个结点型，表示某系统中用户使用的 PC。"我的 PC：客户机"是"客户机"结点型的一个实例。结点实例必须有名字，其后跟冒号"："和所属的结点型的名字。结点实例名必须带有下划线。

对象和构件实例可以驻留在结点实例上，而且可以从一个结点向另一个结点迁移。构件在结点上执行，构件是被结点执行的事物。

结点与结点、结点与构件之间存在着多种类型的联系，包括关联（通信联系）和依赖（支持联系、成为联系），可以通过从结点到结点绘制的实线或构件之间的虚线箭头来表示这些联系。

（1）通信联系

通信联系（Communication Relationship）是结点之间的一种关联，是结点之间的通信路径或连接的模型。

通信联系的表示法是用一条实关联线连接两个结点。在实关联线上可以加构造型以表达结点间的通信路径或连接的性质。

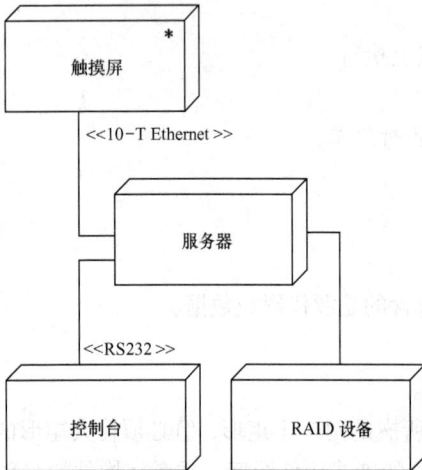

图 5.47 通信联系表示法示例

在图 5.47 中，结点"服务器"与结点"RAID 设备"之间、结点"服务器"与结点"触摸屏"之间、结点"服务器"与结点"控制台"之间存在着通信联系。结点"服务器"与结点"触摸屏"之间的关联线上标有构造型<<10-T Ethernet>>，说明这两个结点是通过 10-T 以太网络线连接的；结点"服务器"与结点"控制台"之间的关联线上标有构造型<<RS 232>>，说明这两个结点是通过 RS 232 端口连接的。在结点"触摸屏"图标右上角有一个多重性标记"*"，说明是多个"触摸屏"实例的结点。

通信联系也可以对通过卫星连接的远程处理设备建立模型。

（2）支持联系

支持联系（Supports Relationship）是结点与构件或对象之间的依赖联系。如果一个结点与一个构件或对象存在着支持联系，说明该结点上驻留着该构件或对象，该构件或对象能够在该结点上执行。

支持联系的表示法是用一条虚箭线从结点指向所连接的构件或对象，并可在虚箭线上加有构造型<<supports>>，如图 5.48 所示。如果在一个部署图中，连接结点与构件或对象的虚箭线上省略了构造型，那表示的也是支持联系。

支持联系可以用标记值"{location}"（位置）说明其性质。

（3）成为联系

成为联系（Becomes Relationship）是构件与构件、构件与对象、对象与对象之间的依赖联系。成为联系不是结点之间的联系，但是它是构件或对象在结点之间的迁移的模型。

成为联系的表示法是用一条虚箭头线从一个结点中的构件指向另一个结点中的构件或从一个结点中的对象指向另一个结点中的对象，并可在虚箭头线上加有构造型<<becomes>>，如图 5.49 所示。

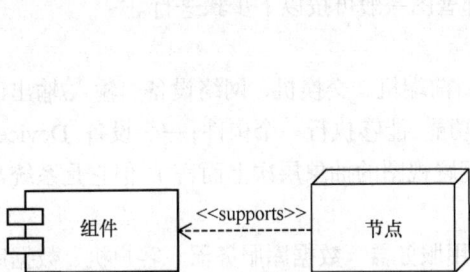

图 5.48　支持联系表示法

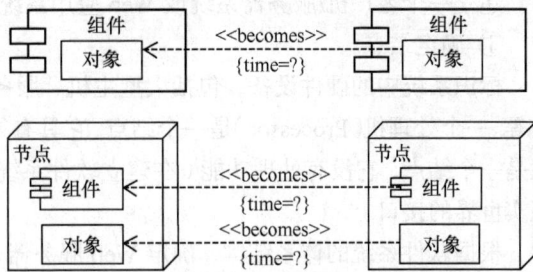

图 5.49　成为联系表示法

成为联系可以用标记值"{time =…}"说明其时间性质，即构件或对象在什么时间发生迁移活动。

成为联系说明源对象（或构件）和目标对象（或构件）是在不同时间点的同一个对象（或构件），而且它们的状态和角色不同。源对象（或构件）变成为目标对象（或构件），其状态和角色发生了改变。

部署图由结点与结点之间的联系构成。在部署图中也可以有构件，以及结点与构件之间、构件与构件之间的联系。

在建立系统的实现模型时，并不是所有的系统都需要建立部署图。例如，一个单机运行的应用系统，没有必要使用部署图，有了构件图或包图就足够了。部署图主要用于对在网络环境运行的分布式系统建立系统物理模型，或者对嵌入式系统建模。

所谓部署建模（Deployment Modeling）是把软件系统在网络上的运用方式模型化。部署图表示分布式系统的软件构件与硬件之间的关系，它表达的是运行系统的结构。部署图也可以用于建立业务模型，此时的"运行系统"就是业务的组织机构和资源（人力、设备等）。

图 5.50 所示为项目与资源管理系统（Project Resource Management System，PRMS）的部署图，该部署图有 6 个结点，其中有两个

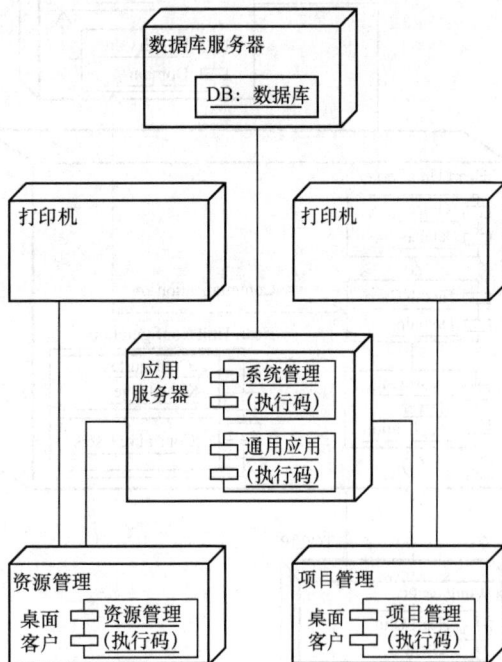

图 5.50　PRMS 的部署图

服务器结点，"应用服务器"和"数据库服务器"；两个客户机结点，项目管理桌面客户机"项目管理"和资源管理桌面客户机"资源管理"；两个打印机结点"打印机"。

在结点"应用服务器"中驻留了两个构件,"系统管理(执行码)"和"通用应用(执行码)",在结点"数据库服务器"中驻留了一个对象"DB:数据库",在结点"项目管理"和"资源管理"中分别驻留构件"项目管理(执行码)"和"资源管理(执行码)"。结点之间的连接实线表示它们之间的通信联系。

从图 5.50 可知,系统管理应用程序和公共管理应用程序在应用服务器上运行,存取数据库服务器上的数据库 DB。项目管理和资源管理应用程序分别在项目管理客户机和资源管理客户机上运行,并得到应用服务器的服务支持。项目管理客户机和资源管理客户机各有自己的打印机。

PRMS 是一个典型的客户机/服务器系统。

建立一个客户机/服务器系统或 Web 应用系统的部署图一般可按以下步骤进行。

① 确定结点。

标识系统中的硬件设备,包括大型主机、服务器、前端机、交换机、网络设备、输入/输出设备等。一个处理机(Processor)是一个结点,它具有处理功能,能够执行一个构件;一个设备(Device)也是一个结点,它没有处理功能(在建立软件系统的配置视图的抽象层次上而言),但它是系统与现实世界的接口。

根据软件系统的体系结构,确定 Web 服务器、应用服务器、数据库服务器、客户机、数据库等功能结点。

把系统的构件或对象的执行代码配置到结点上。

结点可以划分得大,也可以划分得小,以方便与用户或开发人员交流的程度为宜。

② 对结点加上必要的构造型。

可以使用 UML 的标准构造型或自定义新的构造型,说明结点的性质。

③ 确定联系。

这是建立部署图的关键步骤。

部署图中的联系包括结点与结点之间的联系、结点与构件之间的联系、构件与构件之间的联系。可以使用标准构造型或自定义新的构造型说明联系的性质。

把系统的构件如可执行程序、动态连接库等分配到结点上,并确定结点与结点之间、结点与构件之间、构件与构件之间的联系,以及它们的性质。

根据需要,分配在结点上的构件可以只列出构件名,不绘出不同结点的构件之间的联系,有关的情况在结点的说明书中说明。当然也可以详细绘出不同结点的构件之间的联系。

④ 绘制部署图。

图 5.51 所示为一个医院诊疗系统部署图,该图是一个对象部署图,其中每一个结

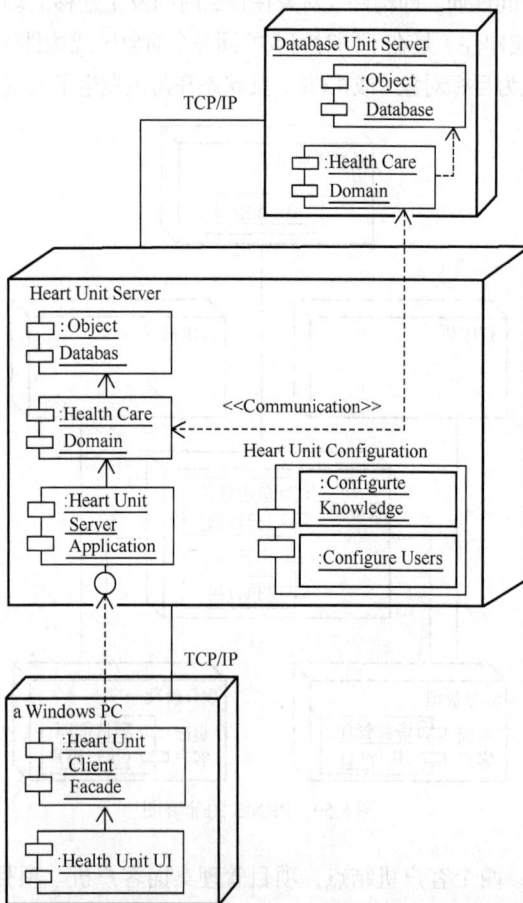

图 5.51 医院诊疗系统部署图(客户机/服务器系统)

点都是可视的特定结点实例："Database Unit Server"（数据库服务器）、"Heart Unit Server"（心血管病服务器）与 "a Windows PC"（客户机）。它们通过 TCP/IP 网络连接。

在图 5.51 中给出了驻留在结点上的构件，以及构件之间的联系。例如，在 "Database Unit Server" 结点中列出了两个构件 ":Object Database"（对象数据库）和 ":Heart Care Domain"（心血管病领域），二者存在依赖联系。"a Windows PC" 结点中的构件 ":Heart Unit Client Facade"（心血管病客户）通过接口依赖 "Heart Unit Server" 结点中的构件 ":Heart Unit Server Application"（心血管病应用程序）实现了该接口。

构件不必静态地分布在系统的结点上，如在基于代理的系统（Agent-based System）和高可靠性系统中，构件可以从一个结点迁移到另一个结点。UML 可以利用成为联系为构件在结点间的动态迁移建立模型，如图 5.49 所示。

另外，在 UML 2.0 中规定，部署图的结点（Node）所代表的计算机资源，不仅是指硬件设备（Device），如处理器、读卡机、移动设备、通信设备等；而且可以是指包含在设备内的可执行环境（Execution Environment）。执行环境是其他软件的宿主，如操作系统、J2EE 容器、工作流引擎、数据库等。

制品（Artifact）部署在结点上。在部署图中的制品就是系统开发过程中最终产生的各种可执行代码文件。实际上，制品代表构件（或任何可包装模型元素，如简单的类）的物理形式，构件由制品实现。

制品的图标为一个矩形，在制品的名称上方给出构造型 "<<artifact>>"；或者，在矩形的右上角贴上一个图标 "🗋"。

例如，在图 5.52 中有一个构件 "Order" 和一个制品 "Order.jar"，制品 "Order.jar" 是一个可执行的 Java 代码文件。构件 "Order" 由制品 "Order.jar" 实现，它们的图标之间有一条虚箭线相连接，旁边标出构造型<<manifest>>（表现），表现出二者的依赖关系。

图 5.53 所示为结点 "应用服务器" 上的部署。在图中的结点 "应用服务器" 代表一个设备，其上部署了一个制品 "KJPT.exe"（课件制作平台系统主应用模块），它是一个可执行代码文件；两个内嵌的执行环境 "J2EE 容器" 和 "DB2 DBMS"。需要时可以在设备结点的名称 "应用服务器" 的上方加上构造型 "<<device>>"，在执行环境结点图标中加上构造型 "<<Execution environment>>"。

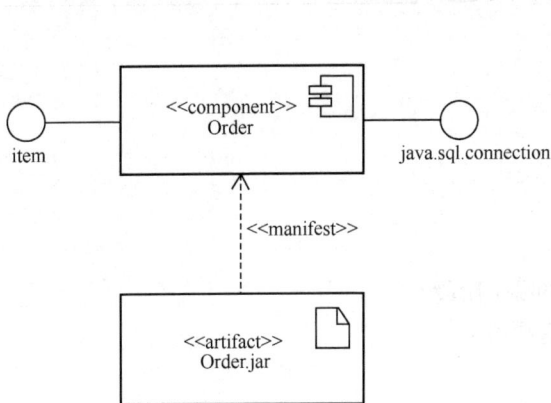

图 5.52　构件与制品

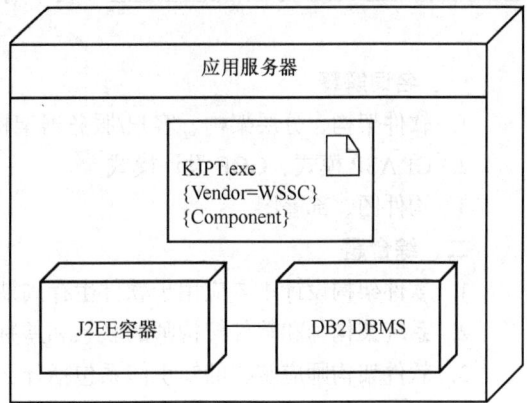

图 5.53　部署有执行环境和制品的结点

3. 系统物理设计过程中需要考虑的因素

在系统物理设计过程中需要综合考虑以下因素。

① 计算机物理系统配置：包括物理系统总体结构情况，以及选择计算机物理系统的背景、要求、原则、制约因素等。

② 计算机物理系统选择的依据：包括功能要求、容量要求、性能要求、硬件设备配置要求、通信与网络要求、应用环境要求等。

③ 计算机物理系统配置：包括 4 方面内容。

● 硬件结构情况及硬件的组成及其连接方式，硬件所能达到的功能，并画出硬件结构部署图。

● 硬件配置系统的选择情况，需要列出硬件设备清单，标明设备名称、型号、规格、性能指标、价格、数量、生产厂家等。

● 通信与网络系统配置的选择情况，列出通信与网络设备清单，标明设备名称、型号、规格、性能指标、价格、数量、生产厂家等。

● 软件配置系统的选择情况，列出所需软件清单，标明软件名称、来源、特点、适用范围、技术指标和价格等。

④ 指出费用情况：包括计算机硬件、软件、机房及其他附属设施、人员培训及计算机维护等所需费用，并给出预算结果。

⑤ 具体配置方案的评价：可以从使用性能和价格等方面进行分析，提供多个物理系统配置方案。通过对各个配置方案进行评价，在结论中，提出设计者倾向性的选择方案。

本章小结

本章主要介绍系统设计的常用原则、模式和方法。首先介绍了架构设计（总体设计）的目标、策略、基本原则及相关知识，并通过实例介绍了几种常见的软件架构选择和设计；在架构设计基础上，还介绍了在传统数据流图基础上，从需求到设计的转换方法；最后，从系统资源设计的角度，介绍目前常见的系统应用逻辑设计和物理设计方法。

本章习题

一、名词解释

1. 软件架构、分层架构、客户/服务器架构
2. GRASP 模式、GOF 设计模式
3. 构件图、部署图

二、综合题

1. 软件架构设计主要应用于软件生存周期的哪个阶段？
2. 系统架构师和软件架构师的联系和差别有哪些？
3. 软件架构师应掌握的知识体系包括什么？
4. 软件架构知识体系包括哪些内容？
5. 软件架构设计的目标、策略和基本原则是什么？
6. 在软件架构设计中，逻辑架构、物理架构和系统架构各自关注点有什么不同？
7. 框架和模式的区别和联系是什么？

8.　选择和设计软件架构的常用经验法则是什么？

9.　分层架构和客户/服务器架构分别适合于什么样的系统架构设计？

10.　常用的数据流图有哪几种类型？分别按照什么方法和步骤进行设计？

11.　GRASP 模式的核心思想是什么？

12.　GRASP 模式有哪几种类型？分别适合于什么样的场合使用？

13.　GOF 设计模式有哪几种分类方法？

14.　比较典型的分布式应用程序架构的实现有哪几种？各有什么特点？

15.　系统物理设计及实现常用的描述工具是什么？

16.　UML 中用于构件的标准构造型有哪几种？

17.　结点与结点、结点与构件之间存在着哪些类型的联系？UML 中各自怎样表示？

18.　系统物理设计过程中需要考虑的因素有什么？

第6章
对象模型设计

对象模型设计是继系统分析和架构设计之后的重要设计阶段。面向对象的分析侧重对需求的理解，决定系统要实现什么，所以分析阶段建立的对象模型是比较粗略的，基本不涉及软件实现的技术细节；面向对象的设计是以软件的实现为目的，以分析模型为基础，设计出描述如何实现系统各项需求的解决方案。因此，对象模型设计是对前述的分析和系统设计的精工细雕；是设计者根据系统设计时所选取的策略对分析阶段建立的对象模型进行精化、完善及优化的过程。

在 UML 系统开发过程中，对象模型设计主要包括：类设计、构建设计类图及包图，其具体的工作过程大致划分为：确定设计类、识别并精化类的属性和操作，以及确定类的接口和优化类间的关系，并将设计类图分组成包等。

本章将结合对象模型设计原则、方法介绍类设计和包设计。

6.1　类设计

设计阶段需要借助类图来记载和表达设计。设计的目的就是实现系统所有的功能性需求与非功能性需求，因此要以需求的实现作为对象设计的目标，即用例驱动，针对每个用例，开发实现这些用例所需的类设计，逐步细化设计类模型，构建其设计类图。

对于面向对象设计，一方面需要实现系统需求，另一方面又要确保系统能够易于扩展和修改，使系统具有较高的灵活性，一旦需求发生变化，整个系统不用做变动或做很少的变动就可以满足新的需求。类设计原则就是为支持系统的易扩展性、稳定性及可维护性复用而诞生的，是从许多设计方案中总结出的指导性原则。因此，为了保证对象设计的优良性，在设计的过程中应该遵循这些基本的设计原则。

本节主要介绍类设计原则、类设计、构建设计类图的过程及方法和步骤。

6.1.1　类设计原则

下面介绍 4 条最常见的类设计原则。

1. 开闭原则（OCP）

从面向对象设计角度看，开闭原则是指一个模块在扩展性方面应该是开放的，而在更改性方面应该是封闭的。也就是说，在设计一个模块时，应该尽量使模块可以扩展，并且在扩展时不需要对模块的源代码进行修改，是在保持一定的稳定性的基础上，对系统进行扩展。封装变化是实现开闭原则的一个重要手段，通常实现开闭原则两种安全的设计模式是：策略模式和模板方法模式。为达到这个要求，设计时应尽可能地使用接口。

如图 6.1(a)所示，PrinterA 类、PrinterB 类、PrinterC 类分别表示不同类型的打印机，Output 类与它们都有关联，Output 类中需要选择结构来判断当前与系统相连的打印机类型，并执行该打印机类中的 print()方法。如果系统需要添加一个新打印机类型时，不但需要添加一个新的打印机类，还需要修改 Output 类中的相关代码和结构，显然这是不符合"开闭原则"的。改进后如图 6.1(b)所示，引入一个接口 Printer，为其添加一个 print 方法，使 Output 类只依赖接口 Printer，在 Output 类中设类型为 Printer 的变量 p。无论系统与哪种类型打印机相连，输出时只调用 p.print()方法，这样 Output 类中不需要通过相应的结构来判断，p 的具体类型在运行时由系统确定。如果添加一个新打印机类型时，如 PrinterX 打印机，只需新增打印机类 PrinterX，并让该类实现接口 Printer 即可，不需要修改 Output 类内部的任何代码。

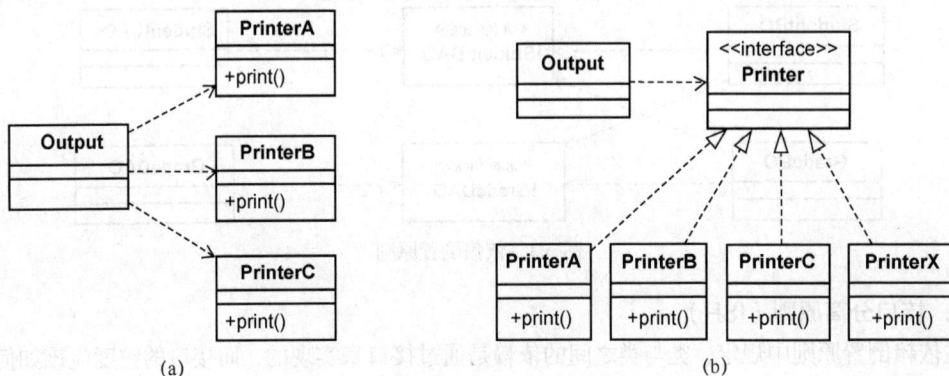

图 6.1　开闭原则

2. 里氏替换原则（LSP）

里氏替换原则是指子类必须能够替换它的父类，具体表述为：一个软件实体如果使用的是一个父类的话，子类可以替换父类出现在父类出现的任何地方，同时，它也意味着父类之间的关联也可以被它们的子类所继承。

例如，如图 6.2 所示，可以把 Shape 设计为抽象类或接口，让 Circle 类继承抽象类或实现接口 Shape，而 Canvas 只与 Shape 交互，运行时，Circle 替换 Shape。这样可保证较好的可扩展性和封闭性，当需要扩展时，Canvas 的改动最小。LSP 是保证 OCP 的重要原则。

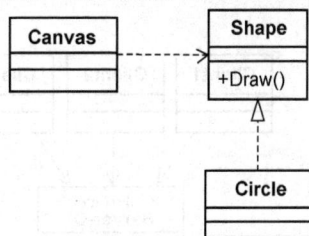

里氏替换原则是类的继承关系设计的依据。子类不能完全替换父类的设计违反里氏替换原则，这样的程序存在潜在风险。多数情况即使违反了里氏替换原则，很多程序一样能够正常通过编译，只有在运行时才会抛出异常信息。因此，对里氏替换原则的遵循不能依赖于编译系统，而是需要设计人员自己来检查。

图 6.2　里氏替换原则

3. 依赖倒置原则（DIP）

依赖倒置原则是指依赖关系应该尽量依赖于抽象（接口），而不是依赖具体的类。这里所说的"倒置"是相对传统的结构化分析与设计而言的。在结构化分析与设计中，软件被设计成为层次关系，高层模块调用低层模块的实现，抽象模块依赖于具体实现的有关模块。而在面向对象设计中，把这个依赖关系倒转过来。

遵循依赖倒置原则，要求在设计时应该针对接口编程，尽量依赖接口（或抽象类），而不是依赖具体的类。依赖倒置原则是接口设计的依据。为了满足依赖倒置原则，需要为具体的实现类设计抽象接口，其他依赖于这个具体类的类都针对其接口编程。在编写如独立于操作系统、平台、编程语言的程序时，经常会采用这种方法来进行设计。例如，在学生学籍管理过程中，有两个实体类 Student 和 Grade，StudentDAO 类和 GradeDAO 类分别是实体类 Student、Grade 的数据访问类。在学生的管理过程中，可能需要操作 Student 和 Grade 两个对象，因此 StudentBO 与 StudentDAO 和 GradeDAO 都可能存在依赖关系，对象模型设计时考虑到依赖倒置原则，希望高层 BO 尽可能忽视低层 DAO 的细节、不依赖于低层 DAO，所以增设接口 IStudentDAO 和 IGradeDAO，使得 StudentBO 不直接依赖 StudentDAO 和 GradeDAO，而是依赖接口，这样，如果 StudentDAO 或 GradeDAO 发生变更不会影响到上层 StudentBO，如图 6.3 所示。

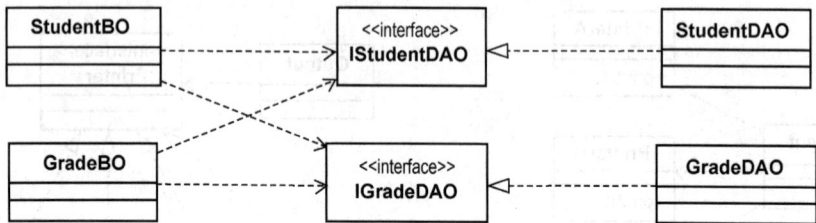

图 6.3　依赖倒置原则

4. 接口分离原则（ISP）

在依赖倒置原则中规定，类与类之间的依赖是通过接口来实现的，而接口的粒度应该如何控制呢？接口分离原则就是针对这个问题而提出的。不要设计出包含很多职责的臃肿接口，否则当该接口发生变更时，即使依赖于它的客户端并未使用被变更的职责，它们也需要对接口变更做出响应。

如图 6.4(a)所示，多个客户程序仅依赖一个接口，但每个客户程序仅调用其中一部分操作，即 Client1 仅调用 C1-Operation1()，Client2 仅调用 C2-Operation2()，Client3 仅调用 C3-Operation3()。这样的设计会导致：如果客户 Client1 的需求发生变化，需要改动整个 Server 类，而这样可能会影响到客户 Client2 和 Client3 所依赖的功能。解决此问题的方法是为每个客户建立自己的接口，如图 6.4(b)所示，分离不同客户的需求，以减少相互间的影响。

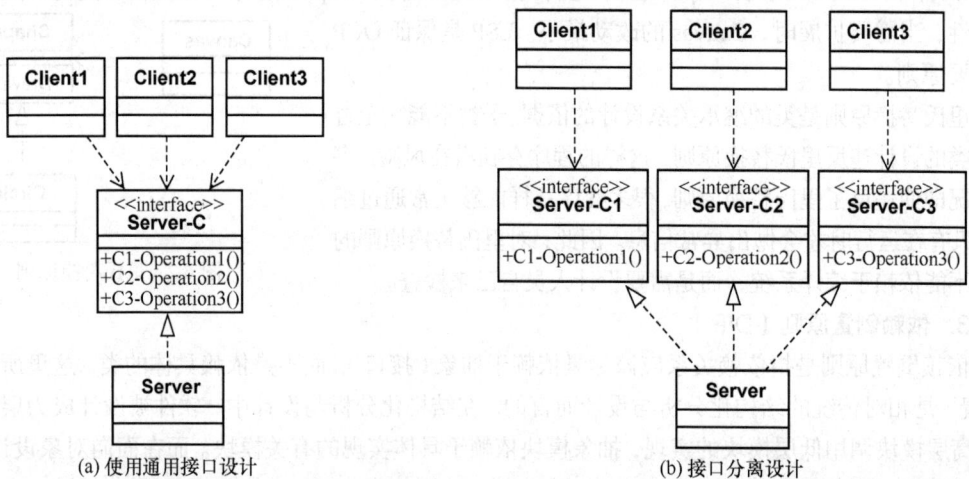

图 6.4　接口分离原则

6.1.2　类设计、构建设计类图的过程

尽管在面向对象分析与设计阶段都建立类图，但设计阶段建立的类图与在分析阶段建立的类图抽象层次不一样。由于分析是一个发现的过程，所以分析人员通常不大关心类的属性或方法的细节，然而在面向对象的设计中，类的属性必须被声明成 Public 或 Private，每个属性应该被定义类型，设计中，详细定义这些细节是很重要的，有时候，设计人员还需要定义方法的逻辑等。在设计中，经常会在分析模型的基础上添加很多设计类，系统中的设计类可以划分为边界类、控制类、实体类，有时候也可以以子系统的方式划分类。

总之，无论以哪种方式，在设计阶段，设计师都需要借助类图记载和表达设计，需要继续沿用分析模型，不但要根据实现条件进行设计，而且由于需求的变化或者发现了错误，也要对分析的结果进行调整、优化和细化，构建设计类图。

设计类图应包括以下内容：

① 类；

② 类之间的关系，包含关联关系、泛化、聚集、组合关系和依赖关系；

③ 类属性、属性类型及属性的可见性；

④ 带参数的方法（操作）、操作的可见性；

⑤ 类之间关联关系的导航能力。

构建设计类图需要和细化的交互图协同工作。首先针对每个用例实现，构建其相应的交互图，细化的交互图确定了一个"用例实现"需要哪些对象怎样地协同工作。在分析阶段类图的基础上，经过分析，在设计阶段会逐步定义许多设计类，如通过交互模型引入边界类和控制类或发现新的实体类。设计类图的第一次迭代是基于分析阶段的对象模型和系统设计的准则，由于设计决策是在交互图的构建过程制订的，因此交互图的结果又用来完善设计类图，包括规约设计类的属性和操作及类之间的关系，并把系统行为分配到类。

因此对象模型的设计过程即构建设计类图的过程如下所述。

① 识别设计类。

② 定义设计类的属性和操作。给设计类添加完整的属性及属性类型并定义属性的可见性；给设计类定义操作，需要确定类中包含的操作及操作的名称、可见性等，如果操作的功能比较复杂，应包含操作算法的设计。

③ 设计类之间的关系。包括设计关联关系（如确定关联的导航能力，给单向关联添加导航箭头）、设计调整继承、绘制依赖关系等。

④ 最后将解决方案可视化，划分成适当的包。

6.1.3　确定设计类

对象模型的设计首先应该识别出系统的设计类。分析阶段得到许多分析类，这些分析类都是设计模型的候选类，但只有这些候选类很难实现系统功能，因此在设计阶段还需要添加一些辅助类（如接口类、控制器类）和新发现的实体类。

1. 类的几种版型

根据 MVC 设计模式，系统通常在 3 个维度上易于发生变化，即系统和外部环境之间交互的边界、系统在运行中的控制逻辑及系统要记录和维护的信息，按照这个设计模式，在 UML 中，把类对应为边界类、控制类和实体类 3 种主要的版型，有助于分析和设计人员确定系统中的类。

① 边界类：是提供参与者与系统交互方式的类。边界类位于系统与外界的交界处，主要指用户界面类、系统接口类和设备接口类等，通常有窗体、对话框、报表、与外部设备或系统交互的类等；边界类可以通过用例确定，因为参与者必须通过边界类参与用例；边界类一般可以没有属性，只有操作。

② 控制类：用于协调其他类工作和控制总体逻辑流程。通常可以为每个用例设置一个控制类，也可以多个用例共设一个控制类。控制类会向其他类发送消息。

③ 实体类：是需要永久保存信息的类。类及其属性最终可能映射成数据库中的表及字段。

2. 识别设计类

识别设计类应该从以下几个方面考虑。

一方面是把分析阶段及系统结构设计中得出的类带进设计中，将其映射成设计类，但并不是完全的一一映射，常常有可能把一个分析类分解成两个或多个详细的设计类或接口，因为分析阶段的类是粗略的，并没有识别出类的操作或者只是捕获了类中关键服务的部分，而在分析类精化成设计类时，发现有的类比较复杂，如要遵循类的单一职责原则，意味着复杂的设计类应分解为简单类；有时，分析类不是显式地出现在设计中，这是由于计算效率的缘故，分布于其他类之中。

另一方面设计类也可能来自系统提供的类库或者可复用的构件。

在设计对象模型时，有时为了提高效率也增加新的冗余类。因为这些模型需要体现系统实现所需的相关环境细节。比如，有时需要创建一个被多个类获取的公共算法，公共算法以自由子程序或非成员函数的方式实现。如果将它们放到一个已存在的类中，就会降低这个类的内聚性，所以，需要创建一个特定的类来包含它们，这些用来包含非成员函数的特定类被称为公用类。

总之，识别类的过程就是依据类设计的基本原则，从实体类、边界类和控制类的角度实现从分析类到设计类的映射，并对用例实现中的类图及交互图做相应修改，完成这个步骤，各设计类就被识别出来了，它们的粒度和范围就都确定了。例如，通过用例实例场景分析，可以发现为了支持实现用户目标的执行路径，需要更多的对象，对比分析阶段构建的类图，对在顺序图中新识别出的对象，更新数据字典中的遗漏部分，并相应优化类图。

6.1.4 定义类的属性、操作

在识别出设计类后，就需要定义其属性与操作，并定义完整的属性集合和完整的操作集合。面向对象分析阶段，允许类的属性和操作不详尽。在设计阶段，必须完善和精化类的属性和操作，包括解决分析阶段推迟考虑的问题（如因封装原则而设立的对象操作），定义与设计模型其他部分有关的属性和操作，调整表示关联、聚集或组合的属性等以及精化类的属性和操作。

1. 定义类的属性

（1）属性的识别

关于属性的识别 2.3 节已经详细介绍了。设计阶段，有时为了实现类之间的关联、聚集或组合关系，可能需要在类中增设属性。设计表示关联的属性，需要区分多重性的 3 种情况，识别出属性应设置在哪一端；设计表示组合的属性，可以用嵌套对象实现；对于聚集，可以采用与关联相同的策略。例如，如果存在从类 A 到类 B 一对一的关联或聚集，可以考虑在类 A 中设置类型为 B 的指针或引用（reference)的属性。如果从 A 到 B 的一对多的关联或聚集，可以考虑在 A 中设置一个集合类型的属性,集合元素的类型为 B 的指针或引用;对于组合关系的处理类似于聚集,不同的是属性的类型应设置为 B 而不是 B 的引用。

（2）精化类的属性

对于类的每项属性,在设计模型中,考虑完善属性的定义,包括名称、类型、可见性、初始值、约束条件及属性说明,其中后三项内容是可选的。

UML 规定类的属性的语法格式为: 可见性 属性名: 类型 = 初始值 {约束特性}

① 可见性（visibility）:表示该属性对类外的元素是否可见。

- Public:公有的,表示模型中的任何类都可以访问该属性,用 "+" 号表示;
- Private:私有的,表示不能被别的类访问,用 "–" 号表示;
- Protected:受保护的,表示该属性只能被该类及其子类访问,用 "#" 号表示。

按照面向对象的信息隐蔽原则,尽可能保持数据的私有化。

② 类型:可以是基本数据类型,例如,整数、实数、布尔型等,也可以是用户自定义的类型。按照所涉及的程序设计语言,考虑其支持与不支持的属性类型,对不支持的类型进行调整。

③ 约束特性:是用户对该属性性质一个约束的说明。例如,"{只读}"说明属性是只读属性。

④ 初始值或省缺值:如果属性需要初始值,这时就需要给出初始值,否则要尽量在创建对象时对属性初始化。

2. 定义类的操作

类的操作被约束在类的内部,一般只应用于该类的对象上。操作同编程语言中的函数一样,具有名字,还可以有参数和返回结果,除了操作名字之外,其他的所有信息都是可选的。

UML 规定操作的语法格式为:可见性 操作名 (参数表) : 返回类型 {约束特性}

（1）识别类的操作

分析阶段构建的对象模型,通常并不详细描述类的操作或只列出很少几个最核心的操作。面向对象的设计是扩充、完善和细化面向对象分析模型的过程,设计类中的操作是设计阶段的一项重要工作内容。设计者必须综合考虑对象模型、动态模型和功能模型,才能正确确定类中应有的操作。

功能模型指明了系统必须提供的服务,描述了系统必须实现的操作。在设计阶段,必须确定如何实现系统的每个操作,把一个个高度概括的操作分解成简单的操作。这种分解是一个必须在相关的低层抽象层次上重复迭代的过程。

动态模型,尤其是顺序图,它描述了一个用例场景中所涉及的所有对象之间的交互,是发现和记录类操作的一种工具,类的操作可以通过检查分析顺序图对象之间的交互来初步确定,即把顺序图中对象之间的消息映射成一个类的操作。

下面这个示例说明了如何利用顺序图的结果来识别类的操作并细化类模型。如图 6.5 所示,该图的上半部是一个类图,下面是一个顺序图。在顺序图中可以看出,Class A 的对象（obA）收到两条消息 messageA、messageB,因此可以给 Class A 类添加两项操作（operation 1 和 operation 2）,进而细化类图。

通常可以直接将消息转换成操作名,如图 6.6 所示,有一个与类 ClassA 的实例（object1）相关的输入消息（检查 CustomerID）,因此向 object1 的所属类（ClassA）添加一项操作,将消息转换成操作名（CheckID）。在后续设计中可以将这些操作细化为函数原型:checkID（name, passwd）。

类 图

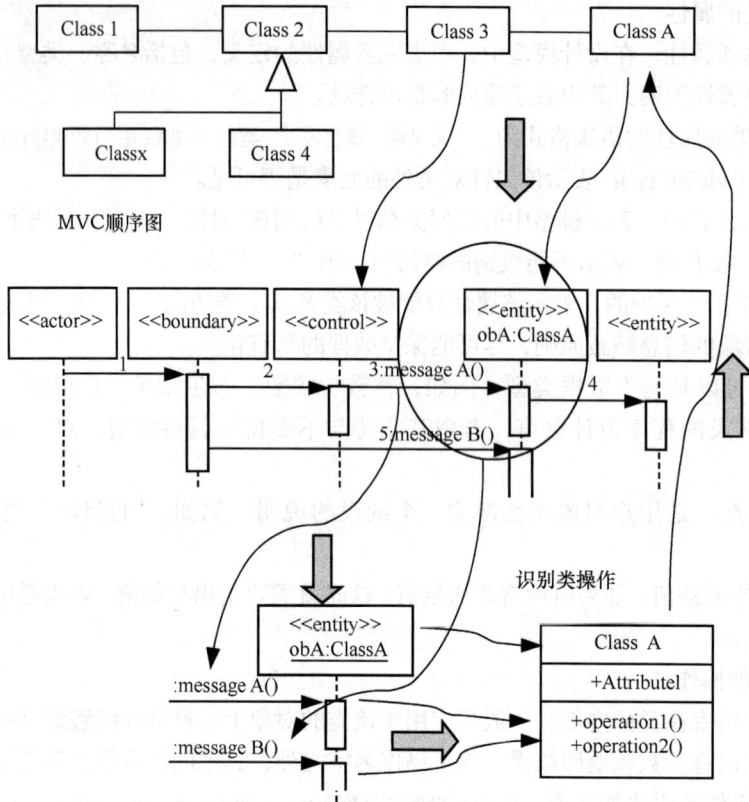

图 6.5　使用顺序图细化类模型

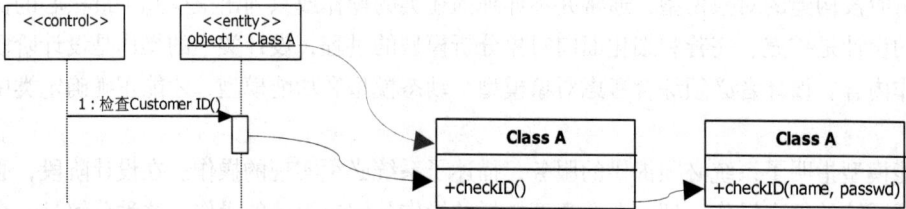

图 6.6　从顺序图抽象出类的操作

需要注意几点：由于顺序图中的消息常有概括性的标签，例如，名为"new info"的消息可以发送给许多不同类的对象来输入许多不同类的对象数据，当创建基于这些消息的操作时，应该对它们分别重命名以反映每个特定操作；操作名和执行操作的类相关；如果操作是多态的，也需要注意它的操作命名；顺序图有时并不能完全描述一个类实现的所有功能，这时就需要更新顺序图；多数操作有明显的目标对象，但某些操作没有确定的目标对象，可能在一个算法中的几个地方被几个对象之一执行，只要它们最终能完成，这样的操作通常是带有许多结果的复杂的高层操作的一部分，对这样的操作指定职责是很困难的，而且它们在设计类时很容易被忽略，因为它们不是任何一个类所固有的部分。当一个操作涉及不止一个对象时，需要从各个角度综合考虑，首先应该确定哪个对象在操作中起主导作用。

（2）设计实现操作的方法

当类的操作被识别出来后，需要设计实现操作的方法主要包括以下几项工作。

① 选择实现操作花费最小的算法。在选取算法中需要计算复杂度，考虑易于实现性、可理解性和灵活性，并精细协调对象模型。

② 给算法选择合适的数据结构。分析阶段的工作只集中于系统信息的逻辑结构，而在对象设计阶段，则需要选择能够实现高效算法的物理数据结构。

③ 定义内部类和操作。在设计阶段，为了保存在执行算法过程中得出的某些中间结果，可能需要添加一些在问题的陈述中没有提到的类；此外，在高层操作分解中，可能会发现新的低层操作，在设计过程中也应该定义这些新增加的低层操作。

6.1.5　设计类之间的关系

随着设计类的确定，需要设计相应的类关系。在设计过程中，一个分析类有可能被分解成多个设计类，又因为分析模型中给出的类关系是较为抽象的，为了创建能用语言实现的设计模型，必须重新调整类关系并细化类关系。依照软件工程"强内聚、松耦合"的准则，结合类设计原则，兼顾软件复用及软件结构的简洁化要求，设计、细化并优化类之间的关系。

1. 设计关联

在对象模型中，关联提供了对象之间的访问路径。在对象模型设计阶段，设计人员必须确定系统实现关联的具体策略。在此之前首先要做的就是将关联关系具体化，主要体现在分析关联的导航性（确定关联是单向关联还是双向关联）及分析关联的多重性，必要时使用约束与限定。关于关联的多重性第 2 章已做了相关介绍。

（1）确定关联的导航性

在分析阶段，已为对象的关系进行了建模，分析模型中对象的关联往往是双向的，因为在开发的早期不会考虑关联的导航方向。由于在设计阶段需要考虑关联、聚合等关系的实现，分析每个关系在程序中的实现方式，而实现双向关联比实现单向关联更困难、实现代价更大，因此，在设计阶段，设计人员需要仔细推敲每一个双向关联的必要性，尽量将关联关系单向化，仅保留确有必要的双向关联。在设计阶段一个重要的任务就是明确关联关系的导航方向，关联的导航方向也可以看成关联的遍历。

例如，在分析模型中假设"会员"和"订单"之间的关联是双向的，但在设计时可能就会把它们的关联关系设为单向，这样会员可以"访问"订单，但订单不可"访问"会员。有很多情况，用户希望限制消息仅向一个方向发送。例如，某"在线销售系统"中，假设每个系统用户必须有一个密码，系统要求用户必须每个月更换一次密码，新密码不可以是最近 6 个月中使用过的密码。这个场景的类模型设计如图 6.7 所示，User 和 Password 之间存在一个单向关联。当给定一个用户，要找到用户当前使用的密码，用于认证或者修改密码，而多数情况下当给定一个密码要确定一个对应的用户是不需要的，所以设计为单向关联。

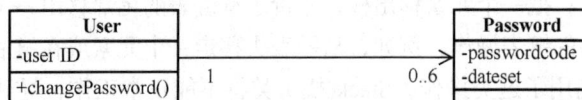

图 6.7　单向关联

有些时候应用系统也需要双向关联，这时关联需要双向遍历。例如，某"在线销售系统"中，供应商和商品之间就需要建模双向关联，因为这两个类需要彼此获得消息。

（2）关联的实现策略

① 单向关联：如果一个关联是单向遍历的，那么它可以用指针来实现，指针可以是一个包含对象引用的属性。如果重数是"1"，那么实现关联的指针是一个简单指针；如果重数是"多"，则需要用一个指针集合来实现关联。

② 双向关联：有以下 3 种实现方法。

方法 1：用指针实现一个方向，在需要反向遍历时执行一次搜索。这种方法仅用于两个方向的访问次数有很大悬殊的情况，而且减少存储花费和更新的花费是很重要的。稀疏的反向遍历代价是极昂贵的。

方法 2：两个方向都实现成指针，这种方法允许快速访问，但只要有一个方向更新了，那么另一个方向也要更新以保持其链接的一致性。当访问次数超过更新次数时，这种方法很有效。

方法 3：用独立的关联对象实现双向关联。

2．调整继承关系

分析阶段首次建立了继承关系，但为了加强重用性，在设计阶段需要进一步细化分析模型中的继承，这样还有助于合并实现类和有效类库。细化分析模型中的继承层次可以减少代码量，有助于模型的一致性。但是，滥用继承关系也会带来严重后果，下面讨论调整继承关系的几个问题。

（1）重新调整类和操作以增加继承性

有时在多个类中同时定义了相同的操作，并能很容易找到一个可以继承的父类。但是，大多数情况下，这些类中的操作是相似的而非完全相同的，设计者可以对操作或类的定义稍做改动，就可以使这些操作变得一致，进而可以使用单继承操作来覆写它们。

（2）将类分组以提取公共行为

使用继承的机会并不总是在开发的分析阶段认识到，因此需要重新检查对象模型，寻找类与类之间的共同性。

如果区分出了公共特性，那么可建立一个实现共享特性的公共超类，在子类中只留下专门的特性。这种对象模型的转换称为抽象出公共超类或公共的行为。通常结果超类是抽象的，也就是说它没有直接的实例，但它所定义的行为却属于它的子类的所有实例。

（3）使用组合替代继承以实现行为共享

本章 6.1.1 节介绍的里氏替换原则是类的继承关系设计的依据。里氏替换原则是指子类必须能够替换它的父类，就是说，一个软件实体如果使用一个父类的话，子类可以替换父类出现在父类出现的任何地方。如果在设计继承关系时，子类有选择性的继承父类的操作，这种不能完全替换其父类的设计违反了里氏替换原则，虽然多数情况即使违反了里氏替换原则，很多程序一样能够正常通过编译，只有在运行时才可能显示异常信息，但这样的程序就存在潜在风险。

例如，假设类库中已有一个 List（链表）类，而程序员正在实现一个 Stack（栈）类，如果程序员从 List（链表）类派生出 Stack（栈）类，如图 6.8(a)所示：把一个元素压入栈，等于在链表的尾部添加一个元素；把一个元素移出栈，等价于从链表的尾部移出一个元素。但是继承的同时也继承了其他不需要的链表操作，例如，从链表头移走一个元素或在链表头添加一个元素的操作。如果用户错误地使用了这类操作，Stack(栈)类将不能正常工作，导致出错。这种继承的设计不符合里氏替换原则。

因此，只为了复用代码而不考虑组织类型差异的继承用法往往是不符合里氏替换原则的，这种情况下的继承机制是不应该使用的。

可以使用组合替代继承实现复用，如图 6.8(b)所示，每个 Stack（栈）实例都会包含一个私有的 List（链表）实例，Stack（栈）的操作 push()委托 List 类对象通过调用其操作 last()和 add()实现，Stack（栈）的操作 pop()则通过 List 的操作 last()和 remove()实现。

在希望复用代码又不符合里氏替换原则时，可以通过组合关系来替代继承。设计继承关系时要符合里氏替换原则，不要仅为了代码的复用而使用继承。

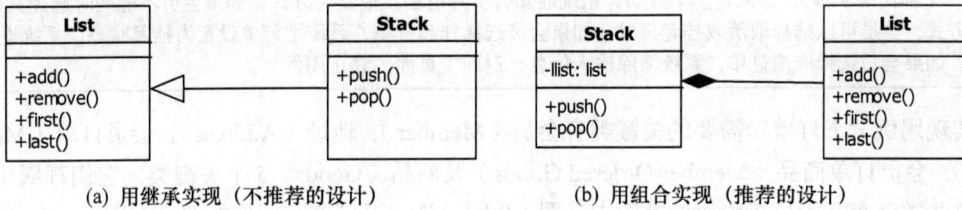

(a) 用继承实现（不推荐的设计）　　　　　　　(b) 用组合实现（推荐的设计）

图 6.8　使用组合替代继承

6.1.6　在线销售系统类图设计示例

例如，第 2 章案例某"在线销售系统"的类图设计中，可以分解为针对该系统的每个用例实现进行类设计，经过多次迭代后，经过归纳整合，最后完成整个系统的类设计。下面只针对用例"下订单"的部分实现进行类设计。

第一步，识别关键设计类。实现用例"下订单"，首先需要识别实现这个用例所需的关键类，可以先从职责分配的角度入手。"下订单"这个系统职责不可能由一个类来完成，需要多个类协作完成。结合分析阶段构建的类图，分析用例模型中"下订单"的用例描述中的事件流，见表 6.1，可以看出，在会员下订单的过程中，需要确认会员信息（包括会员地址）、确认会员所订购商品的可用性，因此需要通过"会员"类获得会员信息，需要通过"地址类"确认会员的送货地址等。确认所订购商品的可用性只依赖"会员订单商品"类是不能完成所有请求的，需要"商品"类协作，获得商品的详细信息，最后生成一个"会员订单"。因此通过分析"下订单"的用例描述，发现要实现"下订单"用例需要多个类的协作，这里只重点关注几个关键类。

表 6.1　　　　　　　　　　　　　　　　　"下订单"用例事件流

"下订单"用例事件流
基本事件流
（1）会员请求输入新订单
（2）系统产生商品目录
（3）会员选择购买项（商品）及数量
（4）系统显示会员的个人信息（送货、收费地址）
（5）会员验证信息。E-1
（6）系统验证会员订购的每个项（商品）的可用性，获取会员价格及订单总额，并显示订单总结
（7）会员验证订单。E-2
（8）系统提示会员选择支付方式
（9）会员选择支付方式并支付。E-3
（10）系统记录订单信息，生成一个订单确认，显示给会员，并通过电子邮件发送给会员

扩展事件流
E-1（替代第5步）：如果需要修改，会员修改送货地址、收费地址，系统验证修改，存储
E-2（替代第7步）：如果订单需要修改，会员可以删除不需要的项目或修改订购数量等，一旦会员完成修改，系统继续处理订单，转到（第6步）。如果会员选择继续购买转到第3步
E-3（替代第9步）：如果付款不成功，系统通知会员并请求其他支付方式。如果会员不能同时选择其他支付方式，会员可以选择取消或挂起订单。如果会员选择挂起订单，系统把订单设置为挂起状态，系统返回主页面。如果会员选择取消订单，系统清除输入信息，返回主页面，终止用例

实现用例"下订单"需要的关键类有会员（Member）、地址（Address）、会员订单（Member Order）、会员订单商品（Member Ordered Goods）及商品（Goods）5个关键类，它们都属于实体类。这些类已存在于分析阶段的类图中。图6.9所示是"下订单"用例的部分类图。

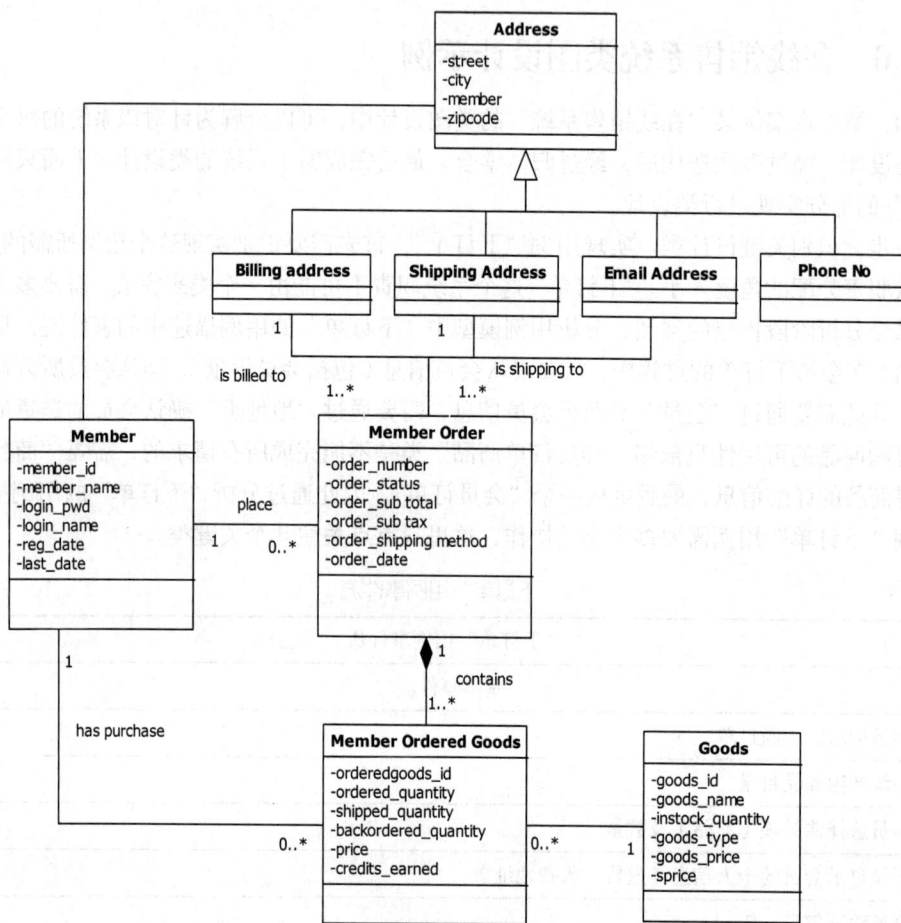

图6.9 "下订单"用例的部分类图

第二步，添加辅助类（如边界类、控制类）。

① 提取边界类：设置边界类 Calalog Display（目录显示）和 Order Summary Display（订单汇总显示），负责参与者与系统进行交互、执行启动"下订单"用例。其他边界类这里就不列举了，根据需要增设。

② 提取控制类：通常一个用例设置一个控制类就可以了，对于非常简单的用例可以将控制类与边界类合并，直接在边界类中设置控制和协调功能，或和其他用例共用一个控制类。本例针对用例"下订单"设置控制类 Placeorder。

第三步，添加类的属性、操作及其可见性。交互图是发现和记录类行为和职责的工具之一，一个完整的交互图描述了用例场景中涉及的所有对象之间的交互。根据"在线销售系统"用例模型中"下订单"的事件流，见表 6.1，构建"下订单"正常场景及所有可选场景的 MVC 级顺序图，通过分析"下订单"的这些顺序图，可进一步识别出对象的一些操作和属性，以此细化类模型。建模交互图是对象模型设计的核心，建模交互图的方法策略已在第 3 章做了详细地介绍，这里就不具体介绍建模交互图的过程了。如图 6.10 所示，该图是"下订单"正常场景中的部分片断的 MVC 级顺序图，该图只描述了事件流中"验证商品可用性及计算金额"这个步骤的对象之间的协作。

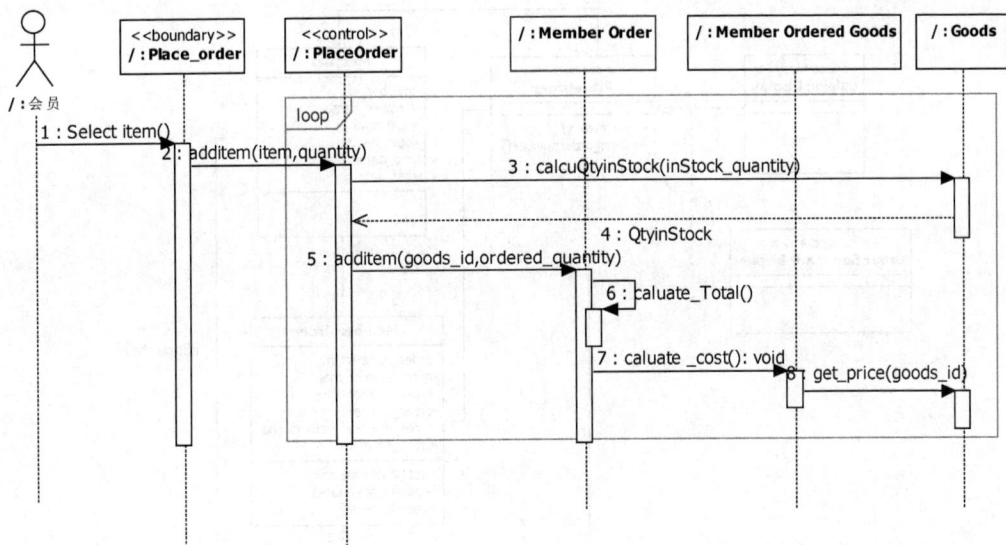

图 6.10 "下订单"用例顺序图

在图 6.10 中可以看出，首先会员通过边界类 Place_order 做出一个选择，然后该边界类 Place_order 传递一条包含订单项和数量说明的选择给控制类（PlaceOrder）。因为"下订单"用例要求对每个订单项验证产品的可用性，故控制类（PlaceOrder）循环遍历每个项目。控制类（PlaceOrder）发消息 calcuQtyinStock 给商品类 Goods，如果 calcuQtyinStock 不是一个已经存在的行为，那么可以通过这个顺序图明确 calcuQtyinStock 是商品类 Goods 的一个操作（行为），商品类 Goods 收到消息会返回商品库存信息给控制类（PlaceOrder）。每个在库存的订单项都必须被添加到订单中。从顺序图中可以看出控制类（PlaceOrder）传递添加项目消息给会员订单类 Member Order，当添加一个新项目时，会员订单类 Member Order 调用自己的一个方法 caluate_Total，重新计算项目总数及总金额，为了进行这个计算，它需要新项目的价格，通过商品类 Goods 来查询价格（为了简洁，在上面的叙述中统一用类代替了类实例的称呼，在例 6.10 图中，不一一列举边界类，统一用 Place_order 表示）。

在图 6.10 中可以看出，Member Ordered Goods 的对象接收到一条消息 caluate_cost，因此可以确定 Member Ordered Goods 类的一个操作 caluate_cost()。而 Goods 的对象接收两条消息 calcuQtyinStock(inStock_quantity) 及 get_price(goods_id)，因此可以确定 Goods 类的两个操作，即 calcuQtyinStock(inStock_quantity) 及 get_price(goods_id)，其中 get_price(goods_id) 操作可以扩展为 report_goods(goods_id)。Member Order 的对象接收到两条消息，可以确定为该类的操作。

第四步，建模设计类图。通过对每个用例正常场景及可选场景顺序图的分析，可以初步确定哪些行为被指派给哪些类，以及它们接受和返回哪些参数。关于"下订单"用例的可选场景顺序图这里略去了。对于状态变化较多的对象，需要为对象的状态变化建模，如构建"订单"（Member Order）的状态图，进一步确定一些操作和属性。修订类图。"下订单"用例的部分设计类图如图 6.11 所示。

图 6.11 是"下订单"用例的部分设计类图，包含 2 个边界类 Calalog Display（目录显示）和 Order Summary Display（订单汇总显示），1 个控制类 PlaceOrder（下订单）和 4 个实体类 Member（会员）、Member Order（会员订单）、Member Ordered Goods（会员订单商品）和 Goods（商品）。关键类的设计说明如下。

（1）控制类：下订单 Place Order

Place Order 类的操作有 new_order()、assign_ordernumber()，分别表示产生新订单、设置订单编号。

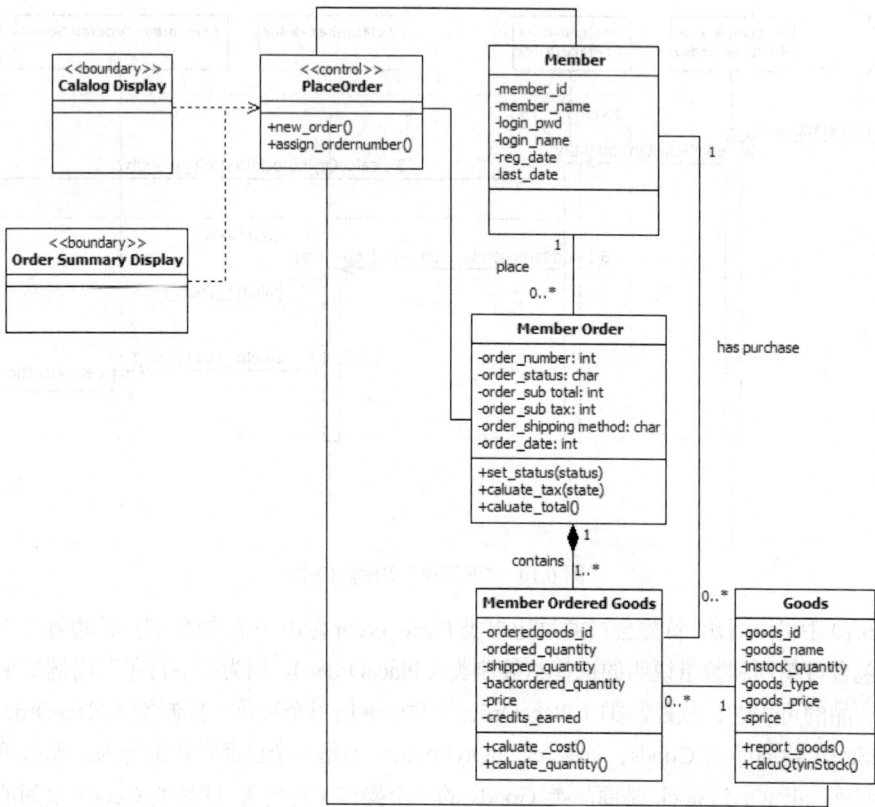

图 6.11 "下订单"用例的部分设计类图

（2）Member 类：会员

Member 类的属性有会员编号 member_id、会员姓名 member_name、用户名 login_name、登录密码 login_pwd、注册时间 reg_date、上次登录时间 last_date。

（3）Member Order 类：会员订单

Member Order 类设置了属性：订单编号 order_number、订单状态 order_status、订单总金额 order_sub total、订单税金 order_sub tax、送货方式 order_shipping method、订单提交时间 order_date。

Member Order 类的操作包括设置订单状态 set_status()、计算订单税金 caluate_tax()、计算订单总额 caluate_total()。

（4）Member Ordered Goods 类：会员订单商品

Member Ordered Goods 类的属性：会员订单商品编号 orderedgoods_id、订购数量 ordered_quantity、出货数量 shipped_quantity、退货数量 backordered_quantity、购买价格 price、积分 credits_earned。

Member Ordered Goods 类的操作：统计订单商品金额 caluate_cost()、统计该订单项数目 caluate_quantity()

（5）Goods 类：商品

Goods 类所设置的属性：商品编号 goods_id、商品名称 goods_name、库存 instock_quantity、商品类型 goods_type、价格 goods_price、促销价格 sprice。

Goods 类的操作：报告商品信息 report_goods()、计算库存 calcuQtyinStock()。

本示例只针对"在线销售系统"的"下订单"用例的部分场景构建类图。对于其他用例，可以重复以上工作流。针对每个"用例实现"构建其交互图（必要时建模活动图和状态图），设计实现每个用例所需的类模型，经过多次迭代设计，逐步整合、细化整个系统的设计类图。

如图 6.12 所示，将"在线销售系统"的实体类分组成 4 个包，构成"在线销售系统"的类包图，这 4 个包和第 2 章的用例包图相对应。其中跨越了包的类关系需要调整成为包关系，跨越包之间的类访问需要添加接口类等，继续包的设计。

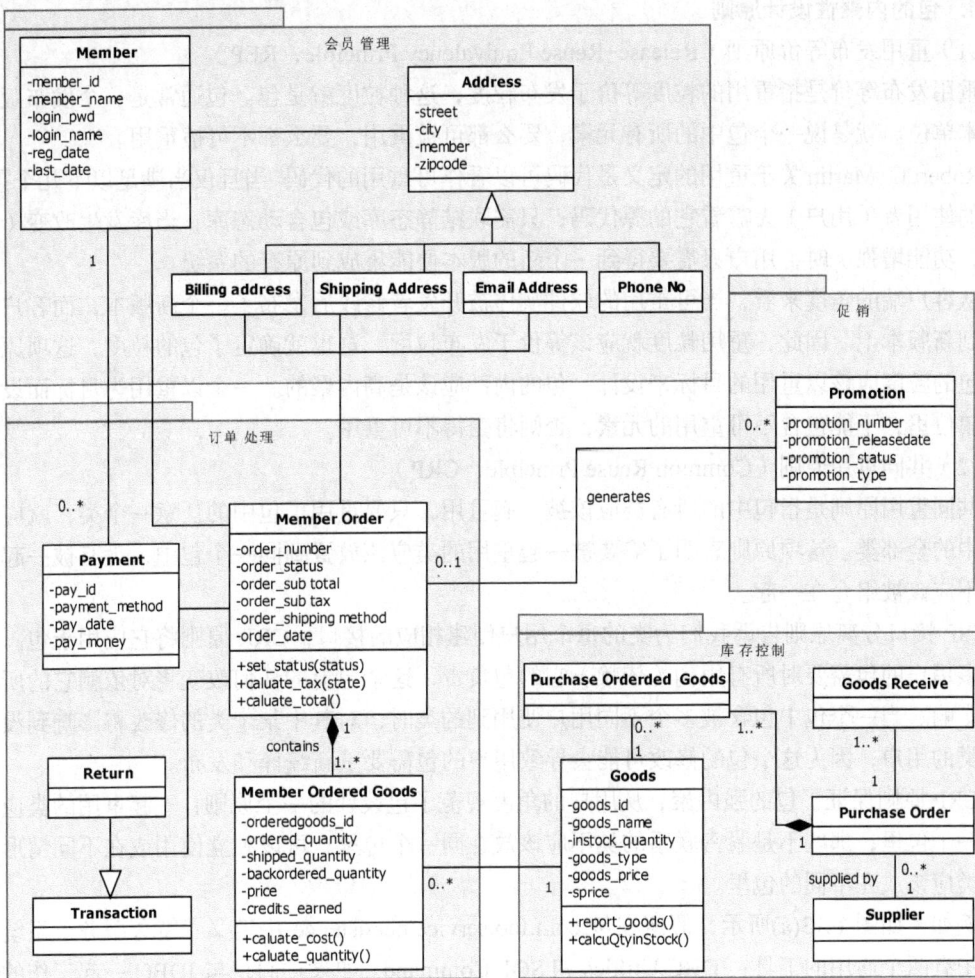

图 6.12 "在线销售系统"

6.2 包设计

在进行架构设计和子系统设计时，包图常被用来描述设计方案，体现软件系统的高层结构。如果包的划分不合理，反而发布困难、不易重用。良好的包结构会很大地增强模型的可维护性，设计良好包结构的关键是"包内强内聚，包间松耦合"。Robert C.Martin 总结了关于包的内聚度和包间的耦合度的一些包设计的合理原则，强调在保证设计方案具有良好的可扩展性的同时保持稳定，这些原则对包的设计有很好的帮助作用。

6.2.1 包设计原则

Robec.Martin 总结的包设计原则主要可分为两类：一类规定了包的内聚度，包括重用发布等价原则、共同重用原则和共同封闭原则；另一类规定了包之间的耦合度，强调稳定性，包括无环依赖原则、稳定依赖原则和稳定抽象原则。这些基本原则明确了包和包之间的依赖关系应该如何设计。

1. 包的内聚性设计原则

（1）重用发布等价原则（Release-Reuse Equivalency Principle，REP）

重用发布等价是指重用的粒度等价于发布粒度，这种粒度就是包。包通常是一个发布版本中的基本单位。就是说一个包中的所有元素，要么都可被重用，要么都不可被重用。

Robert C. Martin 关于重用的定义是代码可以看作可重用的代码，当且仅当满足以下几个条件：代码的使用者（用户）无需看它的源代码；只需联结静态库或包含动态库；当库发生改变（错误纠正，功能增强）时，用户只需要得到一个新的版本便能集成到原有的系统。

从客户端的角度来看，当可重用的软件实体被开发者修改后发布了一个新版本，而客户端会迁移到新版本上。因此，重用粒度就应该等价于发布粒度，这也就确定了包的粒度，这项原则明确了包的粒度应该以重用的目标来设计，包的内部应该是高内聚的。一个以重用为目标而设计的发布单位里，不能包含不可重用的元素，否则将变得不可重用。

（2）共同重用原则（Common Reuse Principle，CRP）

共同重用原则是指包中的所有类应该被一起重用，只要重用了包中的任意一个类，就应该重用包中的全部类。这项原则表明了需要被一起重用的类应该放置到同一个包中，没有被一起重用的类不应该被组合在一起。

ISP 接口分离原则告诉我们为类的每个用户创建相应的接口，CRP 原则将它应用于包。一个有很多用户的包需要对所有用到（依赖）它的包负责，这个包上的任何改变将对依赖它的所有包产生影响。当一个包中包含被多个不同用户使用到的类时，对其中某个类的修改将影响到没有使用该类的用户，因为这个包的修改可能会导致用户的包需要重新编译和发布。

CRP 原则保证了包的强内聚，从用户的角度规范了包设计的一个原则：一起重用的类应该放在同一个包里；那些不是紧密联系的类不应该放在同一个包里；可以独立使用或在不同情形下使用的类应该放在不同的包里。

例如，如图 6.13(a)所示，假定在包 com.foo.service.persistence 中定义了持久服务子系统。在此包中有两个通用的工具：JDBC Utilties 和 SQL Command。如果它们是与 JDBC 一起工作的通用工具，那么可以在任何使用 JDBC 的场景中，独立于持久服务子系统使用这两个类。最好将这些类单独放入一个包中，如图 6.13(b)所示。

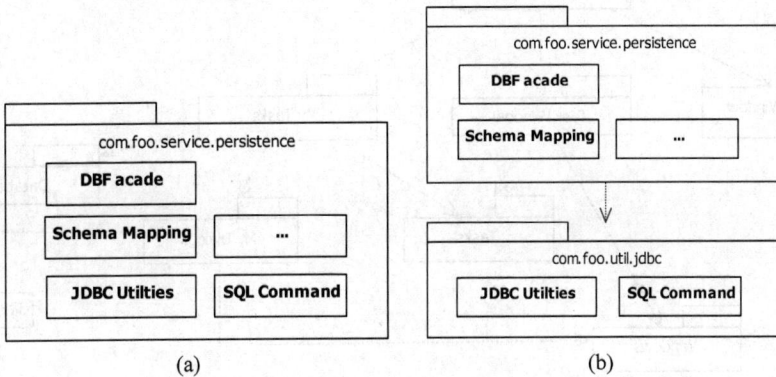

图 6.13 共同重用原则

（3）共同封闭原则（Common Closure Principle，CCP）

共同封闭原则是指一个包中所有的类应该对同类型的变更封闭。当软件的变更影响到某个包时，便会影响到这个包中所有的类，而对其他包不应造成影响，变更在这个包中是封闭的。这项规则说明一起修改的类，应该组合在一起（同一个包里）。如果必须修改应用程序里的代码，我们希望所有的修改都发生在一个包里（修改关闭），而不是遍布在很多包里。

CCP 原则的目标是按预期的修改将类分组，把那些因为相同原因需要修改的所有类组合进一个包里，避免一个更改导致多个包的更改，从而避免所有依赖包都需要重新验证、更改、重新发布。例如，两个类从物理上或者从概念上联系得非常紧密，它们通常一起发生改变，那么它们应该属于同一个包。这样，当因为某个原因需要修改时，需要修改的范围限制在一个最小范围内的包里。

2. 包之间的耦合性设计原则

包之间的依赖关系形成了包之间的耦合性，下面介绍 3 个原则帮助处理包之间的依赖关系。

（1）无环依赖原则（Acyclic Dependencies Principle，ADP）

无环依赖原则是指包之间的依赖关系不应该有环。包之间的依赖结构中一旦出现环，当项目的规模大到一定程度，包的数目增多，包之间的关系便变得错综复杂，各种测试也将变得非常困难，常常会因为某个不相关的包中的错误而使得测试无法继续，也会导致在发生变更时，对包做出的修改无法达到稳定状态的可能，最后导致无法修改；即便最终能够达到稳定状态，也将是以付出高昂的修改成本为代价的，发布也变得复杂，需要把所有的包一起发布。

如图 6.14 所示，直接形成了一个依赖环，包 Package1 依赖包 Package2，包 Package2 依赖包 Package1，它们形成了一个高耦合体，又如图 6.15 所示，3 个包 MyApplication、MyTasks 和 MyDialogs 之间形成一个依赖环，这 3 个包直接或间接地依赖于图中的所有包。这 3 个包的任何一个改变都将导致所有的包必须重新验证、更改、重新发布。如果每个包都来自不同的团队设计，这将是非常困难的。

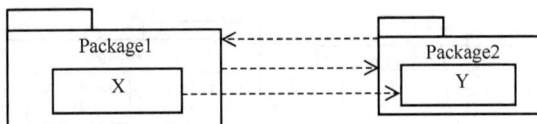

图 6.14 违背无环依赖原则

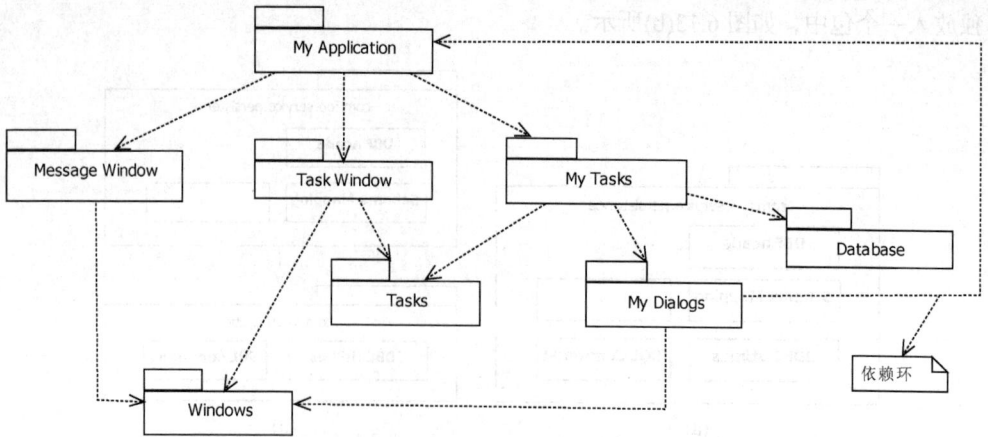

图 6.15　违背无环依赖原则

为了打破这种依赖环，通常使用两种解决方法。

方法 1：构建新包。对于间接形成的依赖环，可以将依赖环中的部分类独立出来创建一个新的包，从而消除了依赖环。

图 6.16 展示了这种方案，添加一个新包，将包 MyApplication 中被包 MyDialogs 所依赖的类移到新包中，消除了包 MyDialogs 对包 MyApplication 的依赖，从而消除了依赖环。

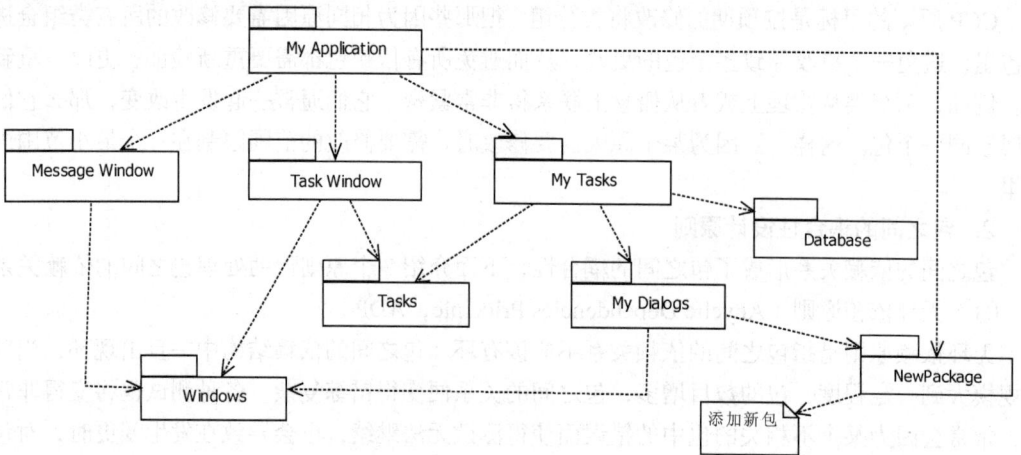

图 6.16　添加新包消除依赖环

方法 2：利用接口。应用"依赖倒置原则"，将依赖关系逆转，从而打破依赖环。如图 6.17 所示，展示了这种方案，原先设计中包 Package1 中的 X 构件（或类）依赖 Package2 中的 Y 构件（或类），导致了包 Package1 依赖包 Package2；在 Package1 包中设置类 Y 向 X 提供的接口 IY，Y 实现了该接口，而 X 依赖于该接口，这样，从 Package1 到 Package2 的依赖就被消除了，图中不再有依赖环。这种方法只是适用于因类间的"使用"而导致的包依赖。如果原来的设计中 X 作为 Y 的子类，是因泛化关系导致的包依赖，就不可采用 DIP 这种方法。

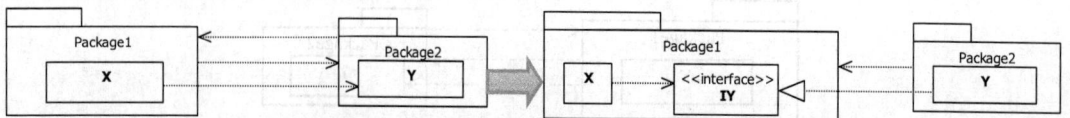

图 6.17　用 DIP 逆转依赖方向来消除依赖环

（2）稳定依赖原则（Stable Dependencies Principle，SDP）

稳定依赖原则是指在设计方案中，包之间的依赖应该朝着稳定的方向进行，每个包都应该只依赖于比它更加稳定的包。可以通过下面的方法来判断一个包的稳定系数。

① Ca：Afferent Coupling，向心耦合。依赖该包（包含的类）的外部包（类）的数目（i.e. incoming dependencies）。

② Ce：Efferent Coupling，离心耦合。被该包依赖的外部包的数目（i.e. outgoing dependencies）。

③ I：Instability，不稳定性。I=Ce/(Ce+Ca)。它的值处于[0，1]之间。I 值越小越稳定。

如图 6.18(a)所示，Stable 的 Ce=0，不稳定性 I=0，它是稳定的。如图 6.18(b)所示，Volatile 的 Ce=3，Ca=0，不稳定性 I=1，它是不稳定的。

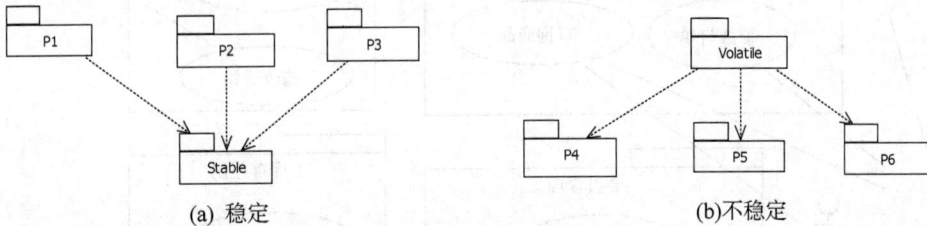

(a) 稳定　　　　　　　　　　　　　　　　　　(b)不稳定

图 6.18　稳定依赖原则

SDP 要求一个包的不稳定性 I 要大于它所依赖的包的不稳定性。沿着依赖的方向，包的不稳定性应该逐渐降低，稳定性应该逐渐升高。如图 6.19 所示，违背了 SDP 原则，可采用依赖倒置原则 DIP 来逆转依赖方向，需要的话可以添加新包。

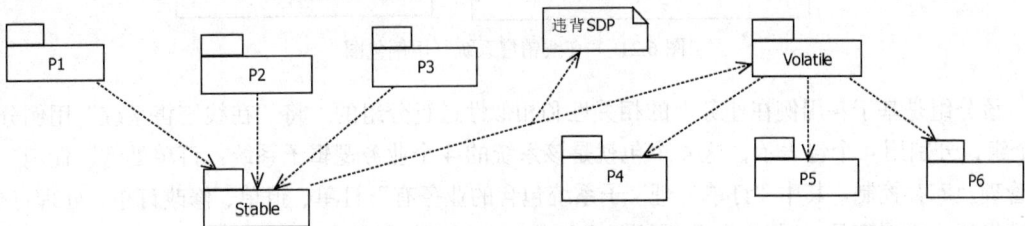

图 6.19　违背 SDP 原则

（3）稳定抽象原则（Stable Abstractions Principle，SAP）

稳定抽象原则是指最稳定的包应该是最抽象的包，不稳定的包应该是具体的包，包的抽象程度和它的稳定性成正比。这项原则建立了抽象性与稳定性之间的关系，稳定性的包之所以应该是抽象的，是因为这样其稳定性才不会妨碍它的可扩展性；同时不稳定的包之所以应该是具体的，是因为这样其不稳定性才允许其内部的具体实现代码更加易于修改。

理想的体系结构应该是：不稳定的（容易改变的）包处于上层，它们是具体的包实现；稳定的（不容易改变的）包处于下层，不容易改变，但容易扩展，接口比实现（具体的运行代码）在特性上更具有稳定性，如图 6.20 所示。

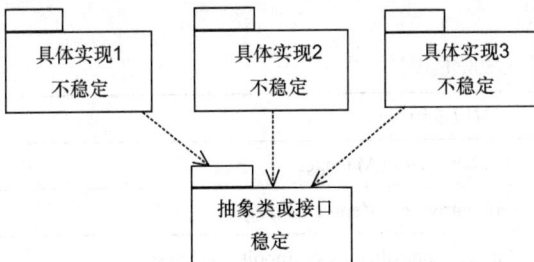

图 6.20　稳定抽象等价原则

6.2.2 在线销售系统包图设计示例

例如，在第 2 章已将某"在线销售系统"的用例进行了分组，构建了该系统的用例包图，如图 6.21 所示。

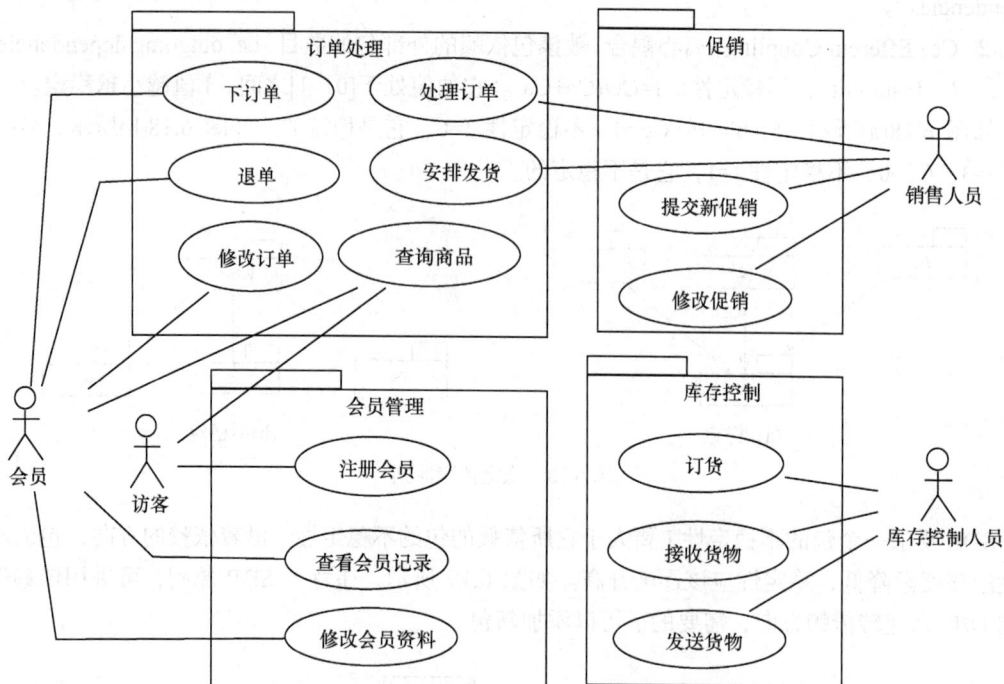

图 6.21 "在线销售系统"用例包图

该分组是基于各用例在业务上的相关性和相似性进行分组的，将"在线销售系统"用例分为 4 个组，分别用 4 个包表示，这 4 个包就是该系统的 4 个业务逻辑子系统：订单处理、促销、会员管理及库存控制。其中"订单处理"子系统包含的业务有下订单、退单、修改订单、处理订单、安排发货、查询商品；"促销"子系统包含的业务：提交新促销、修改促销；"会员管理"子系统的业务有注册会员、查看会员记录、修改会员资料。"库存控制"子系统的业务有订货、发送货物、接收货物。

现选用 MVC 模式作为其顶层架构的雏形，同时采用分层结构，将该系统的模型、控制器、视图分为不同的层，这样视图与模型之间的交互是通过控制器来完成的。考虑"在线销售系统"的 4 个子系统："订单处理""会员管理""库存控制"及"促销"，与体系结构风格相结合可以建立其对应的逻辑包，该系统的逻辑包设计见表 6.2。

表 6.2 "在线销售系统"的初始包设计

子 系 统	对应逻辑包
订单处理	OrderManagerUI，OrderManagerController，OrderManager
会员管理	MemberManagerUI，MemberManagerController，MemberManager
库存控制	CommodityManagerUI，CommodityManagerController，CommodityManager
促销	PromotionManagerUI，PromotionManagerController，PromotionManager

该系统的视图包位于 Web 浏览器中，它的任务是呈现用户界面，并将用户的界面动作交给控制器包；控制器包位于 Web 服务器中，负责调用模型中的业务逻辑处理功能，并返回结果；模型位于应用服务器中，负责业务数据存取及业务逻辑处理。这样视图与模型之间的交互是通过控制器来完成的。"在线销售系统"体系结构初始逻辑设计包图如图 6.22 所示。

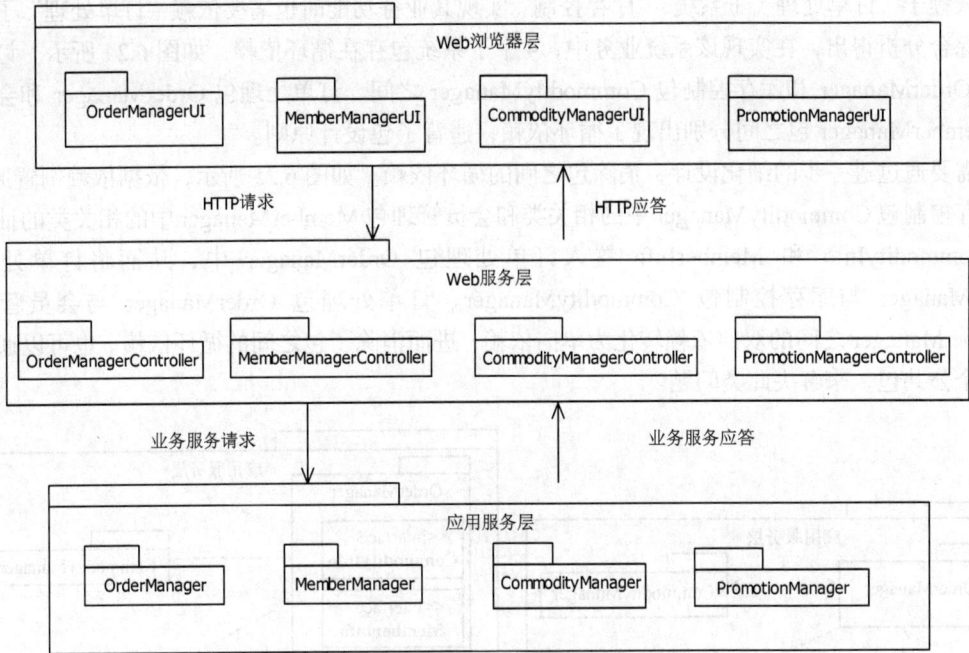

图 6.22　"在线销售系统"体系结构初始逻辑设计包图

图 6.22 是"在线销售系统"的初始逻辑设计包图，各子系统的对应逻辑包分别呈现在 Web 浏览器层、Web 服务层和应用服务层上，需要进一步细化设计。下面只对细化设计中的几点做简单的介绍，详细介绍请参考本书的相关章节。

1. 体系结构设计技术考虑

① 设置安全控制服务。为了使系统满足安全需求，可以新增安全控制服务。通常安全控制服务包含用户身份认证和授权控制两种功能。针对"在线销售系统"，控制器在接到用户界面动作后，应该由安全控制服务验证用户的身份和权限，通过验证后才可以调用位于应用服务层中的业务逻辑处理功能。具体设计这里就不做介绍了。

② 添加数据持久存储服务。可以将数据持久存储服务设计成一个构件，并定义其接口，如图 6.23 所示。关于数据的持久存储第 8 章进行了详细介绍。

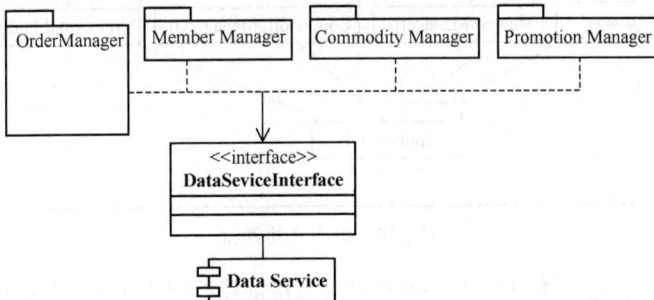

图 6.23　数据持久存储服务

2. 从遵循包设计原则考虑

① 消除包之间循环依赖。分析"在线销售系统",参考图 6.22"在线销售系统"体系结构初始逻辑设计包图、结合参看该系统的类包图(图 6.12)及用例包图(图 6.21),可以确定"订单处理"子系统在实现其业务功能时依赖于其他 3 个子系统,而"会员管理"子系统实现其业务功能时又依赖于"订单处理"子系统,"库存控制"实现其业务功能时也需要依赖"订单处理"子系统等。综合分析得出,在实现该系统业务中,4 个子系统包存在循环依赖,如图 6.24 所示。订单处理包 OrderManager 和库存控制包 CommodityManager 之间、订单处理包 OrderManager 和会员管理 MemberManager 包之间分别出现了循环依赖,违背了包设计原则。

需要通过进一步的细化设计,消除包之间的循环依赖。如图 6.25 所示,依据依赖倒置原则,将库存控制包 CommodityManager 中的相关类和会员管理包 MemberManager 中的相关类的抽象接口 CommodityInfo 和 MemberInfo 置入订单处理包 OrderManager 中,从而将订单处理包 OrderManager 与库存控制包 CommodityManager、订单处理包 OrderManager 与会员管理包 MemberManager 之间的双向依赖转化为单向依赖,进而消除了包之间的循环依赖。也可以通过添加一个公共包,来解决此类问题。

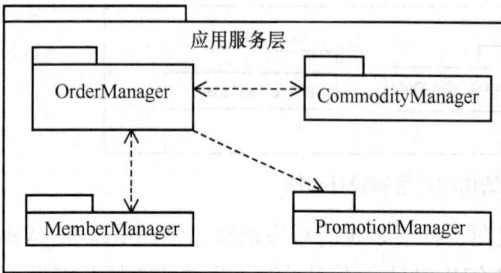

图 6.24　包之间的关系(调整前)

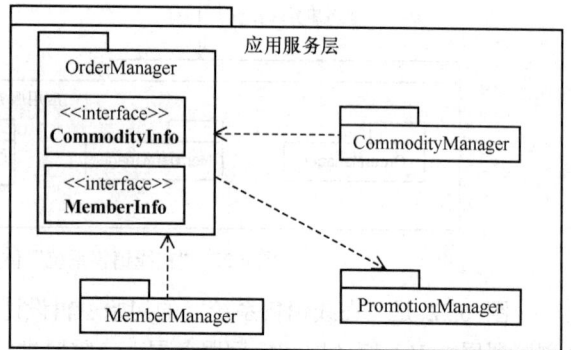

图 6.25　消除包之间的循环依赖(调整后)

② 提取公共界面包。"在线销售系统"中,有界面包 OrderManagerUI、MemberManagerUI、界面包 CommodityManagerUI 及界面 PromotionManagerUI,界面包位于浏览器层,这些界面可能包含一些共享界面,可以把这些共享界面组织为公共界面包 commonUI 提取出来,如图 6.26 所示。本书在第 7 章详细介绍界面设计。

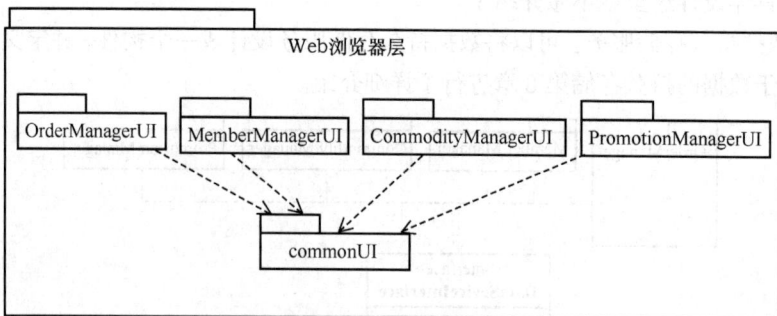

图 6.26　提取公共界面

③ 依据包设计"稳定依赖原则",不希望高层直接依赖低层,而是为低层建立接口。需要将子系统对外提供的服务定义在服务接口中。在本例的应用服务层分别为 4 个业务子系统 OrderManager、

MemberManager 、 CommodityManager 和包 PromotionManager 定义接口 IOrderManager 、
IMemberManager、ICommodityManager 和 IPromotionManager，如图 6.27 所示。

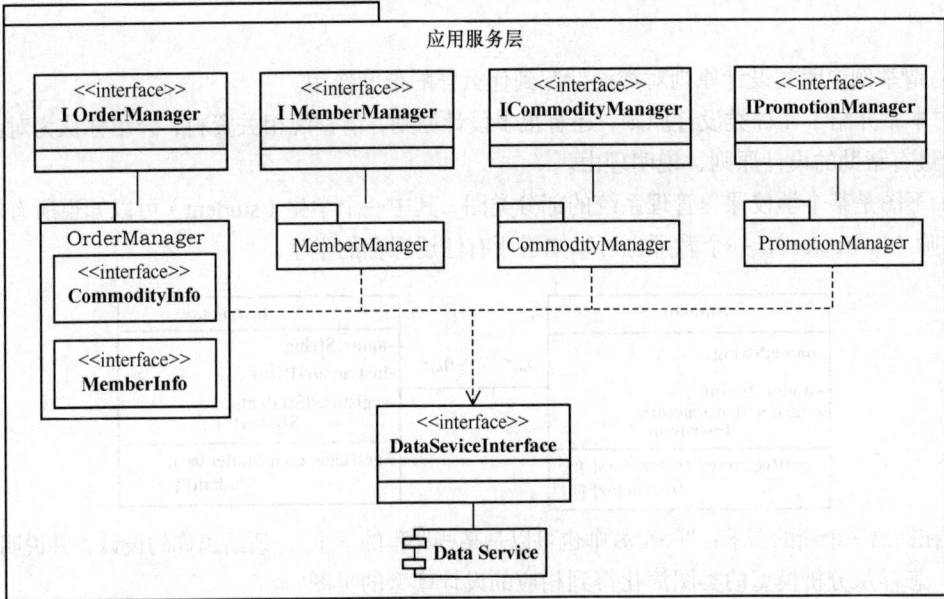

图 6.27　定义子系统接口

本章小结

在面向对象的系统开发中，通常需要建立 3 种形式的模型，即对象模型、动态模型和功能模型。分别从 3 个不同的侧面描述所要开发的系统，其中对象模型尤为重要。在系统的分析阶段和设计阶段都会涉及对象模型，随着开发过程的不断深入，对建立对象模型的精度要求越来越精细。在系统设计阶段，设计师都需要借助对象模型记载和表达设计，建立详细完备的对象模型，作为系统实现的根据。

UML 使用类图建模对象模型，对于复杂的软件系统，通常使用包划分子系统。

类设计并不是从头开始的，它是对前述的分析和系统设计的详尽描述。类设计增加了细节，例如，优化类、完整定义类的属性和操作、设计算法、调整类之间的关系及细化包。

在类设计过程中，针对每个用例实现，结合交互图寻找对象之间的协作，进而识别出类的操作。在设计阶段，关联的设计也是非常重要的，特别是需要定义关联的导航性及多重性。随着类设计过程的进行，经常需要调整设计类和操作的定义，以提高继承性。需要注意的是：当一个类与另一个类只是相似而不是真正子类与父类的关系时，应该使用委托（组合）而不是继承。

本章以类设计原则、构建设计类图的过程、包设计原则为主线，结合"在线销售系统"示例，分别详细介绍了类设计的 4 种基本原则及构建类模型的过程，包括如何识别设计类、如何确定设计类中的操作及优化类之间的关系，并简单介绍了实现关联的策略，此外还介绍了包设计的 6 项原则。

本章习题

1. 请举例说明类设计原则对类设计起到什么样的帮助作用。

2. 本章介绍了 4 种类设计原则，还有很多设计原则，请查阅相关资料，介绍你认为对面向对象设计最有帮助的设计原则，说明理由。

3. 下图是某个学校课程管理系统的部分类图，其中一个学生（student）可以知道所有注册课程的教师（instructor），一个教师也可以知道所有注册课程的学生。

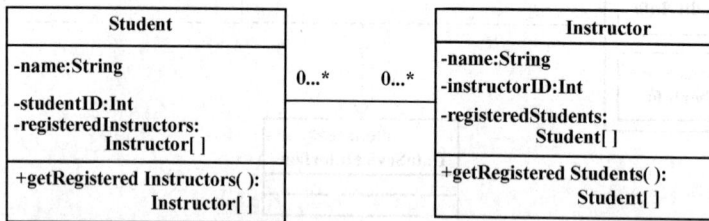

Student
-name:String
-studentID:Int
-registeredInstructors: 　　　　Instructor[ ]
+getRegistered Instructors( ): 　　　　Instructor[ ]

0...*　　　0...*

Instructor
-name:String
-instructorID:Int
-registeredStudents: 　　　　Student[ ]
+getRegistered Students( ): 　　　　Student[ ]

现在提出一个新的需求："一个教师也可以是某些课程的学生"，请给出你的设计，并说明理由。

4. 怎样从分析模型的类图演化得到相应的设计模型的类图？

5. 给出第 2 章自选项目的分析类图到设计类图的演化过程。

6. 完善本章 6.1.6 节"在线销售系统"示例的设计类图。

7. 在 UML 建模中使用"包"是为了达到怎样的效果？

8. 包设计原则有哪几项？与包的内聚性相关的原则是哪些？与包的耦合性相关的原则是哪些？

9. 请画图说明包之间循环依赖的解除方法。

第7章
界面设计

　　界面设计是人与机器之间传递和交换信息的媒介，FaceUI 包括硬件界面和软件界面，是计算机科学与心理学、设计艺术学、认知科学和人机工程学的交叉研究领域。近年来，随着信息技术与计算机技术的迅速发展，网络技术的突飞猛进，人机界面设计和开发已成为国际计算机界和设计界最为活跃的研究方向。

　　本章对人机界面定义、人机界面设计的定义、人机交互、人机界面的发展历史、人机界面设计遵循的原则、人机界面设计中常见的设计问题、人机界面设计的过程、人机界面设计的评价、对人机界面设计的展望等进行了全面综合的阐述。

7.1　界面设计的概述

　　UI 即 User Interface（用户界面）的简称。UI 设计则是指对软件的人机交互、操作逻辑、界面美观的整体设计。好的 UI 设计不仅是让软件变得有个性有品味，还要让软件的操作变得舒适、简单、自由，充分体现软件的定位和特点。

　　软件设计可分为两个部分：编码设计与 UI 设计。一般情况下大家都很熟悉编码设计，但是对 UI 设计还不是很了解，即使一些专门从事网站与多媒体设计的人也不完全理解 UI 的意思。UI 其实是英文 User 和 Interface 的缩写，从文字表面意思上看是用户与界面两个部分组成，但实际上还包含了用户与界面之间的交互关系这一层含义。

　　在漫长的软件发展中，界面设计工作一直没有被重视起来。做界面设计的人也被贬义的称为"美工"。其实软件界面设计就像工业产品中的工业造型设计一样，是产品的重要卖点。一个友好美观的界面会给人带来舒适的视觉享受，拉近人与计算机的距离，为商家创造卖点。

　　随着软件应用的广泛普及，人们对于其要求也逐步提高，客户不止看中其功能实用性，更是需要 UI 来提升用户体验性，在操作享受软件带来的方便之余也不乏其美观性带来的愉悦感。正所谓"人靠衣装，佛靠金装"，没有友好美观的界面，也难以得到用户的垂青。一款软件的成功不仅仅在于其功能的强大，界面设计也占了其成功因素的半壁江山。正如上餐馆吃饭一样，谁都愿意吃到色香味俱全的佳肴。

7.1.1　人机界面的定义

　　人机界面（Human-Machine Interface），是人与机器进行交互的操作方式，即用户与机器相互传递信息的媒介，其中包括信息的输入和输出。

　　界面是产品或系统与用户之间的桥梁。它是用户使用产品所要达到目的的手段，也是产品向用户展现产品自身功能和体现满足用户相关需求的途经。界面是两种或多种信息源面对面交汇之处，是传递和交换信息的媒介和平台，则人机界面就是人与计算机之间进行通信的媒介和平台。而好的人机界面美观易懂、操作简单且具有引导功能，使用户感觉愉快、增强兴趣，从而提高使用效率。因此，应该设计"想用户之所想，急用户之所急"的人机界面。

人机界面是计算机学科中最年轻的分支学科之一。它是计算机科学和认知心理学两大科学相结合的产物，它涉及当前许多热门的计算机技术，如人工智能、自然语言处理、多媒体系统等，同时也是吸收了语言学、人机工程学和社会学的研究成果，是一门交叉性、边缘性、综合性的学科。而随着计算机应用领域的不断扩大，广大的软件研制人员和计算机用户更加迫切地需要符合"简单、自然、友好、一致"原则的人机界面。事实上，几乎所有优秀的系统设计和成功的软件产品都必定涉及友好的人机界面，因此，人机界面作为一个独立重要的研究领域得到了世界各地的计算机研究机构和计算机厂家的关注，并已成为当今计算机行业又一竞争热点。目前，人机界面正作为一支年轻的计算机科学的分支以飞快的速度向前发展。

7.1.2 人机界面设计

近年来，随着软件工程学的迅速发展，对新一代计算机技术的研究，以及网络技术的突飞猛进，人机界面设计和开发已成为国际计算机界最为活跃的研究方向。图 7.1、图 7.2、图 7.3、图 7.4、图 7.5 分别为不同的 UI 界面设计。

图 7.1　在线网络游戏 UI 界面设计

图 7.2　手机 UI 界面设计

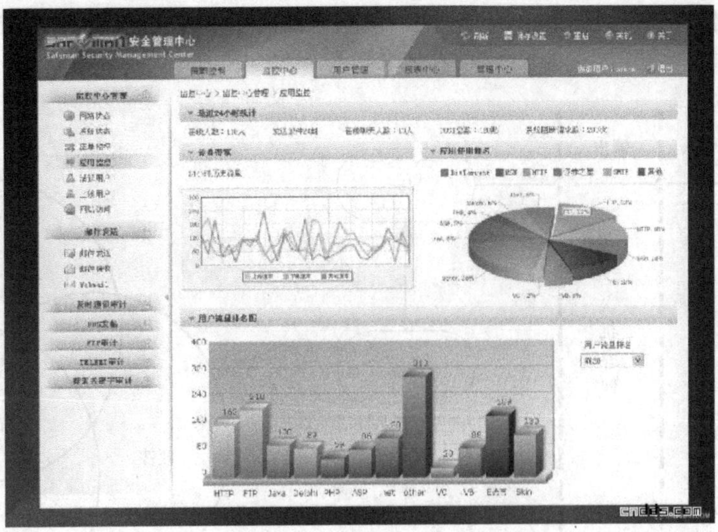

图 7.3　管理系统界面设计

图 7.4　用户登录界面设计

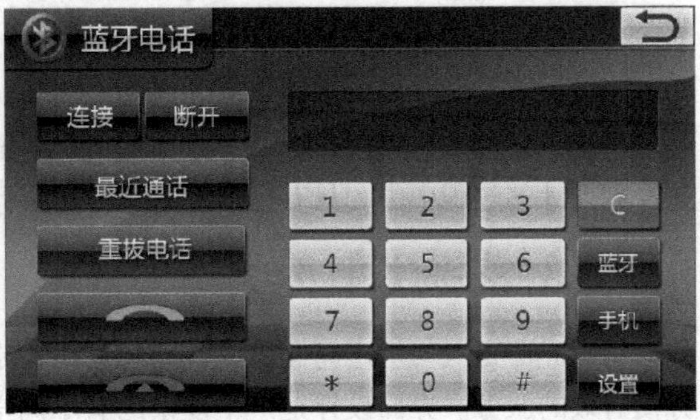

图 7.5　蓝牙电话人机界面设计

　　界面设计可以分为硬界面设计和软界面设计，也可以分为广义和狭义的人机界面设计。

　　广义的人机界面设计是指人与机之间存在一个相互作用的媒介，人通过视觉和听觉等感官接受来自机器的信息，经过脑的加工、决策，然后做出反应，实现人-机的信息传递。我们可以把人机界面看作一个有着交互的系统，在分析人机界面系统模型时，建立并分析人的行为模型，从而建立并设计人机界面系统。可见研究人机界面就是研究机器怎样适应人的有效工作的问题。在人机界面系统中，机器适应人就必须是机器怎样把信息传达给人和人怎样有效操作的交流过程的问题。图 7.6 为广义的人机界面设计。

　　从广义的人机界面设计角度来讲，它主要是研究人与机关系的合理性。而广义的人机界面设计就是对该广义人机界面的一种动态的设计过程。人机界面中的"人"是指作为工作主体的人，包括操作人员、决策人员等。人的生理特征、心理特征及人的适应能力都是重要的研究方向。人机界面中的"机"是指人所控制的一切对象的总称，包括人操作和使用的一切产品和工程系统。设计满足人的要求、符合人的特点的"机"，是人机界面设计探讨的重要问题。

　　狭义的人机界面设计是指计算机系统中的人机界面，即所谓的软界面设计。人机界面又称人机接口、用户界面（User Interface）、人机交互（Human-Machine Interaction）。软界面是人与计算机之间的信息交流界面。狭义的人机界面设计就是对该狭义的人机界面的一种动态的设计过程。狭义的人机界面是计算机科学与心理学、图形艺术、认知科学和人机工程学的交叉研究领域，是人与计算机之间传递和交换信息的媒介，是计算机系统向用户提供的综合操作环境。图 7.7 狭义的人机界面设计。

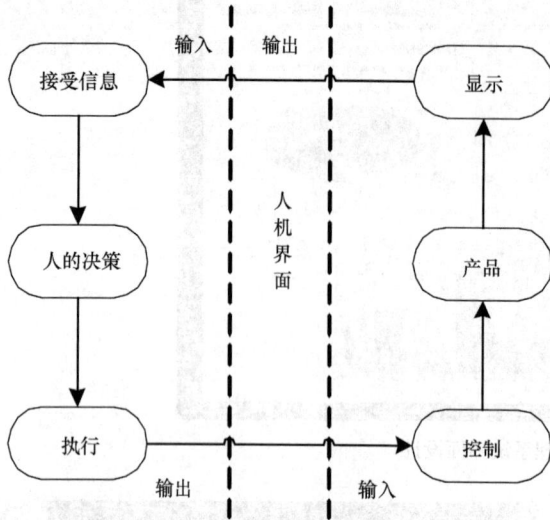

图 7.6　广义的人机界面

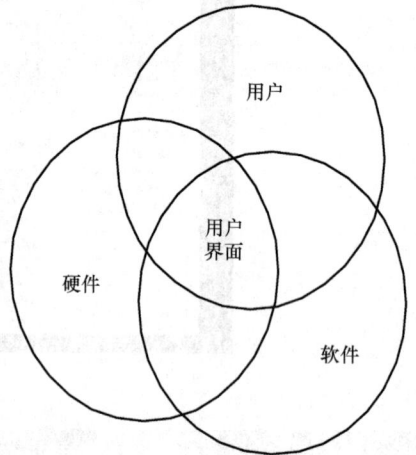

图 7.7　狭义的人机界面

不论狭义的人机界面设计还是广义的人机界面设计，设计者都应该将"以人为中心"的理念贯穿到设计的过程中去，只有这样的人机界面设计才越来越受到用户的欢迎。

7.1.3　界面设计分类

用户界面是人与机之间交流、沟通的层面，是用户与程序沟通的唯一途径，要能为用户提供方便有效的服务。界面设计是一个复杂的有不同学科参与的工程，认知心理学、设计学、语言学等在此都扮演着重要的角色。

从心理学意义来分，界面可分为感觉（视觉、触觉、听觉等）和情感两个层次。感觉层次指人和机器之间的视觉、触觉、听觉层面；情感层次指人和机器之间由于沟通所达成的融洽关系。总之，用户界面设计是以人为中心，使产品达到简单使用和愉悦使用的设计。

为了便于认识和分析设计界面，可将设计界面分类为功能性设计界面、情感性设计界面和环境性设计界面。

1.　功能性设计界面

功能性设计界面接受物的功能信息，操纵与控制物，同时也包括与生产的接口，即材料运用、科学技术的应用等。这一界面反映着设计与人造物的协调作用。其优点为易于操作。

交互设计界面最基本的性能是具有功能性与使用性，通过界面设计，让用户明白功能操作，并将作品本身的信息更加顺畅地传递给使用者，即用户。但由于用户的知识水平和文化背景具有差异性，因此，界面应以更国际化、客观化来体现作品本身的信息。

2.　情感性设计界面

情感性设计界面表示为物传递感受给人，取得与人的感情共鸣。这种感受的信息传达存在着确定性与不确定性的统一。情感把握在于深入目标对象的使用者的感情，而不是个人的情感抒发。设计师投入热情，而不投入感情，避免个人的任何主观臆断与个性的自由发挥。这一界面反映着设计与人的关系。其优点为感觉突出。

　　以情感表达为重点的界面设计，通过界面给用户一种情感传递，是设计的真正艺术魅力所在。用户在接触作品时的感受，使人产生感情共鸣，利用情感表达，切实地反应出作品与用户之间的情感关系。当然，情感的信息传递存在着确定性与不确定性的统一。因此，我们更加强调的是用户在接触作品时的情感体验。

3. 环境性设计界面

　　环境性设计界面即外部环境因素对人的信息传递。任何一件或一个产品或平面视觉传达作品或室内外环境作品都不能脱离环境而存在，环境的物理条件与精神氛围是不可缺少的界面因素。其优点为易于理解。

　　以环境因素为前提的界面设计，任何一部互动设计作品都无法脱离环境而存在，周边环境对设计作品的信息传递有着特殊的影响，包括作品自身的历史、文化、科技等诸多方面的特点，因此营造界面的环境氛围是不可忽视的一项设计工作，这和我们看电影时需要关灯是一个道理。

　　应该说，设计界面是以功能性界面为基础，以环境性界面为前提，以情感性界面为重心而构成的，它们之间形成有机和系统的联系，如图 7.8 所示。

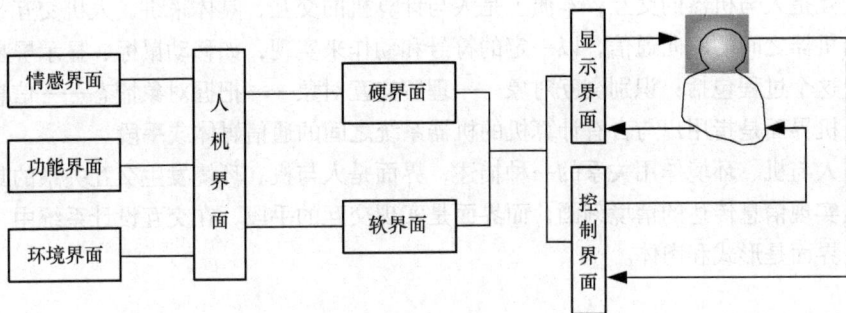

图 7.8　3 种界面与人机界面之间的关系

7.2　人机交互

　　人机交互是研究人、计算机及它们之间相互影响的技术。人机交互是人与计算机系统之间的通信，它是人与计算机系统之间进行各种符号和动作的双向信息交换。这里的"交互"定义为一种通信，即信息交换，而且是一种双向的信息交换，即可有人向计算机输入信息，又可有计算机向使用者反馈信息。这种信息交换的形式可以采用多种方式出现，例如，键盘上的击键、鼠标的移动及用声音、姿势或身体的动作等。

7.2.1　人机交互的特点和要素

　　人机交互有两个显著的特点，如下所述。

　　① 息反馈：人能够及时地把信息传递给对象，对象能把信息及时反馈给人，并且人能够根据反馈的信息做出判断。

　　② 人的参与性和主动性：人是交互过程中的参与者，具有接受、判断、决策和操作的权利，同时也是主动的，而不是被动地接受信息。

　　人机交互过程中也需要一定的要素来支持，通过归纳和总结大体上需要以下 3 种要素。

（1）人的要素

在人机交互过程中，人是必不可少的，也就是不能缺少使用者。人的要素这方面主要是用户操作模型，与用户的各种特征、喜好等有关。任务将用户和计算机的各种行为有机结合起来。

（2）交互设备

人机交互过程中，交互设备也是不能缺少的，例如，图形、图像输入输出设备，声音、姿势、触觉设备，三维交互设备等，而且这些交互设备也在不断完善中，使得在交互过程中达到最佳的状态和效果。

（3）交互软件

交互软件是交互计算机的核心。

3 个要素是相辅相成的，缺一不可的，只有 3 种要素的要求都达到一定的标准，最终才能真正的做到良好、友善的人机交互。

7.2.2　人机界面与人机交互的关系

人机交互是人与机器的交互，本质上是人与计算机的交互，具体来讲，人机交互是用户与含有计算机的机器之间的双向通信，以一定的符号和动作来实现，如移动鼠标、显示屏幕上的符号或图形等。这个过程包括：识别交互对象——理解交互对象——把握对象情态——信息适应与反馈等；而人机界面是指用户与含有计算机的机器系统之间的通信媒体或手段。

交互是人与机、环境作用关系的一种描述，界面是人与机、环境发生交互关系的具体表达形式。交互是实现信息传达的情境刻画，而界面是实现交互的手段，在交互设计系统中，交互是内容和灵魂，界面是形式和肉体。

7.3　人机界面的风格

现在计算机系统的人机界面应该具有以下几种风格。

1. 所见即所得

在图形系统中一般能做到，即在屏幕上所见到的设计结果和用硬拷贝所得的输出结果是一致的。用文字处理的软件常常做不到这一点。例如，为了使某些字符是粗体或不同大小，必须在这些字符前放上特殊的符号。在屏幕上看不到字体的不同，只能看到字符前的一些特殊标记，只有在最后打印出的结果才能反映出字符的不同。

2. 直接操作

直接操作是对对象、特性及关系等操作时，用户可得到一种直观及形象的表示，以说明这个操作是正确地被执行了。例如，在 Windows 中用光标拖动文件名从一个目录下拖动到另一个目录，以表示拷贝或移动。

3. 菜单

通过借助于菜单，可以更加简单方便有效地来操作计算机的一些功能。

4. 图形符号驱动

图形符号驱动的目的是要用户不需要专门学习及其记忆，便可借助于菜单选择来运行系统。要做到这一点最主要的是要设计好图形符号，使它一看便知道它代表什么操作。在 Microsoft Word 中输入数学公式的 Equation 模块的图形符号是一个很好的例子。

7.4　人机界面的发展

人机界面的发展大致分为命令语言用户界面、图形用户界面、多媒体用户界面、多通道用户界面、虚拟现实界面、自适应人机界面几个阶段。

7.4.1　命令语言用户界面

早期的人机界面是命令语言人机界面，人机对话都是机器语言，人机交互的方式只能是命令和询问。通信完全以正文形式通过用户命令和用户对系统询问的方式来完成。这要求有惊人的记忆和大量的训练，要求操作者有较高的专业水平。对一般用户来说，命令语言用户界面容易出错，难学习。因此，这一时期被认为是人机对峙的时期。图 7.9 所示是命令语言的用户界面。

7.4.2　图形用户界面

图形用户界面或图形用户接口（Graphical User Interface，GUI）是指采用图形方式显示的计算机操作环境用户接口。与早期计算机使用的命令行界面相比，图形界面对于用户来说更为简便易用。

随着硬件计算的发展及计算机图形学、软件工程、窗口系统等软件技术的进步，图形用户界面产生并得到广泛应用，成为当前人机界面的主流。比较成熟的商品化系统有 Apple 的 Macintosh、IBM 的 PM、Microsoft 的 Windows 和运行于 Unix 环境的 X-Window、Open Look 和 OSF/Motif 等。当前各类图形用户界面的共同特点是以窗口管理系统为核心，使用键盘和鼠标器作为输入设备。窗口管理系统除了基于可重叠多窗口管理技术外，广泛采用的另一核心技术是事件驱动技术。图形用户界面和人机交互过程极大地依赖视觉和手动控制的参与，因此具有强烈的直接操作特点。图 7.10 所示是 Windows 2000 下的人机界面。

GUI 的广泛应用是当今计算机发展的重大成就之一，它极大地方便了非专业用户的使用，人们从此不再需要死记硬背大量的命令，取而代之的是可通过窗口、菜单、按键等方式来方便地进行操作。这一时期被称为是人机协调期。

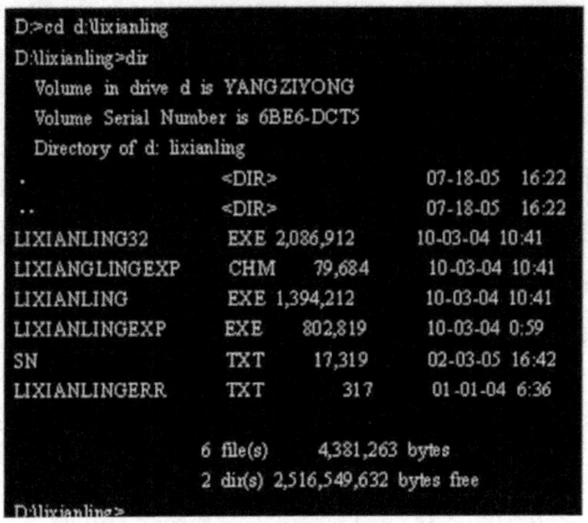

图 7.9　命令语言的用户界面

图 7.10　Windows 2000 下的图形用户界面

7.4.3 多媒体用户界面

多媒体技术的迅速发展为人机界面的进步提供了契机。在原来只有静态媒体（文本和图形、图像）的用户界面中，多媒体技术引入了动画、音频、视频等动态媒体，特别是引入了音频媒体，从而大大丰富了计算机表现信息的形式，拓宽了计算机输出的带宽。同时，多媒体技术的引入也提高了人对信息表现形式的选择、控制能力，增强了信息表现与人的逻辑、创造能力的结合，提高了用户接受信息的效率。因此，多媒体信息比单一媒体信息具有更大的吸引力，它更有利于人对信息的主动探索。图 7.11 所示百度影音播放器的多媒体用户界面。

图 7.11　多媒体用户界面

多媒体用户界面丰富了信息表现形式，发挥了用户感知信息的效率，拓宽了计算机到用户的通信带宽。令人遗憾的是，它在信息输入方面仍然使用常规的输入设备，如键盘、鼠标和触摸屏等，即输入是单通道的，这样输入输出表现出极大的不平衡。这种不足限制了它的应用，从而成为当今人机交互技术的瓶颈。虽然多媒体与人工智能技术的结合将改变这种状况，但今天的多媒体用户界面仍处于探索和改进中。此时，多通道用户界面研究的兴起，无疑给解决人机界面的输入输出不平衡带来了更大的希望。

7.4.4 多通道用户界面

20 世纪 80 年代后期以来，多通道用户界面成为人机交互技术研究的崭新领域，在国际上受到高度重视。多通道用户界面的研究正是为了消除当前图形用户界面、多媒体用户界面通信带宽不平衡的瓶颈。多通道人机界面（MMI）是基于视线跟踪、语音识别、手势输入、感觉反馈等新的交互技术。它允许用户可以使用自然的交互方式，如语音、手势、眼神、表情等与计算机系统进行协同工作，提高人机交互的自然性和高效性。图 7.12 为多通道电话录音系统界面。

在多通道人机界面中，交互通道之间存在串行／并行、互补／独立等多种关系，因此人机交互方式向人与人交互靠拢，可以用来解决科学计算可视化、虚拟现实对计算机系统提出的高效、三维和非精确的人机交互要求。

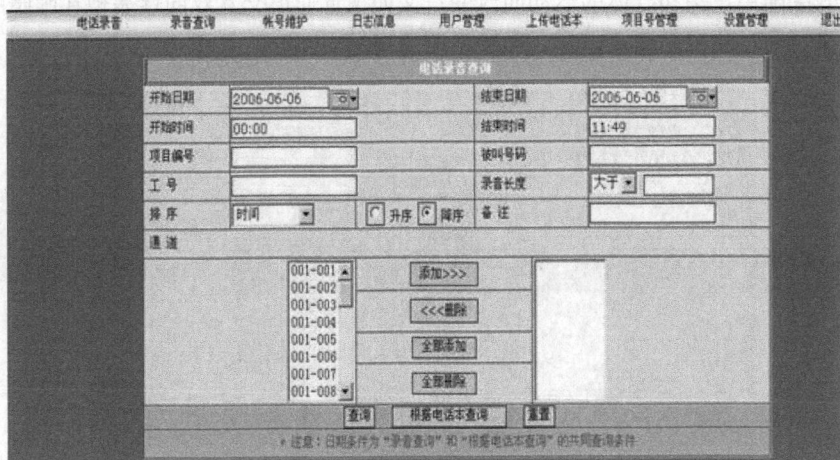

图 7.12 多通道用户界面

多通道用户界面与多媒体用户界面两者共同提高人机交互的自然性和效率。多通道用户界面主要关注人机界面中用户向计算机输入信息及计算机对用户意图理解的问题，它所要达到的目标可归纳为如下几个方面：交互自然性，使用户尽可能多地利用已有的日常技能与计算机交互，降低认识负荷；交互高效性，使人机通信信息交换吞吐量更大，形式更丰富，发挥人机彼此不同的认知潜力；吸取已有人机交互技术的成果，与传统的用户界面，特别是广泛流行的 WIMP/GUI 兼容，使老用户、专家用户的知识和技能得以利用，不被淘汰。

在人机交互过程中，人不满足通过屏幕显示或打印输出信息，进一步要求通过视觉、听觉等器官进行交互，于是有了多媒体用户界面。人们不满足于单通道的输入，要更多地利用嗅觉、触觉及形体、手势或口令交互，于是进一步有了多通道用户界面。人们还要更自然地"进入"到环境空间去，形成人机"直接对话"，感受"身临其境"的体验，为此又有了虚拟现实人机界面。

7.4.5　虚拟现实界面

虚拟现实又称虚拟环境。虚拟现实是利用计算机模拟产生一个三维空间的虚拟世界，提供使用者关于视觉、听觉、触觉等感官的模拟，让使用者如同身临其境一般。它的 3 个重要特点：即临境感、交互性、构想性，从而决定了它与以往人机交互技术的不同特点，反映了人机关系的演化过程。在传统的人机系统中，人是操作者，机器只是被动的反应。在一般的计算机系统中，人是用户，人与计算机之间以一种对话方式工作。在虚拟现实中，人是主动参与者，复杂系统中可能有许多参与者共同在以计算机网络系统为基础的虚拟环境中协同工作，向用户提供临境和多感觉通道体验。图 7.13 所示是虚拟旅游故宫博物院的界面。

作为一种新型人机交互形式，虚拟现实技术比以前任何人机交互形式都有希望彻底实现和谐的、"以人为中心"的人机界面。多通道和多媒体技术的许多应用成果可直接被应用于虚拟现实技术，而虚拟现实技术正是一种以集成为主的技术，其人机界面可以分解为多媒体多通道界面。从本质上说，多媒体用户界面技术侧重解决计算机信息表现及输出的自然性和多样性问题，而多通道技术侧重解决计算机信息输入及识别的自然性和多样性问题。另一方面，交互双向性特点同时存在于这两种人机交互技术中，例如，三维虚拟声显示技术不仅作为静态的显示，而且其交互性可使用声响效果随用户头和身体的运动而改变；又如视觉通道交互双向性表现在眼睛既用于接受视觉信息，又可通过注视而输入信息，形成所谓的视觉交互。

图 7.13　虚拟现实界面

7.4.6　自适应人机界面

自适应人机界面这一概念在过去 10 年人类因素研究的文献中频繁出现，并且一直是人机界面研究的热点之一。自适应界面是能够改变自身界面模式，以适应不同用户、不同任务和不同阶段系统需求的界面系统。图 7.14 所示为自适应巡航界面。通常一个良好设计的自适应界面系统应具有以下特点：

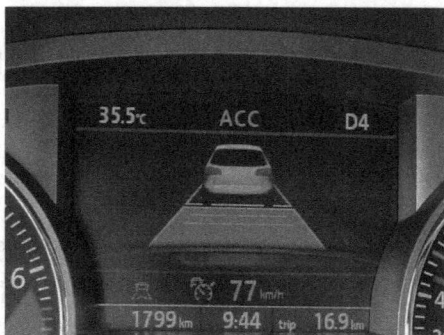

图 7.14　自适应人机界面

① 支持多种不同的界面模式；
② 允许用户在任意时刻切换界面模式；
③ 界面模式的切换应尽量平滑、自然；
④ 用户应能很容易地学习使用各种不同的模式。

总之，人机界面的发展由过去人机对峙的界面，即基于字符方式的命令语言式界面，进化为人机协调的图形用户界面，但计算机科学家并不满足于这种现状，他们正积极探索新型风格的人机界面。多媒体界面的繁荣、多通道界面的发展，尤其是当前语音识别技术和计算机联机手写识别技术的商业成功，让人们看到了自然人机的曙光。虚拟现实技术的兴起显示出未来人机交互技术的发展趋势是追求"人机和谐"的多维信息空间。作为一种新型人机交互形式，虚拟现实技术比以往任何人机交互形式都有希望彻底实现和谐的、人机合一的完美人机界面。

7.5　人机界面设计的方法

设计一个友好的用户界面，需要一定的设计方法和技术。方法论是认识世界和改造世界的根本方法，则人机界面设计的方法论就是对人机界面设计的认识和设计的根本方法。综合各方面的条件，人机界面设计的方法与技术主要有以下几种。

① 经验法。因为对于人机界面设计还是主要依靠设计者的经验，所以经验法就是根据设计者长期以来对人机界面设计及对未来人机界面潮流敏锐捕捉的一种方法。

② 软件心理学、环境因素设计法。人机界面设计是一项非常复杂的过程，需要其他学科的支持，因而软件心理学、环境因素设计法就是根据用户的心理和从所使用的操作环境出发的一种方法。

③ 多方参与设计法。前面讲到人机界面的设计还要牵扯到人机工程学、心理学、人的因素学、社会学、语言学等多方面的知识，因而建议牵扯到这些学科的多方来共同参与设计。

④ 以用户为中心的设计方法。人机界面设计是系统设计过程的一部分，所以必须结合到现代系统开发方法中去。目前的系统开发方法对界面设计问题和用户关注太少或者根本没加注意，以致用户批评仍持续不断。界面设计共同课题是让用户关心和介入，其目的在于促进人在系统开发中的参与和作用。其用户为中心的设计方法应该体现以下几个方面。

用户参与设计——人机界面设计的目的就是使得设计的界面上的东西更好、更方便、更有效地传达给用户。如果用户能积极地参与到设计过程中去，并进入设计组共同决策，那么就使得设计的界面做到"用户之所想，用户之所需"。

以用户为中心设计——系统设计必须根据用户的需要来确定，而不能由功能过程需求或硬件限制等来推动。

原型设计——人机交互特别强调，在设计期间必须注意原型及其细化周期的概念。

7.6　人机界面设计的目标和遵循的原则

良好的系统的界面设计应让用户产生成功感、胜任感、主人感和清晰感等积极的感觉，因此设计界面时，需要了解界面设计的目标和应遵循的一些原则。

7.6.1　人机界面设计的目标

为了超越对用户界面友好这一说法的含糊要求，管理人员和设计人员应该制订详细精确的目标，美国军方标准提出了如下目标：

① 满足操作控制和维护人员对性能的要求；

② 将对操作人员的技能要求、知识要求和训练时间要求都降到最低；

③ 达到人与设备协同所需的可靠性要求；

④ 在系统中和系统间逐步建立一种设计标准。

7.6.2　人机界面设计遵循的原则

一个优良的人机界面设计，应尽可能地考虑到使用者的各种情况，使产品发挥最大的功能，最大限度地满足用户的需求。要设计出这样的人机界面，除了依靠设计者的经验外，还需要一定的原则来完善设计的人机界面。

① 整体性原则，即设计应尽可能地保持一致性，操作环境应提供一致的操作序列，相同的术语应该在菜单、提示帮助里都一致，颜色、布局、大小写、字体应当始终保持一致。

② 多样化原则，即设计因素多样化考虑。当前越来越多的专业调查人员与公司出现，为设计带来丰富的资料和依据。如何获取有效信息，如何分析设计信息，实际上是一个要有创造性思维与方法的过程体系。

③ 反馈原则，即界面设计应通过任务提示和反馈信息来指导用户，做到"以用户为中心"。对每个用户操作都应有对应的系统反馈信息。对于常用的或较次要的操作，反馈信息可以很简短；而对于不常用但很重要的操作，反馈信息就应丰富一些。

④ 容错性原则，即设计出的系统应尽可能地不让用户犯严重错误。例如，将不适当的菜单选项灰色显示，以及禁止在数值输入域中出现字母字符。如果用户犯了错误，界面应当检测到错误，并提供简单的、有建设性的、具体的指导来帮助恢复。例如，如果用户输入了无效的邮政编码，他们不必再次填写整个姓名、地址等表单，而应该被引导去修改出错的部分。错误的操作应该让系统状态保持不变，或者界面应当提供关于恢复系统状态的帮助，以便系统恢复正常。

⑤ 反向操作原则，即操作应尽可能地允许反向，这样可以减轻用户的焦虑，由于用户知道错误可以被撤销，这就会鼓励用户尝试不熟悉的选项。反向操作的单元可以是单独的操作、单个数据输入任务或一组完整操作。

⑥ 易记性原则。由于人凭借短时记忆进行信息处理存在局限性（由经验法则可知，人可以记忆 5~9 个信息块），所以要求显示简单，多页显示统一及窗口移动频率低，并且要保证分配足够的时间用于学习代码、记忆操作方法和操作序列。另外，还应该提供一个地方，可以对命令语法、缩略语、代码及其他信息进行适当的在线访问。

7.7 界面结构设计与实现

界面设计的第一步是将任务设计的结果作为输入，设计成一组逻辑模块，然后加上存取机制，把这些模块组织成界面结构。存取机制可以是分层、网络的或直接的。机制的类型主要由任务结构决定，也取决于设计风格。例如，菜单提供了层次结构，图标则是直接存取，也可以是层次的，而命令语言可提供网络也可提供直接存取机制。第二步是将每一模块分成若干步，每步又被组装成细化的对话设计，这就是界面细化设计。

界面设计包括如下几点。

1. 界面对话设计

在界面设计中要使用对话风格的选择，并加上用户存取和控制机制。对话是以任务顺序为基础，但要遵循如下原则。

① 反馈（Feed back）：随时将正在做什么的信息告知用户，尤其是在响应时间较长的情况下。

② 状态(Status)：告诉用户正处于系统的什么位置，避免用户在错误环境下发出语法正确的命令。

③ 脱离（Escape）：允许用户中止一种操作，且能脱离该选择，避免用户死锁发生。

④ 默认值（Default）：只要能预知答案，尽可能设置默认值，节省用户工作。

⑤ 尽可能简化对话步序：使用略语或代码来减少用户击键数。

⑥ 求助（Help）：尽可能提供联机在线帮助。

⑦ 复原（Undo）：在用户操作出错时，可返回并重新开始。

在对话设计中应尽可能考虑上述准则，媒体设计对话框有许多标准格式供选用。另外，对界面设计中的冲突因素应进行折衷处理。

2. 数据输入界面设计

数据输入界面往往占终端用户的大部分使用时间，也是计算机系统中最易出错的部分之一。其总目标：简化用户的工作，并尽可能降低输入出错率，还要容忍用户错误。这些要求在设计实现时可采用多种方法。

① 尽可能减轻用户记忆，采用列表选择。对共同输入内容设置默认值；使用代码和缩写等；系统自动填入用户已输入过的内容。

② 使界面具有预见性和一致性。用户应能控制数据输入顺序并使操作明确，采用与系统环境（如 Windows 操作系统）一致风格的数据输入界面。

③ 防止用户出错。在设计中可采取确认输入（只有用户按下键，才确认），明确的移动（使用 TAB 键或鼠标在表中），明确的取消，已输入的数据并不删除。对删除必须再一次确认，对致命错误，要警告并退出。对不太可信的数据输入，要给出建议信息，处理不必停止。

④ 提供反馈。要使用户能查看他们已输入的内容，并提示有效的输入回答或数值范围。

⑤ 按用户速度输入和自动格式化。用户应能控制数据输入速度，并能进行自动格式化，对输入的空格都能被接受。

⑥ 允许编辑。理想的情况，在输入后能允许编辑且采用风格一致的编辑格式。

数据输入界面可通过对话设计方式实现，若条件具备尽可能采用自动输入。特别是图像、声音输入在远程输入及多媒体应用中会迅速发展。

3. 控制界面设计

人机交互控制界面遵循的原则是让用户具有控制的主动性而又避免错误操作，即为用户提供尽可能大的控制权，使其易于访问系统的设备，易于进行人机交互。控制界面设计主要任务是由设计控制会话、菜单、功能键、图标、直接操纵、窗口、命令语言及自然语言等界面组成。因此控制界面设计准则如下所述。

① 有清晰明确的动作指令。

② 与用户通信时，给出反馈和状态信息。

③ 按用户的步调和主动性设计会话，并尽可能基于用户模型进行会话。

④ 每个功能对应单个命令。

7.8　人机界面设计过程中的设计问题

在人机界面设计的过程中，也存在一些常见的设计问题。如果不考虑这些问题，那么会在设计的后期出现不必要的设计反复、项目延期和用户产生挫折感，这就导致了人机界面设计的失败。最好在设计的初期就考虑到这些问题。下面简单地介绍一下关于人机界面设计过程中的设计问题。

（1）系统响应时间

系统响应时间是许多交互式系统用户经常抱怨的问题。一般来说，系统响应时间指从用户完成某个控制动作，到软件给出预期的响应之间的这段时间。

系统响应时间有两个重要属性，分别是长度和易变性。如果系统响应时间过长，用户就会感到紧张和沮丧；系统响应时间过短也不好，这会迫使用户加快操作节奏，从而可能会犯错误。

易变性指系统响应时间相对于平均响应时间的偏差，在许多情况下，这是系统响应时间的更重要的属性。例如，稳定在 1 秒的响应时间比从 0.1 秒到 2.5 秒变化的响应时间要好。

（2）用户帮助设施

几乎交互式系统的每个用户都需要帮助，当遇到复杂的问题时，甚至需要查看用户手册以寻找答案。大多数现代软件都提供联机帮助措施，这使得用户无需离开用户界面就能解决自己的问题。

常见的帮助设施可分为集成的和附加的两类。集成的帮助设施从一开始就设计在软件里面，通常，它对用户工作内容是敏感的，因此用户可以从与刚刚完成的操作有关的主题中选择一个请求帮助。显然，这可以缩短用户获得帮助的时间，增加界面的友好性。附加的帮助设施是在系统建成后再添加到软件的，在多数情况下，它实际上是一种查询能力有限的联机用户手册。人们普遍认为，集成的帮助设施优于附加的帮助设施。

（3）出错信息处理

出错信息和警告信息是出现问题时交互式系统给出的"坏消息"。出错信息设计得不好，将向用户提供无用的甚至误导的信息，反而会加重用户的挫折感。当确实出现了问题的时候，有效的出错信息能提高交互式系统的质量，减轻用户的挫折感。

一般说来，交互式系统给出的出错信息或警告信息应该具有下述特点。

① 信息应该用用户可以理解的术语描写问题。

② 信息应该提供有助于从错误中恢复的建设性意见。

③ 信息应该指出错误可能导致哪些负面后果，以便用户检查是否出现了这些问题，并在确实出现问题时及时解决。

④ 信息应该伴随着听觉上或视觉上的提示，例如，在显示信息时同时发出警告铃声，或者信息用闪烁方式显示，或者信息用明显表示出错的颜色显示。

⑤ 信息不能带有指责色彩，也就是说，不能指责用户。

（4）命令交互

命令行曾经是用户和系统软件交互的最常用的方式，并且也曾经广泛地用于各种应用软件中。现在，面向窗口的、点击和拾取方式的界面已经减少了用户对命令行的依赖，但是许多高级用户仍然偏爱面向命令行的交互方式。在多数情况下，用户既可以从菜单中选择软件功能，也可以通过键盘命令序列调用软件功能。

在提供命令交互方式时，必须考虑下列设计问题。

① 是否每个菜单选项都有对应的命令？

② 采用何种命令形式？有 3 种选择：控制序列，功能键和键入命令。

③ 学习和记忆命令的难度有多大？忘记了命令怎么办？

④ 用户是否可以定制或缩写命令？

7.9 人机界面设计的过程

人机界面设计过程中的设计应该注意的问题，对于人机设计过程有很大的帮助。人机界面的设计过程可分为以下几个步骤。

1. 需求分析

这是人机界面设计的初步工作，但也是相当重要的第一步。判断一个系统的优劣，在很大程度上取决于未来用户的使用评价。因此，在人机界面设计的最初阶段尤其重视系统人机界面部分的用户需求。通过对用户特性分析（包括年龄、性别、心理情况、文化程度、个性、种族背景等）来做到对用户全面的了解，对于以后的工作进度也是有很大的帮助，减少后期的工作量。

2. 总体设计

要根据需求分析的结果做出总体规划，那就是要创建系统功能的外部模型。创建系统功能的外部模型设计模型主要是考虑软件的数据结构、总体结构和过程性描述，然后根据终端用户对未来系统的假想设计用户模型，最终使之与系统实现后得到的系统映像（系统的外部特征）相吻合，用户才能对系统感到满意并能有效地使用它。建立用户模型时要充分考虑系统假想给出的信息，系统映像必须准确地反映系统的语法和语义信息。

3. 详细设计

确定为完成此系统功能人和计算机应分别完成的任务。任务分析有两种途径。一种是从实际出发，通过对原有处于手工或半手工状态下的应用系统的剖析，将其映射为在人机界面上执行的一组类似的任务。另一种是通过研究系统的需求规格说明，导出一组与用户模型和系统假想相协调的用户任务。

根据任务分析的结果进行逐步求精的设计，其内容包括以下几方面。

① 根据任务系统分析，确定系统的输入和输出内容、要求等。

② 根据交互设计，进行具体的屏幕、窗口和覆盖等结构设计。

③ 根据用户需求和用户特性，确定屏幕上的信息的适当层次和位置。

④ 详细说明在屏幕上显示的数据项和信息的格式。

⑤ 考虑标题、提示、帮助、出错等信息。

⑥ 进行颜色、声音、动画等界面美学细化设计。

任务设计之后，要决定界面类型。界面设计必须"以人为本"，因此，选择界面设计类型要全面考虑。一方面要从用户状况出发，根据复杂程序，选择一个或几个适宜的界面类型。另一方面要匹配界面任务和系统需要，对交互形式进行分类。若在用户需求和系统功能之间直接发送冲突，则要折衷解决。

目前有多种人机界面设计类型，各有不同的品质和性能。图 7.15、图 7.16、图 7.17、图 7.18、图 7.19 分别为问答型、菜单型、图标型、表格型和语言型等界面类型。

在人机界面设计之初，一般采用原型设计可以在较短时间内，以低代价开发出满足系统基本要求的、简单的可运行系统，该系统可以向用户演示功能或进行评测。在此基础上，能对系统进一步完善需求规格和系统设计。原型设计只需具备最终设计系统的总体框架及主要功能，并可以提供多种界面形式来完成同一系统任务，让用户从多种可选界面方案中选择满意的设计。

图 7.15　问答型界面

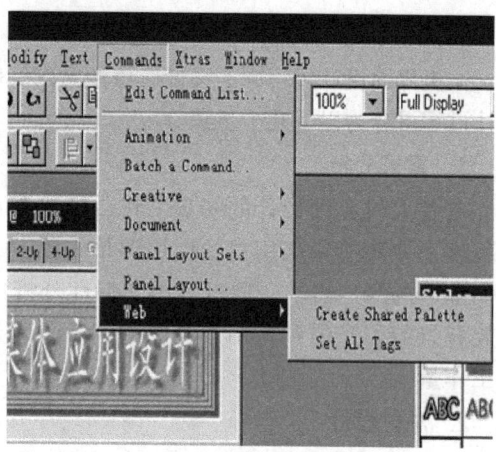

图 7.16　菜单型界面

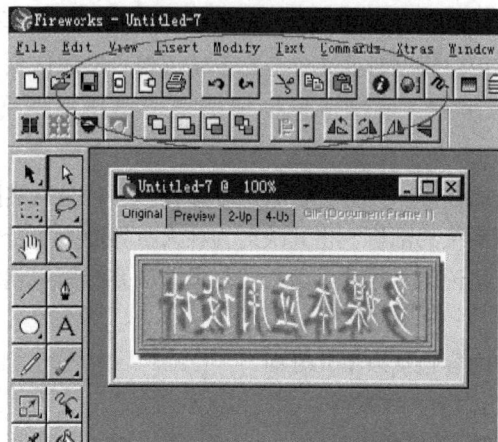

图 7.17　图标型界面

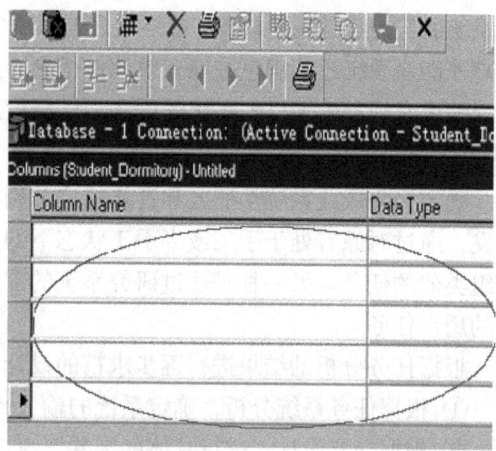

图 7.18　表格型界面

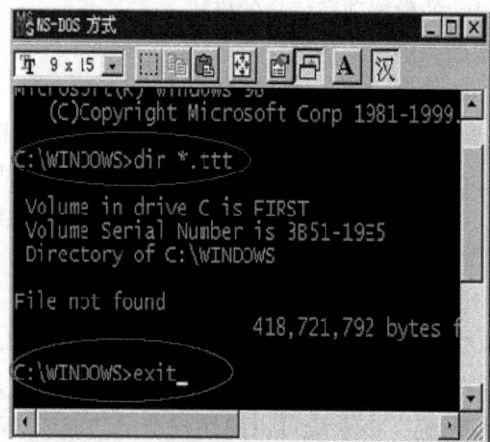

图 7.19　语言型界面

7.10　人机界面设计的评价

评价是人机界面设计的重要组成，应该在系统设计初期就进行，或在原型期就进行，以便及早发现设计缺陷，避免人力、物力浪费。

7.10.1　人机界面设计的评价方法

人机界面设计的评价方法概括起来有以下几个。

1. 经验性评价方法

当方案不多，问题不太复杂时，可以根据评价者的经验，采用简单的评价方法对方案做定性的粗略分析和评价。如采用淘汰法，经过分析，直接驱除不能达到主要目标要求的方案或不相容的方案。

2. 数学分析类评价方法

运用数学工具进行分析、推导和计算，得到定量的评价参数的评价方法，例如，名次记分法、评分法、技术经济法及模型评价法等。

3. 实验评价法

对于一些较重要的方案环节，有时要通过实验对方案进行评价，这样实验评价法所得到的评价参数准确，但代价较高。

4. 模拟仿真评价法

模拟仿真评价法是一种重要的评价方法，它允许在实施界面设计之前对它进行评价。一旦系统完成后再对它进行较大修改是非常困难的，要花费大量的人力、成本和时间。采用模拟评价法，能够尽早地修改设计，也可以节省费用。

7.10.2　人机界面设计的评价

最终做出来的人机界面是好是坏呢？需要对人机界面进行评价。一般从以下几个方面对人机界面设计的好坏或优劣进行评价。

1. 用户对人机界面的满意程度

人机界面设计最终目的是满足用户的需求。只要能使用户满意的人机界面，就可以算得上好的设计，否则就失去了人机界面设计的灵魂，失去了设计方向。所以评价人机界面，设计优劣的最重要的一条就是用户对人机界面设计的满意程度。

2. 人机界面的适应性和协调性

人机界面设计出来以后，首先看界面的整体情况，再看界面整体的协调程度。如尽量做到比例协调、图文放置协调、色彩搭配协调、整体布局协调等。

3. 人机界面的标准化程度

人机界面的设计是按照一定的标准来做的，但是在做的过程中也不一定严格按照上面的标准，但是要尽量向这方面靠拢，努力使你的界面做到标准化。

4. 人机界面的应用条件

人机界面的应用条件也是一个方面，而且还是一个重要的方面。人机界面设计出来就是为了应用的，应使应用条件更加广泛，适应条件放得宽松一下，尽量使大多数的人们接受应用条件的限制。

5. 人机界面的性能价格比

这也是个敏感的话题，即使你设计的界面功能再齐全，界面再友好，如果价格很高的话，大多数用户都用不起。用户会选择功能性差一些，设计界面性能差不多，但是价格是在接受的范围内。这样的人机界面才是成功的。因而在人机界面设计过程中价格问题是一个不能被忽视的重要的一个环节。

目前，人们习惯于"界面友好性"这一抽象概念来评价一个人机界面的好坏，但"界面友好"与"界面不友好"恐怕无人能定一个确切的界线。一般认为一个友好的人机界面应该至少具备如下特征。

① 操作简单，易学，易掌握。

② 界面美观，操作舒适。

③ 快速反应，响应合理。

④ 用于通俗，语义一致。

需要指出，一个用户界面设计质量的优劣，最终还得用户来评断，因为软件是供用户使用的，软件的使用者是最有发言权的人。

7.11　未来人机界面设计的展望

人机界面设计的理想目标是"用户自由"。未来计算机系统的特点是要以人为主体，实现人机的高效合作。新一代的人机界面希望能够实现三维、非精确和隐含的人机交互，实现多通道界面。它将允许用户通过不同的人体通道如语音、手势、身体语言等与计算机并行通信，让计算机善解人意，从多种并行输入中自动提取语义信息。当前正在进行的尝试有语音识别、自然语言理解、手势示意、眼动跟踪、手写字体或手画草图识别等。三维输入工具则包括数据手套、操纵杆、三维鼠标等。

根据上面提到关于未来人机界面发展的形势来看，未来的人机界面设计还要从整体上具备以下几个特征：①高科技化；②自然化；③人性化；④虚拟与现实结合；⑤与 Internet 连接；⑥创新性；⑦时代性。

总之，人机界面设计越来越受到人们的关注，而且正在飞速的发展中。人机界面正日益向着更详细，更有效、功能更强大的方向发展。

本章小结

本章主要介绍了人机界面的定义和分类、人机界面的设计准则、人机界面的发展、人机界面的结构和实现、人机界面的设计过程、人机界面的评价等基本知识，主要论述狭义的人机界面设计。通过本章的介绍使得读者对人机界面设计有了一定的了解和掌握，使越来越多的人们去关注人机界面设计。相信未来的人机界面更能展现时代感、科技感和美感，一定会在人们生活中大放光彩。

本章习题

1. 什么是人机界面?
2. 什么是广义的人机界面设计? 什么是狭义的人机界面设计?
3. 人机界面设计分为哪几类? 它们之间有什么关系?
4. 人机交互的特点是什么?
5. 说明人机界面发展过程中, 历经了哪些人机界面设计。
6. 人机界面设计的方法有哪些?
7. 简述人机界面设计需要遵循的原则。
8. 人机界面设计过程中分为几个阶段?
9. 人机界面设计优劣的评价指标有哪些?

第8章
数据模式设计

本章针对系统中数据模式的设计展开介绍，主要讲解数据库设计的概念、UML 在数据库设计阶段的规范及关系数据库逻辑模式和物理模式的设计，最后给出一个设计示例。

8.1 数据库设计概述

8.1.1 数据库与数据库设计

1. 相关定义

（1）数据库

数据库（Datebase，DB）是按照一定的数据模型组织和描述、存储和管理数据的仓库，它完全地或部分地消除了数据的冗余，具有较高的数据独立性和易扩张性，并可为一定范围内的各种用户共享。

数据库是长期存储在计算机内的，它不仅包括数据本身，而且包括相关数据之间的联系，是磁盘上的一个存储数据的区域。

（2）数据库管理系统

数据库管理系统 (Database Management System，DBMS) 是建立在操作系统基础上的一种操纵和管理数据库的大型软件，用于建立、使用和维护数据库，实现对共享数据的组织、管理和存取。

DBMS 应具有以下几个基本功能。

① 数据库的定义功能。

② 数据操纵功能。

③ 数据库的运行管理。

④ 数据库的建立和维护功能。

⑤ 数据组织、存储和管理。

（3）数据库系统

数据库系统是指引进数据库技术后的计算机系统。人们一般是将数据库系统（Database System，DBS）简称为数据库，它是由数据库及其管理软件组成的。它是一个实际可运行的应用软件，可以存储、维护和应用系统提供的数据，是存储介质、处理对象和管理系统的集合体。数据库系统需要操作系统的支持。

数据库系统的简单结构如图 8.1 所示。

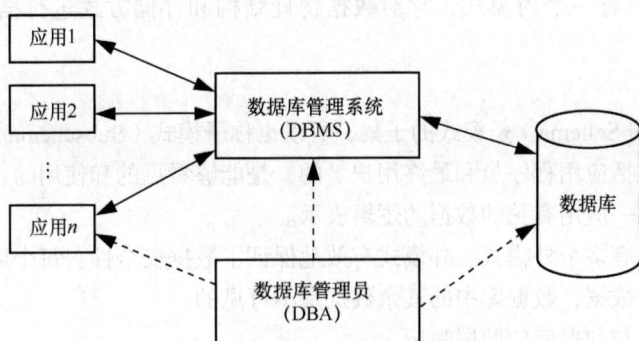

图 8.1　数据库系统简单结构示意图

（4）数据库设计

数据库设计(Database Design，DD)是指根据用户的需求，在某一具体的数据库管理系统上，设计数据库的结构和建立数据库的过程。也就是对于一个给定的应用环境，构造一个最优的数据库模式，并据此建立一个既能反映现实世界信息和信息联系、满足用户对数据的使用要求和加工要求，又能被某个数据库管理系统（DBMS）所接受的数据库及其应用系统，使得数据库既能有效、安全、完整地存储大宗数据，又能满足多个用户的信息要求和处理要求。

2. 对数据库设计的要求

对数据库设计的基本要求如下所述。

① 能够保证数据的独立性。数据和程序相互独立有利于加快软件开发速度、节省开发费用。

② 冗余数据少，数据共享程度高。

③ 系统的用户接口简单，用户容易掌握，使用方便。

④ 能够确保系统运行可靠，出现故障时能迅速排除；能够保护数据不受非受权者访问或破坏；能够防止错误数据的产生，一旦产生也能及时发现。

⑤ 有重新组织数据的能力，能改变数据的存储结构或数据存储位置，以适应用户操作特性的变化，改善由于频繁插入、删除操作造成的数据组织零乱和时空性能变坏的状况。

⑥ 具有可修改性和可扩充性。

⑦ 能够充分描述数据间的内在联系。

3. 数据库的三级模式及两层映像

人们为数据库设计了一个严谨的体系结构，数据库领域公认的标准结构是三级模式结构，它包括外模式、模式和内模式，其结构如图 8.2 所示。

该体系结构有效地组织、管理数据，提高了数据库的逻辑独立性和物理独立性。

（1）模式

模式（Schema）也称概念模式或逻辑模式，是对数据库中全体数据的逻辑结构和特征的描述，是所有用户的公共数据视图。

一个数据库只有一个模式，它以某一种数据模型为基础。在数据库的三级模式结构中，数据库的核心与关键就是模式，它独立于数据库的其他层次。

（2）内模式

内模式（Internal Schema）也称物理模式或存储模式（Storage Schema）。

一个数据库也只有一个内模式，它对数据物理结构和存储方式进行描述，是数据库内部的表示方法。

（3）外模式

外模式（External Schema）是模式的子集，所以也称子模式（Subschema）或用户模式，它是面对数据库用户（包括应用程序员和最终用户）的，是能够看见的和使用的、局部的逻辑结构和特征的描述，是与某一应用有关的数据的逻辑表示。

一个数据库可以有多个外模式。外模式有效地保证了数据安全性。每个用户只能看见和访问所对应的外模式中的数据，数据库中的其余数据是不可见的。

（4）数据独立性与数据库的两层映像

数据库系统的三级模式对应数据库的 3 个抽象级别，通过在这三级模式之间提供两层映像，在内部实现这 3 个抽象层次之间的联系和转换，正是这两层映像保证了数据库系统中的数据能够具有较高的逻辑独立性和物理独立性。

① 数据的物理独立性。数据库中只有一个模式，也只有一个内模式，所以模式/内模式映像是唯一的。

② 数据的逻辑独立性。数据库中在只有一个模式的同时，可以拥有多个外模式，因此对于每一个外模式，数据库系统都有一个外模式/模式映像。

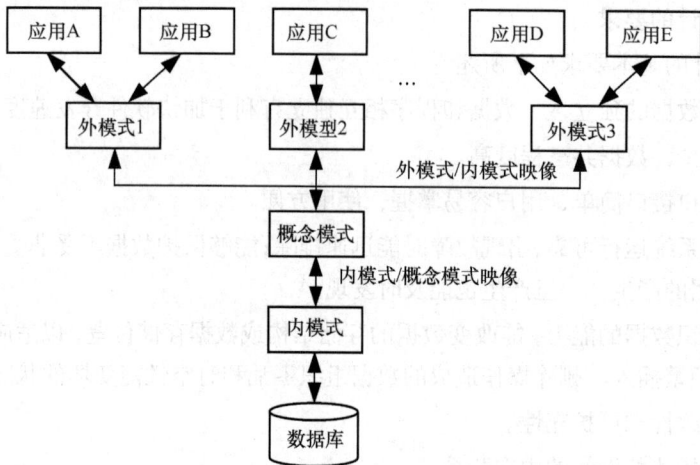

图 8.2　数据库系统的三级模式结构示意图

8.1.2　数据库设计的方法与过程

1. 数据库设计的内容

数据库设计是一个复杂的过程。在这个过程中，需要将现实世界中的事物转化为由机器世界所存储和管理的数据。

从系统开发的角度来看，数据库应用系统的设计包含两方面的内容：

① 结构特性的设计，即数据库模式的设计，决定数据库系统的信息内容；

② 行为特性的设计，即应用程序、事务处理的设计，决定数据库系统的功能。

2．数据库设计的方法

为了使数据库设计更合理、更有效，需要有效的指导原则，这种指导原则称为数据库设计方法学。

（1）手工试凑法

用手工试凑法设计数据库，设计质量与设计人员的经验和水平有直接关系，缺乏科学理论和工程方法的支持，工程的质量难以保证，数据库运行一段时间后常常又会不同程度地发现各种问题，增加了维护代价。

（2）传统的关系数据库设计

传统的关系数据库设计过程分为 4 个阶段：需求分析，概念结构设计，逻辑结构设计，物理结构设计。

传统的关系数据库设计存在着不少的缺点，其主要问题为数据库设计与系统的应用行为设计是分离的。

（3）使用 UML 做数据库设计

使用 UML 进行关系数据库设计的做法有两种：其一是以 E-R 图为基础进行数据库设计，设计工作按照 E-R 模型的概念和方法进行，只是用 UML 表达；其二是用 UML 直接进行数据库的分析设计和表达，它可以把数据库设计与应用系统软件的设计统一进行。

3．数据库设计的过程

目前，数据库设计的过程一般分为 6 个阶段：需求分析、概念结构设计、逻辑结构设计、数据库物理设计、数据库实施及数据库运行与维护。具体内容如下。

（1）需求分析阶段

需求分析阶段的主要任务是通过对现行的手工系统或已有的计算机系统进行调查和分析，以确定对即将建立的数据库应用系统的信息要求和处理要求，并对数据的存储要求和处理要求进行描述，编制出数据库需求分析说明书，作为后续各设计阶段的依据。

需求分析阶段是整个设计过程的基础，是最困难、最耗费时间的一步。

（2）概念结构设计阶段

概念结构设计阶段是整个数据库设计的关键。通过对用户需求进行综合、归纳与抽象，形成一个独立于具体数据库管理系统（DBMS）的概念模型，它是现实世界的"纯粹"表示。

概念结构设计需要借助于某种工具或方法，当前应用最广泛的是实体-联系方法（E-R 方法），它使用 E-R 图定义企业的信息组织模式，即概念结构。

（3）逻辑结构设计阶段

逻辑结构设计的任务是按照一定的规则，将概念结构转换为某种数据库管理系统（DBMS）所支持的数据模型，并对其进行优化。

（4）数据库物理设计阶段

物理结构设计是指对一个给定的逻辑数据模型选取一个最合适应用环境的物理结构的过程（包括存储结构和存取方法）。

（5）数据库实施阶段

运用 DBMS 提供的数据语言、工具及宿主语言，根据逻辑设计和物理设计的结果，建立数据库，编制与调试应用程序，组织数据入库，并进行试运行。

（6）数据库运行与维护阶段

数据库应用系统经过试运行后即可投入正式运行。在数据库系统运行过程中必须不断地对其进行评价、调整与修改。

8.2 UML 用于数据库设计阶段的规范

使用 UML 做数据库设计，可以把数据库设计与系统的应用行为设计结合在一起，而且 UML 具有更强的建模表现能力。UML 的对象类图不但对数据，而且能对行为建模。这些行为在物理数据库中被设计成触发器和存储过程，或者专用的例行程序（Utility）。

8.2.1 数据库类到数据库表的设计

表（Table）是关系数据库的基本建模结构。表又称为二维表、关系，它是具有相同结构的行的集合，行又称为元组，其中包含数据。

表中的每一列又称为关系的属性。每个属性所对应的变化范围简称域，它是一个值的集合，关系中所有属性的实际值均来自于它所对应的域。任一行与列交叉点的元素称作分量。每一个数据必须作为一个分量值存储。

每一个表有一个关系模式（Relational Scheme），它由一个表名及它所有的列名构成，它是一个二维表的表头，规定了该表的组成、列的特性及完整性约束等。

表结构及有关的术语如图 8.3 所示，该图是一个包含值的学生表。

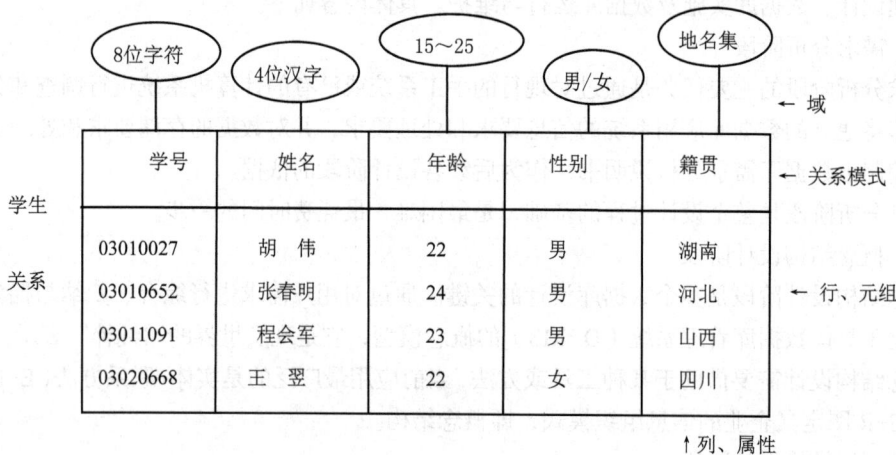

图 8.3 表结构与术语示意图

在 UML 中表用类表示，带有构造型图标"▦"或"<<Table>>"，类名即表名，类的属性描述表的列特性，包括列名、数据类型，以及有关的约束（标有 PK 的属性为主关键字）。在类的行为部分，根据需要可以给出对表的一些操作，也可以缺省。图 8.4 所示为学生表与课程表的结构。

1. 转换原则

在将 UML 模型中的类转换（映射）为关系数据库中的表时，类中属性可以映射为数据库表中的 0 个或多个属性列（并非类中所有属性都需要映射）。如果类中的某个属性本身又是一个对象，则应将其映射为表中的若干列，也可以将类中若干个属性映射为表中的一个属性列。

2. 转换方法

方法 1：将所有类都映射为表（类的属性映射为表的属性列），此时，一般类和特殊类都映射为表，它们共享一个主键，如图 8.5 所示。

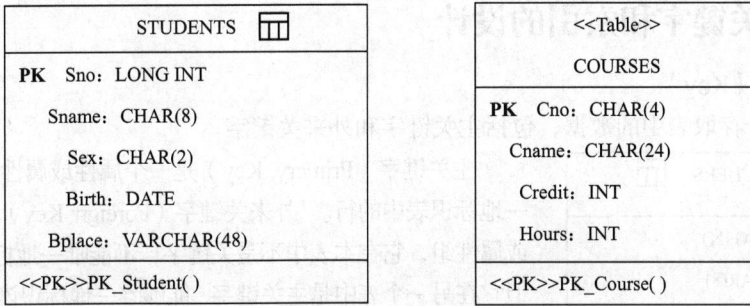
图 8.4 学生表与课程表的结构

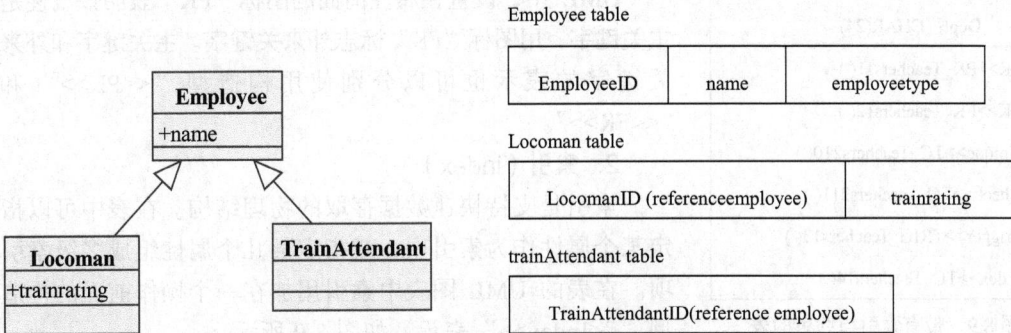
图 8.5 所有类均对应映射为表

方法 2：将有属性的类映射为表，如图 8.6 所示。

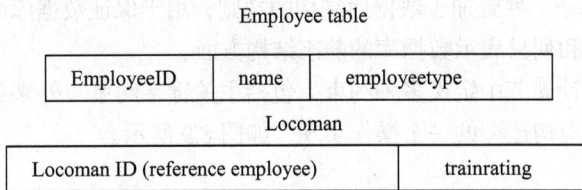
图 8.6 只将有属性的类映射为表

方法 3：特殊类映射的表中包含一般类的属性。只将特殊类映射为表，一般类不映射为表。在特殊类映射而来的表中，属性列既有从特殊类属性映射而来的，也有从一般类继承的属性映射而来的，如图 8.7 所示。

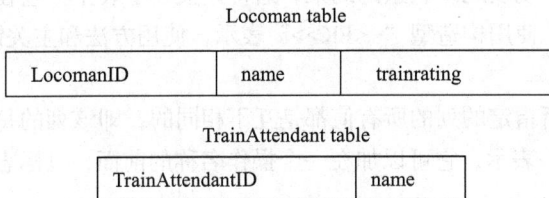
图 8.7 只将特殊类映射为表

方法 4：一般类映射的表中包含特殊类的属性。只将一般类映射为表，特殊类并不映射为表。在一般类映射而来的表中，属性列既有从一般类继承的属性映射而来的，也有所有特殊类的属性，如图 8.8 所示。

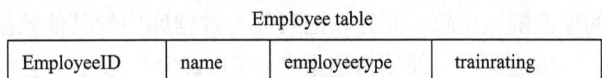
图 8.8 只将一般类映射为表

8.2.2 关键字和索引的设计

1. 关键字（Key）

关键字用于存取表中的数据，包括主关键字和外来关键字。

```
        TEACHERS        ⊞

PK      Tno：LONG INT

        Tname：CHAR(8)

        Sex：CHAR(2)

        Position：CHAR(12)

FK      Dept：CHAR(24)

<<PK>>PK_Teachers11( )

<<FK>>FK_Teachers12( )

<<Unique>>TC_Teachers210( )

<<Check>>TC_Teachers211( )

<<Trigger>>TRIG_Teachers13( )

<<Index>>TC_Teachers14( )
```

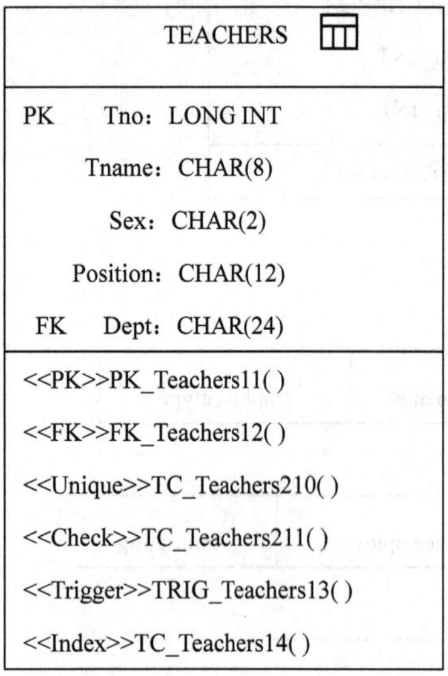

图 8.9 带有索引与约束的表

主关键字（Primery Key）是一个属性或属性组，它的值唯一地标识表中的行。 外来关键字（Foreign Key）也是一个属性或属性组，它在本表中不是关键字，不能唯一地标识表中的行，但它在另一个表中是主关键字，能够唯一地标识该表中的行。外来关键字体现了两个表的联系，实现表之间的参照完整性。

UML 中，设置在属性前面的图标"PK"表明该属性是主关键字，用图标"FK"标志外来关键字。主关键字和外来关键字的表示也可以分别使用构造型 "<<PK>>" 和 "<<FK>>"。

2. 索引（index）

索引是支持快速数据存取的物理结构。在表中可以指定某个属性作为索引项，或指定某几个属性组成多级索引项。在表的 UML 图表中索引用加在一个操作前面的构造型 "<<Index>>" 表示，如图 8.9 所示。

8.2.3 约束的设计

约束（Constraint）是一种施加于数据库结构的规则，用于保证数据库的完整性。约束描述数据库的动态行为，而表和列只表示数据库的静态结构方面。

在 UML 数据库设计规范中定义多种约束，包括主关键字约束、外来关键字约束、唯一性约束等。它们都用带有相应构造型的一个操作实现，如图 8.9 所示。

1. 主关键字约束

主关键字约束定义一个表的主关键字，每一个表中只允许有一个主关键字。主关键字约束使用构造型 "<<PK>>" 表示，也可以用一个小图标 "PK"代替。它可以加在一个属性名称的前面，表示该属性为主关键字，也可以加在一个操作名称的前面，以标志该操作的类型。

2. 外来关键字约束

外来关键字约束是实现表之间联系的约束，通常定义在子表中，它在父表中是主关键字，而在子表中则不是关键字。使用构造型 "<<FK>>" 表示，使用方法和主关键字约束一样。

3. 值唯一性约束

值唯一性约束保证所指定的列的所有值都是互不相同的，即该列的每一个值都是唯一的。使用构造型 "<<Unique>>" 表示，它可以加在一个操作名称的前面，以标志该操作是一个值唯一性约束操作。

4. 值检验约束

值检验约束指表中的列值可以按照某个规则检验其值的正确性，不但可以把列值与一个固定的值范围做比较，而且以把列值与数据库中的其他数据做比较。

值检验约束使用构造型 "<<Check>>" 表示，它可以加在一个操作名称的前面，以标志该操作是一个值检验约束操作。

5. 触发器约束

触发器（Trigger）用于保证数据库的完整性。触发器的活动是由其他活动的结果自动触发执行的，这一般是对数据库中的数据进行更新操作（插入、删除、修改）的一种副作用。

触发器约束使用构造型"<<Trigger>>"表示，它加在一个操作名称的前面，以标志该操作是一个触发器。

8.2.4 联系的设计

表之间的任何依赖关系称为联系（Relationship）。一个联系是一个带有联系构造型的关联（Association）和一组主关键字、外来关键字的整合（Summary）。

每一个联系都存在于父表和子表之间，父表中必须定义有主关键字，而子表则有外来关键字列和外来关键字约束，用于访问父表。

联系有两种：非确定联系和确定联系。

非确定联系（Non Identifying Relationship）是存在于两个独立表之间的联系，在子表中的外来关键字为非主关键字。

确定联系（Identifying Relationship）是存在于有依赖的两个表之间的联系，若父表不存在，则子表也不可能存在，子表的存在依赖于父表的存在。在父表中的全部的主关键字列成为子表中的主关键字列和外来关键字列。

联系的构造型和图形表示如图 8.10 所示。

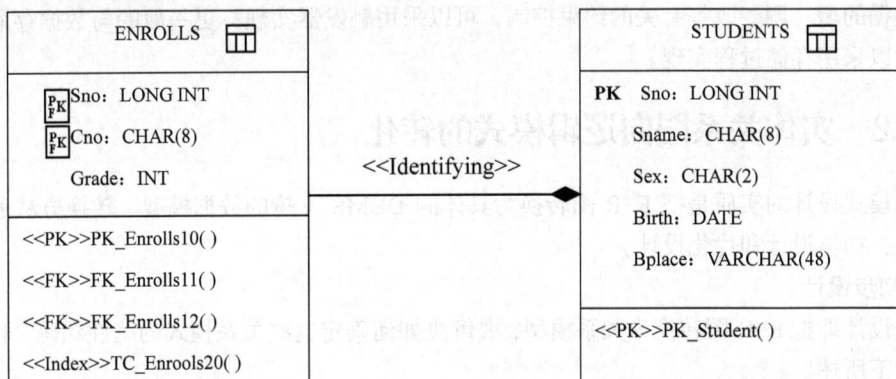

（a）确定联系

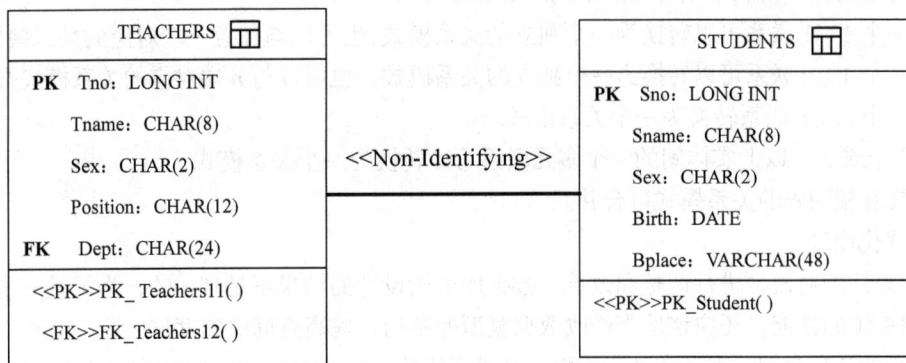

（b）非确定联系

图 8.10 表之间的联系

8.3 关系数据库逻辑模式的设计

8.3.1 逻辑模式的概念

逻辑模式也称模式，是数据库中全体数据的逻辑结构和特征的描述，是所有用户的公共数据视图。定义模式时，不仅要定义数据的逻辑结构（如数据记录由哪些数据项构成，数据项的名字、类型、取值范围等），而且要定义与数据有关的安全性、完整性要求，定义这些数据之间的联系。

在逻辑数据模型设计阶段，主要任务是确定应用系统所需要长期保存的持久性数据，建立数据库的逻辑模型。对于关系数据库，则需要根据系统中的实体类，创建关系数据库模式，包括表、视图、索引等数据结构元素的设计，以及相应的触发器、存储器的设计。

数据库设计是在对数据库应用系统做常规的 UML 系统分析设计的基础上进行的。要从众多的对象类中分离并确定具有持久性数据的实体类，把它们转换成相应的关系数据库表，并且根据实体类的属性的特征及类之间的联系，进行适当的映射与处理，从而建立起一个完整的关系数据库逻辑模型。

与数据的增、删、改等有关的约束控制，可以采用触发器实现；更一般的与数据存取有关的操作，可以采用存储过程实现。

8.3.2 实体关系图向逻辑模式的转化

逻辑模式设计的实质是把 E-R 图转换为具体的 DBMS 支持的数据模型。转换方法通常分为两步进行：初步设计和优化设计。

1. 初步设计

初步设计即把 E-R 图转换为关系模型，要解决如何确定这些关系模式的属性和码。转换遵循的原则如下所述。

① 一个实体型转换为一个关系模式，实体的属性就是关系的属性，实体的码就是关系的码。

② 对于实体间的联系则有以下不同的情况。

- 一个 1 : 1 联系可以转换为一个独立的关系模式，也可以与任意一端对应的关系模式合并。
- 一个 1 : n 联系可以转换为一个独立的关系模式，也可以与 n 端对应的关系模式合并。
- 一个 m : n 联系转换为一个关系模式。
- 3 个或 3 个以上实体间的一个多元联系可以转换为一个关系模式。
- 具有相同码的关系模式可合并。

2. 优化设计

优化设计即对模型进行调整和改善。数据库逻辑设计的结果不是唯一的，为了进一步提高数据库应用系统的性能，还应该适当修改数据模型的结构，提高查询的速度。

以 ORACLE 为例，现存在 9 个方面对其进行优化设计。

① 数据库优化自由结构 OFA(Optimal Flexible Architecture)。优化自由结构 OFA，简单地讲

就是在数据库中可以高效自由地分布逻辑数据对象，这种分布包括将系统数据和用户数据分开、一般数据和索引数据分开、低活动表和高活动表分开等。

② 充分利用系统全局区域 SGA（System Global Area）。SGA 包括以下几个部分：数据块缓冲区、字典缓冲区、重做日志缓冲区、SQL 共享池。

③ 规范与反规范设计数据库。规范与反规范都是建立在实际的操作基础之上的约束，脱离了实际两者都没有意义。只有把两者合理地结合在一起，才能相互补充，发挥各自的优点。

④ 合理设计和管理表。利用表分区，避免出现行连接和行迁移，控制碎片、别名的使用、回滚段的交替使用。

⑤ 索引 Index 的优化设计。管理组织索引、聚簇的使用、优化设置的索引。

⑥ 多 CPU 和并行查询选择 PQO(Parallel Query Option)方式的利用。尽量利用多个 CPU 处理器来执行事务处理和查询、使用 PQO 方式进行数据查询。

⑦ 实施系统资源管理分配计划。

⑧ 使用最优的数据库连接和 SQL 优化方案。使用直接的 OLE DB 数据库连接方式、使用 Connection Pool 机制、高效地进行 SQL 语句设计。

⑨ 充分利用数据的后台处理方案减少网络流量。

8.3.3　从类创建数据库表

将类转换为表的最简单做法是一对一映射，即为每一个实体类创建一个表。类的属性映射为表的各列，类中的关键字就是表的关键字，类的对象则映射为表中的各个记录。值得注意的是，存在以下两种特殊情况。

① 类的属性中某些属性值是暂时性使用,不需要在数据库中永久保存,则该类属性无需映射。当需要使用这些属性数据时，只要调用某个相关的程序进行计算推演即可。这可用存储过程或一个程序段实现。

② 类的属性如果是多值，则该属性映射为多个列，且需注意数据类型的转换。

从类创建表的过程中，需要根据数据的完整性和安全性方面的要求，制定主关键字和外来关键字，增加必要的约束条件，如合法输入值校验等，作成操作函数列入相应的表模型中，如图 8.11 所示。

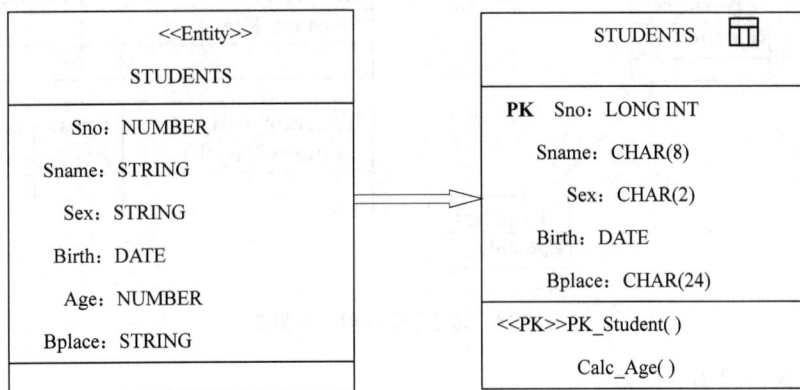

图 8.11　类向表映射示例

8.3.4　从类之间的关系设计表之间的联系

类图由一系列类、接口和它们之间的关系（依赖、泛化、关联和实现等）组成。在将类转换为数据库表时，还需要转换类与类之间的关系。

1. 关联关系

它包括一对一关联、一对多关联、多对多关联。如图 8.12 所示，表示 A 的一个对象与 B 的一个对象关联，通过在其所对应的类表中添加一个外键指向另一个类表中的主键从而实现两个类表的联结，将关联关系映射到数据库中。

图 8.12　关联关系

2. 泛化关系映射

泛化关系是一种存在于一般元素和特殊元素之间的分类关系，它只用于类型上，而不是实例上。UML 泛化体现了分类与继承原则。在关系数据库模型中，没有直接的方法实现泛化，可以通过 3 种方法实现其映射。

（1）类层次映射为单个表

该方法将泛化关系中所有类都映射在单个表中，所有类的属性都保存在该表中，同时在表中增加一个对象标识符 OID，以及一个对象类型，如图 8.13 所示。

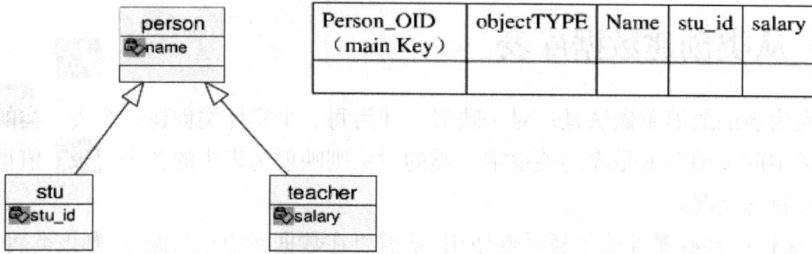

图 8.13　类层次映射为单个表

（2）每个子类映射为单张表

该方法将超类属性分别复制到各个子类中，这样每个子类既包含自身属性，也包含超类属性，同时在各个子类中增设各自的对象标识符 OID，从而实现映射。这个过程中，超类不需要参与映射，如图 8.14 所示。

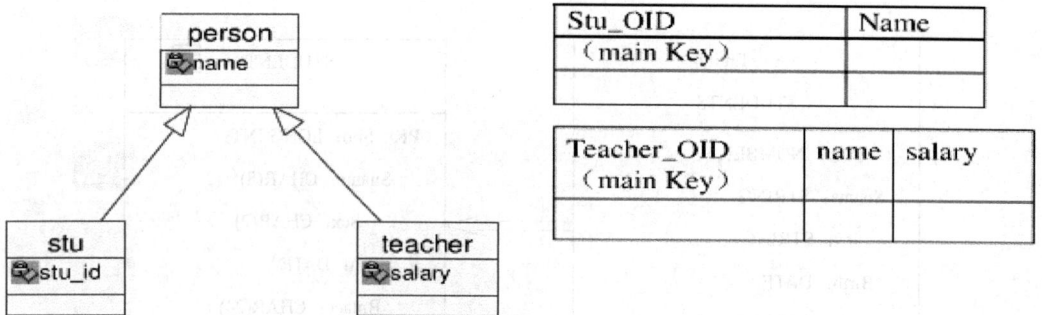

图 8.14　每个子类映射为单张表

（3）每个类映射为单张表

该方法为每个类都建一张表，每张表中的对象标识符 OID 都设为超类的类表中的 OID。在子类的类表中，OID 既是主键又是外键，各自属性不变，如图 8.15 所示。

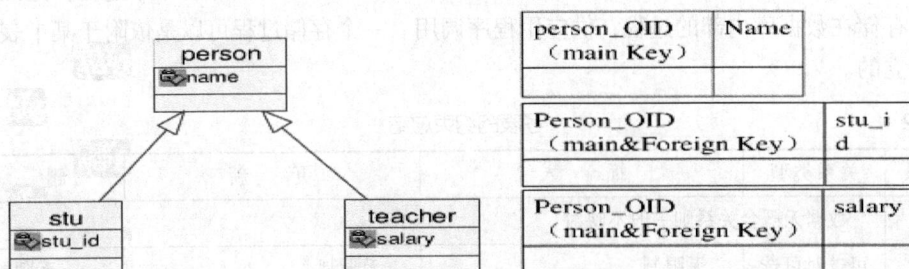

图 8.15　每个类映射为单张表

3. 聚集关系映射

将聚集关系映射到关系数据库中，可分为两种情况，一种是聚集关系较为紧密的情况下，将其映射在一张表中；另一种是聚集关系较为松散的情况下，可以用一对多关联的映射方法实现，需在子类的类表中增设一个外键指向超类的类表的主键。

4. 组合关系映射

具体的映射策略与聚集类似，由于组合关系中整体和部分间存在很强的所有关系和一致的生存周期，所以以子类所对应的子表中的外键不能为空。

8.3.5　类约束向存储过程和触发器的映射

对象映射到关系数据库中时，在对象属性发生改变时，应该通过定义并确保数据库上数据的约束，并封装确保引用完整性和进行约束检查的相关操作，来保证对象之间的关系合理存在。

① 关联关系：是一种松散耦合关系。它体现在方法上的交互、数据的引用需要映射。

② 聚集关系：反映整体与局部之间的关系。

③ 组合关系：具有强主从关系和一致性的一种聚集关系。

父表的约束总结与子表的约束总结见表 8.1、表 8.2。

表 8.1　父表的约束总结

对象关系	关系类型	插　入	更　新	删　除
	数据无耦合关系则不映射			
关联	可选对可选	无限制	无限制，子表中的外键可能需要附加的处理	无限制，一般将子女的外键置空
	强制对可选	无限制	修改所有子女（如果存在）相匹配的键值	删除所有子女或对所有的子女进行重新分配。
聚集	可选对强制	插入新的子女或合适的子女已存在	至少修改一个子女的键值或合适的子女已存在	无限制，一般将子女的外键置空
组合	强制对强制	对插入进行封装，插入父记录的同时至少能生成一个子女	修改所有子女相匹配的键值	删除所有子女或对所有的子女进行重新分配

触发器（Trigger）是与表紧密联系在一起的，通常作为保证表数据完整性的约束操作在表中

定义。当对表数据进行增、删、改等操作时，触发器被自动激发执行。

存储过程（Stored Procedure）是一种对数据库进行数据操作和运算的程序过程，是经过事先编译的、存储在数据库内部的过程，供应用程序调用。一个存储过程可以是依附于某个表的，也可以是独立的。

表 8.2 子表的约束总结

对象关系	关系类型	插 入	更 新	删 除
关联	数据无耦合关系则一般不映射			
	可选对可选	无限制	无限制	无限制
	强制对可选	父亲存在或者创建一个父亲	具有新值的父亲存在或创建父亲	无限制
聚集	可选对强制	无限制	兄弟存在	兄弟存在
组合	强制对强制	父亲存在或者创建一个父亲	具有新值的父亲存在（或创建父亲）并且兄弟存在	兄弟存在

在数据库建模中，一个或多个存储过程可以组织成存储过程集，用带有构造型 "<<SP Container>>" 的类图标表示，在其中的操作框中列出每个存储过程的名称、类型、参数，并在前面标记 "<<SP>>"。

例：一个存储过程集 "ORDER_DETAILS"，如图 8.16 所示,它包含有 3 个存储过程 RetriveDetails( )、Display( )和 OnOK( )，它们依附于表 "顾客" 和 "订货"

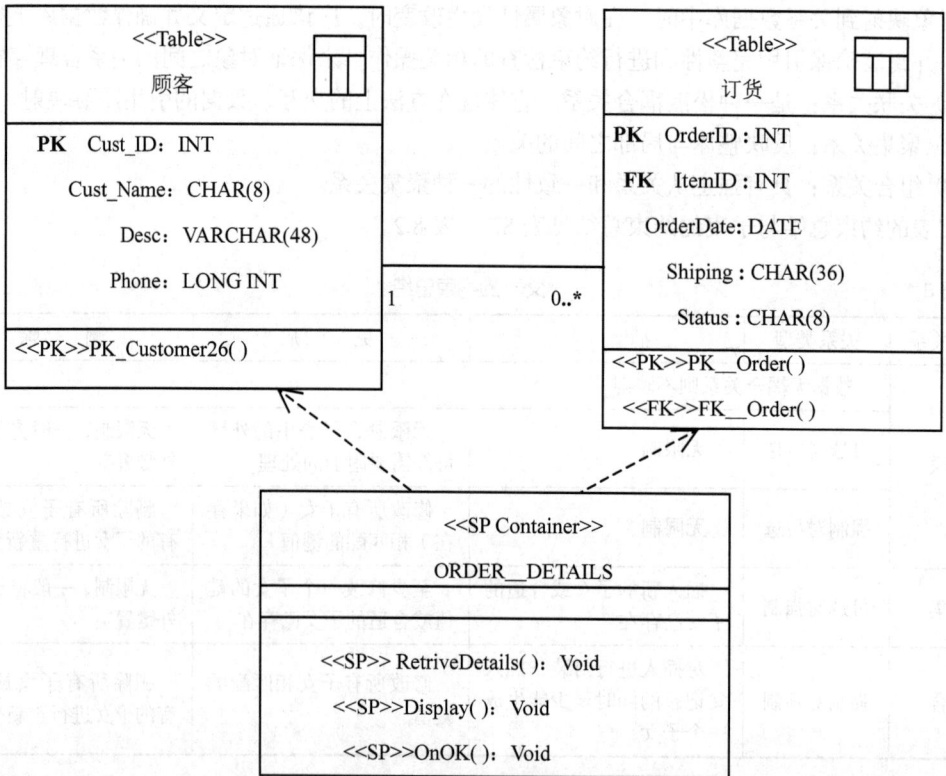

图 8.16 存储过程示例

图 8.17　所示为航空公司 UML 模型的映射。

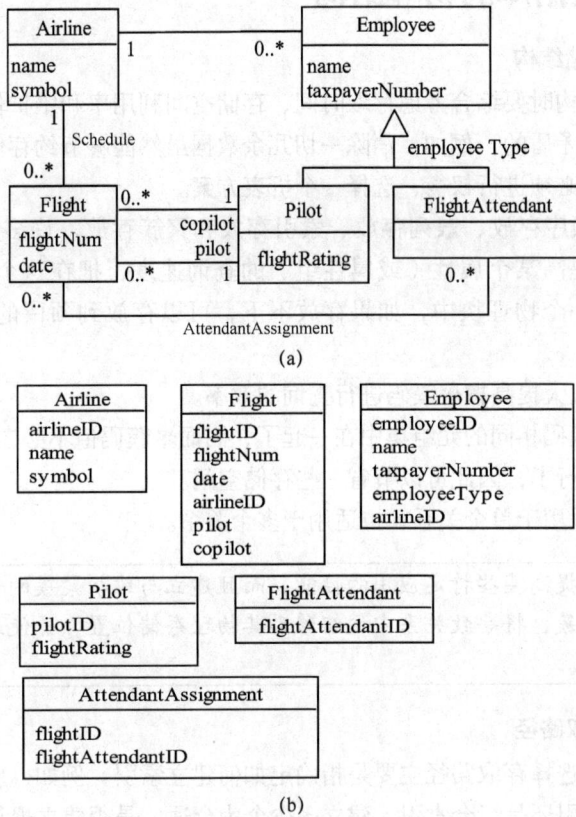

(a)

(b)

图 8.17　类图及映射后的表

8.4　关系数据库物理模型的设计

对于给定的逻辑数据模型，选取一个最适合的应用环境的物理结构的过程，称为数据库物理设计。

物理设计是为逻辑数据模型建立一个完整的、能实现的数据库结构，就是 DBMS、硬件环境、存储介质、存取方式、网络环境等。图 8.18 所示物理结构设计主要分为两个方面：

① 确定物理结构，在关系数据库中主要指存取方法和存储结构。

为了确定物理结构，设计人员必须深入了解给定的 DBMS 的功能，DBMS 提供的环境和工具；了解系统的硬件环境，特别是存储设备的特征；进行存储记录结构的设计，访问方法的设计，数据存放位置的设计，系统配置的设计。

② 评价物理结构，评价的重点是时间和空间效率。

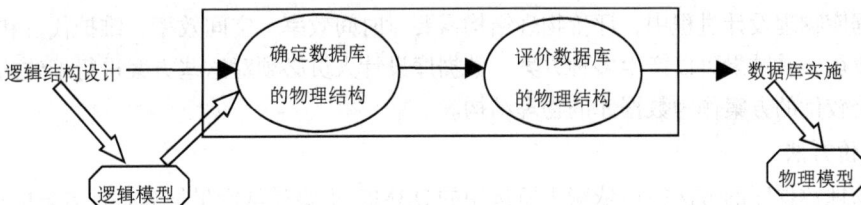

图 8.18　数据库物理设计

8.4.1 确定数据库的物理结构

1. 确定数据的存储结构

确定数据库存储结构时要综合考虑存取时间、存储空间利用率和维护代价 3 个方面的因素。这 3 个方面常常是相互矛盾的，例如，消除一切冗余数据虽然能够节约存储空间，但往往会导致检索代价的增加，因此必须进行权衡，选择一个折衷方案。

数据存放方式有顺序存放、散列存放、索引存放和聚簇存放。许多关系型 DBMS 都提供了聚簇功能，即为了提高某个属性（或属性组）的查询速度，把在这个或这些属性上有相同值的元组集中存放在一个物理块中，如果存放不下，可以存放到预留的空白区或链接多个物理块。

① 聚簇功能可以大大提高按聚簇码进行查询的效率。

② 聚簇以后，聚簇码相同的元组集中在一起了，因而聚簇码值不必在每个元组中重复存储，只要在一组中存一次就行了，因此可以节省一些存储空间。

③ 聚簇功能不但适用于单个关系，也适用于多个关系。

> **注意** 聚簇只能提高某些特定应用的性能，而且建立与维护聚簇的开销是相当大的。对已有关系建立聚簇，将导致关系中元组移动其物理存储位置，并使此关系上原有的索引无效，必须重建。

2. 设计数据的存取路径

在关系数据库中，选择存取路径主要是指确定如何建立索引。例如，应把哪些域作为次码建立次索引，建立单码索引还是组合索引，建立多少个为合适，是否建立聚集索引等。

3. 确定数据的存放位置

为了提高系统性能，数据应该根据应用情况将易变部分与稳定部分、经常存取部分和存取频率较低的部分分开存放。

4. 确定系统配置

DBMS 产品一般都提供了一些存储分配参数，供设计人员和 DBA 对数据库进行物理优化。初始情况下，系统都为这些变量赋予了合理的缺省值。但是这些值不一定适合每一种应用环境，在进行物理设计时，需要重新对这些变量赋值，以改善系统的性能。

通常情况下，这些配置变量包括：同时使用数据库的用户数，同时打开的数据库对象数，使用的缓冲区长度、个数，时间片大小，数据库的大小，装填因子，锁的数目等。

8.4.2 评价物理结构

1. 评价内容

在数据库物理设计过程中，评价物理结构需要对时间效率、空间效率、维护代价和各种用户要求进行权衡，其结果可以产生多种方案，数据库设计人员必须对这些方案进行细致的评价，从中选择一个较优的方案作为数据库的物理结构。

2. 评价方法

评价物理数据库的方法完全依赖于所选用的 DBMS，主要是从定量估算各种方案的存储空间、存取时间和维护代价入手，对估算结果进行权衡、比较，选择出一个较优的、合理的物理结构。如果该结构不符合用户需求，则需要修改设计。

物理设计的结果是物理设计说明书，包括存储记录格式、存储记录位置分布及存取方法，并给出对硬件和软件系统的约束。

8.5　教务管理系统数据模式设计示例

下面给出一个数据模式设计的例子，主要介绍对教务系统进行的需求分析、概念结构设计、逻辑结构设计和体系结构设计。

1. 需求分析

通过对现行教务管理工作调查和分析，确定与教务管理系统相关的信息有系部、班级、教师、学生、课程、课程安排、教材、成绩等，相关的处理要求有存储、查询、增加、删除、修改等，具体描述如下：

存储、查询、维护有关学生的信息；

存储、查询、维护有关教师的信息；

存储、查询、维护有关每个系部的信息；

存储、查询、维护有关每个班级的信息；

存储、查询、维护有关课程及使用教材的信息；

存储、查询、维护有关课程安排的信息；

存储、查询、维护有关每个班级成绩的信息。

2. 概念结构设计

设有如下教学环境：一个班有多名学生，一名学生只属于一个班；一个学生可选修若干门课程，每门课程可被多名学生选修；一位教师可以讲授若干门课程，一门课程可有多位教师主讲；每位教师属于一个系部，一个系部有若干位教师。按照前述转换原则，可得到一组初始关系模式：

学生（学号，姓名，性别，出生年月，入学时间，家庭地址，班级号）

教师（编号，姓名，性别，出生日期，系号，职位，邮政编码，联系电话，家庭住址）

系部（系部号，系名，系主任，系教师人数）

班级（班级号，班长，教室地点，班级学生人数）

课程（课程号，课程名，书号，周学时，总学时，学分）

教材（书号，书名，出版社，作者，价格）

课程安排（教师编号，课程号，班级号，学年，学期，上课时间，上课地点）

学生成绩（课程号，学号，分数，学分，学年，学期）

教学计划（班级号，课程号）

通过对用户需求进行综合、归纳与抽象，形成概念模型，借助实体-联系方法（E-R 方法）进行概念结构设计，得到如图 8.19 所示的教务管理系统 E-R 总图。

其中学生、教师、系部、班级、课程、教材、课程安排、学生成绩等实体描述如图 8.20 ～ 图 8.27 所示。

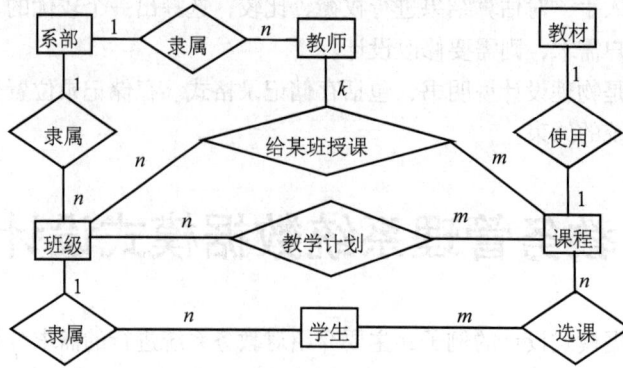

图 8.19 教务管理系统 E-R 总图

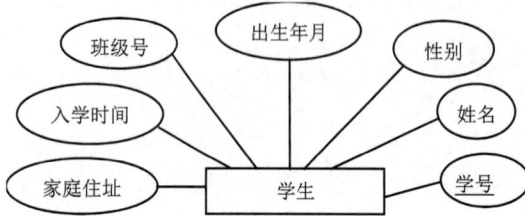

图 8.20 学生

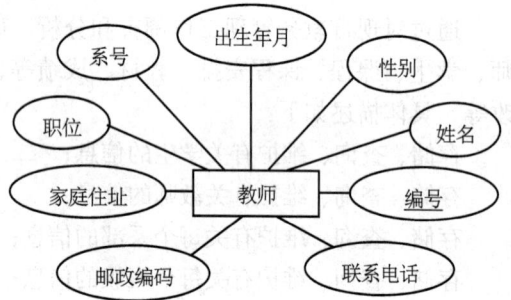

图 8.21 教师

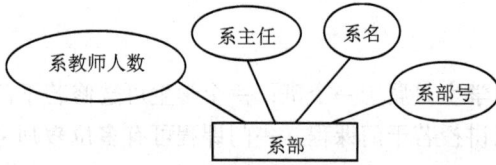

图 8.22 系部

图 8.23 班级

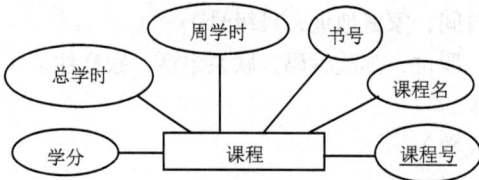

图 8.24 课程

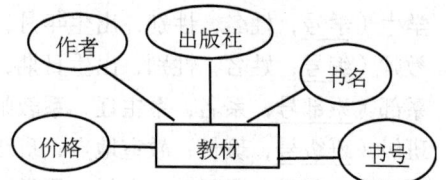

图 8.25 教材

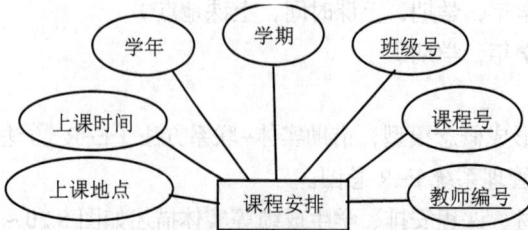

图 8.26 课程安排

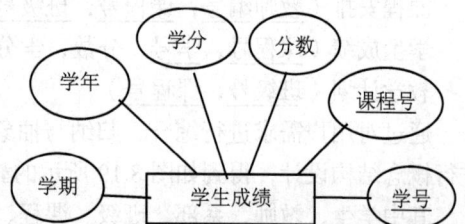

图 8.27 学生成绩

3. 逻辑结构设计

逻辑模式设计的实质是把 E-R 图转换为具体的 DBMS 支持的数据模型，即把 E-R 图转换为关系模型，见表 8.3~表 8.11。

表 8.3 Student(学生表)

列 名	数 据 类 型	字 段 大 小	可 否 为 空	说 明
Student_ID	Char	5	N(KEY)	学号
Student_name	Char	10	N	姓名
Student_sex	Char	2	N	性别
Student_birth	Datetime	固定长度	N	出生年月
Student_enterdate	Datetime	固定长度	N	入学时间
Student_classID	Char	5	Y	班级号
Student_address	Char	50	Y	家庭地址

表 8.4 Department（系部表）

列 名	数 据 类 型	字 段 大 小	可 否 为 空	说 明
Department_ID	Char	8	N	系部号
Department ment_name	Char	8	N	系名
Department_manger	Char	8	N	系主任
Department_num	Int	8	N	系教师人数

表 8.5 Teacher（教师表）

列 名	数 据 类 型	字 段 大 小	可 否 为 空	说 明
Teacher_ID	Char	5	N(KEY)	教师编号
Teacher_name	Char	16	N	名字
Teacher_sex	Char	4	N	性别
Teacher_birthday	Datatime	固定长度	N	出生日期
Teacher_departmentID	Char	8	Y	系号
Teacher_address	Char	32	Y	家庭住址
Teacher_position	Char	8	N	职位
Teacher_postalcode	Int	6	N	邮政编码
Teacher_phonenumber	Int	11	N	联系电话

表 8.6 Studentgrade（学生成绩表）

列 名	数 据 类 型	字 段 大 小	可 否 为 空	说 明
Studentgrade_cn	Char	11	N(KEY)	课程号
Studentgrade_sn	Char	5	N(KEY)	学号
Studentgrade_grade	Decimal	4	N	分数
Studentgrade_progress	Decimal	4	N	学分
Studentgrade_year	Datatime	固定取值	N	学年
Studentgrade_term	Int	固定取值	N	学期

表 8.7 Book（教材表）

列　　名	数据类型	字段大小	可否为空	说　明
Book_isbn	Char	13	N(KEY)	书号
Book_name	Char	30	N	书名
Book_publish	Char	30	N	出版社
Book_author	Char	10	Y	作者
Book_price	Money	固定长度	Y	价格

表 8.8 Course（课程表）

列　　名	数据类型	字段大小	可否为空	说　明
Course_ID	Char	11	N(KEY)	课程号
Course_name	Char	12	N	课程名
Course_Book_isbn	Char	13	N(KEY)	书号
Course_weektime	Int	4	N	周学时
Course_alltime	Int	4	N	总学时
Course_score	Decimal	6	N	学分

表 8.9 Teachingplan（教学计划表）

列　　名	数据类型	字段大小	可否为空	说　明
Teachingplan_classname	Char	5	N	班级号
Teachingplan_cousenum	Char	11	N	课程号

表 8.10 Teachergrade(课程安排表)

列　　名	数据类型	字段大小	可否为空	说　明
Teachergrade_tn	Char	5	N(KEY)	教师编号
Teachergrade_cn	Char	11	N(KEY)	课程号
Teachergrade_cln	Char	5	N(KEY)	班级编号
Teachergrade_year	Datatime	固定取值	N	学年
Teachergrade_term	Int	固定取值	N	学期
Teachergrade_ctime	Datatime	固定取值	N	上课时间
Teachergrade_cadd	Char	8	N	上课地点

表 8.11 Class(班级表)

列　　名	数据类型	字段大小	可否为空	说　明
Class_ID	Char	5	N(KEY)	班级号
Class_monitor	Char	10	Y	班长
Class_room	Char	20	Y	教室地点
student_num	int	固定长度	Y	班级学生人数

4. 体系结构设计

教务管理系统体系结构如图 8.28 所示。

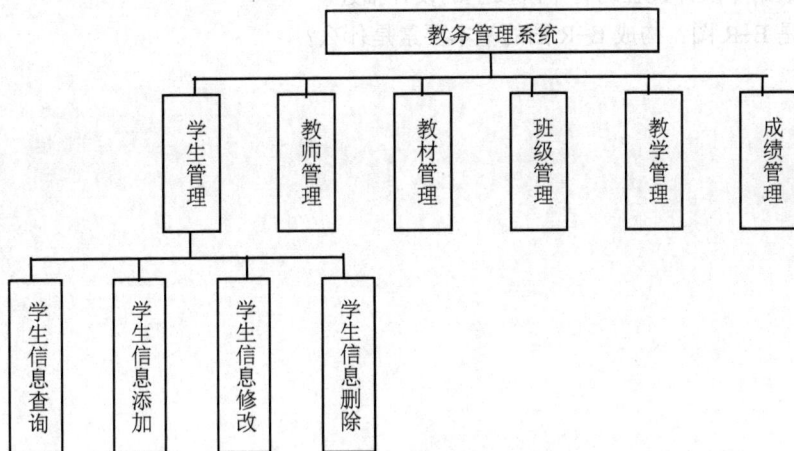

图 8.28　教务管理系统体系结构

本章小结

本章具体介绍了数据模式的设计，数据库设计分 6 个阶段：需求分析、概念结构设计、逻辑结构设计、数据库物理设计、数据库实施及数据库运行与维护。方法主要有传统的关系数据库设计法和使用 UML 进行数据库设计法。传统的关系数据库设计法的缺点是数据库设计与系统的应用行为设计是分离的，而用 UML 直接进行数据库的分析设计和表达，可以把数据库设计与应用系统软件的设计统一进行。

本章习题

一、单选题

1. 数据流程图是用于描述结构化方法中（　　）阶段的工具。

　　A. 概要设计　　　　　B. 可行性分析　　　　C. 程序编码　　　　D. 需求分析

2. 数据库设计中，用 E-R 图来描述信息结构但不涉及信息在计算机中的表示，这是数据库设计的（　　）。

　　A. 需求分析阶段　　B. 逻辑设计阶段　　　　C. 概念设计阶段　D. 物理设计阶段

3. 数据库设计可划分为 7 个阶段，每个阶段都有自己的设计内容，"为哪些关系，在哪些属性上、建什么样的索引"这一设计内容应该属于（　　）设计阶段。

　　A. 概念设计　　　　B. 逻辑设计　　　　　　C. 物理设计　　　　D. 全局设计

4. 在关系数据库设计中，设计关系模式是数据库设计中（　　）阶段的任务。

　　A. 逻辑设计阶段　　B. 概念设计阶段　　　　C. 物理设计阶段　D. 需求分析阶段

二、简述题

1. 试述数据库设计过程。

2. 试述数据库设计过程的各个阶段上的设计描述。

3. 什么是 E-R 图？构成 E-R 图的基本要素是什么？

第9章
系统构造及实施

系统设计结束之后，就进入系统构造阶段，即实现（编码和测试）、安装和系统测试的阶段。系统构造阶段完成之后，就可以开始系统实施的工作，即把所开发的系统投入到正式的工作中去的过程。系统能够正式工作后，就进入系统的运行和支持阶段。

本章主要介绍系统的构造、实施，以及运行和支持阶段的主要工作。

9.1　系统构造

系统设计完成后，就进入了系统的构造和实施阶段。系统构造是指系统构件的开发、安装和测试。在描述整个系统生存周期时，有时也将系统构造称为系统开发，实际上就是实现设计目标的过程。而系统实现是指将构造好（开发完）的系统交付用户，投入运行。相对于系统开发过程中所讲的系统构件主要关注如何开发该构件，系统构造和实现阶段主要是从系统构造人员的视角看待这些系统构件如何按照系统架构组成系统。

构造阶段的目的是开发和测试一个实现了业务需求和设计需求的功能系统，并实现新系统和现有生产系统的接口。

系统构造具有以下的特点。

① 系统设计的结果是设计规格说明书，依据该规格说明书就可以开始构造系统了。系统构造就是开发、安装和测试系统构件的过程。

② 同系统的分析和设计阶段类似，系统构造阶段也需要描述系统的数据、流程和接口，但是是从系统构造人员的角度来描述各项内容。

图 9.1 所示为系统构造阶段的主要活动，描述了构造阶段的各项任务。下面详细地介绍构造阶段的每个任务。

9.1.1　建立和测试网络

系统构造阶段的第一步是建立和测试网络。在系统需求分析阶段，建立了网络需求。设计阶段开发了分布式的数据和处理模型，这些技术设计规格说明书是构建系统网络的基础。在许多情况下，所开发的系统是基于已有的网络架构，如果是这样就可以跳过这个活动的工作。但是，如果新开发的系统要求创建新网络或修改已有的旧网络，那么就必须建立和测试新网络。计算机网络是创建和测试数据库、编写和测试程序的基础。

在建立和测试网络时，最重要的工作是确定网络的拓扑结构。网络的拓扑结构指网络中计算机和其他硬件的物理布局。局域网中常用的拓扑结构是总线型、星状、环状和网状。

这个阶段涉及分析员、设计人员和构造人员，网络设计人员和网络管理员主要负责完成这个任务。网络设计人员是设计局域网和广域网及其连接的专家。网络管理员具有构建和测试用于新系统的网络设计的专业知识,同时也应该熟悉任何可能的新的联网技术必须遵循的网络架构标准,同时还可以负责网络安全。虽然系统分析员可以参加这个任务,但是分析员的角色更多的是推动者——确保网络方案满足业务需求。

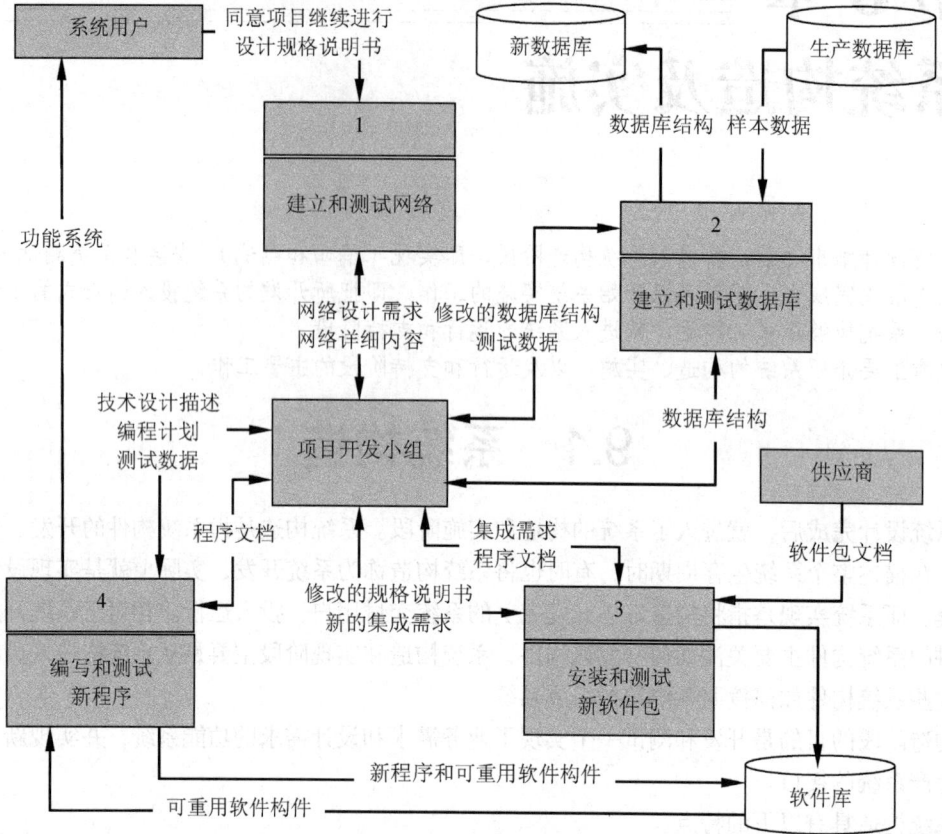

图 9.1　系统构造阶段的主要活动示意图

9.1.2　建立和测试数据库

系统网络建立和测试之后,可以进行建立和测试数据库的工作。因为数据库中的数据是其他应用程序共享的资源,所以数据库的建立和测试必须在编写程序之前进行。如果新开发的系统包含数据库,那么必须首先建立和测试数据库。

在建立和测试数据库过程中,系统用户、系统分析人员、系统设计人员和系统构造人员都需要参加。系统用户参加的目的是建议用于测试数据库应该使用的数据。数据库设计人员、数据库构造人员和数据库管理人员是完成数据库构造和测试的主要人员,负责数据库的编程、创建及调整数据库的性能、安全、备份及恢复等。

该项任务的输入是系统设计阶段完成的数据库结构,还需要从现有的生产数据库中获取用于测试数据库的数据。

9.1.3　安装和测试新软件包

对于某些系统来说,需要购买一些特定的软件包。特定的软件包和编写的其他应用程序集成到一起，才能完成整个系统项目的开发。如果当前开发的信息系统不需要使用其他软件包，则该项任务可以省略。

如果需要购买新软件包，那么一旦完成了系统的网络和数据库就可以开始安装和测试新软件包。新软件包可以放置在用户的软件库中。

要完成该任务，除了需要系统用户和系统的各种技术人员参加之外，还应包括供应厂商和咨询顾问。在购买软件包之前，一定要咨询有关专家的意见，确保所购买的软件包符合信息系统的真正要求。

这个任务的主要输入是从系统供应商处收到的新软件包和文档，应用程序员将按照系统设计期间开发的集成需求和程序文档完成软件的安装和测试。这个任务的主要完成成果是安装和测试后的软件包，可以从软件库中得到它们，任何修改后的软件说明和所需的新集成需求都归档到项目资料库中，作为一个历史记录供日后参考。

9.1.4　编写和测试新程序

以上工作完成后，就可以对系统进行编码（即写程序）了。注意，即使在系统设计阶段已经构造了原型系统，但是由于这些原型系统是不完整的，并没有实现系统的全部功能，因此必须开发和重新定义这些程序。

该阶段工作的主要参与人员包括系统分析人员、系统设计人员和系统构造人员。系统分析人员主要负责分类要编程实现的业务需求。系统设计人员的工作是分类在系统设计阶段完成的程序设计、集成需求和程序文档等。系统构造人员或系统编程人员负责编写和测试相应的程序。

这个活动的主要输出是技术型设计陈述、编写设计和系统设计期间开发的测试数据。主要的交付成果是新的程序和放置在软件库中的可复用软件构件，也得到一个需要有质量保证小组认可的程序文档。

测试通常存在 3 个级别：模块测试、单元或程序测试及系统测试。模块测试是测试程序的单个事件或模块。换句话说，它是对程序的孤立子集的测试。单元或程序测试是在程序的所有事件和模块被编码并通过了模块测试之后，所进行的整体单元测试，也就是测试整个程序。系统测试用于确保编写和独立测试的应用程序集成到整个系统中能够正确工作。为测试系统应该开发一个系统测试计划，并遵循之，为每个功能和非功能需求开发一个或多个测试脚本。

单个程序正常工作并不意味着它能够和其他程序一起正常工作。集成的程序集应该通过系统测试来确保程序正确地接收另一个程序的输出。一旦系统完成并认为成功，下面就可以继续进行系统实施。

9.2　系统实施

系统实施是指把所开发的系统投入到实际运行环境中、执行实际操作的过程。

系统构造结束之后，必须采取一种平滑的转移方式，把用户原有的系统转换成新开发的系统，这是系统开发的目标，也是使用该系统结束业务中出现的各种问题的起点。以上各项工作就是系统实施阶段的工作。

对于系统实施阶段来说，系统构造阶段完成的各功能模块是最重要的输入。系统实施阶段的结果是得到包含该系统的运行平台，并进入系统运行和支持阶段。

系统实施阶段的主要任务如图 9.2 所示，下面详细地介绍每个实现阶段的任务。

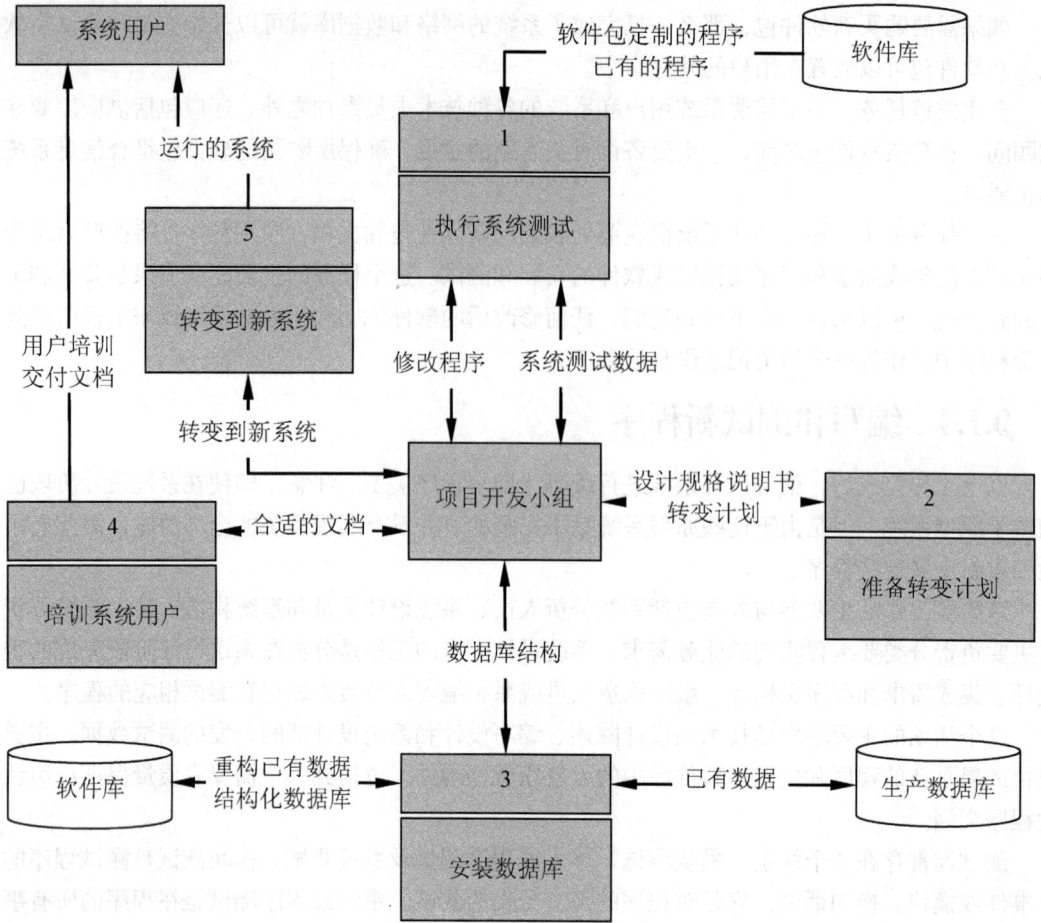

图 9.2　系统实施阶段的主要任务

9.2.1　执行系统测试

有关系统测试方法在软件工程或软件测试课程中已经介绍，此处做一些补充。系统测试是把所有的软件包和应用程序安装之后进行的测试，是确保系统质量的重要的测试工作。

如果开发的系统是一个商品化系统，在研制方有客户参加的确认测试被称为 α 测试。α 测试是在受控的环境下做的测试。从用户的观点出发，发现系统中存在的问题和使用过程中的问题，修改之后即可以进行 β 测试。β 测试是在客户方由客户组织最终用户参与的测试。系统开发人员一般不参与 β 测试。

这个任务涉及分析员、所有者、用户和构造人员。系统分析员推动任务的完成，他们常常同项目团队成员就测试问题进行沟通。系统所有者和系统用户对系统是否正确工作拥有最终决定权。系统构造人员和各种专家参与系统测试。

这个任务的主要输出包括软件包、定制程序及任何包含新系统的现有程序。系统测试使用前面由系统分析员开发的系统测试数据进行。

9.2.2 准备转变计划

系统测试成功之后，就可以准备系统的转变计划。根据系统的设计规格说明书，系统分析人员可以开发出一个详细的系统转变计划。该计划的内容包括安装数据库、培训终端用户、开发各种文档及制定从旧系统到新系统的转变策略。

项目开发小组的项目经理负责完成此项工作。系统分析人员、系统设计人员和系统构造人员只根据需要才参与到此项活动中。

另外，许多企业还要求必须提供一个正式的项目计划，以备以后参考和使用。

该项活动是由成功完成了系统测试工作触发的。可以使用新系统的设计说明制定一个详细转换计划。通过管理信息系统的设计规格说明书，可以制定出一个切合实际的转变计划。转变计划就是该项活动的最后结果，它将确定要安装的数据库、需要开发的用户培训和文档，以及从旧系统到新系统的转换策略。

从旧系统到新系统的转变可以采取直接切换、并行转变、位置转变和阶段转变 4 种不同的切换策略。

转换计划通常还包括一个系统验收测试计划。系统验收测试给最终用户、管理人员和信息系统操作管理员最后一次机会决定接受或者拒绝系统。系统验收测试是最终用户使用真正数据一段时间后进行的最终系统测试，这是一种详细测试，涉及 3 个层面的验收测试：验证测试、确认测试和审计测试。

1. 验证测试

在模拟环境下使用模拟数据运行系统，这个模拟数据有时候称为 α 测试，它主要查找错误和漏洞，这些错误和漏洞往往与在前面阶段说明了但没有在构造期间实现的最终用户和设计说明有关。

2. 确认测试

在实际环境中使用真实数据运行系统，这又是称为 β 测试。在这个确认过程中，可以测试以下一些项目。

① **系统性能**：系统处理的吞吐量和响应时间是否满足正常处理负载。

② **峰值负载处理性能**：系统是否可以处理峰值期间的负载。

③ **人类工程学测试**：系统是否如预期的易学易用。

④ **方法和程序测试**：在转换过程中，进行一次真正测试，是否笨拙低效。

⑤ **备份和恢复测试**：模拟数据损失灾难，然后测试从灾难中恢复所需的时间。

3. 审计测试

证实系统没有错误并准备就绪可以运行。

9.2.3 安装数据库

转变计划制定之后，就可以开始按照计划安装数据库。安装数据库不仅仅是安装数据库软件产品，还需要把旧系统中的数据转变到新系统的数据库中。

安装数据库的执行是非常复杂。安装数据库活动可能会面临 3 种不同的环境：手工环境、异构环境和同构环境。

如果旧系统是手工系统，而不是基于计算机的信息系统，那么所有的数据都可能是基于纸张的。必须制定一个切实可行的计划，把手工数据输入到指定的数据库中。虽然该工作的技术含量不高，但管理比较复杂。如果手工数据与所要求的数据存在不同的要求，例如，手工数据中的某项可以缺少，但是数据库中的此数据不可以缺少，那么这时需要采取合适的解决措施。

为了填充新数据库，需要编写特殊的程序，也就是需要编写计算机程序重构来自生产系统的现有数量，并用重构后的数据填充新数据库。这个任务主要的交付成果是重构后的现有数据，将它们填充到新系统的数据库中。

9.2.4 培训系统用户

系统成功开发后，在转变到新系统之前，必须培训新系统的各种用户，并且要求用户按照用户手册使用新系统。

参与培训工作的人员包括系统分析人员和系统用户。按照系统提供的各种文档，系统分析人员可以为终端用户提供用户手册（包含了系统介绍和详细的操作步骤），并培训终端用户。企业必须重视和支持此工作，必须投入时间让各种用户参与到培训中。切记，只有用户充分使用系统，系统才能够发挥作用。

根据新系统的相应文档，系统分析员将为系统用户提供正确地使用新系统的文档和培训。这个任务主要的交付成果是用户培训和文档。

9.2.5 转变到新系统

根据制定的转变计划，可以进行系统的转变。从旧系统转变到新系统是一个里程碑的成果。新系统转变成功之后，系统的所有者从系统分析人员、设计人员、构造人员转变成了企业的终端用户。

该转变工作还包括对系统的审计。系统审计是审查整个系统过程中的各项产物是否符合国际标准、国家标准和规格说明书。

转变工作的参与人员比较多，除了系统的技术人员之外，还有用户和管理层。系统项目开发小组经理负责整个系统的转变过程。系统用户提供各种新系统实际运行的运行状况，技术人员负责对出现的各种反馈和问题进行解决，管理层人员监督和协调整个转变过程，确保转变过程顺利进行。

这个活动的关键输入是在前面的实施阶段任务中创建的转换计划，主要的交付成果是投入企业生产的运行系统。

9.3 系统运行和支持

按照软件工程的生存周期理论，系统实施之后，就进入系统的运行和支持阶段。系统运行和支持阶段的工作包括两大部分，即系统运行工作和系统支持工作。系统运行是指系统日常的运行。正式运行的系统也称为生产系统。系统支持实际上是为系统提供的各种服务。

本节主要介绍系统支持阶段的主要任务，如图 9.3 所示。下面详细地介绍其每个阶段的任务。

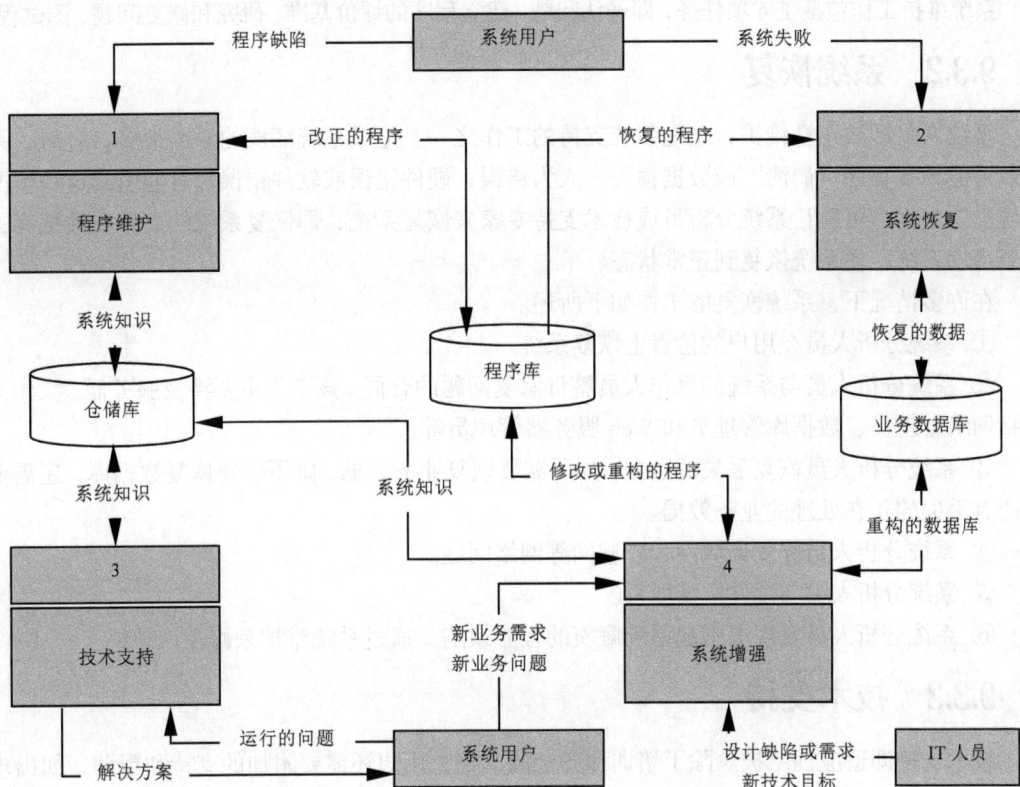

图 9.3　系统支持阶段活动示意图

9.3.1　系统维护

系统维护是系统生存周期中的一项常见的工作，也是系统支持阶段主要的工作。无论系统或应用程序设计、构造和测试得多么完善，错误或故障总是会不可避免地出现，这经常困扰着绝大多数系统。

故障可能由于以下情况引起：

① 缺乏严格的需求；

② 缺乏沟通的需求；

③ 被误解的需求；

④ 为正确实现的需求或设计；

⑤ 程序的简单误用。

系统维护的基本目标如下所述。

① 对现有程序进行可预测的修改，以改正系统设计或实现期间造成的错误。

② 保护程序中正确的方面，并避免对程序的"修改"影响程序的其他方面。

③ 尽可能避免系统性能下降。程序维护得不好可能会逐渐降低系统吞吐量，并影响系统响应时间。

④ 尽可能快地完成任务，而不牺牲质量和可靠性。运行中的信息系统很少能够承受停机一段时间的损失，甚至停机几个小时就可能造成几百万美元的损失。

为了实现这些目标，需要正确地理解正在修改的程序及其参与的应用系统，缺少这种理解经常是系统维护失败的原因。

系统维护工作包括了4项任务,即确认问题、建立程序的评价基准、研究和修复问题、测试程序。

9.3.2 系统恢复

系统恢复即改正性维护,也是系统支持的工作之一。造成系统瘫痪的原因很多,有时,系统失效可能导致程序"崩溃"或数据损失,人为错误、硬件错误或软件错误都可能引起这种情况。系统失效之后,可能让系统分析员或技术支持专家来恢复系统,即恢复系统的文件和数据库,并重新启动系统,使系统恢复到正常状态。

在许多情况下,系统恢复的工作如下所述。

① 系统分析人员在用户的位置上恢复系统。

② 系统分析人员与系统的操作人员签订修复问题的合同。该工作主要涉及服务器。操作人员包括网络管理员、数据库管理员和 Web 服务器管理员等。

③ 系统分析人员恢复丢失的数据。如果需要恢复业务数据,则不仅要恢复数据库,还需要恢复所有丢失的正在处理的业务数据。

④ 系统分析人员修复局域网、广域网等网络问题。

⑤ 系统分析人员与硬件厂商联系。

⑥ 系统分析人员发现了引起系统瘫痪的程序缺陷,通过系统维护来修复该缺陷。

9.3.3 技术支持

技术支持即适应性维护。除了培训和齐全的文档,用户还需要附加的支持和帮助,如出现了未预料到的情况,增加了新用户等。通常是用户通知系统分析人员帮助执行日常的操作。如果是关键系统,系统分析人员应该随叫随到。

最常见的技术支持任务包括:

① 常规地观察系统的使用;

② 支持用户满意的调查和会议;

③ 改变业务过程、提供附加的培训;

④ 记录系统增强的建议和请求。

9.3.4 系统增强

系统增强即完善性维护。但是与程序维护、系统恢复和技术支持不同,系统增强是一种复杂的系统支持。因为系统支持工作有可能形成另外一个新的系统的开发。

企业的业务和业务需求总是在发生变化。系统增强就是要求系统分析人员重新评价企业的新需求,新需求会影响到系统的改变或系统的开发。

系统增强是系统不断适应企业变化的过程。引起系统增强的主要事件包括以下几种。

① 新的业务问题:新的业务问题使当前管理信息系统的作用下降或者系统不能有效地使用。

② 新的业务需求:需要在当前管理信息系统中增加新的业务需求,例如,增加新的报表、业务处理等。

③ 新的技术需求:准备在当前管理信息系统中使用一种新技术,例如,新软件、新版本的软件或不同类型的硬件等。

④ 新的设计需求:当前管理信息系统中的某个组成部分需要根据业务的变化重新设计,例如,数据库中增加一个新表、在当前的表中添加一个新字段或使用一个新的用户接口等。

　　系统增强是当系统出现问题时，或者当用户和管理者要求改变系统时，需要修复系统的一种自然的反应。系统增强延长了现有系统的有效生命，使系统适应了不可避免的变化。

　　系统增强的任务有：分析增强需求、快速修复、恢复现有物理系统。

本章小结

　　本章主要介绍系统开发的最后阶段和系统运行后的支持活动。系统的构造阶段、实施阶段主要介绍从物理设计说明构造系统及构造后的系统投入实现的过程。系统运行和支持主要讨论应用系统的系统支持。

本章习题

1. 构造阶段的主要目的和主要活动是什么？
2. 为什么需要实施阶段？
3. 4 种转换策略是什么？
4. 什么是系统支持？
5. 系统维护需要什么任务？

第10章
教学管理系统的分析与设计

一个软件系统的开发所涉及的问题相当复杂，本章以一个简化教学管理（JXGL）系统作为示例，简要说明软件项目的分析与设计过程。这里使用 UML 帮助进行 JXGL 系统的分析与设计，建立主要的系统静态结构模型与动态行为模型，体现 UML 在软件项目开发中的应用。

一般对系统做分析与设计，建立静态结构模型与建立动态行为模型应当同时、交替进行，相互印证和补充。

UML 的创始者们主张采用用例（Use Case）驱动的软件开发方法。实际上，UML 是一种通用的工具，它可以使用于用例驱动的软件开发，也可以使用于其他面向对象的软件开发方法，例如直接从现实世界抽象出对象和类，建立系统的对象模型。本章的 JXGL 系统的分析与设计遵循用例驱动的软件开发思想。

需要说明的是，本章的 JXGL 系统的静态结构模型与动态行为模型的图形是用 Rational Rose 软件工具绘制的。

10.1　系统需求分析

高等学校的教学管理内容十分丰富，工作繁多。作为一个简单的示例，规定所开发的 JXGL 系统只处理每学期的课程选修注册和学生的成绩管理工作。

JXGL 系统的用户是学校的学生、教师和教学管理员。学生使用 JXGL 系统查询新学期将开设的课程和授课教师的情况，选择自己要学习的课程，并进行登记注册，还可以使用 JXGL 系统查询自己的课程成绩。教师使用 JXGL 系统查询新学期将开设的课程、选修课程的学生情况，以及学生的考试成绩。教学管理员使用 JXGL 系统进行教学管理，包括新学期的课程选课注册管理和学生成绩管理。

总结以上需求，JXGL 系统需要提供两个方面的服务：

① 选课管理，负责新学期的课程选课注册工作；

② 成绩管理，负责学生成绩管理。

在选课管理方面应提供的服务功能如下。

1. 录入与生成新学期课程表

教学管理员在新学期开始前录入新学期课程，打印将开设的课程目录表，供师生参考选择。若某课程的实际选课学生少于 20 人，则停开该课程，把该课程从课程目录表中删除；若某课程的选课学生多于 120 人，则停止选课。

2. 学生选课注册

新学期开始前一周为选课注册时间，在此期间学生可以选课注册，并且允许改变或取消注册申请。

每个学生选课不超过 4 门课程。每门课程最多允许 120 名学生选课注册。

学生可以在图书馆、各系资料室、学生宿舍等处的计算机上联网进行选课注册。在选课注册结束后，教学管理员打印学生选课注册名单和开课通知书，送交有关部门和授课教师。

3. 查询

可以查询课程信息、学生选课信息和学生、教师信息。

学生、教师和教学管理员可以查询课程表，获得课程信息。查询的关键词可以是：课程名、授课教师名和学分。

教师、教学管理员可以查询学生选课情况。查询的关键词可以是：学生名、课程名、授课教师名和学分。学生只允许查询自己的选课信息，不允许查询别人的选课信息。

学生、教师和教学管理员可以查询学生或教师的信息。查询的关键词可以是：学生名、教师名、性别、班级和职称。

4. 选课注册信息的统计与报表生成

教学管理员对学生的选课注册信息进行统计（按课程、学生和班级），打印汇总统计报表。

5. 把学生选课注册信息传送给财务系统

便于计算学生应交纳的费用。

在成绩管理方面应提供的服务功能如下。

1. 成绩录入

教学管理员录入学生考试成绩。

2. 成绩查询

教师、教学管理员可以查询学生考试成绩。查询的关键词可以是：学生名、课程名、授课教师名和学分。学生只允许查询自己的考试成绩，不允许查询别人的考试成绩。

3. 成绩统计与报表生成

教学管理员进行成绩统计（按课程、学生和班级），打印成绩汇总统计报表。

为保存数据，需建立教学管理数据库。可以采用关系数据库，建立下列数据库表：学生表、教师表、课程表、选课表、任课表和成绩表。

JXGL 系统的直接用户有学生、教师和教学管理员。教学管理员有权操纵数据库的数据，进行添加、更新、删除等操作。学生和教师一般只查询信息，只允许对自己有关的数据进行添加、更新、删除等操作。

JXGL 系统的相关系统只涉及财务系统。JXGL 系统需要把学生选课注册信息传送给财务系统，以供财务系统计算学生应交纳的费用，但是不要求财务系统回馈学生应交纳的费用信息。

假定在学校的计算中心有功能强大的服务器，在各系、各部门、图书馆、学生宿舍等有个人计算机，学校的全部计算机已经联网。JXGL 系统将采用客户机/服务器结构构建，JXGL 系统的应用服务器和数据库服务器部署在学校计算中心。学生、教师和教学管理员可以在各系、各部门、图书馆、学生宿舍的个人计算机上使用 JXGL 系统。

10.2　问题领域分析

问题领域分析是软件系统开发的一项基本工作，是项目开发之初必须首先进行的重要工作。分析问题领域的结果是对问题领域的清晰、精确的定义，明确目标系统将做些什么。

问题领域分析的主要任务是：对问题领域进行抽象，提出解决方案；对未来的系统进行需求分析，确定系统的职责范围、功能需求、性能需求、应用环境及假设条件等；用用例图对未来系统的行为建立模型，初步确定未来系统的体系结构等。

10.2.1　确定系统范围和系统边界

首先要确定业务需求和系统目标。JXGL 系统用于新学期课程的选课注册管理和学生的成绩管理。凡是这两方面的教学管理内容都是 JXGL 系统的职责范围，其他的教学管理内容，如安排教学计划、排课、实习、实验、考试等都不属于 JXGL 系统的职责范围。至于学校的其他管理工作，如科研、人事、财务、资产等管理也不属于 JXGL 系统的职责范围。

JXGL 系统与财务系统存在系统边界，财务系统将从 JXGL 系统得到学生选课注册信息。JXGL 系统与学校的其他信息管理系统没有直接的联系，但是可以从学校的全局数据库中共享学生、教师、教学计划等必要的数据。

10.2.2　定义参与者

根据 JXGL 系统的职责范围和需求可以确定 4 个参与者：学生、老师、教学管理员和财务系统。对于每一个参与者，应当明确其业务活动的内容、对系统的服务要求。

"学生"参与者使用 JXGL 系统查询新学期开设的课程信息和教师开课信息，选课并登记注册课程，查询自己的课程成绩信息。

"老师"参与者使用 JXGL 系统查询新学期开设的课程信息、学生选课信息和学生成绩信息。

"教学管理员"参与者使用 JXGL 系统管理学期开设课程的选课注册和学生的考试成绩。管理工作包括课程与成绩数据的录入、维护、统计、报表打印等，并且负责把学生的选课注册信息发送给财务系统，作为计算学生应付费用的依据。"教学管理员"要求能够方便地查询课程信息、学生选课信息、学生信息、教师信息和成绩信息。

"财务系统"参与者是外部系统参与者，从 JXGL 系统接受学生的课程注册信息。

10.2.3　定义用例

每一个用例都是一个参与者与系统在交互中执行的有关事务序列。应当根据系统需求，找出全部的用例，并从参与者的角度给出事件流，当用例执行时系统应提供给参与者的服务。对一个用例应说明的基本内容是：用例怎样开始和结束，基本事件流、扩展事件流等。

从 JXGL 系统的顶层用例抽象，可以确定两个用例："选课管理"和"成绩管理"。

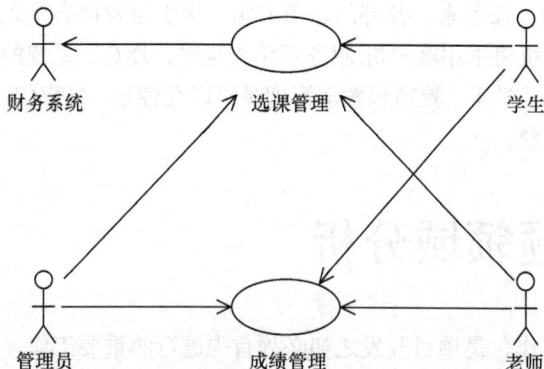

用例"选课管理"与 4 个参与者都存在交互，用例"成绩管理"与参与者"学生""老师"和"教学管理员"存在着交互，如图10.1 所示。

顶层的用例模型只包含两个用例："选课管理"和"成绩管理"。这样设计在项目初始阶段理解系统的要求和目标是有好处的，但是需要进一步的细化，划分为更小一些的用例，以便深入分析系统的要求和目标。

用例"选课管理"可以分解为以下一些

财务系统　　　　选课管理　　　　学生

管理员　　　　成绩管理　　　　老师

图 10.1　顶层用例图

用例："查询课程信息""选课注册""管理开设课程""管理学生信息""管理老师信息"和"管理课程信息"，如图 10.2 所示。

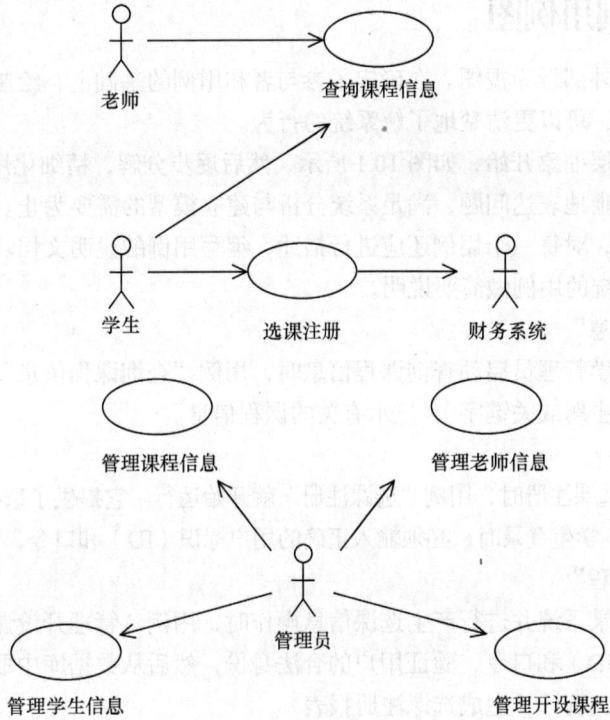

图 10.2　选课管理的用例图

用例"成绩管理"可以分解为以下一些用例："查询学生成绩""查询课程成绩""学生成绩管理"和"成绩统计"，如图 10.3 所示。

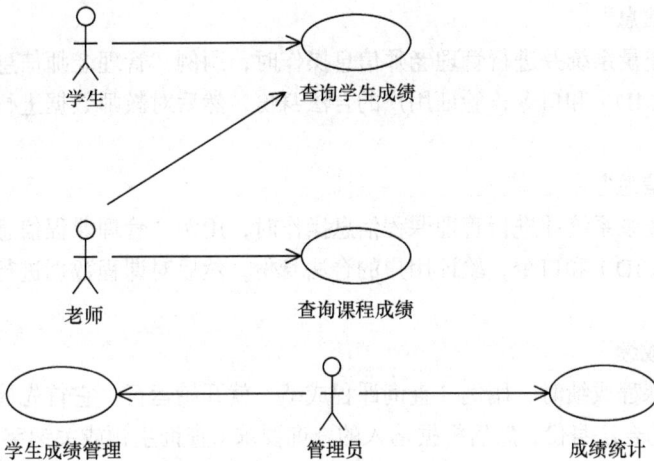

图 10.3　成绩管理的用例图

参与者"学生"与用例"查询课程信息""选课注册"和"查询学生成绩"发生交互。
参与者"老师"与用例"查询课程信息""查询课程成绩" 和"查询学生成绩"发生交互。
参与者"教学管理员"与用例"管理学生信息""管理老师信息""管理课程信息""管理开设

课程"学生成绩管理"和"成绩统计"发生交互。

参与者"财务系统"与用例"选课注册"发生交互。

10.2.4　绘制用例图

用例图是系统的外部行为视图。在确定了参与者和用例的基础上，绘制用例图，可视化参与者与用例之间的联系，可以更清楚地了解系统的行为。

绘制用例图从顶层抽象开始，如图 10.1 所示，然后逐步分解，精细化用例图，如图 10.2、图 10.3 所示，直到能清晰地表达问题，满足系统分析与建立模型的需要为止。

除了用例图之外，对每一个用例还应进行描述，编写用例的说明文档。

下面对 JXGL 系统的用例做简要说明。

1. "查询课程信息"

学生、教师或教学管理员启动查询课程信息时，用例"查询课程信息"就开始运行。根据输入的查询要求（查询主题或关键字），显示有关的课程信息。

2. "选课注册"

当学生登录进行选课注册时，用例"选课注册"就开始运行。它提供了选择课程、注册、修改注册、删除注册等功能。学生登录时，必须输入正确的用户标识（ID）和口令，否则将被拒绝进入。

3. "管理开设课程"

当教学管理员登录系统并进行产生选课信息操作时，用例"管理开设课程"就开始运行。它首先检查用户标识（ID）和口令，验证用户的合法身份，然后从数据库中取出学生的选课注册数据，按照要求进行分类统计，生成选课注册报表。

4. "管理学生信息"

当教学管理员登录系统并进行管理学生信息操作时，用例"管理学生信息"就开始运行。它首先检查用户标识（ID）和口令，验证用户的合法身份，然后对学生数据进行录入、修改、删除等操作。

5. "管理老师信息"

当教学管理员登录系统并进行管理老师信息操作时，用例"管理老师信息"就开始运行。它首先检查用户标识（ID）和口令，验证用户的合法身份，然后对教师数据进行录入、修改、删除等操作。

6. "管理课程信息"

当教学管理员登录系统并进行管理课程信息操作时，用例"管理课程信息"就开始运行。它首先检查用户标识（ID）和口令，验证用户的合法身份，然后对课程数据进行录入、修改、删除等操作。

7. "查询学生成绩"

教师启动查询课程成绩时，用例"查询课程成绩"就开始运行。它首先检查用户标识（ID）和口令，验证用户的合法身份，然后根据输入的查询要求（查询主题或关键字），显示有关的学生成绩。

8. "查询课程成绩"

教师启动查询课程成绩时，用例"查询课程成绩"就开始运行。它首先检查用户标识（ID）和口令，验证用户的合法身份，然后根据输入的查询要求（查询主题或关键字），显示有关的课程成绩。

9. "学生成绩管理"

当教学管理员登录系统并进行学生成绩管理操作时，用例"学生成绩管理"就开始运行。它首先检查用户标识（ID）和口令，验证用户的合法身份，然后对学生考试成绩数据进行录入、修改、删除等操作。

10. "成绩统计"

当教学管理员登录系统并进行成绩统计操作时，用例"成绩统计"就开始运行。它首先检查用户标识（ID）和口令，验证用户的合法身份，然后从数据库中取出学生的考试成绩数据，按照要求进行分类统计，生成成绩报表。

11. "身份验证"

当学生、教师和教学管理员登录系统时，用例"身份验证"就开始运行。它首先检查用户标识（ID）和口令，验证用户的合法身份。若身份验证成功，则允许用户进行相应的操作，否则提示用户输入正确的用户标识（ID）和口令。

在绘制用例图时，不但要把用例与参与者之间的关系表示出来，而且应当把用例之间的关系也表现出来。用例间的关系最常见的有<<uses>>，<<include>>和<<extend>>等关系。如图 10.4 所示，用例"查询课程信息"和用例"选课注册"都与用例"身份验证"有<<uses>>关系，即它们在运行中都使用用例"身份验证"进行用户的合法身份检查。同样的<<uses>>关系存在于其他用例与用例"身份验证"之间。

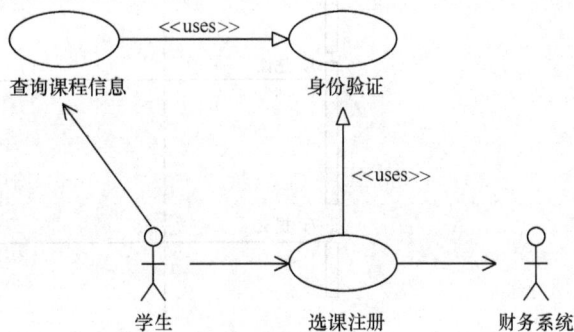

图 10.4　<<uses>>关系

10.2.5　绘制主要交互图

交互图描述用例如何实现对象之间的交互。交互图用于建立系统的动态行为模型。用例图是系统的外部视图，在分析和绘制了用例图之后，对主要的用例做交互行为的分析是有必要的。分析的结果可以写成文档，绘制初步的交互图，从而更清楚地理解用例的行为，以便进一步调整用例视图，确定问题的解决方案。交互图有两种：顺序图和协同图，可以根据需要绘制。

下面对参与者"学生"与用例"选课注册"的交互做简要说明。

当"学生"登录 JXGL 系统进入选课注册活动时，首先要输入用户标识（ID）和口令，经系统的"注册表单"接口对象验证，如果正确无误，则可以继续下一步交互，否则拒绝进入，然后，"学生"可以进行查询活动或选课活动。

若"学生"发出"查询"请求，系统的"选课注册表单"接口对象响应请求，按照输入的查询条件从数据库中找出有关的课程，在屏幕上显示，并反馈查询成功或失败的信息给"学生"。

分别发出增加或删除学生选课数据的消息。"开设课程"对象响应该消息，找出数据库中的相关数据，增加或删除学生的姓名和所选的课程名，或做相应的修改，并把增加或删除学生选课操作成功或失败的信息反馈给"选课注册表单"接口对象，"选课注册表单"接口对象再反馈给"学生"。但此选课操作还必须得到"学生"的确认，才能最终肯定选课成功。此时"学生"应按下"确认"键，即发出提交请求，"选课注册表单"接口对象响应该请求，并发出"存储"消息，才由"开设课程"对象响应"存储"消息，进行数据库存储操作，把学生的选课数据真正存入数据库。

若"学生"结束选课，发出"退出"系统请求，系统的"注册表单"接口对象响应请求，关闭系统。

按照上述的交互活动分析，可以绘制参与者"学生"与用例"选课注册"的顺序图，如图 10.5 所示。用例 "选课注册"的行为由"注册表单"接口对象、"选课注册表单"接口对象和"开设课程"对象实现。

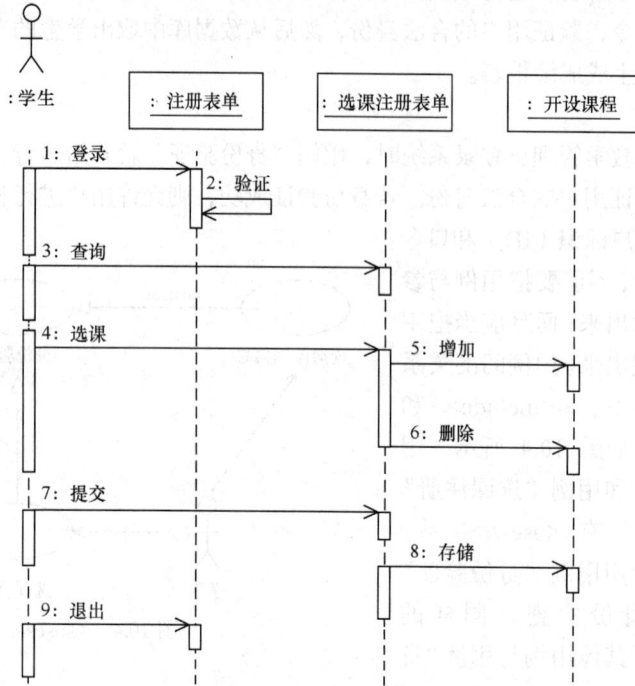

图 10.5　选课注册顺序图

在项目开发之初，分析问题领域时，绘制交互图只是为了印证领域分析的结果和用例视图的正确性，在以后对系统动态行为建模的过程中，还需要对交互图做深入的分析、细化和完善。

在完成了领域分析、建立了 JXGL 系统的用例视图后，紧接着要构建系统的静态结构模型和动态行为模型。

10.3　静态结构建模

系统的静态结构模型主要由对象类图和对象图表达。发现对象类及其关系，确定它们的静态结构和动态行为，是面向对象分析的最基本的任务。

10.3.1　建立对象类图

1. 定义对象类

首先从研究用例和交互剧本中发现对象类，确定类的属性和主要操作。对于 JXGL 系统可以抽象出以下一些主要的对象类。

在人事信息处理方面有"学生"类、"教师"类。

在选课管理方面有"课程"类、"开设课程"类、"学生登记"类、"课程登记"类、"选课统计"类等。

在成绩管理方面有"学生成绩登记"类、"成绩统计"类。

对于每一个类应当确定其职责、属性、主要操作及其他性质说明。

对象类的属性可以通过检查类的定义、分析问题的需求和运用领域知识而确定。例如,对于课程,至少应说明课程的名称、课程的性质和学分等信息。因此,对象类"课程"应有属性"课程名""描述""学时"等。属性"课程名"和"描述"的数据类型为字符串,属性"学分"的数据类型为整型数。

对象类的操作可以通过检查分析交互图确定,把交互图中对象之间的交互活动抽象成一个类的操作。例如,可以从课程信息管理顺序图中的活动"加入课程(数据结构,基础课,3)"抽象得到"课程"类的操作"加入课程( )",如图 10.6 所示。

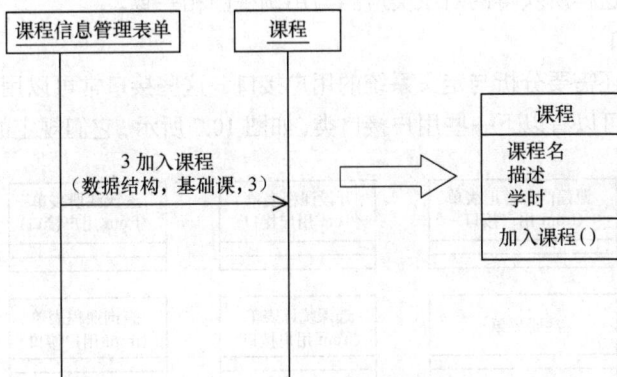

图 10.6 从顺序图抽象出类的操作

下面对 JXGL 系统的对象类及其主要属性、主要操作做简要说明。

"学生"类负责 JXGL 系统需要的参与者"学生"的信息处理,它的属性有"姓名""年龄""性别""通信地址""联系电话""专业""班级"等,对这些信息的服务操作有查询、添加、修改、删除等。

"教师"类负责 JXGL 系统需要的参与者"教师"的信息处理,它的属性有"姓名""年龄""性别""通信地址""联系电话""职称"等,对这些信息的服务操作有查询、添加、修改、删除等。

"课程"类负责学校课程信息的处理,这些课程是教学计划规定开设的全部课程,但是每一个学期实际开设的课程只是其中的一部分。"课程"类的属性有"课程名""描述""学时",操作有"加入课程""删除课程"等。

"开设课程"类负责新学期开设课程和选课信息的处理,并提供查询功能。它的属性有"授课日期""授课时间""地点""授课老师""注册学生数"等。它的操作有"加入选课学生""加入授课老师""学生已满"等。

"学生登记"类负责新学期学生的选课登记。当一个"学生"参与者要求选课注册时,登记该学生所选修的课程,并打印所选修的课程清单。"学生登记"类的属性有"学期""课程名"等,操作有"加入课程""打印"等。

"课程登记"类负责新学期课程的选课登记，它根据参与者"教师"和"教学管理员"的要求，汇总学生的选课，对一个课程登记选修该课程的学生，并打印选修课程的学生清单。"课程登记"类的属性有"学期""学生名"等，操作有"加入学生""打印"等。

"选课统计"类负责学生选课信息的统计处理，它根据参与者"教学管理员"的要求，按照学生或课程生成学生选课注册统计报表。它的属性有"学期"等，它的操作有"按学生统计""按课程统计""打印"等。

"学生成绩登记"类负责学生考试成绩处理，它根据参与者"教学管理员"的要求，登记学生的考试成绩，并提供查询功能。它的属性有"学生名""学期""课程名""成绩"等，操作有"加入成绩""打印"等。

"成绩统计"类负责学生成绩的统计处理，按照学生或课程生成学生成绩统计报表。它的属性有"学期""课程名""成绩"等，它的操作有"按学生统计""按课程统计""打印"等。

面向对象的系统分析不一定由用例驱动，发现与定义对象类常常直接从研究现实世界出发，抽象出对象类，但是这样所获得的对象类应当与用例视图一致。

2. 定义用户接口

除了一般类外，还需要分析与定义系统的用户接口，这些接口常可以用对象类定义。

对于 JXGL 系统可以有以下一些用户接口类，如图 10.7 所示，它们规定的主要功能操作如下。

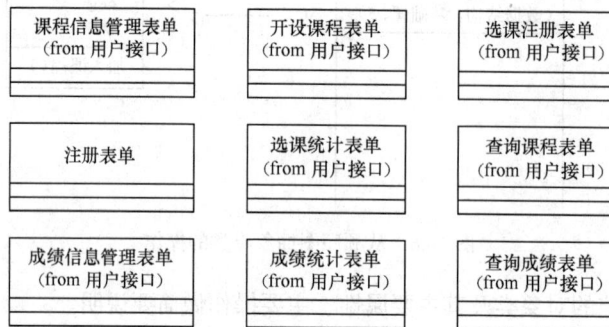

图 10.7　用户接口

接口"课程信息管理表单"为教学管理员提供课程信息管理的操作功能，包括课程的录入、修改、删除等。

接口"查询课程表单"为学生、教师和教学管理员提供课程查询的功能操作。

接口"查询成绩表单"为学生、教师和教学管理员提供成绩查询操作功能。

接口"选课注册表单"为学生提供学生选课注册的功能操作，包括所选课程的登记、修改、删除、查询等操作功能。

接口"开设课程表单"为教学管理员提供开设课程信息管理的操作功能，包括开设课程的录入、修改、删除等。

接口"选课统计表单"为教学管理员提供学生选课统计的操作功能。

接口"成绩信息管理表单"为教学管理员提供学生成绩信息管理的操作功能，包括考试成绩的录入、修改、删除等。

接口"成绩统计表单"为教学管理员提供学生成绩统计的操作功能。

接口"注册表单"为学生、教师、教学管理员提供进入系统时的身份检验等操作功能。

3. 定义关系

在定义了对象类之后，需要进一步分析对象类之间的关系。JXGL 系统的对象类之间的关系有多种类型，关联、聚集、泛化、依赖等都有。

① 关联。在"开设课程"类与"师生"类之间存在"授课"关联和"登记注册"关联，如图 10.8 所示。在"开设课程"类与"学生成绩登记"类之间存在关联。相互关联的类之间不存在继承关系，而是通过消息传递相互联系、协同工作。例如，在"学生成绩登记"类进行学生考试成绩录入操作时，需要请求"开设课程"类提供已开设课程数据，如图 10.9 所示。

② 聚集关系。新学期开设的课程只是学校的教学计划中需要设置的课程中的一部分，"开设课程"类与"课程"类之间存在聚集关系，"开设课程"类是代表部分的对象类，"课程"类是代表整体的对象类。同样地，"开设课程"类与"学生登记"类、"课程登记"类之间存在聚集关系，如图 10.8 所示。

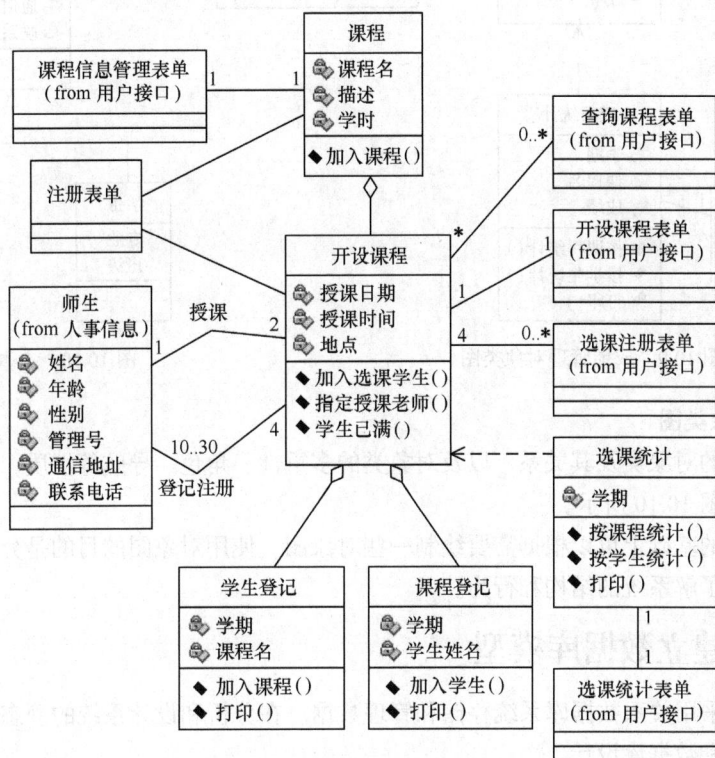

图 10.8　课程管理对象类图

③ 泛化关系。学生与教师有许多共同的信息，如姓名、年龄、性别、管理号、通信地址、联系电话等。因此，可以把学生与教师的共同信息和共同操作抽取出来，组成一个新类"师生"，原来的"学生"类中保留学生特有的属性"专业"和"班级"，在"教师"类中保留教师特有的属性"职称"。"学生"类、"教师"类与"师生"类的关系为泛化关系，"师生"类为更一般的类，"学生"类和"教师"类是特殊类，它们继承"师生"类中的公共属性，如图 10.10 所示。

④ 依赖关系。成绩统计是在学生的成绩数据上进行的，在"成绩统计"类与"学生成绩登记"类之间存在依赖关系，"成绩统计"类依赖于"学生成绩登记"类。同样地，"选课统计"类依赖于"开设课程"类。

在定义关系时，需要同时分析和确定关系端的对象类的多重性、角色、导航等性质。这些可以从需求分析、领域知识来分析和确定。

在确定对象类之间的关系的同时，还需要考虑对象类之间的接口。

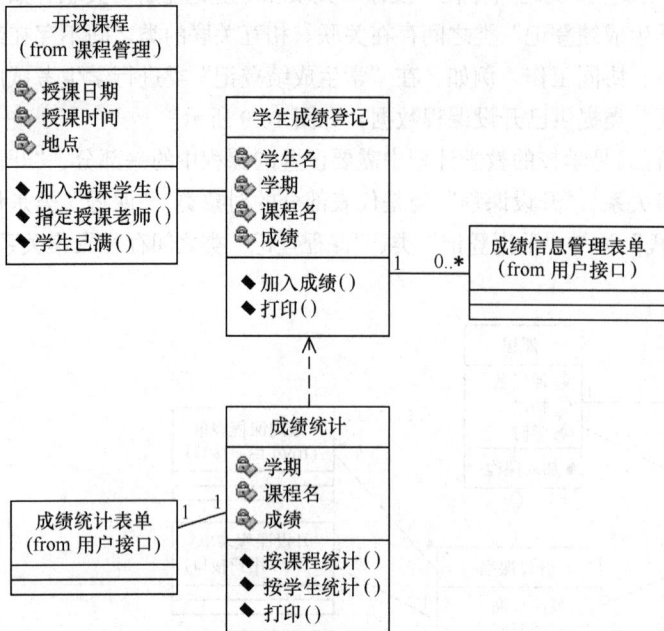

图 10.9　成绩管理对象类图

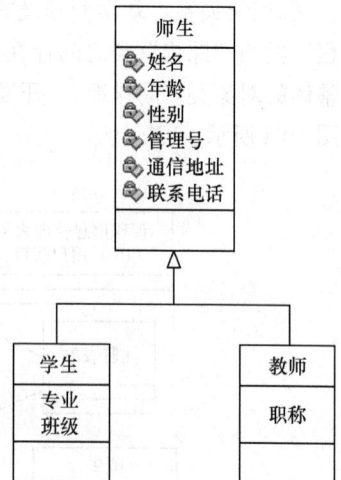

图 10.10　人事信息对象类图

4. 绘制对象类图

根据已定义的对象类及其关系，以及对象类的多重性、角色、导航等性质，可以画出对象类图，如图 10.8～图 10.10 所示。

在对象类图的基础上可以根据需要绘制一些对象图。使用对象图的目的是分析系统的瞬间状态，以便进一步了解系统的结构和行为。

10.3.2　建立数据库模型

JXGL 系统采用关系数据库系统存储和管理数据。在分析和设计系统的静态结构模型时，需要进行数据分析和数据库设计。

JXGL 系统有 4 个方面的数据需要管理：人员数据（学生、教师）、课程数据、选课注册数据和学生成绩数据。经过分析，JXGL 系统至少应有 6 个数据库表：学生表、教师表、课程表、开设课程表、选课表和任课表。

这些基本表定义为：

学生（学生号、姓名、出生日期、性别、籍贯、地址、电话、入学时间、专业、班级备注）

教师（教师号、姓名、出生日期、性别、籍贯、地址、电话、职称、专长、备注）

课程（课程号、课程名、描述、学分、学时、性质、备注）

开设课程（课程号、学期、授课日期、授课时间、地点、选修人数、备注）

选课（学生号、课程号、学期、成绩、备注）

任课（教师号、课程号、学期、备注）

对于上述的基本表需要进行关系规范化，设计用户视图、触发器、存储过程等。

数据库模式通常用实体-关系（E-R）模型表示，如果需要也可以用对象类图为数据库模式建立模型。

10.3.3　建立包图

对于一个大型的复杂的系统，常需要把大量的模型元素用包组织起来，以方便理解和处理。JXGL 系统虽然不算很大，但也可以把系统的对象类组织成包，以便更清楚地了解系统的结构。

包图表示的是系统的静态结构，但是建立包图应当同时考虑系统的动态行为。

JXGL 系统的包图如图 10.11 所示，一共有 5 个包：“教学管理”包、“用户接口”包、“数据库”包、“MFC 类”包和“出错处理”包。

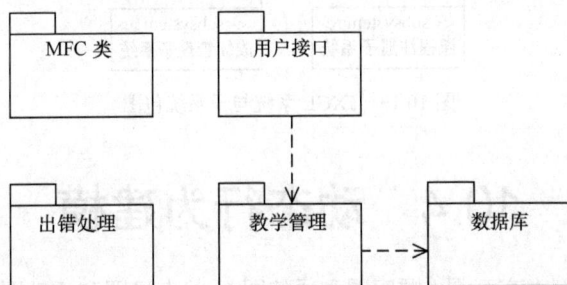

图 10.11　JXGL 系统的包图

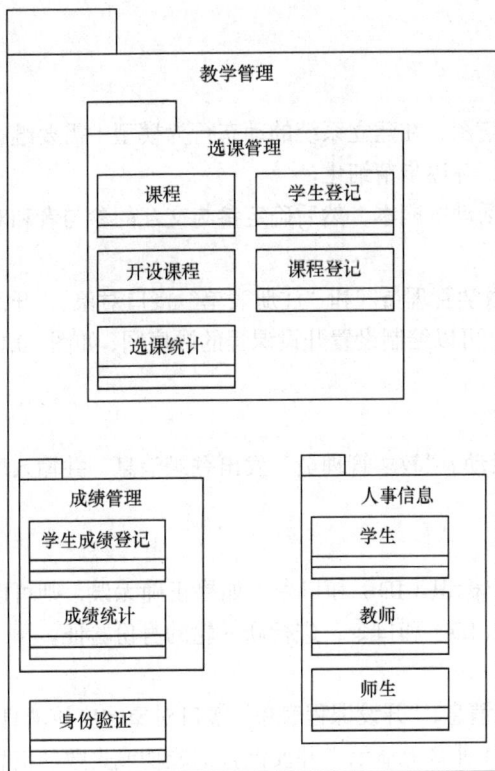

图 10.12　“教学管理”包

在“用户接口”包中包含了前文叙述的全部接口对象类：“课程信息管理表单”“查询课程表单”“查询成绩表单”“选课注册表单”“开设课程表单”“选课统计表单”“成绩信息管理表单”“成绩统计表单”“注册表单”等。

在“数据库”包中包含了实现数据库服务功能的全部对象类。

在“MFC 类”包中包含了支持系统的动态连接库必要的库函数对象类。

在“出错处理”包中包含了实现数据库服务功能的全部对象类。

“教学管理”包如图 10.12 所示，其中包含了为实现教学管理业务领域任务的对象类，即前文叙述的全部对象类：“学生”类、“教师”类、“师生”类、“课程”类、“开设课程”类、“学生登记”类、“课程登记”类、“选课统计”类、“学生成绩登记”类、“成绩统计”类，以及“身份验证”类等。这些类又分别组成 3 个小包：“选课管理”包、“成绩管理”包和“人事信息”包。“身份验证”

类则相对独立。

JXGL 系统由如下两个子系统组成。

① 课程注册子系统，负责新学期的选课注册管理工作。

② 成绩管理子系统，负责学生成绩管理。

JXGL 系统与子系统包图如图 10.13 所示。

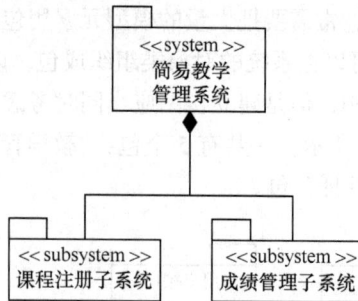

图 10.13　JXGL 系统与子系统包图

10.4　动态行为建模

系统的动态行为模型由交互图（顺序图和通信图）、状态机图和活动图表达。在系统的分析和设计中，应当对主要的用例和对象类绘制这些图形，以便分析系统的行为，印证和修改系统的静态结构，满足用户的需求，达到系统的目标。

10.4.1　建立顺序图

在建立用例视图时已经绘制了一些顺序图或通信图，在建立系统的动态行为模型中需要继续这项工作，进一步绘制主要用例的顺序图或通信图，并逐步精细化。

为了绘制顺序图，首先要对一个用例编写交互活动的剧本，然后确定参与交互的参与者和对象，确定交互事件。

例如，对于用例"管理课程信息"是参与者"教学管理员"和"注册表单"接口对象、"开设课程表单"接口对象、"开设课程"对象发生的交互，可以绘制设置开设课程的顺序图，如图 10.14 所示。其中的交互事件如下。

1. 登录

"教学管理员"登录 JXGL 系统进行设置课程活动。"教学管理员"发出登录消息，并输入用户标识（ID）和口令。

2. 验证

"注册表单"接口对象响应登录消息，检查用户标识（ID）和口令。如果正确无误，则可以继续下一步交互；否则提示用户重新输入用户标识（ID）和口令，进行新一轮的身份验证。

3. 查询

"教学管理员"发出要求查询已有的开设课程的消息，"开设课程表单"接口对象响应该消息，按照输入的查询条件从数据库中找出有关的课程，在屏幕上显示，并反馈查询成功或失败的信息给"教学管理员"。

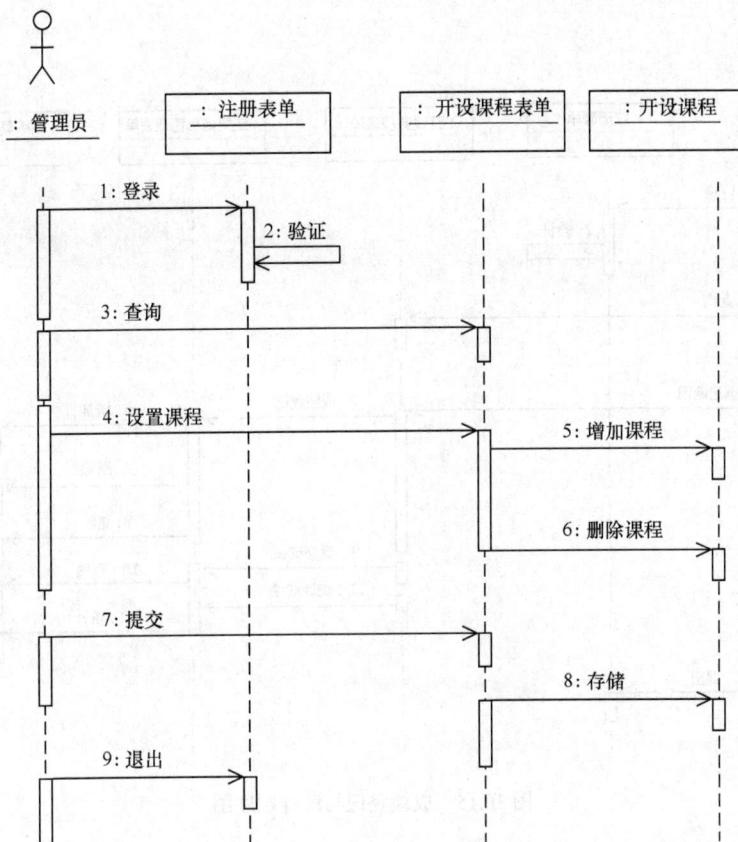

图 10.14　设置开设课程顺序图

4. 设置课程

"教学管理员"发出设置课程的消息，进行设置开设课程的活动。"开设课程表单"接口对象响应该消息，根据"教学管理员"的要求决定是进行增加课程还是删除课程的活动。

5. 增加课程

"开设课程表单"接口对象发出增加课程消息，"开设课程"对象响应该消息，并在开设课程表中增加指定的课程。

6. 删除课程

"开设课程表单"接口对象发出删除课程消息，"开设课程"对象响应该消息，并在开设课程表中删除指定的课程。

7. 提交

在完成了课程设置操作后，"教学管理员"发出请求提交的消息，进行存储课程设置的操作。"开设课程表单"接口对象响应该请求。

8. 存储

"开设课程表单"接口对象发出"存储"消息，"开设课程"对象响应该消息，进行数据库存储操作，把课程设置的结果数据真正存入数据库。

9. 退出

"教学管理员"发出退出系统的消息，"注册表单"接口对象响应请求，关闭系统。

同样可以绘制成绩登记与统计的顺序图，如图 10.15 所示。

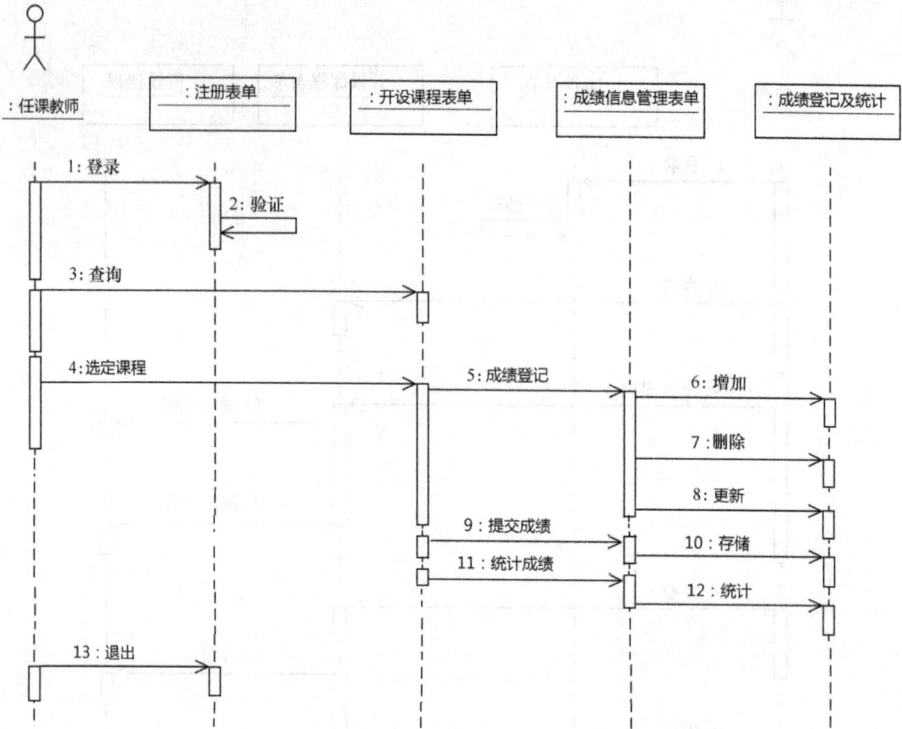

图 10.15　成绩登记与统计顺序图

10.4.2　建立通信图

通信图用于描述系统的行为是如何由系统的成分实现的。对于 JXGL 系统也需要绘制主要用例的通信图，以深入了解和表示系统的行为和各个对象的作用。

对于一个通信图，首先应确定参与通信的对象角色、关联角色和消息，然后才能绘制通信图。

例如，对于用例"管理课程信息"的通信图如图 10.16 所示。图中的对象角色有"注册表单"接口对象、"开设课程表单"接口对象、"课程"对象和"开设课程"对象。它们协同工作，实现设置新开设课程的服务。

参与者"教学管理员"与"注册表单"接口对象关联。"注册表单"接口对象与"开设课程表单"接口对象之间、"开设课程表单"接口对象与"课程"对象之间、"开设课程表单"接口对象与"开设课程"对象之间存在着关联。参与者"教学管理员"发送消息"登录"给"注册表单"接口对象，"注册表单"接口对象发送消息"新开课程"给"开设课程表单"接口对象，"开设课程表单"接口对象发送消息"取课程信息"给"课程"对象，发送消息"增加/删除开设课程"给"开设课程"对象。

通信图主要表示对象与对象之间的连接，它们是如何共同完成系统的行为的，但这些行为的发生顺序和时间并不是通信图表达的主要内容。例如，从图 10.16 中虽然可知设置"新开课程"的活动必定发生在"教学管理员"登录系统之后，但是"取课程信息"活动与"增加/删除开设课程"活动的先后次序，图中并未显式地表示出来，而仅仅表示了"开设课程表单"接口对象发送消息"取课程信息"给"课程"对象，请求进行"取课程信息"活动；发送消息"增加/删除开设课程"给"开设课程"对象请求进行"增加/删除开设课程"活动。当然，可以给消息编上序号，表示消息的先后顺序，但通信图对交互动作时间关系的表达毕竟不如顺序图清楚。

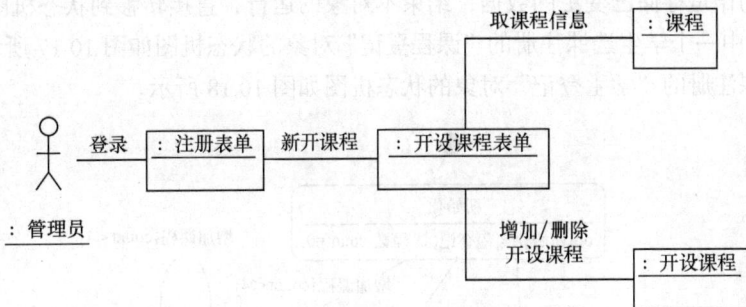

图 10.16　管理课程信息通信图

10.4.3　建立状态机图

状态机图表现一个对象（类）的生命史。对于一些实现重要行为动作的对象应当绘制状态机图。绘制状态机图需要确定一个对象的生命期可能出现的全部状态，哪些事件将引起状态的转移，将会发生哪些动作。

例如，对于 JXGL 系统中的一个学生选课注册的"课程登记"对象，可能有的状态、事件和动作如下。

1. "初始化"状态

"课程登记"对象一旦被创建就进入"初始化"状态。在本状态的动作是初始化课程登记和设置初始化参数，即课程数 COUNT=0。

2. "增加课程"状态

当在对象的"初始化"状态或"增加课程"状态时发生了"增加课程"事件，而且满足条件"COUNT<4"，则转移到本状态。

本状态的动作是增加学生所修的课程信息，并对学生的选课计数加一。本状态的入口点为"记录课程信息"动作，即把学生所选的课程加入到选课表中去；出口点为选课计数加一动作："COUNT=COUNT+1"。根据系统需求规定的业务规则，一个学生最多只能选修 4 门课程，因此发生转移到本状态的监护条件为"COUNT<4"。

3. "减少课程"状态

当在对象的"初始化"状态或"减少课程"状态时发生了"减少课程"事件，而且满足监护条件"COUNT>0"，则转移到本状态。

本状态的动作是减少学生所选修的课程信息，并对学生的选课计数减一。本状态的入口点为"删除课程信息"动作，即从选课表中删除学生指定的已选修的课程；出口点为选课计数减一动作："COUNT= COUNT−1"。

4. "取消"状态

对象的"取消"状态的动作主要是撤销刚才发生的动作的效果，并结束本对象的运行。当在对象的"初始化"状态、"增加课程"状态或"减少课程"状态时发生了"取消"事件，则转移到本状态。

本状态的动作是给出撤销动作的提示信息和结束本对象运行的提示信息，并转移到状态机图的出口。

5. "关闭"状态

当在对象的"增加课程"状态或"减少课程"状态发生了"关闭"事件时，则转移到本状态。本状态的动作是存储已变更的数据，结束本对象的运行，直接转移到状态机图的出口。

JXGL 系统中一个学生选课注册的"课程登记"对象的状态机图如图 10.17 所示。同样地，可以绘制学生选课注册的"学生登记"对象的状态机图如图 10.18 所示。

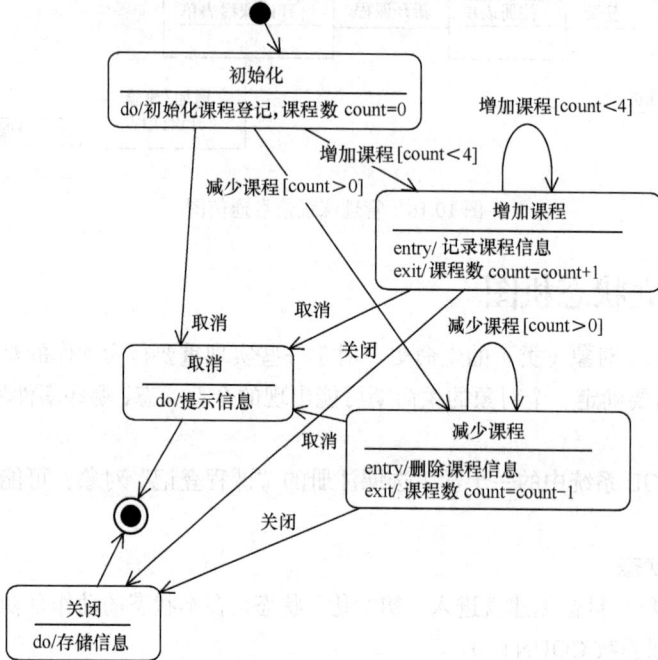

图 10.17　学生选课注册的"课程登记"对象的状态机图

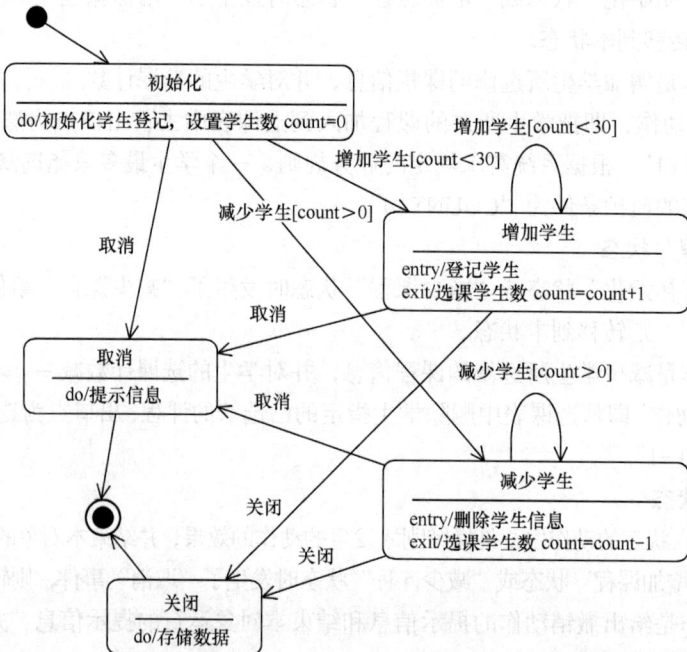

图 10.18　学生选课注册的"课程登记"对象的状态机图

10.4.4 建立活动图

活动图的主要作用是表示系统的业务工作流和并发处理过程。对于一个系统可以针对主要的业务工作流绘制活动图。

绘制活动图需要确定参与活动的对象、动作状态、动作流，以及对象流。

例如，对 JXGL 系统的"设置开设课程"的活动可以绘制活动图，如图 10.19 所示。

在图 10.19 中，参与活动的对象有"注册表单"接口对象、"开设课程表单"接口对象、"课程"对象、"选课注册表单"接口对象、"开设课程"对象等。动作状态有"登录""新开课程""取课程信息""取选课信息""增加/删除课程"等。动作流如实箭头线所示。

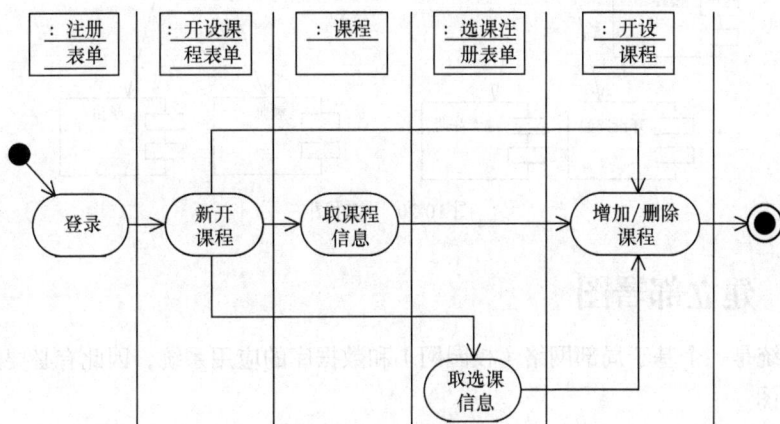

图 10.19 设置开设课程活动图

10.5 物理模型建模

10.5.1 建立构件图

系统实现的源代码、二进制码、执行码可以按照模块化的思想，用构件分别组织起来，明确系统各部分的功能职责和软件结构。

JXGL 系统的运行软件可以组织成构件图，如图 10.20 所示。其中有"教学管理""课程管理""成绩管理""人事信息""课程""开设课程""选课注册""教师""学生"等构件。这些构件包含相应的运行代码程序。

构件"教学管理"包含 JXGL 系统的执行程序"教学管理.exe"，构件"课程管理"包含实现课程管理的动态链接库，构件"成绩管理"包含实现成绩管理的动态链接库(含成绩统计库函数)，构件"人事信息"包含实现人事信息管理的动态链接库，它们支持教学管理程序的运行。

构件"教学管理"通过接口依赖于"课程管理"构件、"成绩管理"构件和"人事信息"构件。

构件"课程管理"依赖于"课程"构件、"开设课程"构件和"选课注册"构件。

构件"人事信息"依赖于"教师"构件和"学生"构件。

所有这些构件中包含了各自相应的对象类、接口和关系的实现代码。

如果需要，可以绘制系统的源代码、二进制码和执行码等构件的跟踪关系图。

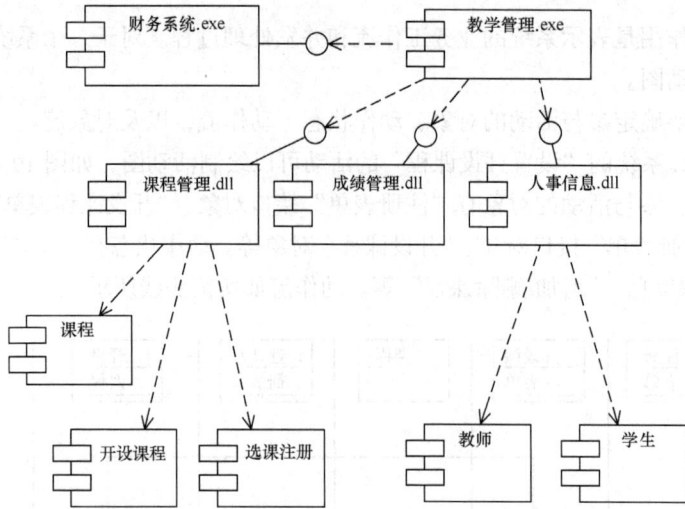

图 10.20 构件图

10.5.2 建立部署图

JXGL 系统是一个基于局部网络（校园网）和数据库的应用系统，因此有必要进行系统的配置，建立部署图。

JXGL 系统的各个部分可以配置在不同的结点上，通过网络相互通信。

例如，在部署图 10.21 中，把数据库服务器、应用服务器、课程管理（包含人事信息管理）和成绩管理的相应构件配置在不同的结点上。应用服务器与数据库服务器通信，数据库服务器向应用服务器提供数据库服务。课程管理和成绩管理与应用服务器通信，应用服务器向用户提供教学管理的应用服务。课程管理和成绩管理结点具体完成课程管理和成绩管理的服务操作，是应用服务的后台，它们不直接与数据库打交道，而是通过应用服务器向数据库服务器请求访问数据库。

JXGL 系统是一个客户机/服务器结构的分布式系统，它的核心教学管理软件和数据库放置在学校的中心计算机上，用户接口端的应用程序分别配置在图书馆、专业系和学生宿舍的客户机上。因此，也可以绘制如图 10.22 所示的部署图。

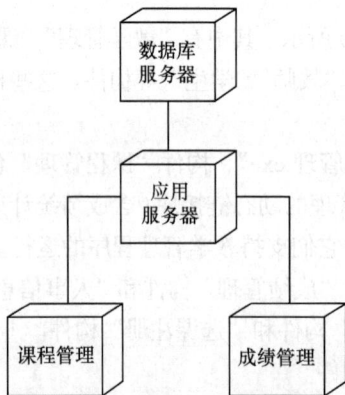

图 10.21 JXGL 系统部署图

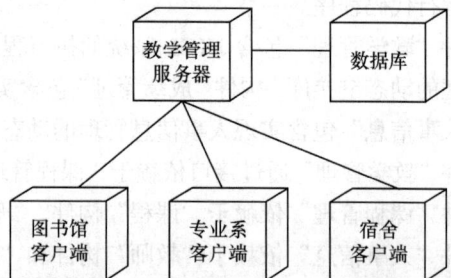

图 10.22 JXGL 系统的客户机/服务器结构部署图

本章小结

本章以一个简化的教学管理系统为例，详细阐述了从需求分析、问题定义、静态结构模型、动态行为模型到物理模型的建立过程。

本章习题

请以本章教学管理系统分析与设计案例为范例，自己设定系统题目（如运动会管理系统、学生勤工助学管理系统、学生会活动管理系统等），进行系统的分析和设计。

[1] [美] Whitten JL, Bentley LD. 系统分析与设计导论. 肖刚, 孙惠, 等译. 北京：机械工业出版社, 2012.

[2] [美] Whitten JL, Bentley LD. 系统分析与设计方法. 7 版. 肖刚, 孙慧, 等译. 北京: 机械工业出版社, 2007.

[3] [美] Satzinger J, Jacson R, Burd S. 系统分析与设计. 4 版. 耿志强, 朱宝, 李芳, 等译. 北京: 机械工业出版社, 2009.

[4] [美] Gamma E, Helm R, Johnson R, Vlissides J. 设计模式: 可复用面向对象软件的基础. 李英军, 马晓星, 蔡敏, 等译. 北京: 机械工业出版社, 2000.

[5] 刘腾红. 管理信息系统——理论与应用. 北京: 电子工业出版社, 2012.

[6] 张志清. 管理信息系统实用教程. 2 版. 北京: 电子工业出版社, 2011.

[7] 张龙祥. UML 与系统分析设计. 2 版. 北京: 人民邮电出版社, 2007.

[8] Leszek A. Maciaszek. 需求分析与系统设计. 马素霞, 王素琴, 谢萍, 等译. 北京: 机械工业出版社, 2009.

[9] 冀振燕. UML 系统分析与设计教程. 北京: 人民邮电出版社, 2009.

[10] 刁成嘉. UML 系统建模与分析设计. 北京: 机械工业出版社, 2007.

[11] 余永红, 陈晓玲. UML 建模语言及其开发工具 Rose. 北京: 中国铁道出版社, 2011.

[12] Curtis HK Tsang, Clarence SW Lau, Ying K Leung. 面向对象技术——使用 VP-UML 工具实现 "由图到代码". 石云, 译. 北京: 清华大学出版社, 2012.

[13] 志泊, 王春玲, 许福, 等. 数据库原理及应用教程. 3 版. 北京: 人民邮电出版社, 2014.

[14] 萨师煊, 王珊. 数据库系统概论. 3 版. 北京: 高等教育出版社, 2001.

[15] 李磊, 王养廷. 面向对象技术及 UML 教程. 北京: 人民邮电出版社, 2010.

[16] 樊海玮. 吕进, 等. 软件详细设计教程. 西安: 西安电子科技大学出版社, 2010.

[17] 罗仕鉴, 朱上上, 孙守迁. 人机界面设计. 北京: 机械工业出版社. 2002.

[18] (美) Torre PJ. 用户界面设计与开发精解. 张林刚, 梁海华, 译. 北京: 清华大学出版社, 2002.

[19] 齐治昌, 谭庆平, 宁洪. 软件工程. 北京: 高等教育出版社, 2012.

[20] 郑人杰, 马素霞, 殷人昆. 软件工程概论. 北京: 机械工业出版社, 2011.

[21] 张海藩. 软件工程导论. 北京: 清华大学出版社, 2008.

[22] 李爱萍, 崔冬华, 李东生. 软件工程. 北京: 人民邮电出版社, 2014.